„Pan raczy żartować, panie Feynman!"

RICHARD P. FEYNMAN

wysłuchał Ralph Leighton
opracował Edward Hutchings

„Pan raczy żartować, panie Feynman!"

PRZYPADKI CIEKAWEGO CZŁOWIEKA

wstęp Bill Gates
wstęp do polskiego wydania Marek Demiański

przełożył Tomasz Bieroń

KRAKÓW 2018

Tytuł oryginału
„*Surely You're Joking, Mr. Feynman!*". *Adventures of a Curious Charcter*

Copyright © 1985 by Gweneth Feynman and Ralph Leighton
Introduction copyright © 2018 by William H. Gates III

Copyright © for the translation by Tomasz Bieroń

Projekt okładki
Magda Kuc

Fotografia na okładce
Copyright © Photo 12/UIG/Getty Images

Opieka redakcyjna
Anna Niklewicz
Przemysław Pełka
Artur Wiśniewski

Korekta
Jolanta Stal
Małgorzata Kłosowicz

Łamanie
Piotr Poniedziałek

ISBN 978-83-240-4866-3

Książki z dobrej strony: www.znak.com.pl
Więcej o naszych autorach i książkach: www.wydawnictwoznak.pl
Społeczny Instytut Wydawniczy Znak
ul. Kościuszki 37, 30-105 Kraków
Dział sprzedaży: tel. 12 61 99 569, e-mail: czytelnicy@znak.com.pl

Wydanie III, Kraków 2018
Druk: CPI Moravia Books s.r.o.

RICHARD P. FEYNMAN – URWISOWATY GENIUSZ

W życiu codziennym coraz częściej korzystamy z urządzeń, których działania nie rozumiemy – naciskamy klawisze lub przyciski, nie zdając sobie sprawy z tego, co się tam w środku dzieje. Już niemal każdy siedział przy komputerze, trzymał w ręku telefon komórkowy, robił zdjęcia aparatem cyfrowym, korzystał z kuchenki mikrofalowej lub odtwarzacza płyt kompaktowych. Niemal niepostrzeżenie te nowe gadżety pojawiły się w naszych domach.

Wiek XX przeszedł do historii jako okres niespotykanego wcześniej rozwoju nauki i techniki. Dokonano niezwykłych odkryć, wystarczy wspomnieć choćby bombę atomową, tranzystor czy laser. Rozszyfrowano strukturę DNA i kod genetyczny, sporządzono mapę genomu człowieka, rozwinięto bioinżynierię. Niewyobrażalnie powiększył się zakres obserwowalnych zjawisk. Okazało się, że żyjemy w ogromnym Wszechświecie złożonym z miliardów galaktyk, takich jak nasza Droga Mleczna, w której istnieją miliardy Słońc. Badamy niewyobrażalnie małe obiekty: wniknęliśmy we wnętrza protonów i neutronów – podstawowych składników jąder atomowych – i znaleźliśmy tam jeszcze mniejsze, bardziej fundamentalne cegiełki materii – kwarki. Pomimo tego oszałamiającego postępu nadal nie wiemy, jak funkcjonuje nasz mózg, jak powstało życie, czy istnieją jakieś bardziej fundamentalne cząstki na poziomie subkwarkowym, czy jesteśmy sami we Wszechświecie. Tę listę podstawowych pytań można by uzupełniać jeszcze bardzo długo.

Ogromny postęp to wynik pracy wielu zespołów naukowców i inżynierów, których liczba w ostatnim stuleciu wzrosła kilkudziesięciokrotnie. Niektóre wielkie, przełomowe odkrycia były dziełem genialnych jednostek. Sztandarowe przykłady to: Einstein, Planck oraz Crick i Watson. W tej plejadzie znakomitości nauki XX wieku poczesne miejsce zajmuje Richard P. Feynman.

Powszechnie uważa się, że naukowiec, a w szczególności genialny naukowiec, to bardzo poważny Pan lub Pani, którzy zupełnie zapomnieli o Bożym świecie i nie interesują się niczym prócz swojej wąskiej dziedziny badań. Taki obraz ascetycznego mnicha nauki (znajdującego się często na pograniczu normalności) propagowały i nadal propagują media. Jak się łatwo przekonać, czytając autobiograficzną książkę Feynmana *Pan raczy żartować, panie Feynman!*, są chlubne wyjątki od tej reguły.

Tak, Richard Feynman był inny.

Urodził się i wychował w zsekularyzowanej rodzinie żydowskiej na przedmieściach Nowego Jorku. Od wczesnego dzieciństwa przejawiał niezwykłe zdolności. Już w szkole podstawowej przeprowadzał różne eksperymenty chemiczne, a jego pokój przypominał raczej laboratorium niż dziecięcą sypialnię. Przyznam, że podziwiam wyrozumiałość i odwagę jego rodziców – niektóre eksperymenty kończyły się bowiem nie tylko pojawieniem się różnego rodzaju oparów, ale też wybuchami, a nawet pożarem. Młodziutkiego Feynmana pasjonowała nie tylko chemia: rozpoznawał różne ptaki, zbierał, a następnie rozbierał różne urządzenia i mechanizmy, aby sprawdzić, jak działają.

W szkole średniej tak bardzo wyprzedzał swoich rówieśników, że nauczyciel fizyki dał mu książkę o rachunku różniczkowym i całkowym i pozwolił czytać ją na lekcjach, aby go czymś zająć. Bez problemów dostaje się na studia do MIT – jednej z najbardziej prestiżowych technicznych uczelni amerykańskich. Tam na poważnie zajmuje się fizyką i doskonali swoje zdolności rachunkowe. Poznaje nowe teorie: mechanikę kwantową i szczególną teorię względności. Wśród studentów wyróżnia się niezależnością myślenia, bezkompromisowością i głęboką wiarą w swoją intuicję. Kolekcjonuje i rozwiązuje różnego rodzaju zagadki. Lubi być w centrum uwagi. Potrafi też używać oryginalnych i niestandardowych metod, aby dowodzić swoich racji. Gdy w gronie kolegów powstaje spór o to, czy siusiamy dzięki przyciąganiu grawitacyjnemu czy nie, staje na głowie i siusia, aby udowodnić, że ta czynność fizjologiczna od grawitacji nie zależy.

Trzy lata później jest już doktorantem w Princeton, gdzie pod kierunkiem niewiele od siebie starszego Johna Wheelera wprowadza nowy opis oddziaływań między naładowanymi cząstkami. Główne idee tego podejścia referuje na seminarium, na które przyszedł nawet zaciekawiony nim Einstein i kilku innych laureatów Nagrody Nobla. Po takim „chrzcie bojowym" w 1942 roku zostaje zwerbowany do zespołu pracującego nad zbudowaniem pierwszej bomby atomowej. Jest najmłodszym członkiem tego zespołu. Na co dzień obraca się wśród najlepszych i najbardziej twórczych fizyków tego okresu. Daje się poznać jako błyskotliwy rozwiązywacz różnych trudnych problemów i znakomity organizator. Tworzy pierwszy, duży i efektywnie pracujący ośrodek obliczeniowy. Jego niezależność i bezkompromisowość często prowadzą do konfliktów z wojskowymi, którzy nadzorują całe to przedsięwzięcie.

Po wojnie przez kilka lat pracuje na Cornell University, gdzie dopracowuje swoje nowe podejście do opisu oddziaływań między cząstkami. Tu powstają słynne diagramy Feynmana, które pozwalają na dokonywanie bardzo skomplikowanych obliczeń i są wykorzystywane do dziś. W małomiasteczkowej Ithace Feynman nie jest jednak zbyt szczęśliwy. W 1950 roku przenosi się do California Institute of Technology (Kalifornijski Instytut Technologiczny, w slangu wtajemniczonych: „Caltech"), gdzie pracuje do końca życia.

Po odkryciu przez Cricka i Watsona struktury DNA przez kilka lat zajmuje się biologią molekularną i nawet sam wykonuje różne eksperymenty, ale bez większego powodzenia. W drugiej połowie lat pięćdziesiątych znowu całkowicie poświęca się fizyce. Opracowuje teorię nadciekłości – dziwnego zachowania się ciekłego helu, który sam z siebie wycieka z otwartego naczynia. Wspólnie z Murrayem Gell-Mannem opracowuje teorię oddziaływań słabych, które są odpowiedzialne za niektóre rozpady promieniotwórcze. Jego sława jako znakomitego fizyka sięga zenitu.

W lipcu 1962 roku w Jabłonnie koło Warszawy odbywała się 4. Międzynarodowa Konferencja Teorii Grawitacji. Był to dość ekskluzywny zjazd znakomitych fizyków, w którym uczestniczyli między innymi: Paul Dirac, John Wheeler, Herman Bondi, Vitalij Ginzburg, Vladimir Fock, Subramanyan Chandrasekhar i właśnie Richard Feynman. Kilka tygodni wcześniej obroniłem pracę magisterską, którą pisałem pod kierunkiem profesora Leopolda Infelda, głównego organizatora konferencji. Profesor Infeld pozwolił mi przysłuchiwać się referatom wygłaszanym na konferencji. Tam po raz pierwszy zobaczyłem Feynmana. Przez kilka dni codziennie specjalnym autokarem wracałem do Warszawy wraz z niektórymi uczestnikami konferencji, którzy mieszkali w Grand Hotelu. Feynman też mieszkał w tym hotelu. Któregoś wieczoru zapytał mnie, czy w Warszawie są jakieś kluby studenckie. W tamtych czasach najpopularniejszym klubem studenckim były Hybrydy. Ochroniarze nie mieli pojęcia, kto to jest Feynman, ale amerykański paszport i dolary zadziałały i po chwili byliśmy w środku. W Hybrydach zabawa trwała już na dobre. Feynman początkowo zwiedzał lokal, wypił dużego drinka przy barze i przyglądał się panienkom. Podczas przerwy, gdy kilkuosobowy zespół przestał grać, podszedł do muzyków i zaproponował, że zastąpi perkusistę i nauczy ich grać sambę. Nie wiedziałem, że kilka lat wcześniej Feynman był w Brazylii i aktywnie uczestniczył w słynnym karnawale, grając w jednym z zespołów. Piwo postawione całej kapeli ostatecznie przełamało lody. Zaczęli grać, początkowo nie bardzo składnie, ale po pewnym czasie wyraźnie dał się słyszeć rytm samby. Tłum na parkiecie niespecjalnie wiedział, jak się poruszać, i Feynman patrzył na nich z politowaniem. Gdy był już pewien, że zespół poradzi sobie bez niego, oddał pałeczki i porywając do tańca co ładniejsze dziewczyny, poprowadził spontaniczny kurs samby. Był niezmordowany, ale gdy zaczynało świtać, przypomniał sobie, że następnego dnia na konferencji ma wygłosić wykład, do którego nie był jeszcze w pełni przygotowany. Trzeba było szybko pożegnać się z rozbawionym towarzystwem i wracać do hotelu.

Na porannej sesji nie było Feynmana, na swój wykład przyjechał w ostatniej chwili. Widać było, że jest zdenerwowany.

Pierwszy raz miałem okazję słuchać jego wykładu. To nie był normalny wykład konferencyjny. Feynman postanowił przedstawić swoje próby stworzenia kwantowej teorii grawitacji, oparte na twórczej ekstrapolacji – podejściu, jakie zaproponował kilkanaście lat wcześniej do opisu oddziaływań między naładowanymi cząstkami. Feynman mówił bardzo szybko, często urywając słowa, znakomicie – jak mi później powiedziano – imitując brookliński akcent. Jego ręce były w ciągłym ruchu, chodził szybko, kołysząc się, wzdłuż tablicy, na której rysował swoje słynne diagramy i od czasu do czasu wypisywał różne równania. Można powiedzieć, że nie był to wykład, ale przedstawienie jednego aktora. Pamiętam go do dzisiaj. Zaraz po konferencji dostałem taśmy z nagraniem wykładu, z poleceniem spisania go i przygotowania do publikacji. Sam nie dałbym sobie z tym rady, przesłuchiwaliśmy te taśmy z Johnem Stachelem, młodym wówczas amerykańskim relatywistą, który został na kilka miesięcy w Warszawie, aby przygotować do publikacji materiały z konferencji. Nawet John miał kłopoty z rozszyfrowaniem niektórych fragmentów wykładu Feynmana i różne wątpliwości wyjaśniły się dopiero w trakcie autoryzacji ostatecznej wersji tekstu.

Feynmana spotkałem następnie siedem lat później na konferencji na Uniwersytecie Stanforda w Kalifornii. Wtedy był już laureatem Nagrody Nobla, ale to nie zmieniło jego stylu i nadal był bezpośredni i bardzo impulsywny. Wydawał się bardzo podniecony, bo okazało się, że ładunek elektryczny wewnątrz protonu nie jest rozłożony równomiernie – zaobserwowano wyraźne skupiska ładunku, które Feynman nazwał „partonami". To był kolejny wielki przełom. Okazało się, że partony, jeżeli nie są tylko wymysłem teoretyków, ale faktycznie istnieją, powinny posiadać ładunek mniejszy od ładunku jednostkowego, który dotychczas uważano za podstawowy kwant ładunku. Sprawę wyjaśnił wkrótce wielki rywal Feynmana – Gell-Mann, wprowadzając koncepcję kwarków. Jeżeli pominąć znak, to ładunek elektryczny kwarków wynosi ⅓ lub ⅔ ładunku elementarnego. To był początek długiej drogi, która doprowadziła w końcu do powstania Standardowego Modelu cząstek elementarnych, który zaskakująco dobrze opisuje wszystkie znane obecnie cząstki elementarne i ich podstawowe własności.

Feynmana poznałem lepiej podczas sześciomiesięcznego pobytu w Caltech w 1974 roku. Pamiętam, jak kilka dni po przyjeździe Feynman oprowadzał mnie po całej uczelni. Zaprowadził mnie do atrium w budynku samorządu studenckiego. Na ścianach wokół atrium rozmieszczone były płaskorzeźby przedstawiające różnych znakomitych myślicieli i naukowców – były tam podobizny Arystotelesa, Platona, Euklidesa, Kopernika, Galileusza, Darwina, a wśród nich byli również Feynman i Gell-Mann. Feynman uśmiechnął się i powiedział: „Popatrz, oprowadza cię chodząca mumia".

Później spotykałem Feynmana wielokrotnie, czasami zapraszał mnie na lunch do Faculty Club, wypytywał o czarne dziury i początek Wszechświata. Kiedy zrobiło się bardzo gorąco, Feynman zabrał mnie na plażę na południe od Los Angeles. Poszliśmy na długi spacer i gdy zrobiło się już pusto, usiedliśmy na piasku. Feynman powiedział mi: „Popatrz na tę biegnącą falę, góra cząstek, każda bezmyślnie zajęta sobą, są ich miliardy, a jednak wspólnie tworzą tę pieniącą się falę. W niewyobrażalnie zamierzchłej przeszłości, zanim jakiekolwiek oczy mogły je oglądać, rok po roku, dzień po dniu z szumem rozbryzgiwały się o brzeg tak jak teraz. Dla kogo, po co? Na martwej planecie bez żadnych śladów życia... Zawsze w ruchu, napędzane energią traconą rozrzutnie przez Słońce, wyrzucaną w bezmiar przestrzeni. Ten strumień fotonów powoduje falowanie i szum morza. W głębinach morskich wszystkie cząstki powtarzają te same ruchy – jak niekończący się balet – aż w końcu powstają bardziej złożone cząstki. One tworzą inne, podobne do siebie i zaczyna się nowy taniec. Stopniowo powiększają się i stają się coraz bardziej złożone. Zaczynają się odtwarzać – pojawia się życie, ogromne skupiska zorganizowanych atomów, DNA, białka – choreografia się komplikuje, staje się coraz bardziej złożona. Z tej wodnej kołyski życie wychodzi na ląd i oto tu stoi – układ wielu miliardów atomów obdarzony świadomością – materia obdarzona ciekawością. Stoję na brzegu morza zadumany nad tym zadziwiającym światem, ja-wszechświat atomów, jak jeden atom w tym ogromnym wszechświecie. Dlaczego? Po co?".

Na zakończenie roku akademickiego w każdej uczelni amerykańskiej uroczyście rozdaje się dyplomy abiturientom. Wszyscy przebierają się w togi i w długiej procesji zasiadają przed podium. Ktoś wybitny wygłasza mowę, a następnie każdy z abiturientów indywidualnie odbiera dyplom od prezydenta uczelni. W 1974 roku w Caltech przemawiał Feynman. Zaczynającym samodzielne życie zawodowe młodym ludziom powiedział: „Miejcie oczy szeroko otwarte, bądźcie krytycznie nastawieni do wszystkiego, nie przyjmujcie żadnej prawdy bez głębokiego zastanowienia, obnażajcie i tępcie półprawdy i demagogię, nauczcie się podziwiać piękno otaczającego nas świata i nad wszystkim – i o wszystkim – myślcie!".

Te rady Feynman sam stosował w codziennym życiu. Jak są efektywne (choć bardzo proste!), pokazał, występując przed specjalną komisją Kongresu Stanów Zjednoczonych badającą przyczyny tragedii promu kosmicznego Challenger, który 28 stycznia 1986 roku eksplodował chwilę po starcie. Na oczach całej komisji i milionów widzów, którzy śledzili przebieg jej prac przed telewizorami, przeprowadził prosty eksperyment. Do dużego szklanego naczynia wypełnionego wodą z lodem włożył kawałek gumowej uszczelki, która miała uniemożliwiać ucieczkę gorącego gazu z tulei łączącej dwa segmenty rakiety. Okazało się, że po ochłodzeniu do temperatury bliskiej zeru guma stawała się krucha. Tak się fatalnie złożyło, że noc poprzedzająca start Challengera była bardzo zimna i cały prom pokrył się cienką warstwą lodu. Start został opóźniony do czasu roztopienia się lodu, ale to nie wystarczyło i przynajmniej jedna uszczelka nie odzyskała elastycznych własności.

Czytając autobiografię Feynmana, warto pamiętać o tym, że opisane tam żarty i anegdoty zawierają głęboki przekaz. Uczmy się od niego patrzeć na otaczający nas świat inaczej, tak jakbyśmy byli przybyszami z innej planety, krytycznie analizujmy zwyczaje i poglądy Ziemian. Choć pewnie nie zmienimy przez to świata, będziemy go widzieli bardziej prawdziwym, bardziej takim, jaki jest naprawdę.

Marek Demiański
Instytut Fizyki Teoretycznej
Uniwersytetu Warszawskiego

PRZEDMOWA

Opowieści opublikowane w tej książce gromadziłem nieregularnie i nieformalnie w ciągu lat wspólnego grania na bębnach z Richardem Feynmanem. Każda opowieść z osobna wydaje mi się zabawna, a cały zbiór zadziwiający: czasami trudno uwierzyć, że jednej osobie przytrafiło się w życiu tyle wspaniałych i szalonych rzeczy; z kolei to, że jednej osobie udało się w jednym życiu uknuć tyle niewinnych psot, powinno być dla nas wszystkich budujące!

Ralph Leighton

NOTA DO WYDANIA ROCZNICOWEGO

Niegasnące zainteresowanie Richardem Feynmanem ponad trzydzieści lat po publikacji *Pan raczy żartować, panie Feynman!* przypomina mi o słowach, które pod koniec życia często wypowiadał z błyskiem w oku: „Jeszcze nie umarłem!".

Setna rocznica urodzin Feynmana zainspirowała mnie do przemyśleń, które są zbyt długie, aby je tutaj zamieszczać. Można je znaleźć (zakładając, że Internet wciąż będzie istniał w swojej obecnej formie, kiedy będziecie to czytali) na Feynman.com.

RL

WSTĘP

Dokładnie pamiętam, kiedy zakochałem się w Richardzie Feynmanie.

Byłem ze znajomą na wakacjach w Santa Barbara. Jednym z moich ulubionych sposobów na odpoczynek jest uczenie się, więc poszliśmy do biblioteki i zaczęliśmy grzebać w kartotece filmów na szpulach (było to w połowie lat osiemdziesiątych). Znaleźliśmy między innymi słynne wykłady Feynmana z Cornell University.

W ciągu dnia chodziliśmy na plażę. Wieczorem włączaliśmy projektor i oglądaliśmy Feynmana. Byłem jak zahipnotyzowany. Zawsze interesowałem się naukami ścisłymi, ale nigdy wcześniej nie widziałem, żeby ktoś mówił o fizyce w tak rozrywkowy i przystępny sposób. Skomplikowane tematy, takie jak prawo ciążenia, Feynman tłumaczył prostym językiem, który potrafi zrozumieć każdy, i przykuwał uwagę studentów wciągającymi historiami. Jego wykłady zrobiły na mnie takie wrażenie, że w końcu Microsoft zamieścił je w Internecie, aby każdy mógł je oglądać za darmo.

Feynman był jednak kimś więcej niż tylko niesamowitym naukowcem i genialnym nauczycielem. Był również jedną z najciekawszych postaci swojej epoki. Łatwo to docenić,

WSTĘP

kiedy się widzi, jak rektor Cornell przedstawia go na początku pierwszego wykładu. Szybko odbębnia standardowe informacje biograficzne, a potem mówi o tym, co wyróżnia Feynmana: o szacunku, jakim darzą go inni naukowcy, o umiejętności otwierania sejfów i talencie do gry na bongosach.

Kiedy Feynman w końcu wstaje, żeby zabrać głos, rzuca następujący żart: to dziwne, mówi, że kiedy zapraszają go, żeby zagrał na bongosach, „prezentująca mnie osoba jakoś nigdy nie uznaje za wskazane wspomnieć, że zajmuję się również fizyką teoretyczną".

Ta uwaga to Feynman w pigułce. Jego poczucie humoru i umiejętność tworzenia mitów o sobie samym to bardzo ważne powody, dla których *Pan raczy żartować, panie Feynman!* ponad trzy dekady po publikacji nadal zalicza się do klasyki.

Zawarte w tej książce historie są tak urocze, że będziecie chcieli się nimi podzielić ze znajomymi i rodziną. Moja ulubiona dotyczy pierwszej wizyty Feynmana w Oak Ridge National Laboratory, w związku z udziałem w projekcie Manhattan. Grupa wojskowych poprosiła go o wskazanie słabych punktów na podstawie rzutu laboratorium, ale Feynman nie umiał czytać rzutów. Pokazał na kwadracik z iksem i spytał, co by się stało, gdyby zawór się zatkał, licząc na to, że ktoś go poprawi i przy okazji poinformuje, co ten symbol naprawdę znaczy.

Feynman nie tylko był genialny, ale również miał fart, ponieważ nie dość, że ten symbol oznaczał zawór, to jeszcze istniał w tym obszarze problem, który wymagał naprawienia. Koledzy podziwiali go za bystrość umysłu i spytali, jak on to robi. Jego odpowiedź jak zawsze była szczera i rzeczowa: „Próbujesz ustalić, czy to jest zawór, czy nie".

Fizyk jądrowy Hans Bethe nazwał kiedyś doktora Feynmana „magikiem". Miał rację. Potrzeba trochę magii, żeby nauki

WSTĘP

ścisłe wydawały się takie rozrywkowe, wciągające i proste jak u Feynmana. Niezależnie od tego, czy czytacie *Pan raczy żartować, panie Feynman!* po raz pierwszy czy piąty, mam nadzieję, że sprawi wam to nie mniejszą przyjemność niż mnie.

Bill Gates

WSTĘP DO POPRZEDNIEGO WYDANIA

Mam nadzieję, że nie będą to jedyne wspomnienia Richarda Feynmana. Z pewnością dają one prawdziwy obraz wielu cech jego charakteru – jego niemal nałogowej potrzeby rozwiązywania zagadek, prowokacyjnej figlarności, odrazy do snobizmu i obłudy oraz umiejętności przelicytowania każdego, kto usiłuje przelicytować jego! Ta książka to wspaniała lektura: skandaliczna, szokująca, pulsująca życiem i bardzo ludzka.

Przecież zaledwie zahacza o to, co w życiu Feynmana najważniejsze: o naukę. Widzimy ją tu i ówdzie, jako tło tej czy innej anegdoty, lecz nigdy jako sedno życia Feynmana, a o tym, że nauka była sednem jego życia, wiedzą całe pokolenia jego studentów i kolegów. Może za dużo wymagam. Może nie istnieje sposób, by w tak rozkosznych opowieściach oddać sens pracy Feynmana, wyzwania i frustracje, entuzjazm odkryć i głęboką radość poznania naukowego, które było źródłem szczęścia w jego życiu.

Byłem jego studentem i dobrze pamiętam atmosferę wykładów. Gdy wchodziliśmy, stał uśmiechnięty, a o blat stołu wystukiwał palcami skomplikowany rytm. Gdy spóźnialscy usiedli na miejscach, brał do ręki kredę i obracał nią szybko w palcach, jak zawodowy hazardzista sztonem w kasynie, wciąż

WSTĘP DO POPRZEDNIEGO WYDANIA

uśmiechając się radośnie, jakby przypomniał sobie jakiś dowcip. A potem – wciąż uśmiechnięty – mówił do nas o fizyce, za pomocą wykresów i równań dzielił się z nami swym pojęciem o świecie. Tego uśmiechu i błysku w oku nie wywołał jakiś przypomniany dowcip, lecz fizyka. Radość fizyki! Radość zaraźliwa. Mieli szczęście ci, którzy się od niego zarazili. Teraz Wy macie okazję zarazić się radością życia *à la* Feynman.

Albert R. Hibbs
Profesor fizyki doświadczalnej
Laboratorium Napędu Odrzutowego
Kalifornijski Instytut Technologiczny

VITA MEA

Trochę chronologii: urodziłem się w 1918 roku w małym miasteczku Far Rockaway na obrzeżach Nowego Jorku, blisko morza. Mieszkałem tam do siedemnastego roku życia. Od 1935 roku przez cztery lata studiowałem na MIT*, potem przeniosłem się do Princeton. Podczas studiów w Princeton zacząłem pracować dla projektu Manhattan**, by w kwietniu 1943 roku przenieść się do samego Los Alamos, skąd w październiku lub listopadzie 1946 roku pojechałem do Cornell.

W 1941 roku ożeniłem się z Arlene, która zmarła na gruźlicę w 1946 roku, kiedy ja byłem w Los Alamos.

W Cornell pracowałem do 1951 roku. Latem 1949 roku pojechałem do Brazylii, gdzie spędziłem jeszcze dziesięć miesięcy w 1951 roku, po czym przeniosłem się na Caltech, gdzie jestem do dziś.

Pod koniec 1951 roku pojechałem na parę tygodni do Japonii, a rok lub dwa lata później jeszcze raz, tuż po ślubie z moją drugą żoną, Mary Lou.

Teraz jestem żonaty z Gweneth, która jest Angielką, i mamy dwoje dzieci, Carla i Michelle.

R.P.F.

---

* Massachusetts Institute of Technology (przyp. tłum.).
** Prace nad budową pierwszej bomby atomowej (przyp. tłum.).

Od Far Rockaway
do MIT

TEN CHŁOPAK NAPRAWIA RADIA MYŚLENIEM!

Kiedy miałem jedenaście lub dwanaście lat, urządziłem sobie w domu laboratorium. Miałem tam starą drewnianą skrzynię pakunkową, w której pozakładałem półki. Stał tam piecyk, na którym cały czas smażyłem sobie frytki. Miałem też akumulator i obwód lampowy.

Aby skonstruować obwód lampowy, poszedłem do sklepu elektrycznego i kupiłem kilka gniazdek, które można przykręcić do kawałka deski, a następnie połączyłem je drutem dzwonkowym. Wiedziałem, że za pomocą różnych konfiguracji wyłączników – w układzie szeregowym lub równoległym – mogę otrzymać różne napięcia. Nie zdawałem sobie jednak sprawy, że opór żarówki zależy od jej temperatury, więc wyniki moich obliczeń różniły się od tego, co naprawdę uzyskiwałem w obwodzie. Wszystko było w porządku, kiedy żarówki były połączone szeregowo. Jarzyły się wszystkie czerwonawo – coś pięknego!

Założyłem w obwodzie bezpiecznik, na wypadek gdybym coś zwarł. Ponieważ bezpieczniki używane w domu miały za duży opór, musiałem sam go zmajstrować, biorąc kawałek folii cynowej i owijając wokół spalonego bezpiecznika. Za bezpiecznikiem miałem pięciowatową żarówkę, więc zawsze kiedy się przepalał, prąd z prostownika, który stale ładował akumulator, zapalał żarówkę. Przy żarówce na tablicy umocowałem brązowy papierek po cukierku, który po podświetleniu robił się czerwony — więc kiedy coś poszło, patrzyłem na tablicę i widziałem, że koło bezpiecznika jest czerwono. Co za frajda! Bardzo lubiłem radia. Zacząłem od odbiornika kryształkowego, który kupiłem w sklepie i słuchałem go przed snem na słuchawkach. Kiedy rodzice wracali późno do domu, zastawali mnie śpiącego ze słuchawkami na uszach i martwili się, co też mi wchodzi do głowy przez sen.

Mniej więcej w tym samym czasie wymyśliłem bardzo prosty w działaniu alarm antywłamaniowy, który składał się z dużej baterii i dzwonka podłączonego kawałkiem drutu. Kiedy drzwi do mojego pokoju otwierały się, dociskały drut do baterii i zamykały obwód, więc dzwonek dzwonił.

Pewnego razu rodzice wrócili późno z przyjęcia i po cichutku, żeby nie zbudzić dziecka, otworzyli drzwi mojego pokoju, zamierzając zdjąć mi słuchawki. Nagle, jak nie brzęknie — DING DING DING DING!!! Wyskoczyłem z łóżka, wrzeszcząc: „Działa! Działa!".

Miałem cewkę indukcyjną od forda i założyłem iskrowniki na mojej tablicy. Między iskrownikami cewki umieściłem lampę Ruhrstahla-Heraeusa z argonem. Próżnia jarzyła się od iskry na purpurowo — coś pięknego!

Pewnego dnia bawiłem się cewką indukcyjną forda, wybijając iskrami dziury w papierze, i papier się zapalił. Po chwili nie mogłem go już dłużej utrzymać, bo parzył mnie w palce, więc wrzuciłem go do metalowego kosza na śmieci, w którym było dużo gazet. Gazety szybko się palą, a w moim małym pokoiku płomień wyglądał strasznie groźnie. Zamknąłem drzwi, żeby moja matka — która grała w salonie w brydża z przyjaciółmi — nie dowiedziała się, że mam w pokoju pożar, a potem podniosłem z podłogi jakieś czasopismo i nakryłem nim kosz, żeby zdusić ogień.

TEN CHŁOPAK NAPRAWIA RADIA MYŚLENIEM!

Gdy ogień zgasł, zdjąłem czasopismo, lecz pokój zaczął wypełniać się dymem. Kosza nie dało się wziąć do ręki, bo był za gorący, więc chwyciłem go kombinerkami i wystawiłem za okno, żeby się wydymił.

Na zewnątrz silnie wiało i wiatr znów rozniecił ogień, lecz teraz nie miałem już pod ręką czasopisma. Kiedy wciągnąłem buchający płomieniami kosz do środka, żeby przykryć go czasopismem, zauważyłem, że w oknie są firanki – to się nazywa igranie z ogniem!

Znów zgasiłem czasopismem ogień i tym razem miałem je przy sobie, gdy wytrząsałem tlącą się zawartość kosza na ulicę, dwa lub trzy piętra niżej. Potem wyszedłem z pokoju, zamknąłem za sobą drzwi i powiedziałem matce, że idę się pobawić, a dym sączył się powoli za okno.

Robiłem też różne rzeczy z silniczkami elektrycznymi i skonstruowałem wzmacniacz do fotokomórki, którą kupiłem – gdy kładłem dłoń przed fotokomórką, dzwonił dzwonek. Nie majstrowałem tyle, ile bym chciał, bo mama stale wyganiała mnie na dwór, żebym się bawił. Kiedy jednak byłem w domu, większość czasu spędzałem w moim laboratorium.

Kupowałem radia na wyprzedażach. Nie miałem zbyt dużo pieniędzy, ale to były stare, zepsute radia, które zdobywałem za półdarmo i próbowałem naprawić. Zwykle były zepsute dość banalnie – gdzieś wisiał luźno jakiś kabelek albo częściowo rozwinęła się jakaś cewka – więc nie miałem problemów z ich uruchomieniem. Na jednym z takich odbiorników złapałem stację WACO w Waco, Teksas – byłem strasznie przejęty! Na tym samym lampowym odbiorniku mogłem słuchać w moim laboratorium stacji z Schenectady, która nazywała się WGN. W tych czasach wszyscy – ja, moich dwóch kuzynów, moja siostra i wszystkie dzieci z sąsiedztwa – słuchaliśmy w radio na dole programu detektywistycznego, który się nazywał Eno Crime Club (Eno od soli musujących) – największy przebój sezonu! No więc odkryłem, że w WGN, które odbierałem w laboratorium, nadają ten program o godzinę wcześniej niż w Nowym Jorku! Dowiadywałem się wcześniej, co się będzie działo, i kiedy siedzieliśmy wszyscy na dole i słuchali Eno Crime Club, mówiłem: „Wiecie co, już dawno nie daje o sobie znać ten-a-ten. Założę się, że zaraz wejdzie i uratuje sytuację".

Dwie sekundy później, tup, tup, wchodzi! Wszyscy wybałuszyli gały z podziwu, więc wyprorokowałem jeszcze parę rzeczy. Wtedy się domyślili, że to jakiś trik – że muszę skądś wiedzieć. Powiedziałem im, o co chodzi: że na górze słucham tego samego programu godzinę wcześniej.

Domyślacie się, jaki był tego skutek. Oczywiście nie mogli się doczekać normalnej pory. Musieli wszyscy siedzieć w moim laboratorium i słuchać Eno Crime Club z Schenectady na moim trzeszczącym gracie.

Mieszkaliśmy wtedy w dużym drewnianym domu, który mój dziadek zostawił w spadku swoim dzieciom. Pociągnąłem na zewnątrz kable do wszystkich pokojów i pozakładałem w nich gniazdka, więc mogłem wszędzie słuchać przez słuchawki moich radioodbiorników, które stały na górze. Miałem też głośnik – nie cały, bez obudowy.

Pewnego dnia, kiedy miałem na uszach słuchawki, podłączyłem je do głośnika i odkryłem ciekawą rzecz: kiedy dotknąłem głośnika palcem, było to słychać w słuchawkach. Podrapałem głośnik i też to usłyszałem. Odkryłem zatem, że głośnik może pełnić rolę mikrofonu i nie potrzeba nawet do tego żadnych baterii. W szkole omawialiśmy Alexandra Grahama Bella, więc zademonstrowałem działanie głośnika w połączeniu ze

TEN CHŁOPAK NAPRAWIA RADIA MYŚLENIEM!

słuchawkami. Wtedy jeszcze o tym nie wiedziałem, ale taki był właśnie prototyp telefonu skonstruowanego przez Bella.

Miałem teraz zatem mikrofon i mogłem „nadawać" z piętra na parter i z parteru na piętro za pomocą wzmacniaczy od moich przeznaczonych na szmelc radioodbiorników. Moja siostra Joan (która jest ode mnie o dziewięć lat młodsza, więc musiała mieć wtedy jakieś dwa, trzy latka) lubiła słuchać audycji z niejakim wujem Donem. Wuj Don śpiewał różne piosneczki o „grzecznych dzieciach" i czytał na antenie listy od rodziców o tym, że „Mary Taka-a-taka z Flatbush Avenue 25 obchodzi w tę sobotę urodziny".

Pewnego dnia moja kuzynka Francis i ja posadziliśmy Joan na krześle i powiedzieliśmy jej, że jest specjalna audycja, której musi posłuchać. Potem pobiegliśmy na górę i zaczęliśmy nadawać: „Tu mówi wuj Don. Przy New Broadway mieszka pewna bardzo grzeczna dziewczynka imieniem Joan, która tego-a-tego dnia będzie miała urodziny. To bardzo bystra dziewczynka". Odśpiewaliśmy piosenkę, a potem zaczęliśmy imitować muzykę: „Pindirindirin, tamdiramdiram...". Odbębniliśmy cały program, a potem zeszliśmy na dół:

– No i jak? Podobało ci się?

– Bardzo miłe. Ale dlaczego graliście muzykę ustami?

Pewnego dnia zadzwonił telefon:

– Czy to Richard Feynman?

– Tak.

– Dzwonię z hotelu. Zepsuło nam się jedno radio, słyszeliśmy, że mógłbyś nam w tej sprawie pomóc.

– Ale ja jestem tylko małym chłopcem – odparłem. – Nie jestem...

– Tak, wiemy o tym, ale mimo to chętnie byśmy cię do nas zaprosili.

Kierowniczką hotelu była moja ciotka, ale ja o tym nie wiedziałem. Poszedłem tam – co przeszło już do legendy – z wielkim śrubokrętem w tylnej kieszeni. A raczej to ja byłem mały, więc k a ż d y śrubokręt wydawał się wielki w mojej tylnej kieszeni. Pokazali mi, gdzie stoi radio, i zabrałem się do roboty. Nie mogłem się w tym za bardzo rozeznać, ale pomagał mi hotelowy „złota rączka" i któryś z nas zauważył, że pokrętło głośności kręci się luźno, nie obraca cewką. Złota rączka poszedł coś przypiłować, coś pomajstrował i zaczęło działać.

Następne radio, które próbowałem naprawić, było zupełnie głuche. Poszło mi jak z płatka: okazało się źle podłączone do kontaktu. W miarę jak fuchy robiły się bardziej skomplikowane, nabierałem coraz większej wprawy, no i zacząłem się oprzyrządowywać. Kupiłem w Nowym Jorku miliamperomierz, który przerobiłem na kilkuskalowy woltomierz za pomocą kawałków bardzo cienkiego drutu miedzianego o odpowiednich długościach (które sam wyliczyłem). Woltomierz nie był zbyt dokładny, ale wystarczył, żeby stwierdzić, czy napięcia w poszczególnych obwodach mieszczą się w granicach przyzwoitości.

Głównym powodem, dla którego ludzie zlecali mi naprawy, był Wielki Kryzys. Nie mieli pieniędzy na oddanie odbiorników do warsztatu, a słyszeli o smarkaczu, który robi to taniej. Włazilem więc na dachy naprawiać anteny i robiłem mnóstwo innych dziwnych rzeczy. Przy okazji stale rosło moje obeznanie z elektroniką. Kiedyś dostałem zlecenie, żeby przerobić odbiornik zasilany prądem stałym na zasilany prądem zmiennym. Musiałem coś spartaczyć, bo strasznie buczało. Nie powinienem się był połakomić na tę fuchę, ale nie przewidziałem, że to przekracza moje możliwości.

TEN CHŁOPAK NAPRAWIA RADIA MYŚLENIEM!

Jedno zlecenie było bardzo osobliwe. Pracowałem wtedy u drukarza. Jego znajomy wiedział, że naprawiam radia, więc przyjechał po mnie do drukarni. Widać, że facet nie śmierdzi groszem – samochód mu się kompletnie rozlatuje i jedziemy do jego domu w biednej dzielnicy. Po drodze pytam:
– Co się dzieje z radiem?
– Przez chwilę trochę hałasuje, kiedy włączam, potem przestaje, ale nie lubię, jak mi tak hałasuje.

Myślę sobie: „Kurczę, skoro nie ma pieniędzy, to chyba mógłby jakoś przeboleć, że mu przez chwilę hałasuje".

Przez całą drogę nagabywał mnie: „Znasz się na radiach? Skąd się znasz na radiach? W twoim wieku nikt się nie zna na radiach".

On cały czas stara się mnie zdeprymować, a ja myślę: „O co mu chodzi? Tak mu przeszkadza, że trochę hałasuje?".

Ale kiedy dojechaliśmy na miejsce i włączyłem radio, wszystko zrozumiałem. Trochę hałasuje? Jejku! Nic dziwnego, że biedak miał tego dość. Radio po prostu ryczało i całe podskakiwało – BU-RUM-DU-DUM. S t r a s z n i e hałasowało. Potem się uspokajało. „Skąd to się może brać?" – myślałem.

Zacząłem spacerować po pokoju i główkować. Wreszcie wymyśliłem, że jest tylko jedno wytłumaczenie: lampy rozgrzewają się w złej kolejności, to znaczy wzmacniacz jest już gorący, lampy gotowe do działania, ale nic nie dostają, bo układ wysokiej częstotliwości jeszcze się nie rozgrzał – i dlatego tak hałasuje, bo wzmacniacz wzmacnia, co popadnie. Potem, kiedy układ wysokich częstotliwości wreszcie się uruchamia i napięcia siatki się wyrównują, wszystko jest w porządku.

Facet mówi do mnie:
– Co ty robisz? Przyszedłeś naprawić radio i chodzisz sobie po pokoju?

– Myślę! – odpowiadam. Potem powiedziałem do siebie: „Dobra, wyjmij wszystkie lampy i powkładaj w dokładnie odwrotnej kolejności". (W tych czasach wiele odbiorników miało jednakowe lampy w różnych miejscach – chyba dwieściedwunastki, 212-A). Zmieniłem kolejność lamp, obszedłem radio dokoła, włączyłem – cichutkie jak baranek: czeka, aż wszystko się rozgrzeje, a potem gra czyściutko, bez żadnych hałasów.

Kiedy ktoś był wobec ciebie nieufny, a potem ty wykonasz taki numer, robi się strasznie miły, żeby się zrehabilitować. Ten facet załatwiał mi potem inne zlecenia i wszystkim powtarzał, jaki ze mnie geniusz: „Ten chłopak naprawia radia m y ś l e n i e m!". Nigdy wcześniej nie przyszło mu do głowy, że naprawienie radia może polegać na myśleniu.

Układy w radioodbiornikach były w tych czasach łatwiejsze do rozszyfrowania, ponieważ wszystko było na wierzchu. Gdy rozkręciłeś pudło (największym problemem było zlokalizowanie właściwych śrubek), widziałeś, że tu jest opornik, tu jest kondensator, tu jest to, tu jest tamto. Wszystko było podpisane. Jeśli z kondensatora kapał wosk, to znaczyło, że jest za gorący, czyli się spalił. Jeżeli jeden z oporników był przyczerniały, też wiedziałeś, w którym miejscu coś nie gra. Jeżeli nie było nic widać na oko, można było sprawdzić woltomierzem, czy przez opornik płynie prąd. Odbiorniki były proste, układy niezbyt skomplikowane. Napięcie na siatkach wynosiło zawsze około półtora do dwóch woltów, a na płytkach – sto lub dwieście woltów, prąd stały. Dzięki temu łatwo mi było zrozumieć, jak wszystko działa, i zauważyć, co działa nie tak jak trzeba, a potem to naprawić.

Czasami zajmowało mi to sporo czasu. Pamiętam, że raz spędziłem całe popołudnie na namierzeniu jednego spalonego opornika. Miałem szczęście, że działo się to u znajomej mojej

TEN CHŁOPAK NAPRAWIA RADIA MYŚLENIEM!

matki, więc zamiast stać mi nad głową i ponaglać mnie, pytała tylko: „Chcesz jeszcze mleka? Przynieść ci kawałek ciasta?". W końcu naprawiłem to radio, ponieważ byłem, i nadal jestem, wytrwały. Kiedy natrafię na jakąś zagadkę, nie popuszczę, dopóki jej nie rozwiążę. Gdyby znajoma matki powiedziała: „Nie męcz się już, nie warto", dostałbym szału, bo skoro poświęciłem temu przeklętemu pudłu już tyle czasu, muszę mu dać radę. Nie mogę tego po prostu zostawić, skoro już tyle się dowiedziałem. Muszę w końcu rozgryźć, co jest nie tak.

Nierozwiązane zagadki mnie drażnią. To tłumaczy, dlaczego chciałem rozszyfrować hieroglify Majów, dlaczego otwierałem sejfy. Pamiętam, że gdy byłem w jednej z młodszych klas szkoły średniej, przychodził do mnie starszy kolega z zadaniami z geometrii. Nie mogłem się od nich oderwać, dopóki nie wymyśliłem rozwiązania – zajmowało mi to piętnaście do dwudziestu minut. Potem, tego samego dnia, przychodzili do mnie inni koledzy z tym samym zadaniem. Miałem dla nich odpowiedź od ręki, więc uważali mnie za jakiegoś wielkiego geniusza.

Moja sława rosła. W szkole średniej dotarły do mnie chyba wszystkie zagadki, jakie wymyślił człowiek. Znałem wszystkie, choćby najbardziej zawiłe łamigłówki. Kiedy dostałem się na MIT i poszedłem na potańcówkę, jeden ze studentów czwartego roku był tam z dziewczyną, która znała dużo zagadek – powiedział jej, że jestem w tym dobry. W pewnym momencie podeszła do mnie i zagaiła:

– Mówią, że jesteś inteligentny, więc mam dla ciebie zagadkę: jest osiem kawałków drewna do pocięcia...

– Najpierw trzeba przeciąć co drugi na trzy części – odparłem, ponieważ słyszałem tę zagadkę.

Potem co jakiś czas podchodziła do mnie z jakąś inną zagadką, ale wszystkie je znałem.

OD FAR ROCKAWAY DO MIT

Trwało to dość długo, aż wreszcie, pod koniec imprezy, dziewczyna podeszła do mnie z miną, z której wynikało, że tym razem się nie wywinę, i powiedziała:
– Matka i córka jadą do Europy...
– Córka zaraziła się dżumą.

Dziewczynę zatkało! Miałem zdecydowanie za mało danych, żeby udzielić odpowiedzi. Była to długa historia o tym, jak matka i córka zatrzymują się w hotelu, lecz biorą osobne pokoje. Kiedy następnego dnia matka idzie do pokoju córki, zastaje tam kogoś innego. Kiedy pyta hotelarza: „Gdzie jest moja córka?", ten odpowiada: „Jaka córka?". Okazuje się, że w księdze hotelowej wpisana jest tylko matka i inne dowody na istnienie córki też poznikały, więc sprawa jest wysoce tajemnicza. Odpowiedź brzmi, że córka zaraziła się dżumą, więc żeby hotel nie został zamknięty, właściciel uprowadza ją, sprząta po niej pokój i zaciera wszelkie ślady. To długa opowieść, lecz słyszałem ją już wcześniej, więc kiedy dziewczyna zaczęła od: „Matka i córka jadą do Europy", zaryzykowałem, że chodzi właśnie o tę zagadkę.

W szkole średniej mieliśmy tak zwaną drużynę algebraiczną, złożoną z pięciu osób, które jeździły do innych szkół brać udział w zawodach zespołowych. Obie drużyny siadały naprzeciwko siebie. Nauczycielka, która prowadziła zawody, wyjmowała kopertę, na której było napisane „czterdzieści pięć sekund". Otwierała kopertę, pisała zadanie na tablicy i mówiła: „Start!", czyli faktycznie mieliśmy więcej czasu niż czterdzieści pięć sekund, bo mogliśmy zacząć się zastanawiać, już kiedy pisała. Gra polegała na tym, że każdy miał kartkę papieru i mógł na niej pisać, co chciał, ale liczyła się tylko odpowiedź zakreślona kółkiem. Jeżeli poprawna odpowiedź brzmiała: „sześć książek", trzeba było napisać „6" i wziąć to w kółko. Jeżeli liczba w kółku była właściwa, twoja drużyna wygrywała.

Jedno było pewne: w tak krótkim czasie nie dało się rozwiązać zadania w normalny sposób, na przykład: „A to liczba czerwonych książek, B to liczba niebieskich książek" i tak krok po kroku, aż otrzymasz „sześć książek". To zajęłoby ci co najmniej pięćdziesiąt sekund, bo ludzie, którzy wyznaczali limit czasowy, zawsze robili tak, żeby brakło trochę czasu na rozwiązanie „po bożemu". Musiałeś więc spróbować z o b a c z y ć wynik. Czasem dało się go zobaczyć od razu, czasem trzeba było wymyślić jakąś drogę na skróty, a potem jak najszybciej wykonać rachunki algebraiczne. Nabierałem w tym coraz większej wprawy i w końcu zostałem liderem drużyny. Nauczyłem się algebry bardzo szybko, co mi się przydało na studiach. Kiedy mieliśmy rozwiązać jakieś zadanie z rachunku różniczkowo-całkowego, szybko się orientowałem, w którą stronę to powinno zmierzać, a sama algebra szła mi błyskawicznie.

W szkole średniej prócz robienia ćwiczeń z algebry zajmowałem się także układaniem zadań i twierdzeń. Kiedy robiłem cokolwiek związanego z matematyką, starałem się wymyślić jakiś praktyczny przykład zastosowania danego twierdzenia. Ułożyłem szereg zadań z trójkątami prostokątnymi, ale zamiast podawać długość dwóch boków i kazać znaleźć długość trzeciego, podawałem różnicę długości dwóch boków. Oto typowy przykład: z masztu zwisa lina. Lina jest o metr dłuższa od masztu, a kiedy ją naciągnąć pod kątem, tak aby dotykała ziemi, odległość od podstawy masztu wynosi półtora metra. Podaj wysokość masztu.

Kiedy tworzyłem równania służące do rozwiązywania tego typu zadań, odkryłem pewne prawo – być może było to $\sin^2 + \cos^2 = 1$ – które przypomniało mi o trygonometrii. Parę lat wcześniej, kiedy miałem jedenaście albo dwanaście lat, przeczytałem podręcznik do trygonometrii, który wypożyczyłem w bibliotece, ale potem gdzieś zginął, a ja pamiętałem tylko, że trygonometria ma coś wspólnego ze związkami pomiędzy sinusami i cosinusami. Zacząłem więc rysować trójkąty i samodzielnie dowodzić wszystkich praw trygonometrycznych. Wyliczyłem również sinus, cosinus i tangens wszystkich kątów co pięć stopni, biorąc pięć stopni jako dane i posługując się twierdzeniami o połowie kąta, które sam udowodniłem.

Kilka lat później, kiedy zaczęliśmy się uczyć trygonometrii w szkole, nadal miałem swoje notatki i zauważyłem, że moje dowody często różniły się od podanych w podręczniku. Czasem robiłem straszne łamańce, podczas gdy istniał znacznie prostszy sposób. Zdarzało się jednak odwrotnie – dowód podany w podręczniku był znacznie bardziej skomplikowany! W sumie byliśmy mniej więcej kwita.

Kiedy zajmowałem się trygonometrią, nie podobały mi się symbole sinusa, cosinusa, tangensa i tak dalej. „Sin f" kojarzyło mi się z „s" razy „i" razy „n" razy „f"! Wymyśliłem więc inny symbol, małą sigmę z przedłużonym ogonkiem, pod którym wpisywałem f. Za tangens podstawiałem taf z przedłużoną poprzeczką, a za cosinus gammę, która przypominała raczej pierwiastek kwadratowy.

Jako symbolu odwrotności sinusa też używałem sigmy, tyle że lustrzanego odbicia, z przedłużonym w lewo „daszkiem", pod który wstawiałem wartość. TAK powinna wyglądać odwrotność sinusa, a nie $\sin^{-1}$, jak podawali w książkach! Dla mnie $\sin^{-1}$ oznaczał inną funkcję: $(\sin^{-1})(x)$. Czyli moje symbole były lepsze.

Nie podobało mi się $f(x)$ – też przypominało mi f razy x. Nie podobało mi się dy/dx – można przez nieuwagę obustronnie skasować d, jak w równaniach – więc wymyśliłem symbol podobny do &. Logarytm to było L z przedłużoną podstawą, a liczbę logarytmowaną wstawiałem do środka.

Uważałem, że moje symbole nie są gorsze, a może nawet lepsze od normalnych. Sądziłem, że nie ma znaczenia, jakich symboli się używa, ale zmuszony byłem zmienić zdanie. Tłumaczyłem coś kiedyś koledze w szkole średniej za pomocą moich symboli, a on spytał, co to za hieroglify. Zdałem sobie sprawę, że jeśli mam rozmawiać o matematyce z innymi ludźmi, muszę stosować standardowe symbole, więc w końcu zrezygnowałem z moich własnych.

Ułożyłem też zestaw symboli składających się wyłącznie ze znaków dostępnych w maszynie do pisania (tak jak w FORTRANIE), żeby nie musieć pisać równań ręcznie. Naprawiałem też maszyny do pisania za pomocą spinaczy i gumek krawieckich (gumki wtedy nie pękały jak te dzisiejsze), ale nie za pieniądze. Interesowało mnie samo odkrycie, co nie działa, i wykombinowanie, jak to naprawić – ciekawiło mnie to jak wszystkie zagadki.

FASOLKA SZPARAGOWA

Miałem siedemnaście albo osiemnaście lat, kiedy zatrudniłem się na lato do pracy w hotelu prowadzonym przez moją ciotkę. Nie pamiętam dokładnie, ile zarabiałem – chyba dwadzieścia dwa dolary miesięcznie.

Pracowałem na przemian jedenaście i trzynaście godzin dziennie jako recepcjonista i pomocnik kelnera w restauracji. Do obowiązków recepcjonisty należało zaniesienie mleka na górę do pani D., inwalidki, która nigdy nie dała żadnemu z nas napiwku. Taki był wtedy świat: pracowało się dzień w dzień po kilkanaście godzin i nic się z tego nie miało.

Hotel stał w miejscowości wypoczynkowej koło plaży, na obrzeżach Nowego Jorku. Mężowie jeździli do miasta pracować, żony zaś skracały sobie oczekiwanie grą w karty, więc trzeba było przygotować stoliki do brydża. Wieczorem z kolei mężczyźni grali w pokera, trzeba więc było opróżniać popielniczki i tak dalej. Zawsze byłem na nogach do późna w nocy, czasem do drugiej, więc dzień pracy rzeczywiście trwał trzynaście lub jedenaście godzin.

Pewne rzeczy mi się nie podobały, na przykład napiwki. Uważałem, że powinni nam płacić większą pensję, wtedy napiwki byłyby niepotrzebne. Kiedy zaproponowałem ten pomysł szefowej, skwitowała go śmiechem. „Richard nie chce napiwków, hi, hi, hi. Richard nie chce napiwków, ha, ha, ha", rozpowiadała wszystkim. Na świecie roi się od takich zadufanych w sobie mądrali, którzy nic nie rozumieją.

W pewnym okresie mieliśmy grupę mężczyzn, którzy zaraz po powrocie z pracy wołali o lód do whiskey. Człowiek, który ze mną pracował, był na stałe zatrudniony jako recepcjonista, więc miał dużo więcej doświadczenia niż ja. Kiedyś powiedział do mnie: „Słuchaj, ciągle przynosimy lód temu Ungarowi, a jeszcze nigdy nie dał nam napiwku – choćby dziesięciu centów. Następnym razem, kiedy on poprosi o lód, ty po prostu wróć do recepcji. Kiedy cię zawoła, powiedz:»Och, najmocniej przepraszam, zapomniałem. Każdemu może się zdarzyć, że o czymś zapomni«".

Zrobiłem, jak mi kazał, i dostałem od Ungara dziesięć centów! Lecz teraz, gdy się nad tym zastanawiam, zdaję sobie sprawę, że ten drugi facet, zawodowy recepcjonista, rzeczywiście był starym wyjadaczem – wypuścił na gościa kogo innego! Ja wytresowałem Ungara, ryzykując, że dostanę burę, a on zgarniał napiwki.

Jako pomocnik kelnera miałem za zadanie sprzątać stoły w jadalni. Kładło się wszystkie talerze na tacy na wózku, a kiedy sterta urosła, zawoziło się tacę do kuchni i brało nową. Powinno się to zrobić dwoma ruchami – odstawić pełną tacę, potem położyć na wózku pustą – ale ja pomyślałem sobie: „Spróbuję zrobić to jednym ruchem". Jedną ręką wsuwałem nową tacę pod spód, a drugą odstawiałem starą, i nagle – TRACH! Wszystko poleciało na podłogę. Naturalnie nie obeszło się bez pytania: „Coś ty zrobił? Jak to się stało?". Jak miałem im wytłumaczyć, że testowałem nową metodę wymiany tac?

Wśród deserów był torcik kawowy, który bardzo ładnie się prezentował na ozdobnej podkładce na talerzyku. Deserami zajmował się człowiek, którego nazywaliśmy... deserowcem. Kiedyś musiał chyba być górnikiem albo kimś w tym rodzaju – umięśniony, szczeciniasty, grube, serdelkowate palce. Brał stos podkładek, które wytłacza się na jakiejś prasie, więc są wszystkie sklejone razem, i próbował je rozdzielić swymi serdelkowatymi paluchami. Stale słyszałem, jak mówi do siebie: „Kurde, z tymi podkładkami!", i pomyślałem sobie: „Co za kontrast – klient przy stole dostaje piękny torcik na talerzyku z podkładką, a deserowiec z serdelkowatymi palcami na zapleczu powtarza: »Kurde, z tymi podkładkami!«". Taka była różnica pomiędzy rzeczywistością a pozorem.

W pierwszym dniu mojej pracy szefowa kuchni powiedziała mi, że osobie pracującej na wieczorną zmianę zwykle robi kanapkę z szynką. Powiedziałem, że lubię słodkie, więc jeżeli zostanie po kolacji jakiś deser, to reflektuję. Następnego dnia pracowałem na wieczornej zmianie do drugiej w nocy, usługując pokerzystom. Nie miałem nic do roboty, nudziłem się,

kiedy nagle przypomniałem sobie, że czeka na mnie deser. Poszedłem do lodówki, otworzyłem ją – zostawiła mi sześć deserów! Krem czekoladowy, ciastko, kawałki brzoskwini, budyń ryżowy, galaretka – czego tylko dusza zapragnie! Usiadłem więc i zjadłem sześć deserów – coś fantastycznego!
Następnego dnia powiedziała do mnie:
– Zostawiłam ci deser...
– To było cudowne, absolutnie cudowne! – zachwyciłem się.
– Ale zostawiłam ci sześć deserów, bo nie wiedziałam, co najbardziej lubisz.
Od tej pory zostawiała mi sześć deserów. Nie zawsze wszystkie były różne, ale zawsze było ich sześć.

Pewnego razu, gdy siedziałem w recepcji, jakaś dziewczyna zostawiła koło telefonu książkę i poszła na kolację. Zerknąłem na tytuł: był to *Życiorys Leonarda da Vinci*, więc nie mogłem się oprzeć. Poprosiłem dziewczynę, żeby mi pożyczyła książkę, i przeczytałem ją od deski do deski.

Spałem w małym pokoju na tyłach hotelu i ciągle był raban o gaszenie światła przy wychodzeniu, o czym stale zapominałem. Zainspirowany książką o Leonardzie, wymyśliłem system linek i obciążników – napełnionych wodą butelek po coli – który po otworzeniu drzwi pociągał za sznurek kontaktu. Otwierasz drzwi, system się uruchamia i zapala światło. Zamykasz drzwi za sobą, światło gaśnie. Jednakże prawdziwy sukces przyszedł później.

Byłem zatrudniany do krajania warzyw w kuchni. Fasolkę szparagową trzeba było pociąć na dwucentymetrowe kawałki. Ogólnie przyjęta metoda była następująca: bierzemy w palce dwa strączki i ucinamy je tuż przy kciuku. Było to niebezpieczne i bardzo powolne. Postanowiłem coś wymyślić i wkrótce

FASOLKA SZPARAGOWA

wpadłem na doskonały pomysł. Usiadłem przy drewnianym stole, postawiłem sobie na kolanach miskę i pod kątem czterdziestu pięciu stopni (od siebie) wbiłem w stół bardzo ostry nóż. Po obu stronach miałem stertę fasoli, do każdej ręki brałem po jednym strączku i śmigałem nimi ku sobie na tyle szybko, żeby nóż je uciął, po czym dwucentymetrowe kawałki wpadały do miski na moich kolanach.

Kraję więc fasolę jak wariat – cyk, cyk, cyk – wszyscy przynoszą mi dalsze zapasy, aż tu nagle wchodzi szefowa i pyta, co robię.

– Popatrz, jak kraję fasolę! – mówię, i w tym momencie zawadzam o nóż palcem. Polała się krew i zaczęła kapać do fasoli, więc zrobił się wielki raban: „Popatrz, ile fasoli zmarnowałeś! Co za głupie pomysły!", i tak dalej. Oczywiście mógłbym bez problemu usprawnić mój wynalazek – na przykład założyć jakąś osłonę – ale nie, miałem zabronione dalsze eksperymenty z fasolą.

Podobna historia zdarzyła się z innym wynalazkiem. Kroiliśmy ugotowane ziemniaki do jakiejś sałatki. Były lepkie i mokre, więc szło nam bardzo opornie. Wpadłem na pomysł, że można by włożyć w ramkę kilka noży, równolegle do siebie, i za jednym zamachem pokrajać całego ziemniaka. Zastanawiałem się nad tym przez długi czas, aż wreszcie wymyśliłem układ równoległych drucików w ramce.

Poszedłem do sklepu żelaznego, żeby kupić noże albo druty, i zobaczyłem dokładnie takie urządzenie, o jakie mi chodziło: do krajania jajek. Następnym razem, gdy robiliśmy sałatkę ziemniaczaną, wyjąłem moją krajarkę do jajek, błyskawicznie poszatkowałem ziemniaki i odniosłem szefowi kuchni. Był nim Niemiec, wielki dryblas i straszny despota. Wypadł z kuchni cały czerwony, żyły na szyi powychodziły mu na wierzch z wściekłości.

– Co mi tu dajesz za ziemniaki? – mówi. – Czemu nie są pokrajane?

Były pokrajane, ale pozlepiały się.

– Jak mam je porozdzielać? – pyta.

– Niech pan je włoży do wody – podpowiadam.

– DO WODY? CHRRRRRRRRR!

Następnym razem miałem n a p r a w d ę genialny pomysł. Kiedy pracowałem w recepcji, musiałem odbierać telefony. Gdy ktoś dzwonił, rozlegało się buczenie i na centralce opadała klapka, było więc wiadomo, która to linia. Kiedy pomagałem ustawiać stoły do brydża albo siedziałem na ganku w środku popołudnia (rzadko ktoś wtedy dzwonił), czasem się zdarzało, że byłem bardzo daleko od centralki, gdy rozlegał się dzwonek. Biegłem szybko, ale recepcja była tak rozplanowana, że trzeba było obiec ladę, żeby sprawdzić, skąd jest telefon – trwało to całe wieki.

Wpadłem więc na pomysł. Do klapek na centralce poprzywiązywałem nitki i przeciągnąłem przez ladę, a na końcu każdej z nitek umocowałem kawałek papieru. Postawiłem aparat na ladzie, żebym mógł do niego dosięgnąć z przodu. Teraz kiedy ktoś dzwonił, patrząc na nitki, mogłem stwierdzić, która klapka opadła, więc mogłem od razu podnieść słuchawkę. Oczywiście musiałem potem przejść do centralki, żeby połączyć rozmowę, ale przynajmniej od razu odbierałem telefon. „Chwileczkę", mówiłem i szedłem do centralki.

Uważałem, że pomysł jest doskonały, ale pewnego dnia zjawiła się szefowa – moja ciotka – i chciała s a m a odebrać telefon. Okazało się, że nie potrafi – system był zbyt skomplikowany. „Co tu robią te wszystkie papierki? Dlaczego telefon jest z tej strony? Czy ty nie możesz... wrrrrrrr!"

Usiłowałem jej wytłumaczyć, że to zupełnie w niczym nie przeszkadza, ale nie można tego powiedzieć osobie, która jest inteligentna i prowadzi hotel! Przekonałem się, że w realnym świecie wynalazcom na każdym kroku rzuca się kłody pod nogi.

KTO UKRADŁ DRZWI?

Na MIT różne konfraternie studenckie organizowały „inicjacje", podczas których pierwszoroczniacy zostawali giermkami studentów ze starszych roczników. Latem, zanim zacząłem studiować na MIT, zaproszono mnie w Nowym Jorku na spotkanie Phi Beta Delta, konfraterni żydowskiej. W tych czasach, jeśli byłeś Żydem lub wychowałeś się w żydowskiej rodzinie, nie miałeś szans zostać przyjęty do żadnej innej konfraterni. Nie miałem specjalnej ochoty zadawać się z innymi Żydami, a ludzie z Phi Beta Delta niespecjalnie się interesowali intensywnością mojego żydostwa – ja zupełnie nie interesowałem się tymi sprawami i z pewnością nie byłem w żaden sposób religijny. W każdym razie kilku konfratrów zadało mi trochę pytań i udzieliło kilku rad – na przykład żebym od razu zdał egzamin z pierwszego roku z rachunku różniczkowo-całkowego, to nie będę musiał chodzić na zajęcia. Okazało się, że była to dobra rada. Polubiłem ludzi, którzy przyjechali do Nowego Jorku na spotkanie, a z dwoma facetami, którzy mnie zaprosili, mieszkałem potem na uczelni.

Na MIT była jeszcze jedna konfraternia żydowska, nazywała się Sigma Alpha Mu. Zaproponowali mi, że mnie zawiozą do Bostonu, gdzie będę mógł zatrzymać się u nich*. Zgodziłem się i pierwszej nocy zostałem umieszczony w pokoju na piętrze.

---

* Konfraternie studenckie mieszkały razem poza campusem (przyp. tłum.).

Następnego dnia rano wyjrzałem przez okno i zobaczyłem dwóch ludzi z drugiej konfraterni (których poznałem w Nowym Jorku), jak wchodzą po schodach. Wyszli do nich jacyś studenci z SAM i zaczęła się wielka dyskusja.

Wrzasnąłem przez okno: „Hej, ja mam być z nimi!", i wybiegłem z budynku bractwa, nie zdając sobie sprawy, że oni wszyscy walczą o moje giermkostwo. Wcale się nie poczuwałem do wdzięczności za podwiezienie i nocleg.

Konfraternia Phi Beta Delta omal nie upadła rok wcześniej, ponieważ powstały dwie koterie, które doprowadziły do rozłamu. Pierwsza grupa składała się z imprezowiczów, którzy lubili tańce i późniejsze figle na tylnym siedzeniu samochodu, druga zaś z kujonów, którzy na tańce nie chodzili.

Tuż przed moim wstąpieniem do konfraterni odbyła się wielka konferencja, na której osiągnięto ważny kompromis. Przeciwstawne frakcje miały sobie nawzajem pomagać. Ustalono pewien dolny pułap ocen dla wszystkich. Jeżeli ktoś się opuścił w nauce, kujony miały udzielić mu korepetycji. Z drugiej strony, każdy musiał chodzić na wszystkie tańce. Jeżeli kujon nie potrafił sobie znaleźć partnerki, imprezowicze mieli mu kogoś załatwić. Jeżeli nie umiał tańczyć, mieli go nauczyć. Pierwsza grupa uczyła drugą myśleć, a druga pierwszą – udzielać się towarzysko.

Bardzo mi to odpowiadało, bo nie byłem zbyt wyrobiony towarzysko. Byłem taki nieśmiały, że kiedy wyjmowałem ze skrzynki pocztę i wracając, musiałem przejść obok starszych studentów, którzy siedzieli na schodach z dziewczynami, paraliżowało mnie: nie wiedziałem, jak się zachować. Wcale nie było mi łatwiej, jeśli któraś dziewczyna powiedziała: „Fajny chłopak!".

Wkrótce po tej konferencji studenci drugiego roku przyprowadzili swoje dziewczyny i ich znajome, żeby nauczyły nas

KTO UKRADŁ DRZWI?

tańczyć. Dużo później jeden z kolegów nauczył mnie prowadzić samochód. Bardzo się starali, żebyśmy my, mózgowcy, zachowywali się bardziej na luzie, i *vice versa*. Znakomicie się uzupełnialiśmy.

Nie do końca rozumiałem, co to dokładnie znaczy, że ktoś jest „towarzyski". Wkrótce po tym, jak imprezowicze nauczyli mnie podrywać dziewczyny, jadłem kiedyś sam w restauracji i zauważyłem bardzo ładną kelnerkę. Po wielkich wewnętrznych zmaganiach wreszcie zdobyłem się na to, żeby ją spytać, czy pójdzie ze mną na następną potańcówkę w konfraterni. Zgodziła się.

Kiedy wróciłem do konfraterni i zaczęła się dyskusja o partnerkach na tańce, powiedziałem, że nie potrzebują mnie z nikim umawiać – sam sobie załatwiłem dziewczynę. Byłem z siebie bardzo dumny.

Kiedy nasi arystokraci dowiedzieli się, że jestem umówiony z kelnerką, byli przerażeni. Powiedzieli, że to wykluczone. Załatwią mi „odpowiednią" dziewczynę. Uznali, że zbłądziłem, że zatraciłem poczucie miary, toteż postanowili wziąć sprawy w swoje ręce. Poszli do restauracji, znaleźli kelnerkę, przeprosili za nieporozumienie i załatwili mi inną dziewczynę. Usiłowali, że się tak wyrażę, sprowadzić swego „marnotrawnego syna" ze złej drogi, ale sądzę, że nie mieli racji. Byłem wtedy dopiero na pierwszym roku, toteż brakło mi stanowczości, żeby zabronić im odwoływać moją randkę.

Kiedy zostałem giermkiem, konfratrzy mieli już mnóstwo sposobów, by się nad nami znęcać. Wywieźli nas na przykład w środku zimy z zawiązanymi oczami na wieś i zostawili nad zamarzniętym jeziorem. Znaleźliśmy się na kompletnym odludziu – żadnych domów, nic – i mieliśmy sami wrócić do konfraterni. Mieliśmy lekkiego pietra, bo byliśmy młodzi.

Niewiele się odzywaliśmy – z wyjątkiem jednego kolegi, który nazywał się Maurice Meyer. Bez przerwy się wygłupiał, wymyślał jakieś debilne kalambury i siał atmosferę ogólnej beztroski: „Ha, ha, nie ma się o co martwić, świetna zabawa!". Zaczął nam trochę grać na nerwach. Szedł nieco z tyłu za wszystkimi i ciągle się śmiał z całej sytuacji, podczas gdy reszta nie miała pojęcia, jak się z tego wszystkiego wykaraskać.

Dotarliśmy do skrzyżowania niedaleko jeziora – dalej nie było żadnych budynków – i zaczęliśmy się zastanawiać, gdzie mamy iść, gdy dogonił nas Maurice i powiedział:

– Idziemy w tę stronę.

– A ty niby skąd wiesz, Maurice? – zdenerwowaliśmy się na niego. – Przestań się wydurniać. Dlaczego akurat w tę stronę?

– To proste: spójrzcie na linie telefoniczne. Tu jest więcej kabli, więc w tym kierunku jest centrala.

Ten facet, który sprawiał wrażenie, jakby miał wszystko gdzieś, wpadł na genialny pomysł! Posłuchaliśmy go i doszliśmy prościutko do miasta.

Następnego dnia miała się odbyć ogólnouczelniana „błotniada" (różne formy zapasów i przeciągania liny, które rozgrywają się w błocie) między pierwszym a drugim rokiem. Późno wieczorem do naszej konfraterni przyszła cała banda studentów drugiego roku – niektórych od nas, niektórych spoza konfraterni – i chcieli nas uprowadzić, żebyśmy nazajutrz byli zmęczeni.

Bez większych kłopotów związali wszystkich pierwszoroczniaków – z wyjątkiem mnie. Nie chciałem, żeby ludzie z konfraterni dowiedzieli się, że jestem „lalusiem". (Zawsze byłem kiepski w sportach. Kiedy piłka do tenisa przelatywała nad siatką na moją stronę, byłem przerażony, bo nigdy nie mogłem trafić w kort przeciwnika – z reguły zbaczała z pożądanego kierunku mniej więcej o radian). Pomyślałem, że to jest nowe środowisko, nowy świat i mogę sobie wyrobić nową reputację.

Więc żeby nie wyglądało, że nie umiem się bić, zacząłem machać na oślep pięściami jak wariat – trzech lub czterech facetów nieźle się nabiedziło, zanim mnie wreszcie związali. Drugoroczniacy zabrali nas do jakiegoś domu głęboko w lesie i przypięli do podłogi metalowymi pałąkami.

Próbowałem najrozmaitszych sposobów ucieczki, ale drugoroczniacy nas pilnowali, więc moje fortele zdały się na nic. Bardzo dokładnie pamiętam jednego kolegę, którego bali się przywiązać, taki był przerażony: twarz miał żółtozieloną i cały się trząsł. Później się dowiedziałem, że ten człowiek przyjechał z Europy – to był początek lat trzydziestych – i nie zdawał sobie sprawy, że to wszystko żarty, a wiedział, co się wtedy działo w Europie. Aż strach było na niego patrzeć, taki był przerażony.

Gdy nadszedł świt, okazało się, że pilnowało nas tylko trzech drugoroczniaków, a nas było dwudziestu. Strażnicy kilka razy odjeżdżali i przyjeżdżali samochodami, żeby sprawić wrażenie, że dużo się dzieje, a myśmy nie zauważyli, że to ciągle te same samochody i ci sami ludzie. Tę potyczkę przegraliśmy.

Tak się złożyło, że rano przyjechali moi rodzice, żeby sprawdzić, jak się synowi powodzi w Bostonie. Ludzie z konfraterni trzymali ich na zewnątrz, dopóki nie wróciliśmy z uprowadzenia. Byłem taki wycieńczony z braku snu i brudny od tarzania się po podłodze, że rodzice nie zapałali zbytnią sympatią do MIT!

Uszkodziłem sobie też szyję i kiedy stanęliśmy tego popołudnia do apelu na zajęciach z obrony cywilnej, nie byłem w stanie patrzeć prosto przed siebie. Dowódca złapał mnie za głowę i przekręcił ją, krzycząc: „Trzymać się prosto!".

Skrzywiłem się z bólu, gdy wraz z głową przekręciły się ramiona, i powiedziałem:

– To nie moja wina, sir!
– Och, przepraszam! W każdym razie dzięki temu, że walczyłem tak zawzięcie i wytrwale, żeby mnie nie związali, zyskałem sobie reputację twardziela i już nie musiałem się martwić, że odkryją we mnie lalusia – ogromna ulga.

Często przysłuchiwałem się rozmowom kolegów z pokoju, którzy studiowali fizykę teoretyczną (obaj byli na czwartym roku). Pewnego dnia strasznie się męczyli nad czymś, co mnie wydawało się banalnie proste, więc powiedziałem:
– Trzeba zastosować równanie Baronallaigo.
– Jakie znowu równanie Baronallaigo? – zdziwili się. – O czym ty mówisz?

Wyjaśniłem im, co to za równanie i jak można je zastosować do ich przypadku, i zadanie zostało rozwiązane. Miałem na myśli równanie Bernoulliego, ale ponieważ wyczytałem je z encyklopedii i z nikim o nim nie rozmawiałem, nie wiedziałem, jak to się wymawia.

Moi koledzy z pokoju byli jednak pełni podziwu i od tej pory omawiali ze mną wszystkie zadania z fizyki – nie zawsze byłem równie skuteczny – toteż rok później, kiedy sam zapisałem się na kurs, robiłem szybkie postępy. Bardzo mi się podobała taka edukacja – rozwiązywać zadania z czwartego roku i uczyć się wymowy nazwisk.

We wtorkowe wieczory lubiłem chodzić na campus do Raymor i Playmore Ballroom, dwóch połączonych sal tanecznych. Moi konfratrzy nie chodzili na te „otwarte" imprezy. Woleli swoje własne tańce, gdzie przychodziły tylko dziewczyny z wyższych sfer, które poznali w „należytych" okolicznościach. Mnie nie obchodziło pochodzenie ludzi, których poznawałem, więc chodziłem na te tańce – chociaż bracia konfratrzy sprzeciwiali się temu (byłem wtedy na trzecim roku, więc nie mogli mi zabronić) – i świetnie się bawiłem.

Pewnego wieczoru zatańczyłem kilka razy z pewną dziewczyną, ale mało się do siebie odzywaliśmy. Wreszcie powiedziała coś w rodzaju: „Dan szyszwar cotopsze".

Miała problemy z wymową, ale domyśliłem się, że powiedziała: „Tańczysz bardzo dobrze".

– Dziękuję – odparłem. – Cała przyjemność po mojej stronie.

Poszliśmy do stołu, przy którym była jej znajoma ze swoim partnerem, i siedzieliśmy razem we czwórkę. Jedna z dziewczyn niedosłyszała, druga była prawie głucha.

Rozmawiały ze sobą bardzo szybko na migi, pomagając sobie chrząknięciami. Nie przeszkadzało mi to. Dziewczyna dobrze tańczyła i była bardzo sympatyczna.

Po kolejnych kilku tańcach znów usiedliśmy do stołu, dziewczyny przez dłuższy czas migają do siebie jak najęte, po czym jedna z nich mówi do mnie coś, z czego rozumiem, że chciałyby, żebyśmy je zabrali do jakiegoś hotelu.

Pytam drugiego faceta, czy ma na to ochotę.

– A po co one chcą jechać do hotelu?

– Nie mam pojęcia. Nie umieliśmy się do końca dogadać. – Ale ja nie muszę tego wiedzieć. Na tym polega zabawa, nie wiedzieć, co się stanie. Czeka nas przygoda!

Drugi facet boi się i odmawia. Zawożę więc obie dziewczyny taksówką do hotelu i okazuje się, że odbywają się tam tańce dla głuchoniemych! Są zorganizowani w jakimś klubie. Wielu z nich w wystarczającym stopniu czuje rytm, żeby mogli tańczyć i klaskać zespołowi po każdym kawałku.

Coś fascynującego! Czułem się, jakbym się znalazł w obcym kraju, nie znając języka: mogłem mówić, ale nikt mnie nie słyszał. Wszyscy rozmawiali na migi, a ja nic nie rozumiałem! Powiedziałem mojej partnerce, żeby mnie nauczyła paru znaków, i poznałem kilka – na tej zasadzie, jak się człowiek uczy egzotycznego języka, dla zabawy.

Wszyscy byli tacy szczęśliwi i na luzie, cały czas żartowali i uśmiechali się do siebie. Nie wyglądało, żeby mieli jakieś większe trudności z porozumiewaniem się. Rozmawiali tak jak w każdym innym języku, z jednym wyjątkiem: cały czas obracali głowami na boki. Po jakimś czasie uświadomiłem sobie, czemu to robią. Kiedy ktoś chciał zwrócić na siebie czyjąś uwagę, nie mógł zawołać: „Hej, Jack!". Mógł tylko dać znak na migi, czego nie zauważysz, jeżeli nie masz w zwyczaju cały czas rozglądać się wokół siebie.

Czuli się ze sobą bardzo dobrze. Ja musiałem sam się o to postarać. Było to cudowne przeżycie.

Tańce trwały do późna, a po zakończeniu poszliśmy do kafeterii. Wszyscy pokazywali palcami to, co chcieli zamówić. Pamiętam, że ktoś spytał na migi: „Skąd jesteś?", a moja partnerka przeliterowała mu: „N-o-w-y J-o-r-k".

Wszyscy żartowali i bardzo sympatycznie wprowadzali mnie w swój świat. Chciałem kupić butelkę mleka, więc podszedłem do lady i bezgłośnie wymówiłem słowo „mleko", ruszając wargami.

Sprzedawca nie zrozumiał.

Wykonałem symbol mleka, co polega na poruszaniu w górę i w dół dwiema zaciśniętymi w pięść dłońmi, jakbyś doił krowę, ale dalej nie załapał.

Wskazałem palcem na kartkę z ceną mleka, ale również nie załapał.

Wreszcie podszedł jakiś inny klient i zamówił mleko, więc pokazałem na butelkę.

– A, mleko! – powiedział sprzedawca, a ja skinąłem głową.

KTO UKRADŁ DRZWI?

Podał mi butelkę, a ja powiedziałem: „Dziękuję bardzo!".
– Ty SKURCZYBYKU! – odparł z uśmiechem.

Kiedy byłem na MIT, lubiłem płatać ludziom figle. Pewnego razu, na zajęciach z rysunku technicznego, jeden żartowniś podniósł jakiś krzywik (kawałek plastiku, który służy do rysowania krzywych) i spytał: „Ciekawe, czy te krzywe opisuje jakiś wzór?". Zastanowiłem się chwilę i powiedziałem: „Jasne, że tak. To szczególnego typu krzywe. Pokażę ci". Wziąłem swój własny krzywik i zacząłem nim powoli obracać. Krzywik jest tak zrobiony, że w najniższym punkcie, niezależnie od ustawienia, styczna jest zawsze pozioma.

Wszyscy koledzy zaczęli obracać swymi krzywikami na wszystkie strony i przykładać w najniższym punkcie ołówek – i rzeczywiście, zawsze leżał poziomo. Byli strasznie przejęci tym „odkryciem" – chociaż na matematyce już się uczyli, że pochodna (tangens) w najniższym punkcie wynosi zero dla każdej krzywej. Nie skojarzyli sobie jednego z drugim. Sami nie wiedzieli, co wiedzą.

Jest coś niedobrego z ludźmi: nie uczą się przez zrozumienie, tylko jakoś inaczej, pewnie na pamięć. Ich wiedza jest taka krucha!

Równie podchwytliwe zadanie przedstawiłem cztery lata później w Princeton doświadczonemu naukowcowi, asystentowi Einsteina, który na pewno miał stale do czynienia z grawitacją. Zadanie było następujące: zostałeś wystrzelony w przestrzeń rakietą, w której jest zegar, na ziemi też jest zegar. Masz przykazane, żeby wylądować, kiedy na zegarze naziemnym upłynie godzina. Jednocześnie chcesz, żeby zegar na pokładzie maksymalnie spieszył. Według Einsteina im wyżej polecisz, tym bardziej zegar będzie spieszył, ponieważ w polu grawitacyjnym szybkość zegara jest proporcjonalna do odległości. Ale jeśli polecisz zbyt wysoko, będziesz musiał szybko wracać, bo masz tylko godzinę, i prędkość powrotu spowolni zegar. Pytanie brzmi, jak ustalić prędkość i osiągniętą wysokość, żeby zmaksymalizować różnicę czasu na zegarach?

Asystent Einsteina bardzo długo się zastanawiał, zanim doszedł do tego, że rozwiązaniem jest rzeczywisty ruch materii. Rakieta powinna się poruszać tak jak normalny pocisk, który spada po godzinie pod wpływem grawitacji. Jest to podstawowa zasada teorii grawitacji Einsteina – maksymalny czas pokrywa się z wierzchołkiem naturalnej krzywej grawitacyjnej. Kiedy jednak przedstawiłem to w postaci zadania z rakietą i zegarem, nie rozpoznał w nim tej zasady. Zupełnie jak moi koledzy na rysunku technicznym, ale tym razem nie chodziło o jakiegoś mułowatego pierwszoroczniaka. Okazuje się więc, że ta kruchość wiedzy jest zjawiskiem powszechnym, nawet u ludzi bardziej wykształconych.

Na trzecim i czwartym roku często jadałem kolacje w pewnej restauracji w Bostonie. Chodziłem tam sam, często dzień po dniu. Wszyscy mnie tam znali, a obsługiwała mnie zawsze ta sama kelnerka.

Byli strasznie zagonieni, stale się spieszyli, więc kiedyś, dla żartu, zamiast dziesięciocentówki (tyle wynosił wtedy normalny napiwek) zostawiłem dwie pięciocentówki, które włożyłem do dwóch szklanek: każdą ze szklanek napełniłem po brzegi wodą, wrzuciłem do środka pięciocentówkę, nakryłem szklankę kartonikiem i postawiłem na stole do góry nogami. Potem wyszarpnąłem kartonik (woda nie wycieka, bo do środka nie może dostać się powietrze – krawędź szklanki zbyt szczelnie styka się ze stołem).

KTO UKRADŁ DRZWI?

Dlaczego włożyłem napiwek do dwóch szklanek? Gdybym włożył całe dziesięć centów do jednej, kelnerka, która sprząta stoły w wielkim pośpiechu, bo następny klient już czeka, podniosłaby szklankę, woda by się wylała i byłoby po zabawie. Ale jeśli szklanki będą dwie, a ona podniesie pierwszą, co zrobi z drugą? Dobrowolnie zachlapie sobie cały stół?!

Wychodząc, ostrzegłem moją kelnerkę: „Uważaj, Sue. Te szklanki są jakieś dziwne – mają otwór u dołu, zamiast u góry!".

Następnego dnia obsługiwała mnie inna kelnerka. Tamta powiedziała, że nie chce mnie znać.

– Sue bardzo się na ciebie gniewa – powiedziała nowa kelnerka. – Gdy podniosła pierwszą szklankę i woda się rozlała, wezwała szefa. Chwilę się nad tym głowili, ale mieli inne rzeczy do roboty, więc w końcu podnieśli drugą szklankę i znów wszystko było zachlapane. Podłoga była cała mokra i Sue później się pośliznęła. Wszyscy są na ciebie wściekli.

Roześmiałem się.

– Nie ma w tym nic zabawnego! – skarciła mnie. – Co by było, gdyby ktoś t o b i e zrobił coś takiego?

– Wziąłbym głęboki talerz, a potem ostrożnie przesunął szklankę na krawędź stołu, żeby woda ściekła do talerza. Nie ma konieczności, żeby zalała podłogę. Potem wyjąłbym pięciocentówkę.

– Kurczę, to rzeczywiście proste – odparła.

Tego wieczoru zostawiłem napiwek pod filiżanką po kawie, którą postawiłem do góry nogami.

Następnego dnia znów obsługiwała mnie nowa kelnerka.

– Tym razem o co chodziło z odwracaniem filiżanki?

– Pomyślałem sobie, że mimo pośpiechu będziesz musiała pójść do kuchni po głęboki talerz, a następnie p o w o l u t k u i ostrożnie przesunąć filiżankę na skraj stołu.

– Tak zrobiłam – poskarżyła się – tyle że w środku nie było wody!

Prawdziwy majsterstyk udał mi się w konfraterni. Pewnego ranka obudziłem się bardzo wcześnie, koło piątej, i nie mogłem zasnąć, więc zszedłem na dół i zauważyłem wiszące na sznurkach kartki z napisami w rodzaju: „DRZWI! DRZWI! KTO UKRADŁ DRZWI?". Ujrzałem, że ktoś zdjął z zawiasów drzwi do jednego z pokojów, a w ich miejsce powiesił tylko tabliczkę „PROSZĘ ZAMYKAĆ DRZWI!".
Natychmiast domyśliłem się sprawcy. W pokoju tym mieszkał Pete Bernays i dwóch innych kolegów, którzy dużo się uczyli i lubili mieć spokój. Jeśli zaglądnąłeś do nich, bo czegoś szukałeś albo chciałeś spytać o rozwiązanie jakiegoś zadania, po twoim wyjściu zawsze krzyczeli za tobą: „Drzwi! Zamykaj drzwi!".

Najwyraźniej komuś się to znudziło i zdjął drzwi. Pokój miał taki układ, że były tam jeszcze jedne drzwi. Wpadłem na następujący pomysł: zdjąłem te drugie drzwi z zawiasów, zniosłem do piwnicy i schowałem za zbiornikiem z ropą. Potem po cichutku wróciłem na górę i położyłem się do łóżka.

Gdy zrobiło się już później, udałem, że zaspałem i zszedłem na dół jako jeden z ostatnich. Wszyscy latali jak z piórkiem, a Pete i jego współlokatorzy strasznie się martwili: ktoś im zabrał drzwi, a oni muszą się uczyć *et cetera*. Gdy schodziłem po schodach, spytali:

– Feynman! To ty zabrałeś drzwi?

– Jasne, że ja – odparłem. – Popatrzcie, otarłem sobie palce o ścianę, gdy znosiłem drzwi do piwnicy.

Moja odpowiedź nie zadowoliła ich. Prawdę mówiąc, nie uwierzyli mi.

KTO UKRADŁ DRZWI?

Faceci, którzy zabrali pierwsze drzwi, zostawili po sobie tyle poszlak – na przykład charakter pisma – że wkrótce ich wykryto. Moja koncepcja polegała na tym, że po wykryciu sprawców kradzieży pierwszych drzwi wszyscy posądzą ich również o kradzież drugich. Wszystko poszło tak, jak sobie uknułem: kolegów, którzy zabrali pierwsze drzwi, maglowano, torturowano i dręczono, aż wreszcie z najwyższym trudem zdołali przekonać swych prześladowców, że wzięli tylko jedne drzwi, choć wydawało się to niewiarygodne.

Przysłuchiwałem się temu wszystkiemu i byłem szczęśliwy.

Przez następny tydzień poszukiwania drugich drzwi nie przyniosły żadnych efektów, więc dla kolegów, którzy się uczyli w tym pokoju, sytuacja stała się krytyczna.

Wreszcie prezes konfraterni powiedział przy kolacji:
– Musimy rozwiązać problem drugich drzwi. Sam nie zdołałem nic wymyślić, więc prosiłbym o sugestie ze strony was wszystkich, ponieważ Pete i koledzy nie mogą się uczyć w takich warunkach.

Ktoś wysuwa jakiś pomysł, potem ktoś następny.

Po chwili wstaję ja.

– No dobra – zaczynam sarkastycznym tonem. – Kimkolwiek jesteś, ty, który zabrałeś drzwi, wiemy, jaki jesteś wspaniały, jaki jesteś sprytny! Nie potrafimy cię wytropić, więc musisz być jakimś wyjątkowym geniuszem. Nie musisz nam zdradzać, kim jesteś, wystarczy, że dasz znać, gdzie są drzwi. Jeżeli zostawisz gdzieś kartkę, na której podasz, gdzie one są, wszyscy przyznamy, że jesteś wyjątkowym geniuszem, że jesteś wprost niebywale sprytny, bo zabrałeś drzwi i tak doskonale zatarłeś ślady, że przez tydzień nie potrafiliśmy cię namierzyć. Ale, na miłość boską, zostaw gdzieś kartkę, a my będziemy ci za to dozgonnie wdzięczni.

Następny kolega występuje z kolejną propozycją:
— Mam inny pomysł — mówi. — Myślę, że ty, jako prezes, powinieneś zapytać każdego, czy zabrał drzwi, na słowo honoru członka konfraterni.
— Znakomity pomysł — mówi prezes. — A więc na słowo honoru członka konfraterni! — Zaczyna chodzić wokół stołu i pyta każdego po kolei: — Jack, zabrałeś drzwi?
— Nie, nie zabrałem drzwi.
— Tim, zabrałeś drzwi?
— Nie, nie zabrałem drzwi.
— Maurice, zabrałeś drzwi?
— Nie, nie zabrałem drzwi.
— Feynman, zabrałeś drzwi?
— Jasne, że zabrałem.
— Przestań, Feynman, to nie są żarty! Sam! Zabrałeś drzwi... — i tak w koło. Wszyscy byli w s t r z ą ś n i ę c i. Był pośród nas jakiś n i k c z e m n i k, który sobie bimbał ze słowa honoru członka konfraterni!

W nocy zostawiłem w widocznym miejscu kartkę z rysunkiem zbiornika na olej i ukrytymi z tyłu drzwiami, więc następnego dnia znaleźli je i wstawili.

Jakiś czas później przyznałem się, że to ja je zabrałem, i wszyscy oskarżyli mnie o krzywoprzysięstwo. Nie pamiętali, co powiedziałem. Pamiętali tylko wniosek, do którego doszli, gdy prezes obszedł wszystkich i rzekomo nikt się nie przyznał, bo mnie nie potraktowali poważnie. Pamiętali ogólną wymowę, a nie poszczególne wypowiedzi.

Ludzie często uważają mnie za kłamczucha, ale ja z reguły mówię prawdę — tyle że w taki sposób, że często nikt mi nie wierzy!

ŁACINA CZY WŁOSKI?

W Brooklynie nadawała włoska stacja radiowa, której jako chłopiec na okrągło słuchałem. Po prostu uwielBIAłem te meloDYJne dźwięki, które przetaCZAły się nade mną jak WYSOkie FAle OCEAnu. Siedziałem i pławiłem się w balsamie, który spływał na mnie z tym pięknym włoskim akcentem. Programy w języku włoskim zawsze dotyczyły problemów rodzinnych, matka i ojciec spierali się ze sobą.
Wysoki głos: „*Nio teco TIEto capeto TUtto...*".
Niski, tubalny głos: „*DRO tone pala TUtto!!!*" (z klaśnięciem w dłonie).
Coś wspaniałego! Nauczyłem się naśladować te wszystkie uczucia: umiałem płakać, umiałem się śmiać *et cetera*. Włoski to piękny język.
W pobliżu nas mieszkało sporo Włochów. Kiedyś, gdy jechałem na rowerze, jakiś włoski kierowca ciężarówki zdenerwował się na mnie, wychylił z kabiny i zawołał, pomagając sobie gestami: „*Me aRRUcha LAMpe etta TIche!*".
Czułem się zbesztany. Co on do mnie powiedział? Co powinienem odpowiedzieć?
Spytałem więc włoskiego kolegę w szkole, a on mi poradził:
– Mów tylko „*A te! A te!*" – co znaczy: „Nawzajem!".
Uznałem to za świetny pomysł. Odpyskowywałem więc: „*A te! A te!*" – oczywiście z odpowiednim gestem. Potem, gdy nabrałem pewności siebie, jeszcze bardziej rozwinąłem lingwistyczne skrzydła. Kiedyś pedałowałem na rowerze i jakaś starsza pani zajechała mi samochodem drogę, więc wrzasnąłem: „*PUzzia a la maLOche!*" – starowina o mało nie wykorkowała! Jakiś włoski chuligan obrzucił ją takim ordynarnym przekleństwem!

OD FAR ROCKAWAY DO MIT

Nie było łatwo rozpoznać, że to podrobiony włoski. Kiedyś w Princeton, gdy wjeżdżałem na rowerze na parking koło Laboratorium Palmera, ktoś zajechał mi drogę. Zachowuję się zawsze tak samo – wołam do faceta: „*oREzze caBONca MIche!*", jednocześnie uderzając o siebie grzbietami dłoni.

Po drugiej stronie długiego trawnika włoski ogrodnik sadzi jakieś rośliny. Przerywa pracę, macha do mnie i woła uszczęśliwiony: „*REzza ma LIa!*".

Odkrzykuję: „*RONte BALta!*", odwzajemniając pozdrowienie. Żaden z nas nie zrozumiał, co powiedział drugi, ale co z tego? I tak było świetnie! Gdy usłyszą intonację, od razu poznają, że jesteś Włochem – może z Mediolanu, a nie z Rzymu, ale co to za różnica. Ważne, że jesteś itaLIAno! Ale musisz zachować absolutną pewność siebie. Nie daj nic po sobie poznać, a wszystko będzie dobrze.

Pewnego roku, gdy wróciłem na wakacje do domu, moja siostra była strasznie nieszczęśliwa, na skraju płaczu: jej drużyna skautowa organizowała bankiet dla córek i ojców, ale nasz ojciec jeździł po kraju, sprzedając mundury. Powiedziałem, że ja ją zabiorę, jako brat (jestem od niej dziewięć lat starszy, więc nie był to aż taki zwariowany pomysł).

Kiedy przyszliśmy na miejsce, usiadłem na chwilę między ojcami, ale szybko mi się znudziło. Goście przyprowadzili córki na ten bardzo sympatyczny bankiet, po czym rozmawiali wyłącznie o giełdzie – nie umieli rozmawiać nawet z własnymi córkami, a co dopiero z ich koleżankami.

Podczas bankietu dziewczynki wykonały program rozrywkowy, różne skecze, recytacje poezji i tak dalej. Potem, ni stąd, ni zowąd, przyniosły coś podobnego do fartucha, z dziurą na głowę, po czym oświadczyły, że teraz kolej na ojców, żeby uskutecznili jakieś rozrywki.

MIGACZ

Każdy z ojców musiał wstać, założyć fartuch przez głowę i coś powiedzieć. Jeden wyrecytował rymowankę z elementarza, ale ogólnie rzecz biorąc nie mieli żadnych pomysłów. Ja też z początku nie miałem, ale gdy stanąłem na podium, oznajmiłem, że powiem wierszyk, przepraszam, że nie jest po angielsku, ale jestem pewien, że wszystkim się spodoba:

A TUZZO LANTO
– Poici di Pare

TANto SAca TULna TI, na PUta TUchi PUti TI la.
RUNto CAta CHANto CHANta MANto CHI la TI da.
YALta CAra SULda MI la CHAta PIcha PIno TIto BRALda.
pe te CHIna nana CHUNda lala CHINda lala CHUNda!
RONto piti CA le, a TANto CHINto quinta LALda.
O la TINta dalla LALta, YENta PUcha lalla TALta!

Ciągnę tak przez trzy lub cztery zwrotki, naśladując wszystkie emocje, jakie znam z włoskiego radia, a dzieci szaleją ze szczęścia, tarzają się ze śmiechu.

Po bankiecie podeszły do mnie drużynowa i nauczycielka i powiedziały, że wywiązał się spór w związku z moim wierszem. Jedna z nich sądziła, że to po włosku, druga, że po łacinie.

– Która z nas ma rację? – spytała nauczycielka.

– Spytajcie dziewczynek. One od razu wiedziały, jaki to język.

MIGACZ

Kiedy studiowałem na MIT, interesowały mnie tylko nauki ścisłe; z wszystkich innych przedmiotów byłem kiepski.

Obowiązywała jednak zasada, że trzeba zaliczyć kilka kursów humanistycznych, żeby się trochę „dokulturalnić". Poza obowiązkową literaturą angielską były jeszcze dwa kursy do wyboru, więc zacząłem przeglądać listę i natychmiast natrafiłem na astronomię – jako kurs h u m a n i s t y c z n y! Na tym roku upiekło mi się więc dzięki astronomii. Rok później znów przestudiowałem listę, minąłem literaturę francuską i tym podobne, by wreszcie natrafić na filozofię. Był to przedmiot najbardziej zbliżony do nauk ścisłych, jaki znalazłem.

Zanim zrelacjonuję, co się zdarzyło na filozofii, opowiem o literaturze angielskiej. Zadawano nam wypracowania na różne tematy. Na przykład Mill napisał coś o wolności, a my mieliśmy to przeanalizować. Jednak zamiast się zająć wolnością polityczną, tak jak Mill, ja napisałem o wolności w kontaktach międzyludzkich – o problemie udawania i kłamania, żeby kogoś nie urazić. Postawiłem pytanie, czy ta nieustanna gra pozorów nie prowadzi do „nadwątlenia tkanki moralnej społeczeństwa". Ciekawa kwestia, ale trochę inna od tej, którą mieliśmy omówić.

Kolejnym tekstem, który mieliśmy przeanalizować, był esej *O kawałku kredy* Huxleya, gdzie opisuje on, jak to zwyczajny kawałek kredy, który trzyma w dłoni, to skamieliny kości zwierząt, wydźwignięte na powierzchnię ziemi przez siły górotwórcze, a następnie wydobywane w kamieniołomach po to, by służyć do przekazywania idei na tablicy szkolnej.

I znowu, zamiast omówić zadany esej, napisałem jego parodię pod tytułem *O pyłku kurzu:* jak to pył zmienia kolor nieba o zachodzie słońca, przyspiesza kondensację pary, a zarazem opad deszczu *et cetera*. Stale kombinowałem, stale próbowałem się wymigać.

Ale kiedy zadano nam temat z *Fausta* Goethego, sytuacja była beznadziejna! Dramat jest za długi, żeby go sparodiować albo odcedzić z niego jakiś „ciekawy" problem. Miotałem się więc po całej konfraterni i powtarzałem: „Nie dam rady. Nie napiszę tego. Nie napiszę tego!".

Jeden z konfratrów powiedział wreszcie:
– Słuchaj, Feynman, jak nic nie napiszesz, profesor sobie pomyśli, że ci się nie chciało. Powinieneś napisać wypracowanie o c z y m k o l w i e k – na taką samą liczbę słów – i załączyć notkę, że nie potrafisz zrozumieć *Fausta*, że nie masz do tego serca, że nie jesteś w stanie nic napisać na ten temat.

Tak zrobiłem. Napisałem długi esej pod tytułem *O ograniczeniach rozumu*. Zastanawiałem się wcześniej nad naukowymi metodami rozwiązywania problemów i doszedłem do wniosku, że rozum podlega pewnym ograniczeniom: metodami naukowymi nie da się ustalić wartości moralnych itd., itd.

Inny konfrater udzielił mi dalszej rady.
– Feynman, to się nie uda. Nie możesz oddać pracy, która nie ma nic wspólnego z *Faustem*. Musisz jakoś wpleść to, co napisałeś, w *Fausta*.
– Zwariowałeś! – powiedziałem.
Ale inni konfratrzy też uważali, że to dobry pomysł.
– Niech wam będzie! – poddałem się w końcu. – Spróbuję.

Dopisałem więc jeszcze pół strony, gdzie stwierdziłem, że Mefistofeles ucieleśnia rozum, Faust ucieleśnia ducha, Goethe zaś stara się pokazać ograniczenia rozumu. Dopracowałem wcześniejsze fragmenty, żeby przejście do *Fausta* nie było zbyt nagłe, i oddałem wypracowanie.

Profesor kazał nam przychodzić indywidualnie na konsultacje. Wszedłem do gabinetu, spodziewając się najgorszego.
– Część wstępna jest bardzo dobra – powiedział – ale fragment poświęcony *Faustowi* nieco za krótki. W sumie dałem panu B+.

Znów się wymigałem!
Teraz przejdźmy do zajęć z filozofii. Kurs prowadził stary, brodaty profesor Robinson, który strasznie mamrotał. Siedziałem i słuchałem, on mamrotał, a ja nie rozumiałem z tego ani słowa. Inni studenci rozumieli go trochę lepiej, ale sprawiali wrażenie, jakby myślami byli gdzie indziej. Nosiłem ze sobą małe wiertło, chyba półtora milimetra grubości, i dla zabicia czasu na każdych zajęciach obracałem nim w palcach i wierciłem dziury w podeszwie buta.

Pewnego dnia, pod koniec zajęć, profesor Robinson zaszemrał swoje „fruhrugrumrutru" i nagle grupa strasznie się ożywiła! Zaczęli o czymś z zapałem rozmawiać między sobą, więc domyśliłem się, że profesor nareszcie powiedział coś zajmującego! Ciekawe – co?

Spytałem kogoś i usłyszałem, że mamy napisać wypracowanie i oddać za cztery tygodnie.

– Na jaki temat?

– Ten, który omawiał przez cały rok.

Byłem w kropce. Gdy przebiegłem myślami cały ubiegły semestr, to z chaosu wykrystalizowało się coś na kształt „mrumrufrugrustrumieńświadomościtrutrukrukru", by znowu pogrążyć się w bełkocie.

„Strumień świadomości" przypomniał mi zagadnienie, jakie postawił mi kiedyś ojciec.

– Załóżmy – zaczął – że przylecieliby na ziemię Marsjanie i że Marsjanie w ogóle nie śpią, żyją stale na jawie. Załóżmy, że nie znają tego zwariowanego zjawiska, które my nazywamy snem. Zadają ci więc pytanie: jakie to uczucie, kiedy się zasypia? Co się wtedy dzieje? Czy twoje myśli tracą rozpęd i zaczynają krążyć cooraaaz wooolnieeeeej? W jaki sposób mózg się wyłącza?

Zainteresowało mnie to. Teraz musiałem odpowiedzieć na pytanie: w jaki sposób strumień świadomości ustaje, kiedy zasypiasz?

Przez następne cztery tygodnie każdego popołudnia pracowałem nad moim esejem. Zaciągałem zasłony w pokoju, gasiłem światło, kładłem się do łóżka i obserwowałem, co się dzieje, kiedy zasypiam.

Potem znów szedłem spać w nocy, mogłem więc dokonywać obserwacji dwa razy dziennie!

Najpierw zauważyłem mnóstwo ubocznych czynników, które miały niewiele wspólnego z zasypianiem. Zauważyłem na przykład, że moje myślenie często przybiera formę mówienia do siebie w duchu. Dużo też myślałem obrazami.

Potem, kiedy zaczynałem się czuć zmęczony, zauważałem, że potrafię myśleć o dwóch rzeczach naraz. Odkryłem to w momencie, gdy mówiłem do siebie w myślach, a j e d n o c z e ś n i e wyobrażałem sobie dwie liny przywiązane do końca łóżka i podnoszące je na kołowrocie. Nie byłem świadomy, że wyobrażam sobie te liny, dopóki nie zacząłem się martwić, że jedna lina wejdzie pod drugą, więc nie będą się gładko nawijać na kołowrót. Powiedziałem sobie jednak w duchu: „Nie, napięcie lin na to nie pozwoli", co przerwało pierwszą myśl, którą byłem zaprzątnięty, i uświadomiło mi, że myślę o dwóch rzeczach naraz.

Zauważyłem również, że kiedy zasypiasz, myśli nie ustają, ale związek logiczny pomiędzy nimi robi się coraz bardziej luźny. Nie zdajesz sobie z tego sprawy, dopóki nie zadasz sobie pytania: „Skąd mi to przyszło do głowy?". Próbując odtworzyć ciąg logiczny, który doprowadził do danej myśli, często się przekonujesz, że nie masz pojęcia, skąd ci to przyszło do głowy!

Ulegasz złudzeniu wynikania logicznego, ale w istocie myśli rozgałęziają się coraz bardziej bezładnie, aż wreszcie każda jest zupełnie osobna – potem zasypiasz.

Po czterech tygodniach spania napisałem wypracowanie, w którym przedstawiłem swoje spostrzeżenia. We wnioskach zwróciłem uwagę, że wszystkie te obserwacje poczyniłem, kiedy obserwowałem siebie podczas zasypiania, więc nie wiem, jak wygląda zasypianie, kiedy się nie obserwuję. Zakończyłem wypracowanie skomponowanym przez siebie wierszykiem, który streszcza problem introspekcji:

Zastanawiam się dlaczego. Zastanawiam się dlaczego.
Zastanawiam się dlaczego zastanawiam się.
Zastanawiam się dlaczego zastanawiam się
Zastanawiam się dlaczego zastanawiam się!

Oddajemy prace, a na następnych zajęciach profesor odczytuje jedną z nich: „Mrumrugrumrubrumru...". Nie wiem, o czym facet napisał.

Czyta następne wypracowanie: „Frufrupruprudrudru...". I tym razem nie wiem, o czym to jest, ale na końcu pan profesor recytuje:

Mramramram mrem mramrego. Mramramram mrem mramrego.
Mramramram mrem mramrego mramramram mrem.
Mramramram mrem mramrego mramramram mrem mramrego
Mramramam mrem mramrego mramramram mrem.

– To przecież moja praca! – mówię. Daję słowo, że wcześniej się nie zorientowałem.

Kiedy już napisałem esej, zainteresowanie tematem mnie nie opuściło i dalej obserwowałem się przed zaśnięciem. Pewnej nocy, kiedy coś mi się śniło, zdałem sobie sprawę, że przyglądam się sobie w tym śnie! Moje laboratoryjne zacięcie wtargnęło nawet w sen! W pierwszej części snu jadę na dachu pociągu, który zbliża się do tunelu. Mam stracha, spuszczam się przez okno do wagonu, wjeżdżamy do tunelu – wziu-ut! Mówię do siebie: „A zatem, kiedy wjeżdżasz do tunelu, czujesz strach i słyszysz zmianę wysokości dźwięku".

Zauważyłem również, że widzę kolory. Wielu ludzi twierdzi, że sny są czarno-białe, ale ja śniłem w kolorze.

Tymczasem znalazłem się już w przedziale i poczułem, że pociąg się telepie. Mówię do siebie: „A zatem we śnie można odbierać wrażenia kinestetyczne". Z pewną trudnością przechodzę korytarzem na koniec wagonu i widzę duże okno, jak witryna sklepowa. Za szybą stoją... nie manekiny, lecz trzy dziewczyny w kostiumach kąpielowych, całkiem niezłe!

Przechodzę do następnego przedziału, chwytając się skórzanych pętli nad głową, lecz mówię do siebie: „Ciekawe byłoby się podniecić (seksualnie), więc chyba wrócę do tamtego wagonu". Odkryłem, że mogę się odwrócić i znów wejść do poprzedniego wagonu – że kontroluję przebieg mego snu. Wracam do wagonu z witryną i widzę trzech starszych panów grających na skrzypcach – ale natychmiast zmieniają się w dziewczyny! Czyli kontroluję przebieg snu, ale nie w stu procentach.

Zaczynam się podniecać, seksualnie, ale także intelektualnie, mówię sobie: „Kurczę, działa!" i... budzę się.

Poczyniłem jeszcze inne spostrzeżenia podczas snu. Prócz tego, że zawsze się pytałem: „Czy r z e c z y w i ś c i e śnię w kolorze?", zastanawiałem się również: „Na ile dokładnie widzę?".

Następnym razem przyśniła mi się dziewczyna, która leżała w wysokiej trawie i miała rude włosy. Spróbowałem zobaczyć każdy włos z osobna. W miejscu, gdzie pada słońce, kolor się zmienia pod wpływem efektu dyfrakcji – widziałem to! Widziałem też każdy włos tak wyraziście, że bardziej nie można: wzrok absolutny!

Innym razem miałem sen, w którym we framugę drzwi wbita była pinezka. Widzę pinezkę, przebiegam dłonią po framudze i czuję pinezkę pod palcami. A zatem „dział widzenia" i „dział czucia" w mózgu są ze sobą powiązane. Potem mówię do siebie: „Ale może n i e m u s z ą być powiązane?". Patrzę na framugę – pinezki nie ma. Przeciągam palcem i czuję ją w dotyku!

Innej nocy słyszę we śnie „puk-puk-puk-puk". Pukanie mieściło się w wydarzeniach ze snu, ale nie do końca – wydawało się trochę z innej bajki. Pomyślałem: „Założę się, że pukanie pochodzi spoza mego snu, a tę część fabuły wymyśliłem po to, by je w niej zmieścić. Muszę się obudzić i sprawdzić, co jest grane".

Pukanie nie ustaje, budzę się i... głucha cisza. Czyli nie pochodziło spoza snu.

Słyszałem od innych ludzi, że zdarzało im się włączać zewnętrzne odgłosy do swych snów, ale kiedy sądziłem, że mnie się coś takiego przytrafiło i czujnie się obserwowałem, absolutnie pewien, że hałas pochodzi spoza snu, byłem w błędzie.

W okresie tej samoobserwacji trochę nieprzyjemny był proces budzenia się. Gdy zaczynasz się budzić, następuje chwila, kiedy czujesz się sztywny i przywiązany do łóżka albo przykryty wieloma warstwami wsypu do kołder. Trudno to opisać, ale jest taka chwila, kiedy masz wrażenie, że się nie wyswobodzisz; nie jesteś pewien, czy potrafisz się obudzić. Musiałem

MIGACZ

więc sobie powiedzieć – już na jawie – że to śmieszne, że nie znam choroby, w której człowiek naturalnie zapada w sen, po czym nie może się obudzić. Gdy powtórzyłem to sobie szereg razy, stopniowo przestałem się bać, a nawet czułem się przy budzeniu dość podekscytowany. Jak na kolejce górskiej: po jakimś czasie nie masz już takiego stracha, a nawet zaczynasz się dobrze bawić.

To obserwowanie siebie samego we śnie skończyło się (bo teraz zdarza mi się to już tylko sporadycznie) dość ciekawie. Pewnej nocy jak zwykle śnię, notuję w pamięci spostrzeżenia i na ścianie przed sobą widzę proporzec. Po raz setny mówię sobie: „Tak, śnię w kolorze", a potem zdaję sobie sprawę, że śpię z głową opartą o mosiężny pręt. Dotykam tyłu głowy i czuję, że mam w tym miejscu miękką czaszkę. Myślę sobie: „Aha! To dlatego byłem w stanie prowadzić we śnie te wszystkie obserwacje: mosiężny pręt uszkodził mi korę wzrokową. A zatem kiedy tylko będę miał ochotę się poobserwować, wystarczy, że podłożę sobie pod głowę mosiężny pręt. Tym razem wartałoby przerwać obserwacje i zapaść w głębszy sen".

Kiedy się później obudziłem, nie było żadnego pręta, a czaszkę miałem twardą. Obserwacje te najwyraźniej mnie zmęczyły, a mój mózg wynalazł fałszywy pretekst, by ich zaprzestać.

Sny na tyle mnie interesowały, że poczytałem sobie trochę teorii na ten temat. Ciekawiło mnie między innymi, w jaki sposób widzi się obraz, na przykład osoby, kiedy oczy są zamknięte i nie napływają żadne bodźce. Ktoś powie, że to przypadkowe, nieregularne impulsy nerwowe, ale to niemożliwe, żeby przypadkowe impulsy układały się w tak samo skomplikowane desenie, kiedy śpimy i kiedy patrzymy na coś na jawie. Jak to jest możliwe, że we śnie „widziałem" w kolorze, i to bardziej szczegółowo?

Uznałem, że w mózgu musi istnieć „dział interpretacji". Kiedy na coś normalnie patrzysz – na człowieka, lampę, ścianę – nie widzisz wyłącznie plam koloru. Coś ci mówi, co masz przed oczyma; plamy podlegają interpretacji. We śnie dział interpretacji jest nadal czynny, ale nie potrafi wyzbyć się nawyków wziętych z jawy. Mówi ci, że widzisz jak na dłoni ludzki włos, choć to nieprawda. Chaos napływających do mózgu przypadkowych danych interpretuje jako wyraźny obraz.

Jeszcze jedno na temat snów. Miałem znajomego, który nazywał się Deutsch, a jego żona pochodziła z rodziny wiedeńskich psychoanalityków. Pewnego wieczoru, podczas długiej dyskusji na temat snów, powiedział mi, że sny mają znaczenie: że pojawiają się w nich symbole, które można zinterpretować za pomocą psychoanalizy. Nie bardzo w to wszystko wierzyłem, ale tej samej nocy miałem ciekawy sen: graliśmy na stole bilardowym trzema kulami – białą, zieloną i szarą – w grę, która nazywała się „cycuszki". Gra polegała na tym, żeby schować kule do kieszeni: z białą i zieloną nie było problemów, ale szara jakoś ciągle mi uciekała.

Budzę się i nie mam trudności z interpretacją snu. Zresztą nazwa gry wszystko zdradza – chodzi o kobiety! Najłatwiej było rozszyfrować białą kulę, bo kręciłem wtedy po kryjomu z pewną mężatką, która pracowała jako kasjerka w kafeterii i nosiła biały uniform. Nad zieloną też nie musiałem się długo zastanawiać, ponieważ dwa dni wcześniej pojechałem do kina samochodowego z dziewczyną w zielonej sukience. Ale szara kula – kto to jest? Wiedziałem instynktownie, że to też jest jakaś osoba, którą znam. Czułem się tak, jakbym miał na końcu języka jakieś nazwisko, ale nie mógł go sobie przypomnieć.

Zajęło mi pół dnia, zanim sobie przypomniałem, że dwa albo trzy miesiące wcześniej pożegnałem się z bardzo miłą dziewczyną, która wyjechała do Włoch. Bardzo ją lubiłem i postanowiłem, że po jej powrocie będę się z nią dalej widywał. Nie wiem, czy miała na sobie szary kostium, ale gdy tylko o niej pomyślałem, stało się dla mnie oczywiste, że to o nią chodzi. Na następnym spotkaniu z Deutschem powiedziałem mu, że chyba ma rację – analiza snów nie jest zupełnie pozbawiona sensu. Ale kiedy usłyszał o moim ciekawym śnie, nie spodobał mu się: „To zbyt klarowne i jednoznaczne. Zazwyczaj trzeba podrążyć trochę głębiej".

DYREKTOR DZIAŁU CHEMICZNEGO METAPLAST CORPORATION

Skończywszy studia na MIT, chciałem załatwić sobie pracę wakacyjną. Dwa lub trzy razy zgłosiłem się do Bell Labs, a Bill Shockley, który znał mnie z laboratorium na MIT, parę razy oprowadził mnie po zakładzie. Bardzo mnie te wizyty cieszyły, ale pracy nie dostałem.

Moi profesorowie dali mi listy polecające do dwóch firm: Bausch and Lomb Company, która produkowała soczewki, i do Electrical Testing Labs w Nowym Jorku. W tych czasach nikt nie wiedział, kto to jest fizyk, i w przemyśle nie było żadnej pracy dla fizyków. Inżynierowie jak najbardziej, ale fizycy – po prostu nie wiedziano, do czego mogliby się przydać. Co ciekawe, niewiele lat później, bo zaraz po wojnie, sytuacja zupełnie się odwróciła: wszyscy chcieli fizyków. Jednakże pod koniec Wielkiego Kryzysu szukanie pracy w tym zawodzie było zajęciem dość jałowym.

Mniej więcej w tym okresie spotkałem starego znajomego na plaży w Far Rockaway, naszym rodzinnym mieście, gdzie się razem wychowaliśmy. Chodziliśmy do jednej klasy, gdy mieliśmy jedenaście lub dwanaście lat, i zostaliśmy bliskimi przyjaciółmi. Obaj mieliśmy zacięcie naukowe, obaj mieliśmy „laboratorium". Często się razem bawiliśmy i omawialiśmy kwestie naukowe.

Organizowaliśmy magiczne spektakle – chemiczne czary-mary – dla dzieci z sąsiedztwa. Mój przyjaciel był niezłym wodzirejem, ja też lubiłem się popisywać. Nasze sztuczki wykonywaliśmy na niedużym stole, po obu stronach mieliśmy dwa palniki Bunsena, które były cały czas włączone. Na palniki założyliśmy szkiełka od zegarków posmarowane jodyną, toteż nad każdym końcem stołu przez cały spektakl unosiły się piękne purpurowe opary. Coś wspaniałego! Wykonywaliśmy różne sztuczki, takie jak zamiana „wina" w wodę i inne chemiczne zmiany koloru. Na deser zostawialiśmy sobie sztuczkę, która była oparta na efekcie odkrytym przez nas samych. Po kryjomu wkładałem ręce do wody, a potem do benzyny ekstrakcyjnej. Potem „przez nieuwagę" ocierałem się dłonią o płomień jednego z palników i dłoń zaczynała płonąć. „Odruchowo" złączałem dłonie i płonęły obie. (To nie parzy, ponieważ benzyna ekstrakcyjna spala się szybko, a woda ochładza). Zaczynałem wymachiwać rękami i krzyczeć: „PALI SIĘ! PALI SIĘ!". Wszyscy wpadali w popłoch, uciekali z pokoju i na tym kończył się spektakl!

Gdy później opowiedziałem tę historię moim konfratrom na studiach, żachnęli się: „Bzdury gadasz! Jak można sobie podpalić dłonie?".

(Często stawałem przed problemem, jak zademonstrować kolegom coś, w co nie wierzyli. Kiedyś na przykład spieraliśmy się, czy mocz wypływa z człowieka pod działaniem siły ciążenia. Żeby im udowodnić, że tak nie jest, musiałem się wysikać, stojąc na głowie. Albo kiedyś ktoś stwierdził, że jeśli zażyjesz

DYREKTOR DZIAŁU CHEMICZNEGO METAPLAST CORPORATION

aspirynę i wypijesz colę, natychmiast stracisz przytomność. Powiedziałem, że moim zdaniem to duża brednia i zaproponowałem, że wezmę aspirynę razem z colą. Zaczęła się kłótnia, czy trzeba zażyć aspirynę przed wypiciem coli, tuż po wypiciu coli, czy też rozpuszczoną w coli. Wziąłem więc sześć aspiryn i wypiłem trzy cole. Najpierw zażyłem dwie aspiryny i popiłem colą, potem rozpuściłem dwie aspiryny w coli, potem wypiłem colę i zażyłem dwie aspiryny. Wszyscy ci durnie, którzy wierzyli w piorunujący efekt zestawu, cały czas stali wokół mnie i czekali, aż zemdleję. Ale nic się nie stało. Pamiętam co prawda, że nie mogłem w nocy spać, więc wstałem i wymyśliłem trochę równań do funkcji zeta Riemanna).

– Nie wierzycie mi? – powiedziałem. – Dobra, to chodźmy kupić benzynę.

Przygotowali mi pojemnik z benzyną ekstrakcyjną, wsadziłem ręce pod kran, a potem do benzyny, przyłożyłem zapałkę i... parzyło jak nie wiem! Rzecz w tym, że tymczasem na wierzchu dłoni wyrosły mi włosy, które zachowywały się jak knoty i skupiały benzin wokół siebie. Po przeprowadzeniu eksperymentu dla moich konfratrów znów nie miałem włosów na wierzchu dłoni.

Wracając do spotkanego na plaży kumpla – powiedział mi, że wymyślił technologię posrebrzania plastiku. Ja na to, że to niemożliwe, ponieważ plastik nie przewodzi prądu i nie ma do czego podłączyć kabla. On odparł, że potrafi posrebrzyć wszystko; pamiętam, że podniósł z piasku pestkę brzoskwini i powiedział, że ją też potrafi posrebrzyć – chciał zrobić na mnie wrażenie.

Miłe było jednak, że zaproponował mi pracę w swej małej firmie, która miała siedzibę na ostatnim piętrze budynku w Nowym Jorku. Pracowało w niej chyba tylko czterech ludzi. Ojciec mojego kumpla zajmował się pieniędzmi i był chyba "prezesem", a mój kumpel i jeszcze jeden facet, od handlu, „wiceprezesami". Ja byłem „dyrektorem działu badań chemicznych", a brat znajomego, niezbyt rozgarnięty, pomywaczem butelek. Mieliśmy sześć wanien elektrolitycznych.

Proces posrebrzania plastiku wyglądał następująco: najpierw trzeba było pokryć dany przedmiot warstwą srebra w wannie z azotanem srebra i środkiem redukującym (tak jak się robi lustra); potem włożyć przedmiot, ze srebrem jako przewodnikiem, do kąpieli elektrolitycznej i następował proces powlekania. Powstawał problem, czy srebro będzie się trzymało plastiku. Nie trzymało się. Łatwo się łuszczyło. Był więc krok pośredni – żeby srebro lepiej przywierało – zależny od rodzaju materiału. Mój znajomy odkrył, że bakelit, który w tych czasach był ważnym sztucznym tworzywem, najlepiej oczyścić w piaszczarce, a potem zanurzyć na kilka godzin w wodorotlenku cynawym, który wciskał się w pory bakelitu – i wtedy srebro się trzymało.

Metoda ta sprawdzała się jednak tylko dla kilku tworzyw sztucznych, a ciągle powstawały nowe, takie jak metakrylan metylowy (dziś nazywany pleksiglasem), których z początku nie byliśmy w stanie bezpośrednio posrebrzać. Innym tworzywem, bardzo tanim, którego też najpierw nie umieliśmy powlekać, była acetyloceluloza, ale odkryliśmy, że działa włożenie jej na chwilę do wodorotlenku sodu przed kąpielą w chlorku cynawym.

Świetnie się sprawdziłem jako firmowy chemik. Nad moim kumplem miałem tę przewagę, że on w ogóle nie studiował chemii, nie przeprowadzał żadnych eksperymentów, tylko nauczył się obsługiwać proces elektrolityczny. Zabrałem się do pracy w ten sposób, że nagromadziłem najróżniejsze związki chemiczne. Stale wypróbowując coś nowego, odkrywałem metody posrebrzania coraz to nowych tworzyw sztucznych.

DYREKTOR DZIAŁU CHEMICZNEGO METAPLAST CORPORATION

Zdołałem także uprościć technologię. Wydedukowałem z książek, że należy zastąpić glukozę formaldehydem jako środkiem redukującym, i byłem w stanie natychmiast odzyskać sto procent srebra, zamiast odzyskiwać je później z roztworu. Udało mi się też rozpuścić wodorotlenek cynawy w wodzie przez dodanie odrobiny kwasu chlorowodorowego – przypomniałem sobie to z zajęć z chemii na uniwersytecie – więc stadium procesu technologicznego, które przedtem zajmowało kilka godzin, teraz trwało mniej więcej pięć minut.

Eksperymenty ciągle przerywał mi nasz handlowiec, który przychodził z plastikiem od klienta. Mam poustawiane te wszystkie butle, wszystko pozaznaczane i nagle słyszę: „Musisz przerwać te eksperymenty i wykonać »ekstra zlecenie« dla działu handlowego!". Wiele eksperymentów musiałem więc przygotowywać po kilka razy.

Pewnego dnia znaleźliśmy się w niezłych tarapatach. Jakiś artysta chciał zrobić zdjęcie na okładkę czasopisma motoryzacyjnego. Pieczołowicie zbudował sobie koło z plastiku, a ponieważ przypadkiem zgadał się z naszym handlowcem, że potrafimy wszystko posrebrzyć, zachciało mu się kołpaka z prawdziwego srebra, żeby pięknie błyszczał. Koło zrobione było z nowego tworzywa, którego nie umieliśmy zbyt dobrze powlekać – zresztą handlowiec nigdy nie wiedział, co umiemy powlekać, więc często obiecywał gruszki na wierzbie – i za pierwszym razem nie wyszło. Musieliśmy usunąć srebro, ale schodziło opornie, więc postanowiłem użyć stężonego kwasu azotowego. Srebro zeszło, ale zrobiły się też dziury i rysy w plastiku. Byliśmy ugotowani! Nie był to przypadek odosobniony.

Szefostwo firmy uznało, że powinniśmy się zareklamować w piśmie „Modern Plastics". Kilka rzeczy, które posrebrzyliśmy, wyszło bardzo pięknie. Dobrze się prezentowały na zdjęciach reklamowych. Mieliśmy też kilka rzeczy w gablocie na dole, żeby przyciągnąć klientów, ale ani na zdjęciach, ani w gablocie nie dało się sprawdzić, czy srebro dobrze trzyma. Może zresztą większość z tych rzeczy nie była sfuszerowana, ale służyły tylko na pokaz, nie były to nasze regularne „wyroby".

Gdy skończyło się lato i opuściłem firmę, żeby pojechać do Princeton, dostali korzystną ofertę od kogoś, kto chciał posrebrzać plastikowe pióra. Teraz każdy mógł mieć srebrne pióro, które jest lekkie i tanie. Pióra te szły jak woda i – kiedy się wiedziało, skąd pochodzą – dość przyjemnie było patrzeć, jak wszyscy nimi piszą.

Firma nie miała jednak większych doświadczeń z materiałem, z którego pióra były zrobione – lub może ze stosowanym wypełniaczem (większość tworzyw sztucznych nie jest czysta, lecz ma „wypełniacz", którego stosowanie nie było w tych czasach zbyt kontrolowane) – i w srebrze zaczęły się pojawiać rysy. Kiedy czujesz pod palcem jakąś rysę, nie możesz się powstrzymać, żeby jej nie „obmacywać", toteż pióra nagminnie się łuszczyły.

Firma zarządziła alarm bojowy, żeby usunąć usterkę. Mój kumpel uznał, że potrzebny mu jest mikroskop i tak dalej. Nie wiedział, czego szukać i po co, więc jego pseudoprogram badawczy tylko kosztował firmę dużo pieniędzy. Problemu łuszczących się piór nie rozwiązali i w rezultacie firma upadła, ponieważ pierwsze duże zlecenie zakończyło się taką plajtą.

Kilka lat później byłem w Los Alamos, gdzie poznałem Frederica de Hoffmana, który był domorosłym naukowcem, ale miał też duży zmysł do zarządzania. Nie był specjalnie wykształcony, lecz lubił matematykę i nadrabiał luki w wiedzy ciężką pracą. Później został prezesem czy może wiceprezesem General Atomics i wielką szychą w świecie biznesu. Wtedy był

DYREKTOR DZIAŁU CHEMICZNEGO METAPLAST CORPORATION

jednak tylko energicznym, otwartym na świat i pełnym entuzjazmu chłopcem, który pomagał, jak umiał, przy projekcie Manhattan.

Pewnego dnia, gdy jedliśmy razem obiad w Fuller Lodge, powiedział mi, że zanim przyjechał do Los Alamos, pracował w Anglii.

– Co tam robiłeś? – spytałem.

– Pracowałem nad technologią posrebrzania tworzyw sztucznych. Byłem laborantem.

– I jak wam szło?

– Szło nam dość dobrze, ale były problemy.

– Tak?

– Gdy technologia była już dość zaawansowana, pojawiła się firma nowojorska.

– Jaka firma nowojorska?

– Nazywała się Metaplast Corporation. Zaszli znacznie dalej od nas.

– Skąd wiedzieliście?

– Cały czas się ogłaszali w „Modern Plastics", dawali reklamy na całą stronę z tym, co umieli posrebrzać, i zdaliśmy sobie sprawę, że jesteśmy daleko z tyłu.

– Mieliście coś od nich?

– Nie, ale z reklam było widać, że są bardziej zaawansowani. Nasza technologia była całkiem niezła, ale nie miała szans w konkurencji z amerykańską.

– Ilu chemików pracowało w waszym laboratorium?

– Sześciu.

– Ilu chemików miała, twoim zdaniem, Metaplast Corporation?

– O, oni musieli mieć cały wydział chemiczny z prawdziwego zdarzenia!

— Czy mógłbyś mi opisać, jak, twoim zdaniem, wyglądał naczelny chemik Metaplast Corporation i jego laboratorium?

— Spodziewam się, że mieli od dwudziestu pięciu do pięćdziesięciu chemików, a dyrektor wydziału chemicznego miał swoje własne biuro — całe przeszklone. Wiesz, jak na filmach, ludzie stale do niego przychodzą w sprawie badań, które prowadzą, pytają o radę i idą dalej eksperymentować. Jak mogliśmy z nimi konkurować, skoro mieli kilkudziesięciu chemików?

— Powiem ci w sekrecie, że właśnie patrzysz na dyrektora działu chemicznego Metaplast Corporation, który miał pod sobą jednego pomywacza butelek!

Princeton

„PAN RACZY ŻARTOWAĆ, PANIE FEYNMAN!"

Kiedy studiowałem na MIT w college'u, byłem zachwycony uczelnią i chciałem tam zostać na studia podyplomowe. Lecz kiedy poinformowałem o swoich zamiarach profesora Slatera, odparł:
– Nie przyjmiemy pana.
– Co takiego? – zdumiałem się.
– Dlaczego chce pan zostać tutaj na studia podyplomowe?
– Ponieważ w dziedzinie nauk ścisłych jest to najlepsza uczelnia w kraju.
– Tak pan uważa?
– Tak.
– Właśnie dlatego, że pan tak uważa, powinien pan iść do jakiejś innej szkoły. Powinien się pan dowiedzieć, jak wygląda reszta świata.

Zdecydowałem się na Princeton. Princeton to bardzo wytworna uczelnia, do pewnego stopnia wzorowana na uniwersytetach angielskich. Moi konfratrzy, którzy znali mój dość nieokrzesany styl bycia, zaczęli mi docinać: „Tylko czekaj, aż się na tobie poznają! Aż się przekonają, kogo między siebie wpuścili!". Postanowiłem więc zachowywać się w Princeton z większym umiarem.

Ojciec zawiózł mnie tam samochodem, przydzielono mi pokój, ojciec pojechał. Upłynęła ledwo godzina, kiedy spotkałem jakiegoś człowieka, który z arystokratycznym brytyjskim

akcentem powiedział do mnie: „Jestem opiekunem kolegium studenckiego i chciałbym pana poinformować, że pan dziekan zaprasza wszystkich nowo przybyłych na herbatkę. Jeśli byłby pan tak miły i powiadomił swego współlokatora, pana Serette...".
Takie przywitanie zgotowało mi „kolegium" podyplomowe w Princeton, gdzie mieszkali wszyscy studenci. Była to wierna kopia Oxfordu czy Cambridge – łącznie z akcentami (opiekun kolegium studenckiego był profesorem „litehratuhry fhrącuskiej"). Na dole siedział portier, wszyscy mieli ładne pokoje, a posiłki jedliśmy wspólnie – założywszy akademickie togi – w wielkiej sali z witrażami.

A zatem ledwo przyjechałem do Princeton, a tu już jestem zaproszony na „herbatkę" u dziekana, nie bardzo wiedząc, co to jest herbatka i czym to się je! Nie byłem towarzysko wyrobiony; nie miałem żadnych doświadczeń w tej dziedzinie.

Idę więc, a w drzwiach stoi dziekan Eisenhart i pozdrawia nowych studentów: „A, pan Feynman", mówi. „Jakże miło pana widzieć". Poczułem się trochę raźniej, bo jakimś sposobem mnie rozpoznał.

Wchodzę do środka i widzę panie w średnim wieku plus trochę dziewcząt. Atmosfera jest bardzo formalna. Zastanawiam się, gdzie usiąść, czy wypada usiąść koło dziewczyny, jak się zachowywać, kiedy słyszę głos z tyłu:

– Życzy pan sobie śmietanki czy cytryny do herbaty, panie Feynman? – To pani Eisenhart nalewa herbatę.

– Jedno i drugie, jeśli można – mówię, nadal rozglądając się za miejscem do siedzenia, gdy nagle słyszę:

– He-he-he-he-he. Pan raczy żartować, panie Feynman!

Żartować? Kurczę, co ja powiedziałem? Po chwili zdałem sobie sprawę, o co poszło. Takie było moje pierwsze doświadczenie z herbatkami.

„PAN RACZY ŻARTOWAĆ, PANIE FEYNMAN!"

Później, gdy lepiej poznałem Princeton, zrozumiałem, co znaczyło to „he-he-he-he-he". Już wtedy, gdy zbierałem się do wyjścia, zdałem sobie sprawę, co dano mi do zrozumienia: „Popełnił pan towarzyską gafę". Ten sam rechot, „he-he-he-he-he", usłyszałem z ust pani Eisenhart, kiedy ktoś całował ją w rękę przy pożegnaniu.

Innego razu, może rok później, na innej herbatce, rozmawiałem z profesorem Wildtem, astronomem, który wymyślił jakąś teorię na temat chmur wokół Wenus. Składały się ponoć z formaldehydu; profesor miał wszystko opracowane, jak dochodzi do skraplania *et cetera*. Kiedy o tym rozmawialiśmy, podeszła do nas jakaś niewysoka pani i powiedziała:

– Panie Feynman, pani Eisenhart pana prosi.

– Dobrze, już idę... – i dalej gadałem z Wildtem.

Niewysoka pani za jakiś czas wróciła i powtórzyła:

– Panie Feynman, pani Eisenhart pana prosi.

– Dobrze, dobrze! – Podchodzę do pani Eisenhart, która nalewa herbatę.

– Życzy pan sobie kawy czy herbaty, panie Feynman?

– Pani Taka-a-taka powiedziała, że chciała pani ze mną porozmawiać.

– He-he-he-he-he. Życzy pan sobie k a w y czy h e r b a t y, panie Feynman?

– Poproszę herbatę – odparłem.

Kilka chwil później podeszła do nas córka pani Eisenhart z koleżanką szkolną i zostaliśmy sobie przedstawieni. O co chodziło z tym „he-he-he-he-he"? O to, że pani Eisenhart nie miała do mnie żadnego interesu, tylko chciała, żebym stał koło niej, gdy podejdą córka z koleżanką, żeby miały z kim porozmawiać. Taki system. Wtedy byłem już na tyle mądry, że kiedy usłyszałem „he-he-he-he-he", nie spytałem: „Co znaczy to

PRINCETON

»he-he-he-he-he«?". Wiedziałem, że „he-he-he-he-he" oznacza gafę i że trzeba jakoś wybrnąć z sytuacji. Codziennie jadłem kolację ubrany w akademicką togę.

Pierwszego wieczoru byłem śmiertelnie przerażony, ponieważ nie znosiłem wszelkiej celebry. Szybko jednak zdałem sobie sprawę, że togi mają jedną wielką zaletę. Jeżeli dopiero co grałeś w tenisa, mogłeś pobiec do pokoju, wziąć togę i włożyć ją na siebie jak leci. Nie musiałeś tracić czasu na przebieranie się czy prysznic. Togi skrywały więc nagie ramiona, podkoszulki, najgorsze łachmany. Ponadto istniał przepis, że tog się nie pierze, więc pierwszoroczniaka można było łatwo odróżnić od drugorocznika, od trzeciorocznika, od kloszarda! Tog nie prało się i nie zaszywało w nich dziur, więc pierwszoroczniacy nosili ładne, stosunkowo czyste togi, lecz gdy dotrwałeś do trzeciego roku, wyglądało to, jakbyś miał na ramionach coś w rodzaju tektury, do której przyklejone są strzępy materiału.

A zatem pierwszego dnia w Princeton byłem na herbatce u dziekana, a później w akademickiej todze poszedłem na kolację do „kolegium". Jednak nazajutrz, w poniedziałek, moim jedynym pragnieniem było obejrzeć cyklotron.

Za czasów moich studiów na MIT wybudowano tam cyklotron, który był po prostu genialny! Stał w jednym pomieszczeniu, urządzenia kontrolne w drugim. Wszystko było zrobione na błysk. Kable szły z pomieszczenia kontrolnego do cyklotronu dołem, rurami, a przycisków i zegarów była cała konsola. Słowem, super-hiper.

Czytałem wiele artykułów na temat eksperymentów w cyklotronach, ale niewiele z nich zostało przeprowadzonych na MIT. Być może dopiero się rozkręcali. Dużo było natomiast publikacji z takich uczelni, jak Cornell, Berkeley i przede

„PAN RACZY ŻARTOWAĆ, PANIE FEYNMAN!"

wszystkim Princeton. Stąd też strasznie ostrzyłem sobie zęby na CYKLOTRON W PRINCETON. To dopiero musi być coś! W poniedziałek zaraz z rana idę do budynku fizyki i pytam:
– Gdzie jest cyklotron? Który to budynek?
– Cyklotron jest na dole, w podziemiu, na końcu korytarza.
W p o d z i e m i u? Był to stary budynek. Nie wydawało mi się, żeby w podziemiu mógł się zmieścić cyklotron. Przeszedłem na koniec korytarza, otworzyłem drzwi i dziesięć sekund później już wiedziałem, dlaczego Princeton to dla mnie wymarzona uczelnia. Pod nogami plątało się kłębowisko kabli! Wyłączniki zwisały luźno na kablach, z zaworów kapała woda, pomieszczenie było całe zagracone, wszystko leżało na wierzchu. Pełno było stołów ze stertami narzędzi; w życiu nie widziałem takiego bałaganu. Cały cyklotron był w jednym pomieszczeniu, pośród jednego wielkiego rozgardiaszu!

Przypominało mi to moje domowe laboratorium. Na MIT nigdy nie miałem takich skojarzeń. Nagle zdałem sobie sprawę, dlaczego Princeton ma wyniki. Oni na tym pracowali. Sami zbudowali cyklotron, wiedzieli, co jak działa, nie potrzebowali pomocy inżyniera, chyba że mieli jednego „na stanie". Ten cyklotron był znacznie mniejszy niż cyklotron na MIT i bynajmniej nie super-hiper. Kiedy chcieli uzyskać lepszą próżnię, polewali cyklotron żywicą, więc na podłodze lśniły jej krople. Genialne! Oni nie siedzieli w pomieszczeniu obok, naciskając guziki! (Nawiasem mówiąc, z powodu tego bałaganu – splątania kabli – wybuchł kiedyś pożar i cyklotron spłonął, ale o tym sza!).

(Kiedy przyjechałem raz z wizytą do Cornell, poszedłem obejrzeć tamtejszy cyklotron. Nie potrzebował nawet całego pomieszczenia: zajmował mniej więcej tyle, co średnica rury, czyli około metra. Był to najmniejszy cyklotron świata, ale wyniki mieli fantastyczne. Opracowali najprzeróżniejsze techniki i chwyty. Jeżeli chcieli coś zmienić w „detkach" – półkola w kształcie litery „D", w których krążą cząstki – brali śrubokręt, zdejmowali je ręcznie, przerabiali i wstawiali z powrotem. W Princeton było znacznie trudniej, a na MIT potrzeba było dźwigu, który opuszczał się przez otwór w suficie!).

Na różnych uniwersytetach nauczyłem się wielu różnych rzeczy. MIT to świetna uczelnia; wcale nie próbuję jej zdyskredytować. Byłem w niej zakochany. Wytworzyła się tam swoista atmosfera, w której każdy uważa, że to najcudowniejsze miejsce na ziemi – centrum rozwoju naukowego i technologicznego Stanów Zjednoczonych, jeżeli nie całego świata. Tak samo nowojorczycy myślą o Nowym Jorku; zapominają, że istnieją jeszcze inne miasta. I choć może tracisz tam poczucie miary, czujesz się częścią wspaniałej ekipy, wybrańcem losu, co daje ci motywację, żeby nigdy nie dawać za wygraną.

MIT nie było więc złe, ale Slater miał rację, kiedy mi poradził, żebym zrobił dyplom magisterski na innej uczelni. Często to samo radzę moim studentom. Sprawdźcie, jak wygląda reszta świata. Różnorodność jest bardzo cenna.

Przeprowadziłem kiedyś w princetońskim laboratorium doświadczenie, które przyniosło zaskakujące wyniki. W podręczniku do hydrodynamiki było zadanie, o które spierali się wszyscy studenci. Zadanie przedstawiało się następująco: masz spryskiwacz do trawy w kształcie litery S – esowatą rurę na obrotowym trzpieniu. Woda wylatuje pod kątem prostym i obraca rurą w określoną stronę. Każdy wie, w którą stronę obróci się rura – zostaje odrzucona w kierunku przeciwnym do wylotu wody. Pytanie brzmi tak: gdybyś miał staw albo jezioro – duży zbiornik wodny – i zanurzyłbyś spryskiwacz całkowicie w wodzie, lecz wsysałbyś wodę do środka, zamiast wyrzucać ją

"PAN RACZY ŻARTOWAĆ, PANIE FEYNMAN!"

na zewnątrz, w którą stronę by się obrócił? W tę samą, co przy wyrzucaniu wody w powietrze, czy w przeciwną?

Odpowiedź była dla wszystkich zupełnie oczywista już na pierwszy rzut oka. Sęk w tym, że dla jednych było zupełnie oczywiste co innego niż dla pozostałych. Rozgorzał więc spór.

Pamiętam, że na którymś seminarium ktoś podszedł do profesora Johna Wheelera i spytał:

– A p a n a zdaniem w którą stronę się obróci?

– Wczoraj Feynman przekonał mnie, że do tyłu. Dziś równie przekonująco twierdził, że do przodu. Nie wiem, do czego przekona mnie jutro!

Przedstawię ci* rozumowanie, które każe ci przyjąć, że do przodu, a potem, że do tyłu, dobra?

Pierwsze rozumowanie: kiedy wsysamy wodę, to tak jakbyśmy ciągnęli ją przez otwór, więc rura pójdzie do przodu, ku napływającej wodzie.

Ktoś jednak przeprowadził inne rozumowanie: Załóżmy, że spryskiwacz jest nieruchomy, i spytajmy, jaki moment obrotowy jest potrzebny, żeby rura się nie poruszyła. W przypadku wyrzucania wody na zewnątrz wszyscy wiemy, że trzeba przyłożyć moment obrotowy od zewnątrz krzywej, ponieważ siła odśrodkowa wody skierowana jest do zewnątrz krzywej. Kiedy wsysamy wodę, płynie ona w drugą stronę p o t e j s a m e j k r z y w e j, stwarzając siłę odśrodkową skierowaną również do zewnątrz krzywej. Jest to zatem ten sam przypadek, toteż spryskiwacz będzie się obracał w tę samą stronę, niezależnie od tego, czy będziemy wodę wyrzucali w powietrze, czy wysysali do środka.

---

* Czyli Ralphowi Leightonowi (przyp. tłum.).

PRINCETON

Po namyśle zdecydowałem, która odpowiedź jest słuszna, i aby to wykazać, postanowiłem przeprowadzić eksperyment. W pomieszczeniu z cyklotronem stał ogromny baniak – monstrualna butla z wodą. Uznałem, że doskonale się nadaje do mojego eksperymentu. Wziąłem kawałek mosiężnej rury i wygiąłem w kształt litery S. W połowie wywierciłem otwór i wsunąłem do niego gumowy wężyk, przepchałem go przez otwór w korku, którym zatkałem butlę. W korku była jeszcze jedna dziura, przez którą przepchałem jeszcze jeden gumowy wężyk i podłączyłem do sprężonego powietrza. Wdmuchując powietrze do butli, tłoczyłem wodę do miedzianej rurki, co dawało identyczny efekt jak wsysanie. Miedziana „eska" nie obracała się, bo nie pozwalał na to wężyk, tylko skręcała się o pewien kąt; natomiast prędkość wypływu wody wyznaczałem, mierząc odległość, na jaką woda wylewała się z butli.

Wszystko przygotowałem, odkręciłem zawór powietrza i – hop! – ciśnienie wypchnęło korek. Przymocowałem go porządnie drutem, żeby za drugim razem nie wyskoczył. Teraz eksperyment przebiegał znakomicie. Powietrze tłoczyło wodę przez rurkę, która skręcała się na gumowym wężyku; zwiększyłem trochę ciśnienie, żeby uzyskać większą dokładność pomiaru. Starannie zmierzyłem kąt, zmierzyłem odległość, jeszcze zwiększyłem ciśnienie i nagle szkło i woda rozprysnęły się po całym laboratorium. Kolega, który przyszedł popatrzeć, musiał iść do domu i przebrać się (cud, że szkło go nie pokaleczyło), zdjęcia komorowe, wykonane trikową metodą w cyklotronie, były całe zachlapane – tylko mnie uszło to prawie na sucho, bo stałem za daleko albo poza polem rażenia. Nigdy nie zapomnę głosu profesora Del Sasso, który opiekował się cyklotronem; podszedł do mnie i powiedział srogo: „Pierwszoroczniacy przeprowadzają swoje doświadczenia w laboratorium dla pierwszoroczniaków!".

JAAAAAAAAAA!

JAAAAAAAAAA!

W środy w princetońskim kolegium podyplomowym różni ludzie wygłaszali referaty. Często mówili ciekawie, a późniejsze dyskusje były zawsze pasjonujące. Jeden z naszych kolegów był zawziętym antykatolikiem i przed referatem na tematy religijne rozdał nam wszystkim pytania – daliśmy gościowi nieźle popalić.

Innym razem przyszedł ktoś z wykładem o poezji. Omawiał budowę stroficzną i wywoływane przez nią wzruszenia; dzielił wszystko na ściśle sprecyzowane kategorie. Podczas dyskusji prelegent spytał: „Czy to nie jest tak samo jak w matematyce, doktorze Eisenhart?".

Doktor Eisenhart był dziekanem kolegium podyplomowego i wybitnym matematykiem, jak również bardzo inteligentnym człowiekiem. Odparł: „Chciałbym się dowiedzieć, co myśli o tym Dick Feynman z punktu widzenia fizyki teoretycznej". Zawsze mnie tak wypuszczał w tego rodzaju sytuacjach.

Wstałem i powiedziałem: „Tak, te zjawiska są ze sobą blisko spokrewnione. Odpowiednikiem słowa jest w fizyce wzór matematyczny, odpowiednikiem budowy stroficznej jest wzajemna relacja pomiędzy teoretycznym pitu-pitu a taką-a-taką strukturą...". Ciągnąłem tak przez dłuższy czas, tworząc całą analogię. Oczy prelegenta p r o m i e n i a ł y ze szczęścia.

Na koniec dodałem: „Wydaje mi się, że niezależnie od tego, jak się zdefiniuje poezję, potrafię stworzyć analogię z dowolną dziedziną nauki, tak jak to przed chwilą uczyniłem z fizyką teoretyczną. Uważam, że takie analogie są pozbawione sensu".

W ogromnej sali jadalnej z witrażami, gdzie codziennie zasiadaliśmy do posiłków w naszych coraz bardziej złachmanionych togach, dziekan Eisenhart rozpoczynał kolację od zmówienia dziękczynienia po łacinie. Po kolacji często wstawał, żeby przekazać nam jakieś informacje. Pewnego wieczoru oznajmił: „Za dwa tygodnie przyjeżdża do nas profesor psychologii z odczytem na temat hipnozy. Pan profesor uważa, że byłoby lepiej, gdybyśmy przeprowadzili pokaz hipnozy, zamiast tylko o niej rozmawiać. Chciałby wiedzieć, czy znajdą się jacyś ochotnicy...".

Bardzo się podnieciłem: muszę się dowiedzieć, na czym polega hipnoza. To będzie coś fantastycznego!

Dziekan Eisenhart dodał, że byłoby dobrze, gdyby znalazły się trzy lub cztery osoby, ponieważ nie każdy jest podatny, więc gorąco nas zachęca, byśmy się zgłaszali. (Ja już nie mogę wytrzymać ze zniecierpliwienia).

Eisenhart był z przodu sali, ja na drugim końcu, z tyłu. Siedziało nas tam kilkuset facetów. Wiedziałem, że wszyscy chcą się zgłosić, więc byłem przerażony, że dziekan mnie nie zauważy z takiej odległości. A przecież muszę wziąć udział w tym pokazie!

Wreszcie Eisenhart powiedział: „Chciałbym zatem zapytać, czy są jacyś ochotnicy...".

Podniosłem rękę, zerwałem się na nogi i wrzasnąłem na całe gardło, żeby mnie usłyszał: „JAAAAAAAAAA!".

Usłyszał mnie dość wyraźnie, ponieważ nikt inny się nie odezwał. Mój głos rozbrzmiewał po całej sali – było mi strasznie wstyd. Eisenhart odparł na to: „Tak, wiedziałem, że p a n się zgłosi, panie Feynman, ale ciekaw jestem, czy znajdą się jeszcze jacyś i n n i ochotnicy".

Wreszcie zgłosiło się kilku innych kolegów, a na tydzień przed pokazem psycholog przyszedł sprawdzić, kto z nas jest

JAAAAAAAAAA!

podatny. Wiedziałem, na czym polega hipnoza, ale nie wiedziałem, co się wtedy czuje.

Psycholog zabrał się do rzeczy i wkrótce doszliśmy do momentu, kiedy powiedział: „Nie możesz otworzyć oczu".

Pomyślałem w duchu: „Założę się, że mógłbym otworzyć oczy, ale nie chcę psuć mu zabawy. Zobaczmy, jak to się dalej potoczy". Sytuacja była interesująca: chociaż czujesz lekki zamęt w głowie, jesteś pewien, że potrafisz otworzyć oczy. Nie otwierasz jednak, więc w pewnym sensie nie potrafisz.

Wykonał różne czary-mary i uznał, że nadaję się zupełnie dobrze.

Podczas właściwego pokazu kazał nam stanąć na podwyższeniu i zahipnotyzował nas na oczach całego kolegium podyplomowego. Tym razem efekt był silniejszy; myślę, że się nauczyłem, jak ulegać hipnozie. Hipnotyzer wymuszał na mnie różne czynności, do których normalnie byłbym niezdolny, a na koniec powiedział, że kiedy wyjdę z hipnozy, zamiast udać się prosto na swoje miejsce, co byłoby naturalne, obejdę całą salę dookoła.

Przez cały pokaz byłem mniej więcej świadom, co się dzieje, i częściowo z własnej woli wykonywałem polecenia hipnotyzera, ale teraz powiedziałem sobie: „Do diabła, to już przesada! Wrócę prosto na swoje miejsce".

Kiedy w pełni odzyskałem świadomość, ruszyłem prosto na swoje miejsce. Potem ogarnęło mnie jednak tak nieprzyjemne uczucie, że nie mogłem iść dalej. Obszedłem całą salę dookoła.

Później zahipnotyzowała mnie kiedyś pewna znajoma. Kiedy byłem w hipnozie, powiedziała: „Zapalę zapałkę, zdmuchnę i natychmiast przyłożę ci do wierzchu dłoni, a ty nie poczujesz bólu".

PRINCETON

Pomyślałem: "Do kogo z tymi bajeczkami?". Zapaliła zapałkę, zdmuchnęła i przyłożyła mi do wierzchu dłoni. Poczułem się tak, jakbym dotknął czegoś ciepłego, ale nie gorącego. Oczy miałem cały czas zamknięte, ale myślałem sobie: "To proste. Zapaliła jedną zapałkę, ale przyłożyła mi do dłoni drugą. Każdy tak potrafi; zwykła hochsztaplerka!".

Kiedy wyszedłem z hipnozy i spojrzałem na wierzch dłoni, czekała mnie wielka niespodzianka: miałem tam ślad po oparzeniu. Wkrótce zrobił się bąbel, ale nie bolało mnie, nawet gdy pękł.

Dowiedziałem się więc, że hipnoza to bardzo ciekawe przeżycie. Cały czas mówisz sobie: "Mógłbym to zrobić, ale nie zrobię", co wychodzi na to samo, jakbyś nie mógł.

MAPA KOTA?

W jadalni kolegium podyplomowego w Princeton każdy siedział ze swoją grupą. Ja siedziałem z fizykami, ale po jakimś czasie uznałem, że fajnie byłoby się rozejrzeć po świecie, więc postanowiłem przez tydzień lub dwa jeść po kolei z każdą grupą.

Kiedy usiadłem z filozofami, okazało się, że toczą bardzo poważną dysputę na temat książki Whiteheada *Process and Reality*. Używali słów w innych znaczeniach niż ogólnie przyjęte, więc nie do końca rozumiałem, co mają na myśli. Nie chciałem im ciągle przerywać rozmowy pytaniami, a poza tym, kiedy już poprosiłem o wyjaśnienie, niewiele mi to dawało. Wreszcie zaprosili mnie, żebym przyszedł do nich na seminarium.

Seminarium niczym się nie różniło od normalnych zajęć. Spotykali się raz w tygodniu, żeby omówić kolejny rozdział

MAPA KOTA?

Process and Reality – ktoś wygłaszał referat, a potem zaczynała się dyskusja. Poszedłem na seminarium, obiecując sobie, że będę trzymał gębę na kłódkę, bo przecież zupełnie się nie znam na tym temacie – więc będę się tylko przysłuchiwał. To, co się wydarzyło, było dla mnie typowe – tak typowe, że niemal niewiarygodne, ale prawdziwe. Po pierwsze, siedziałem, nie odzywając się ani słowem, co było niemal niewiarygodne, ale prawdziwe. Jakiś student wygłosił referat na temat rozdziału omawianego w tym tygodniu. Whitehead ciągle posługiwał się w nim określeniem „przedmiot esencjalny" w pewnym technicznym znaczeniu, które zapewne wcześniej wyjaśnił, ale którego ja nie rozumiałem.

Zaczęła się dyskusja na temat znaczenia „przedmiotów esencjalnych", profesor prowadzący seminarium powiedział coś, co miało rozjaśnić problem, i narysował na tablicy jakieś kreski, które przypominały błyskawice.

– Panie Feynman – spytał – czy pana zdaniem elektron jest „przedmiotem esencjalnym"?

Byłem w kłopocie. Przyznałem się, że nie przeczytałem książki, więc nie mam pojęcia, co Whitehead rozumie przez ten zwrot; przyszedłem tylko w charakterze słuchacza.

– Jednak spróbuję odpowiedzieć na pytanie pana profesora, jeżeli pan odpowie na moje pytanie, żebym miał większą jasność: co to znaczy „przedmiot esencjalny". Czy c e g ł a jest przedmiotem esencjalnym?

Chciałem sprawdzić, czy przedmiotami esencjalnymi są dla nich konstrukty teoretyczne. Elektron to tylko stosowana przez nas hipoteza, która jest tak pożyteczna dla zrozumienia funkcjonowania natury, że możemy nieomal nazwać ją czymś rzeczywistym. Chciałem za pomocą analogii wytłumaczyć ideę hipotezy w tym znaczeniu. Moje następne pytanie miało brzmieć: „A w n ę t r z e cegły?", po czym zwróciłbym uwagę, że nikt nigdy nie widział wnętrza cegły. Za każdym razem, gdy cegła pęknie, widzisz tylko jej nową powierzchnię. Fakt istnienia wnętrza cegły jest tylko hipotezą, która pomaga nam lepiej zrozumieć świat. Hipoteza elektronu jest analogiczna. Zacząłem więc od pytania: „Czy cegła jest przedmiotem esencjalnym?".

Posypały się odpowiedzi. Jeden student wstał i powiedział:
– Pojedyncza, konkretna cegła – to Whitehead rozumie przez przedmiot esencjalny.
– Nie, pojedyncza cegła nie jest przedmiotem esencjalnym – zaoponował inny student. – Przedmiotem esencjalnym jest ogólny charakter łączący ze sobą wszystkie cegły – ich „cegłowatość".
– Nie, cegła jako przedmiot esencjalny nie mieści się w samej cegle – wtrącił jeszcze inny. – Przedmiotem esencjalnym jest idea, która powstaje w umyśle, gdy myślisz o cegłach.

Potem wstało kolejno jeszcze kilku studentów i muszę powiedzieć, że nigdy przedtem nie słyszałem o takich wyrafinowanych sposobach pojmowania cegły. Dyskusja skończyła się, jak przystało na anegdotę o filozofach, kompletnym bełkotem. Na żadnych poprzednich zajęciach nie zadali sobie nawet pytania, czy taki zwyczajny przedmiot jak cegła, nie mówiąc już o elektronach, jest „przedmiotem esencjalnym".

Potem przesiadłem się do biologów. Biologia zawsze mnie trochę interesowała, a ci ludzie rozmawiali o ciekawych rzeczach. Kilku z nich zaprosiło mnie na kurs fizjologii komórek. Coś niecoś wiedziałem na temat biologii, ale to były studia magisterskie. „Myślicie, że dam sobie radę? Czy profesor się zgodzi?"

Spytali swojego profesora, E. Newtona Harveya, który prowadził badania nad świecącymi bakteriami. Harvey powiedział, że mogę chodzić na ten zaawansowany kurs pod jednym warunkiem – że będę pracował jak wszyscy inni i przygotowywał referaty.

Przed pierwszymi zajęciami ludzie, którzy mnie zaprosili, chcieli mi coś pokazać pod mikroskopem. Mieli tam jakieś komórki roślinne i widać było zielone plamki, które nazywają się chloroplasty (wytwarzają cukier, kiedy świeci na nie słońce). Plamki krążyły w kółko. Oglądnąłem je sobie, po czym podniosłem głowę i spytałem: „Na jakiej zasadzie one tak krążą? Co je porusza?".

Nikt nie wiedział. Okazało się, że nauka jeszcze nie odpowiedziała na to pytanie. To było moje pierwsze odkrycie na temat biologii: bardzo łatwo jest znaleźć ciekawe zagadnienie, którego nikt jeszcze nie rozgryzł. W fizyce trzeba było szukać trochę głębiej, aby dogrzebać się do pytania, na które nikt nie zna odpowiedzi.

Na pierwszych zajęciach Harvey zaczął od tego, że narysował na tablicy ogromną komórkę i pozaznaczał wszystko, co jest w środku. Potem omówił te wszystkie elementy składowe, z czego większość zrozumiałem.

Po wykładzie podszedł do mnie człowiek, który mnie zaprosił, i spytał:

– No i co, podobało ci się?

– Owszem – odparłem. – Nie zrozumiałem tylko tej historii z lecytyną. Co to jest lecytyna?

Facet zaczyna wyjaśniać monotonnym głosem:

– Wszystkie żywe organizmy, zarówno zwierzęce, jak i roślinne, składają się z małych cegiełek zwanych „komórkami".

– Posłuchaj – przerwałem mu zniecierpliwiony – gdybym nie wiedział takich rzeczy, nie przyszedłbym na ten kurs. Ja się pytam, co to jest l e c y t y n a?

— Nie wiem.

Jak wszyscy inni, musiałem przygotowywać referaty; pierwszym tematem, jaki dostałem, były zmiany w komórkach pod wpływem ciśnienia – Harvey uznał, że to się dla mnie nadaje, ponieważ ma coś wspólnego z fizyką. Chociaż wiedziałem, o czym mówię, ciągle plątały mi się nazwy i klasa pokładała się ze śmiechu, gdy czytałem „blastosfery" zamiast „blastomery" albo coś w tym rodzaju.

Kolejny mój referat dotyczył badań Adriana i Bronka, którzy wykazali, że impulsy nerwowe to ostre, wyizolowane impulsy. Eksperymentowali na kotach, u których mierzyli napięcie elektryczne impulsów.

Zacząłem czytać opis ich badań. Była tam mowa o ekstensorach i fleksorach, mięśniach brzuchatych *et cetera*. Wymieniano wiele mięśni, ale nie miałem zielonego pojęcia, gdzie one się znajdują. Poszedłem więc do biblioteki biologicznej i spytałem bibliotekarkę, czy mogłaby mi znaleźć mapę kota.

– M a p ę k o t a, proszę pana? – spytała przerażona. – Chyba ma pan na myśli t a b l i c ę a n a t o m i c z n ą! – Po uczelni zaczęły krążyć plotki o jakimś tępaku z biologii, który szukał „mapy kota".

Kiedy przyszła na mnie pora, żeby zreferować temat, zacząłem od tego, że narysowałem na tablicy kontur kota i podpisałem poszczególne mięśnie.

Inni studenci przerwali mi:
– Wiemy, jakie kot ma mięśnie!
– Wiecie? – powtórzyłem. – W takim razie nic dziwnego, że potrafię tak szybko nadgonić z materiałem, mimo że macie za sobą cztery lata biologii. – Tracili czas na zapamiętywanie szczegółów, które można sprawdzić w piętnaście minut.

MAPA KOTA?

Po wojnie każdego lata jechałem gdzieś samochodem, zawsze w inne miejsce. Pewnego roku pomyślałem: „Tym razem, zamiast poznawać jakieś nowe miejsce, poznam nową d y s c y p l i n ę n a u k o w ą". Było to zaraz po odkryciu spirali DNA przez Watsona i Cricka. W Caltech pracowało kilku wybitnych biologów, ponieważ Delbruck miał tam swoje laboratorium, dlatego Watson przyjechał tam z wykładami na temat kodowania genetycznego. Chodziłem na te wykłady i seminaria na wydziale biologii i byłem bardzo przejęty. Dla biologii był to pasjonujący okres, a w Caltech mnóstwo się wtedy działo.

Nie sądziłem, żebym był w stanie prowadzić badania, więc pomyślałem, że w ramach mojej letniej eskapady w dziedzinę biologii po prostu pokręcę się po laboratorium i będę „zmywał szkło laboratoryjne", podglądając, co się tam robi. Przyszedłem do laboratorium i zaproponowałem taki układ, ale Bob Edgar, młody „habilitant", który był tam nieformalnym szefem, nie zgodził się. „Będziesz musiał prowadzić badania, tak jak każdy magistrant, damy ci jakiś problem do opracowania". Nie miałem nic przeciwko temu.

Odbyłem przeszkolenie w prowadzeniu badań na bakteriofagach (bakteriofagi to wirusy, które zawierają DNA i atakują bakterie). Okazało się, że znajomość fizyki i matematyki oszczędza mi wiele nauki. Wiedziałem, jak zachowują się atomy w płynach, więc nie było dla mnie nic tajemniczego w działaniu wirówki. Wystarczająco znałem się na statystyce, więc nie sprawiało mi problemu wyliczanie błędu pomiaru. Dzięki temu, kiedy ludzie z biologii próbowali zrozumieć te „nowe" dla nich rzeczy, ja mogłem się zająć samą biologią.

Nauczyłem się wtedy pewnej techniki laboratoryjnej, z której korzystam do dzisiaj: jak jedną ręką trzymać probówkę i zdjąć z niej korek (trzeba użyć palca środkowego i wskazującego), mając drugą rękę wolną (na przykład do trzymania pipety, którą wsysasz cyjanek). Teraz jestem w stanie trzymać szczoteczkę do zębów w jednej ręce, a w drugiej mam tubkę z pastą i dwoma palcami odkręcam, a potem zakręcam korek.

Zostało wcześniej odkryte, że fagi ulegają mutacjom, w wyniku których tracą zdolność do atakowania bakterii, i mieliśmy się zająć badaniem tych mutacji. Istniały również fagi, które przechodziły drugą mutację, przywracającą tę zdolność. Niektóre fagi po powtórnej mutacji zachowywały się identycznie jak na samym początku, niektóre nie: można było dostrzec pewną niewielką różnicę w oddziaływaniu na bakterie – fagi działały trochę szybciej lub wolniej niż normalnie, spowalniając lub przyspieszając normalny wzrost bakterii. Innymi słowy, istniały „remutacje", lecz nie zawsze stuprocentowe; niektóre fagi odzyskiwały tylko część utraconej zdolności do atakowania bakterii.

Bob Edgar zasugerował, abym przeprowadził eksperyment sprawdzający, czy remutacje zachodzą w tym samym miejscu spirali DNA. Nakładem mozolnej i nudnej pracy byłem w stanie stwierdzić trzy przypadki mutacji, które zaszły bardzo blisko siebie – bliżej niż we wszystkich dotychczasowych eksperymentach – i częściowo przywróciły fagowi zdolność do funkcjonowania. Szło mi to bardzo powoli. Wynik był w dużym stopniu przypadkowy: trzeba było siedzieć i czekać, aż zdarzy się podwójna mutacja, co należało do rzadkości.

Starałem się wymyślić, jak zmusić fagi do częstszych mutacji i jak szybciej wykrywać te mutacje, ale zanim przyszła mi do głowy jakakolwiek metoda, lato się skończyło i nie miałem specjalnej ochoty dalej się zagłębiać w ten problem.

Zbliżał się jednak mój urlop naukowy, więc postanowiłem popracować w tym samym laboratorium, lecz nad innym zagadnieniem. Pracowałem trochę z Mattem Meselsonem, a potem z sympatycznym człowiekiem z Anglii, który nazywał się J.D. Smith. Problem dotyczył rybosomów, „maszynerii" komórki, która wytwarza białko z tego, co obecnie nazywamy informacyjnym RNA. Za pomocą substancji radioaktywnych wykazaliśmy, że RNA może się wydzielić z rybosomów, a następnie zostać z powrotem wchłonięte.

Robiłem wszystko bardzo dokładnie i starałem się, żeby każde ogniwo eksperymentu było kontrolowane, ale dopiero po ośmiu miesiącach zdałem sobie sprawę, że jeden krok przeprowadzam niechlujnie. Przygotowując bakterie, aby wyciągnąć z nich rybosomy, w tych czasach trzeba było je utrzeć w moździerzu z tlenkiem glinowym. Wszystkie inne reakcje były chemiczne i kontrolowane, ale nie dało się nigdy dokładnie powtórzyć tych samych ruchów tłuczka przy ucieraniu bakterii. Z eksperymentu nic zatem nie wyszło.

Powinienem też chyba opowiedzieć o tym, jak z Hildegarde Lamgrom próbowałem sprawdzić, czy fasola potrafi korzystać z tych samych rybosomów co bakterie. Chodziło o stwierdzenie, czy rybosomy bakterii mogą wytwarzać białka człowieka i innych organizmów. Hildegarde właśnie opracowała sposób wyciągania rybosomów z bakterii i wstawiania im informacyjnego RNA, aby mogły wytwarzać białko fasoli. Uświadomiliśmy sobie, jak bardzo doniosła jest kwestia, czy rybosomy bakterii wyposażone w informacyjne RNA fasoli będą wytwarzać białko fasoli czy białko bakterii. Eksperyment zapowiadał się niezwykle dramatycznie.

– Potrzebuję dużo rybosomów bakterii – powiedziała Hildegarde.

Meselson i ja wypreparowaliśmy wcześniej olbrzymie ilości rybosomów bakterii *E. coli* do jakiegoś innego doświadczenia.

– A niech tam – odparłem – dam ci wszystkie rybosomy, jakie mamy. W lodówce jest ich całe mnóstwo.

Odkrycie byłoby fantastyczne i doniosłe, gdybym był dobrym biologiem. Ale nie byłem. Mieliśmy dobry pomysł, dobrze przygotowaliśmy eksperyment, sprzęt był odpowiedni, ale ja wszystko spaprałem: dałem jej zakażone rybosomy – trudno o większy błąd przy tego rodzaju eksperymencie. Moje rybosomy leżały w lodówce od prawie miesiąca i zanieczyściły się innymi żywymi organizmami. Gdybym przygotował świeże rybosomy i przekazał je Hildegardzie starannie i w sposób kontrolowany, eksperyment by się udał, a my zostalibyśmy pierwszymi ludźmi, którzy dowiedli jedności życia: którzy dowiedli, że machineria wytwarzająca białko, czyli rybosomy, jest taka sama u każdej żywej istoty. Wszystko było na dobrej drodze, ale ja zachowałem się jak amator, dureń i partacz.

Przypomina mi to męża pani Bovary, nudnego wiejskiego doktora, który miał pomysł na wyleczenie szpotawej stopy, ale skończyło się na gangrenie. Byłem jak ten niewprawny chirurg.

Drugiego eksperymentu na fagach nigdy nie opisałem – Edgar ciągle mnie ponaglał, ale ja nigdy się do tego nie zabrałem. Tak to jest, kiedy pracujesz poza swoją dziedziną: nie traktujesz tego poważnie.

Sporządziłem tylko nieformalne notatki z drugiego eksperymentu. Edgar uśmiał się, kiedy to czytał. Nie przestrzegałem standardu, który obowiązuje w biologii – najpierw metodologia *et cetera*. Poświęciłem wiele miejsca na wyjaśnianie spraw, które dla biologa są oczywiste. Edgar zrobił z moich notatek skrót, którego nie zrozumiałem. Chyba tego nigdy nie opublikowali. W każdym razie ja nie dałem tego do druku.

MAPA KOTA?

Watson uważał, że moje badania na fagach są dość ciekawe, więc zaprosił mnie do Harvardu. Na wydziale biologii dałem odczyt na temat podwójnych mutacji zachodzących bardzo blisko siebie. Powiedziałem, że według mojej hipotezy pierwsza mutacja wywołuje zmiany w białku, na przykład zmianę pH aminokwasu, a druga wywołuje przeciwstawną zmianę w innym aminokwasie tego samego białka, częściowo równoważąc skutki pierwszej mutacji – nie idealnie, lecz w stopniu wystarczającym, by fag mógł zacząć znowu funkcjonować. Twierdziłem, że zachodzą dwie zmiany w tym samym białku, które chemicznie się równoważą.

Okazało się, że to nieprawda. Ludzie, którzy kilka lat później opracowali metodę znacznie szybszego wzbudzania i wykrywania mutacji, odkryli, że w pierwszej mutacji brakowało jednej z trzech „liter" DNA, toteż kod nie mógł być odczytany. Przy wtórnej mutacji brakująca litera była wstawiana lub też pozostałe dwie usuwane. Teraz kod znowu mógł być odczytany. Im szybciej druga mutacja następowała po pierwszej, tym mniejszemu zniekształceniu ulegała informacja na skutek podwójnej mutacji i w tym większym stopniu fag odzyskiwał zdolność funkcjonowania. Wykazano zatem, że każdy aminokwas jest kodowany za pomocą trzech „liter".

Podczas mojego tygodniowego pobytu w Harvardzie Watson zaproponował, żebyśmy przeprowadzili razem kilkudniowy eksperyment. Nie był to pełny eksperyment, ale dzięki temu nauczyłem się nowych technik laboratoryjnych od jednego z najlepszych fachowców w tej dziedzinie.

To była jednak moja wielka chwila: wygłosiłem odczyt na wydziale biologii w Harvardzie! Zawsze tak robię: angażuję się w coś i sprawdzam, jak daleko zajdę.

Dużo się nauczyłem podczas moich badań biologicznych, nabyłem wiele doświadczeń. Coraz lepiej wymawiałem trudne słowa, dowiedziałem się, czego nie trzeba umieszczać w opisie badań czy referacie, nauczyłem się wykrywać wadliwe techniki eksperymentalne. Ale kocham fizykę i kocham do niej wracać.

GIGANCI UMYSŁU

Jeszcze na studiach doktoranckich w Princeton pracowałem jako asystent Johna Wheelera. Dał mi jakieś zagadnienie do opracowania – strasznie się nad nim męczyłem, ale do niczego nie doszedłem. Wróciłem więc do pewnego pomysłu, który przyszedł mi do głowy wcześniej, na MIT. Pomysł był taki, że elektron nie oddziałuje na siebie, tylko na inne elektrony.

Kwestia jest taka: kiedy wprawić elektron w drgania, wypromieniowuje trochę energii, czyli jest strata. To oznacza, że musi na niego działać jakaś siła. Siła musi zależeć od tego, czy elektron jest czy nie jest naładowany. (Gdyby siła była w obu tych przypadkach identyczna, elektron raz traciłby energię, a raz nie, a wiadomo, że zawsze traci).

Standardowa teoria brzmiała, że siłę tę (zwaną siłą reakcji promieniowania) wytwarza oddziaływanie elektronu na samego siebie, a w mojej teorii występowały tylko elektrony oddziałujące na inne elektrony. Kiedy byłem na MIT, nie zauważyłem tej sprzeczności, dopiero w Princeton zrozumiałem, że jest problem.

Myślałem sobie tak: wprawiam elektron w drgania, co z kolei wprawia w drgania pobliski elektron i oddziaływanie tego drugiego elektronu jest przyczyną powstawania siły

reakcji promieniowania. Zrobiłem więc odpowiednie wyliczenia i zaniosłem je Wheelerowi. Wheeler z miejsca powiedział: „Źle, bo u pana siła będzie odwrotnie proporcjonalna do kwadratu odległości od innych elektronów, podczas gdy nie powinna w ogóle zależeć od żadnej z tych zmiennych. Będzie też odwrotnie proporcjonalna do masy drugiego elektronu i wprost proporcjonalna do ładunku".
Pomyślałem, że Wheeler musiał przeprowadzić te same wyliczenia. Dopiero później zdałem sobie sprawę, że taki człowiek jak Wheeler od razu wszystko widzi, kiedy przedstawisz mu problem. Ja musiałem wyliczać, ale on widział.

– I będzie opóźniona – fala powróci z opóźnieniem – więc opisał pan tylko efekt odbicia światła – dodał.

– Ach, rzeczywiście – zmartwiłem się.

– Ale zaraz. Załóżmy, że powraca wtedy, kiedy trzeba; reakcja przebiega do tyłu w czasie. Efekt jest odwrotnie proporcjonalny do kwadratu odległości, ale załóżmy, że jest mnóstwo elektronów: ich liczba jest wprost proporcjonalna do kwadratu odległości, więc może nam się wszystko zrównoważy.

Okazało się, że potrafimy to zrobić. Wyszło nam bardzo ładnie i wszystko do siebie pasowało. Była to klasyczna teoria, która mogła być prawdziwa, choć różniła się od standardowej teorii Maxwella i Lorentza. Usuwała problem nieskończonego samooddziaływania i była bardzo elegancka. Opierała się na oddziaływaniach i opóźnieniach, przebiegających do przodu i do tyłu w czasie – nazwaliśmy to „potencjałami półprzyspieszonymi i półopóźnionymi".

Uznaliśmy z Wheelerem, że trzeba się zająć kwantową teorią elektrodynamiki, gdzie moim zdaniem problem z samooddziaływaniem elektronu dawał się we znaki. Pomyśleliśmy,

PRINCETON

że skoro można było usunąć ten problem z teorii klasycznej, to może uda się i z kwantowej.

Wheeler powiedział do mnie: „Feynman, jest pan młody – niech pan zrobi seminarium na temat teorii klasycznej. Musi pan nabrać doświadczenia w wygłaszaniu referatów. Ja się tymczasem zajmę teorią kwantową i później zrobię na ten temat seminarium".

Miał to być mój pierwszy referat naukowy. Wheeler załatwił z Eugene'em Wignerem, że wstawi się mnie do regularnego harmonogramu seminariów.

Parę dni później spotkałem Wignera na korytarzu.

– Feynman – powiedział – myślę, że zajmujecie się z Wheelerem ciekawymi sprawami, więc zaprosiłem na seminarium Russella. – Henry Norris Russell, wybitny i sławny w tym okresie astronom, przyjdzie na mój wykład!

– Myślę, że profesor von Neumann też byłby zainteresowany – ciągnął Wigner. Johny von Neumann był najwybitniejszym matematykiem w całej okolicy. – Tak się złożyło, że przyjechał z wizytą profesor Pauli ze Szwajcarii, więc jego też zaprosiłem. – Pauli był bardzo sławnym fizykiem, a ja cały pożółkłem na twarzy. Wreszcie Wigner powiedział:

– Profesor Einstein rzadko przychodzi na nasze cotygodniowe seminaria, ale to, co robicie, jest takie ciekawe, że wyjątkowo go zaprosiłem i też przyjdzie.

Musiałem zzielenieć, bo Wigner przestraszył się:

– Nie, nie, niech pan się nie martwi! Muszę jednak pana ostrzec: jeżeli profesor Russell zaśnie – a na pewno zaśnie – to nie oznacza, że wykład jest nudny – on zasypia na wszystkich seminariach. Natomiast jeżeli profesor Pauli będzie cały czas kiwał głową, jakby się ze wszystkim zgadzał, proszę nie zwracać na to uwagi. Profesor Pauli ma porażenie nerwu twarzowego.

Poszedłem do Wheelera, wymieniłem mu wszystkie wybitne osobistości, które przyjdą na wykład, i powiedziałem, że bardzo się boję.

– Wszystko będzie dobrze – odparł. – Niech się pan nie przejmuje. Ja odpowiem na wszystkie pytania.

Przygotowałem więc referat, wszedłem na salę i zrobiłem coś, co często robią młodzi ludzie bez doświadczenia w wygłaszaniu referatów – napisałem na tablicy za dużo równań. Bo to jest tak: młody człowiek musi sobie dopiero wymyślić, że to jest funkcją tego, to rośnie w funkcji tego *et cetera*, podczas gdy wszyscy słuchacze widzą to na pierwszy rzut oka z wzoru. On musi fizycznie przeprowadzić obliczenia – więc zapisuje całą tablicę równaniami.

Gdy zawczasu pisałem sobie wszystkie równania, wszedł Einstein i bardzo miło się ze mną przywitał: „Dzień dobry, przyszedłem na pańskie seminarium. Ale przede wszystkim – gdzie jest herbata?".

Powiedziałem mu, po czym wróciłem do pisania równań.

Nadeszła pora wykładu i widzę, że wszyscy ci g i g a n c i u m y s ł u siedzą tam i czekają! Mój pierwszy naukowy wykład – a tu taka publiczność! Na śmierć mnie zamaglują! Pamiętam bardzo dokładnie widok moich trzęsących się dłoni, gdy wyjmowałem z brązowej koperty notatki.

Zdarzył się jednak cud, który stale się potem powtarzał, co było dla mnie bardzo fortunne: z chwilą, gdy zaczynam myśleć o fizyce i muszę się skoncentrować na tym, co tłumaczę, wszystko inne ucieka mi z głowy – trema w ogóle się mnie nie ima. Gdy zacząłem mówić, po prostu zapomniałem, kto siedzi na sali. Tłumaczyłem nową teorię elektronu i nic innego się nie liczyło.

Lecz kiedy skończyłem, przyszedł czas na pytania. Najpierw Pauli, który siedział obok Einsteina, wstaje i mówi: – Myszlę, dże ta teoria nie modże bycz prawdżywa, bo to i to, i to – po czym zwraca się do Einsteina i mówi: – Nie zgadza szę pan, profesorze Einstein? – Nieeeeeeeeeeee. – Miłe, z niemiecka brzmiące „nie", bardzo uprzejme. – Wydaje mi się tylko, że bardzo trudno byłoby stworzyć odpowiednią teorię dla oddziaływań grawitacyjnych. – Miał na myśli ogólną teorię względności, swoje ukochane dziecko. – Ponieważ nie mamy jeszcze zbyt wielu danych doświadczalnych – ciągnął – nie jestem absolutnie pewien, jaka jest poprawna teoria grawitacyjna. – Einstein rozumiał, że jego teoria nie musi być we wszystkim prawdziwa; był bardzo otwarty na inne pomysły.

Żałuję, że nie pamiętam, co powiedział Pauli, ponieważ wiele lat później odkryłem, że teoria nie jest zadowalająca, gdyż trudno ją uzgodnić z teorią kwantową. Możliwe, że ten wielki człowiek natychmiast zauważył tę trudność i wyjaśnił ją w swoim pytaniu, ale ja czułem tak wielką ulgę, że nie muszę odpowiadać na pytania, iż nie słuchałem zbyt uważnie. Pamiętam, że kiedy szliśmy z Paulim po schodach do Palmer Library, spytał mnie:

– Co Wheeler zamierza powiedzieć o teorii kwantowej w swoim referacie?

– Nie wiem – odparłem. – Nie zdradził mi tego. Sam nad nią pracuje.

– Ach tak? – zdziwił się. – Nie zdradził swojemu asystentowi, co ma zamiar zrobić z teorią kwantową? – Zbliżył się do mnie i powiedział konspiracyjnym tonem: – Wheeler nigdy nie wygłosi tego referatu.

Miał rację. Wheeler nie wygłosił referatu. Sądził, że opracowanie części kwantowej będzie proste; wydawało mu się, że już prawie znalazł rozwiązanie. Ale nie znalazł. Gdy przyszła pora na referat, zdał sobie sprawę, że nie wie, jak rozwiązać problem, i właściwie nie ma nic do powiedzenia.

Ja też nigdy nie zdołałem tego opracować – teorii kwantowej półprzyspieszonych, półopóźnionych potencjałów – chociaż prace nad tym zajęły mi całe lata.

MIESZANIE FARB

Aby wyjaśnić, dlaczego lubię mówić o sobie, że jestem „antyhumanistą" czy „antyintelektualistą", trzeba się cofnąć do szkoły średniej. Zawsze się martwiłem, żeby mnie nie brano za lalusia; nie chciałem być za bardzo delikatny. Według moich ówczesnych wyobrażeń „prawdziwy mężczyzna" nie zaprzątał sobie głowy poezją i tym podobnymi bzdurami. Jak poezja w ogóle powstaje – to mnie jakoś nigdy nie zainteresowało! Wyrobiłem więc w sobie niechęć do ludzi, którzy studiują literaturę francuską albo za dużo zajmują się muzyką czy poezją – wszystkimi tymi „fanaberiami". Większym szacunkiem darzyłem hutnika, spawacza czy tokarza. Zawsze uważałem, że tokarz, który umie zrobić coś konkretnego – to jest p r a w d z i w y   m ę ż c z y z n a! Takie miałem nastawienie. Być człowiekiem praktycznym, a nie „humanistą" czy „intelektualistą", to uważałem za wartość. W tej pierwszej kwestii miałem oczywiście rację, ale drugi pogląd był idiotyzmem.

Jak się zaraz okaże, podczas studiów w Princeton wrogość do humanistyki jeszcze mi nie przeszła. Często jadałem w sympatycznej restauracyjce, która nazywała się Papa's Place. Pewnego dnia zszedł na dół – w stroju roboczym – malarz, który malował na górze jakiś pokój, i usiadł koło mnie.

Wywiązała się rozmowa, z której dowiedziałem się, że aby być malarzem pokojowym, trzeba dużo wiedzieć.

– Na przykład w tej restauracji, gdybyś ty miał tutaj pomalować ściany, jakie byś wybrał kolory?

Odparłem, że nie wiem.

– Do takiej a takiej wysokości musisz zrobić ciemny pas, bo klienci ocierają się łokciami o ściany, więc nie można dać białego. Za szybko się brudzi. Ale wyżej trzeba pomalować na biało, żeby klient miał poczucie czystości.

Facet sprawiał wrażenie, że zna się na rzeczy, a ja siedziałem i słuchałem go z zapartym tchem.

– Trzeba też wiedzieć, jak uzyskać dany kolor przez mieszanie farb. Na przykład, jakie kolory ty byś zmieszał, kiedy byś potrzebował żółtego?

Nie wiedziałem, jak uzyskać żółty kolor, mieszając farby. Jeśli chodzi o ś w i a t ł o, trzeba połączyć zielony i czerwony, ale jemu chodziło o f a r b y. Powiedziałem więc:

– Nie wiem, jak uzyskać żółty kolor bez żółtej farby.

– Trzeba wziąć czerwoną i białą farbę.

– Jesteś pewien, że nie wyjdzie r ó ż o w y?

– Nie, wyjdzie żółty. – Uwierzyłem mu, że wyjdzie żółty, ponieważ był zawodowym malarzem, a ja zawsze podziwiałem takich ludzi, ale zastanawiałem się, jak to możliwe.

Wpadłem na pomysł.

– Muszą zachodzić jakieś zmiany c h e m i c z n e. Używasz jakichś specjalnych pigmentów, które reagują ze sobą chemicznie?

– Nie – odparł – mogą być pierwsze lepsze pigmenty. Idź do gospodarczego i kup farbę – wystarczy normalna puszka czerwonej i normalna puszka białej – to ci pokażę, że wyjdzie żółty.

MIESZANIE FARB

Zacząłem sobie myśleć: "Coś tu nie gra. Na tyle się znam na kolorach, że wiem, że nie wyjdzie żółty, ale facet musi znać jakąś specjalną m e t o d ę, czyli przy mieszaniu dzieje się coś ciekawego. Muszę to zobaczyć!".

– Dobra, pójdę po farby.

Malarz wrócił na górę dokończyć robotę, a do mnie podszedł właściciel restauracji i powiedział:

– Ten człowiek jest malarzem, całe życie był malarzem, więc jak panu mówi, że wychodzi żółty, to wychodzi żółty, co się pan z nim spiera?

Zawstydziłem się. Nie wiedziałem, jak się wytłumaczyć. Wreszcie powiedziałem:

– Całe życie zajmuję się badaniem światła i myślę, że z czerwonego i białego koloru nigdy nie wyjdzie żółty, tylko różowy.

Poszedłem więc do gospodarczego, kupiłem farbę i przyniosłem do restauracji. Malarz zszedł na dół, był też właściciel. Położyłem puszki na starym krześle i malarz zaczął mieszać farby. Dołożył trochę czerwonej, potem trochę białej, ale efekt wciąż był różowy, więc znów dołożył czerwonej, potem białej... Potem mruknął:

– Zawsze miałem jeszcze tubkę żółtej, żeby trochę złamać kolor; wtedy zrobi się żółty.

– Jasne! Jeśli dodasz żółtego, będziesz miał żółty, ale bez żółtego nie da rady.

Malarz wrócił na górę do pracy.

Właściciel powiedział:

– Facet ma czelność kłócić się z człowiekiem, który całe życie zajmuje się badaniem światła!

Powyższa anegdota dowodzi jednak, jak bardzo ufałem "prawdziwym mężczyznom". Malarz powiedział mi tyle rozsądnie brzmiących rzeczy, że gotów byłem uwierzyć w istnienie dziwnego zjawiska, którego nie znałem. Spodziewałem się, że wyjdzie różowy, ale moje nastawienie było następujące: „Żeby wyszedł żółty, musi się stać coś nieznanego i fascynującego, więc muszę to zobaczyć!".

To moje nastawienie, że teoria nie jest aż taka dobra, jak się wydaje, że pojawi się mnóstwo komplikacji, które ją podważą – to przekonanie, że wszystko się może zdarzyć, chociaż jestem właściwie pewien, że wiem, co się zdarzy – kosztowało mnie wiele błędów w mojej pracy naukowej.

INNY PRZYBORNIK

W princetońskiej szkole podyplomowej wydziały fizyki i matematyki miały wspólną świetlicę, gdzie codziennie o czwartej po południu piliśmy herbatę. Prócz tego, że małpowaliśmy w ten sposób angielskie uniwersytety, był to dla nas popołudniowy relaks. Siedziało się i grało w „go" albo dyskutowało o twierdzeniach. W tych czasach na tapecie była topologia.

Do dziś pamiętam człowieka, który siedział na sofie i łamał sobie głowę, a drugi facet stał przed nim i mówił:

– Stąd też to-i-to jest prawdziwe.

– Dlaczego? – pyta facet na sofie.

– To trywialne! Trywialne! – mówi ten, co stoi, po czym wyrzuca z siebie serię logicznych kroków: – Najpierw zakładasz to-i-to, potem bierzesz Kerchoffa, potem twierdzenie Waffenstoffera, podstawiasz to i tworzysz tamto. Teraz bierzesz wektor skierowany w tę stronę, potem dajesz to-i-to... – Facet na sofie stara się nadążyć za wnioskowaniem, z którym tamten zasuwa w tym tempie przez piętnaście minut!

INNY PRZYBORNIK

Wreszcie ten, co stoi, dochodzi do końca, a facet na sofie mówi:
– Fakt, że to trywialne.
My, fizycy, zaczęliśmy się śmiać. Wymyśliliśmy, że „trywialne" znaczy dla nich „udowodnione", więc żartowaliśmy sobie z nich: „Mamy nowe twierdzenie: matematycy potrafią udowodnić tylko trywialne twierdzenia, ponieważ każde udowodnione twierdzenie jest trywialne".
Matematykom nie spodobało się to twierdzenie, a ja dalej się z nimi droczyłem. Powiedziałem, że dla matematyków nie ma żadnych niespodzianek, ponieważ dowodzą tylko rzeczy oczywistych.
Tymczasem topologia wcale nie była dla matematyków oczywista. Podsuwała wiele dziwnych, „antyintuicyjnych" możliwości. Wpadłem na pewien pomysł. Powiedziałem do nich:
– Założę się, że jeżeli podacie mi założenia i wytłumaczycie mi twierdzenie w zrozumiałych dla mnie pojęciach, w stu przypadkach na sto potrafię wam od razu powiedzieć, czy twierdzenie jest prawdziwe.
Odbywało się to następująco. Tłumaczyli mi:
– Masz pomarańczę, tak? Krajesz ją na skończoną liczbę kawałków, składasz z powrotem i jest wielka jak słońce. Prawda czy fałsz?
– Nie ma dziur?
– Nie ma dziur.
– Niemożliwe! Coś takiego nie istnieje!
– Ha! Mamy go! Wszyscy zbiórka! Zadałem mu twierdzenie takiego-i-takiego o niemierzalnej mierze*, a on powiedział, że jest fałszywe.

---
* Żart (przyp. tłum.).

PRINCETON

Byli przekonani, że przegrałem zakład, ale przypomniałem im:

– Powiedzieliście, że chodzi o pomarańczę! Nie można pokrajać pomarańczy na kawałki mniejsze od atomów.

– Ale zachowana jest ciągłość, więc zawsze można krajać dalej!

– Nie, powiedzieliście, że chodzi o pomarańczę, więc założyłem, że chodzi o p r a w d z i w ą   p o m a r a ń c z ę.

Tym sposobem zawsze wygrywałem. Jeżeli mój domysł był słuszny, to po sprawie. Jeżeli nie, zawsze potrafiłem wytknąć im jakieś uproszczenie.

Moje zgadywanie nie było tak zupełnie wzięte z sufitu. Miałem pewną metodę, którą do dziś stosuję, kiedy ktoś stara się coś mi wytłumaczyć: krok po kroku wyobrażam sobie przykłady. Matematycy podawali przykład jakiegoś genialnego twierdzenia, którym się strasznie ekscytowali. Gdy wymieniali założenia, ja budowałem sobie konstrukcję, która je wszystkie spełniała. Gdy była mowa o zbiorze, podstawiałem sobie w głowie piłkę, gdy o zbiorach rozłącznych – dwie piłki. Potem, w miarę przybywania warunków, piłki przybierały w mojej głowie różne kolory, porastały włosami *et cetera*. Potem matematycy recytowali jakieś durne twierdzenie, które nie było prawdziwe dla mojej włochatej zielonej piłki, więc mówiłem: „Fałszywe!".

Jeżeli twierdzenie było prawdziwe, strasznie się podniecali, a ja przez chwilę pozwalałem im się nacieszyć, po czym podawałem im mój kontrprzykład.

– Ach, zapomnieliśmy ci powiedzieć, że to homomorficzny Hausdorff drugiej klasy.

– W takim razie to trywialne! – odpowiadałem. – Trywialne! – Wtedy już kojarzyłem, o co w twierdzeniu chodziło,

INNY PRZYBORNIK

chociaż nie miałem pojęcia, co to jest homomorficzny Hausdorff drugiej klasy.

Moje domysły były w większości przypadków trafne, bo chociaż matematycy uważali twierdzenia topologii za sprzeczne ze zdrowym rozsądkiem, nie były wcale takie trudne, na jakie wyglądały. Można się oswoić z różnymi dziwnymi własnościami tego mikroszatkowania i z dużym prawdopodobieństwem zgadnąć, jaki będzie rezultat.

Chociaż dałem matematykom nieźle w kość, zawsze byli dla mnie mili. Ci młodzi chłopcy tworzyli zupełnie nowe teorie, więc byli bardzo szczęśliwi i podekscytowani. Omawiali swoje „trywialne" teorie i wdawali się w zawikłane wyjaśnienia, kiedy postawiło się im proste pytanie.

Paul Olum i ja mieliśmy wspólną łazienkę. Bardzo się zaprzyjaźniliśmy, a on próbował mnie nauczyć matematyki. Kiedy doszedł ze mną do zbiorów homotopicznych, poddałem się, ale do tego miejsca mniej więcej wszystko rozumiałem.

Jedna rzecz, której nie potrafiłem się nauczyć, to całkowanie po krzywej zamkniętej. Umiałem całkować według różnych metod podanych w podręczniku, który dał mi mój nauczyciel fizyki w szkole średniej, pan Bader.

Pewnego dnia poprosił mnie, żebym został po lekcjach. „Feynman", powiedział, „za dużo mówisz i robisz za dużo hałasu. Wiem dlaczego. Nudzisz się. Więc dam ci książkę. Usiądziesz sobie z tyłu w kącie i będziesz studiował tę książkę. Kiedy już wszystkiego się z niej nauczysz, możesz znowu zacząć się odzywać".

A zatem na każdej lekcji fizyki, zamiast zajmować się prawem Pascala czy czymś tam, siedziałem z tyłu sali nad tą książką: *Rachunkiem różniczkowo-całkowym* Woodsa. Bader wiedział, że trochę znałem *Rachunek różniczkowo-całkowy dla człowieka praktycznego*, więc dał mi twardszy orzech do zgryzienia – podręcznik był przeznaczony dla studentów college'u. Były w nim szeregi Fouriera, funkcje Bessela, wyznaczniki, funkcje eliptyczne – wszystkie te cudowne rzeczy, o których nic nie wiedziałem.

W książce pokazane było również, jak różniczkować pod całką – jest to pewna konkretna operacja. Okazuje się, że na uniwersytetach prawie tego nie uczą, ale ja sobie to wbiłem do głowy i zawsze całkowałem według dziwnych metod z tej książki.

Skutek był taki, że kiedy koledzy na MIT lub w Princeton mieli problemy z jakąś całką, to dlatego że nie mogli się posłużyć standardowymi metodami poznanymi w szkole średniej. Całkowanie po krzywej zamkniętej – umieli; zwykłe rozwinięcie w szereg – umieli. Jeżeli żadna z tych metod nie wypaliła, dawali to mnie, a ja próbowałem różniczkowania pod całką, często z dobrym skutkiem. Zyskałem więc sobie renomę dobrego „całkowacza", tylko dlatego że miałem inny przybornik niż cała reszta, a oni wypróbowywali wszystkie swoje przybory, zanim dali zadanie mnie.

TELEPACI

Mój ojciec zawsze interesował się magią i karnawałowymi sztuczkami, chciał wiedzieć, na czym one polegają. Już w dzieciństwie rozgryzł telepatów. Kiedy był małym chłopcem, dorastającym w miasteczku Patchogue na środku Long Island, pewnego dnia pojawiły się plakaty z ogłoszeniem, że w następną środę przyjeżdża z występem telepata. Na plakatach napisane było, że znani i szanowani obywatele – burmistrz, sędzia, bankier – mają schować w jakimś miejscu w swoich domach banknot pięciodolarowy, a telepata go znajdzie. Kiedy przyjechał, zebrali się ludzie, żeby popatrzeć na występ. Kolejno brał za rękę bankiera i sędziego, którzy ukryli banknoty, szedł ulicą, dochodził do skrzyżowania, skręcał, potem znowu skręcał i stawał pod właściwym domem. Wchodził do środka, dalej trzymając bankiera czy sędziego za rękę, szedł na pierwsze piętro, do właściwego pokoju, podchodził do biurka, puszczał rękę, otwierał właściwą szufladę i wyciągał banknot pięciodolarowy. Coś niesamowitego!

W tych czasach trudno było o dobre wykształcenie, więc ojciec wynajął telepatę na prywatnego nauczyciela dla siebie. Po jednej z lekcji ojciec zapytał telepatę, w jaki sposób znajdował pieniądze, nie wiedząc, gdzie one są.

Telepata wyjaśnił, że trzeba chwycić gościa za rękę dość luźno i poruszać się lekkimi szarpnięciami. Kiedy dochodzisz do skrzyżowania, szarpiesz trochę w lewo i jeśli to jest zły kierunek, napotykasz pewien opór, ponieważ ludzie sądzą, że ty rzeczywiście wiesz, dokąd masz iść. A więc w każdej sytuacji, kiedy jest wybór drogi, trzeba trochę szarpać za rękę, sprawdzając wszystkie możliwości.

Ojciec opowiedział mi o tym, ale sądził, że musiałby wiele poćwiczyć, żeby samemu zabawić się w telepatę, więc nigdy nie próbował.

Później, kiedy studiowałem w Princeton, postanowiłem wypróbować tę metodę na koledze, który nazywał się Bill Woodward. Ni stąd, ni zowąd oznajmiłem, że jestem telepatą i potrafię czytać mu w myślach. Kazałem mu wejść do „laboratorium" – dużej sali z rzędami stołów z różnego rodzaju sprzętem, elektroniką, narzędziami i innym żelastwem – zanotować w pamięci jakiś przedmiot, a potem wyjść na korytarz.

– A teraz przeczytam ci w myślach, który przedmiot wybrałeś, i zaprowadzę cię do niego – wyjaśniłem.

Wszedł, zanotował w pamięci jakąś rzecz i wyszedł. Wziąłem go za rękę i zacząłem „szarpanie". Poszliśmy wzdłuż tego rzędu stołów, potem tamtego i trafiliśmy prosto na wybrany przez niego przedmiot. W sumie przeprowadziliśmy trzy próby – raz znalazłem dokładnie to, co trzeba, chociaż stało wśród innych rzeczy, raz spudłowałem o kilka cali (właściwe miejsce, ale nie ten przedmiot), a raz coś poszło nie tak. W sumie udało się lepiej, niż myślałem. Telepatia okazała się bardzo prosta.

Jakiś czas później, kiedy miałem chyba dwadzieścia sześć lat, pojechaliśmy z ojcem do Atlantic City, gdzie odbywały się różne imprezy karnawałowe pod gołym niebem. Mój ojciec miał coś do załatwienia, a ja poszedłem obejrzeć telepatę. Siedział na scenie plecami do publiczności, ubrany w coś w rodzaju togi i wielki turban. Miał pomocnika, który kręcił się wśród zebranych i pytał:

– O, Wielki Mistrzu, jaki jest kolor notesu, który trzymam w ręce?

– Niebieski! – mówi Mistrz.

– Eminencjo, a jak ma na imię ta kobieta?

– Marie!

Wstaje jakiś facet:

– Jak ja mam na imię?

– Henry.

Wstaję ja i pytam: – A jak ja mam na imię?

Nie odpowiedział. Ten drugi facet musiał być podstawiony, ale nie potrafiłem wymyślić, na czym polegają inne sztuczki, na przykład rozpoznanie koloru notesu. Może ma pod turbanem mikrofon?

Kiedy spotkałem się z ojcem i opowiedziałem mu o tym, odparł: „Mają jakiś szyfr, ale nie wiem jaki. Wróćmy tam i dowiedzmy się".

Jednak na miejscu ojciec powiedział do mnie: „Masz tu pięćdziesiąt centów. Idź i każ sobie przepowiedzieć przyszłość w tamtej budzie, zobaczymy się za pół godziny".

Wiedziałem, o co mu chodzi. Miał zamiar wcisnąć telepacie jakąś bujdę, a ja mógłbym się mimowolnie skrzywić albo coś, więc musiał się mnie pozbyć.

Kiedy się znowu spotkaliśmy, wyjaśnił mi, na czym polega szyfr: „»O, Wielki Mistrzu« znaczy niebieski, »O, Mędrcu nad Mędrcami« znaczy zielony i tak dalej. Podszedłem do niego, kiedy się skończyło, i powiedziałem, że miałem kiedyś pokaz w Patchogue i ustaliliśmy szyfr, ale mógł obsłużyć niewiele numerów i zakres kolorów był mniejszy. Spytałem go, jak potrafi spamiętać taką ilość informacji".

Telepata był taki dumny ze swego szyfru, że wytłumaczył ojcu c a ł y   s y s t e m. Ojciec był komiwojażerem i umiał montować takie sytuacje. Ja nie jestem w tym dobry.

NAUKOWIEC AMATOR

Kiedy byłem dzieckiem, miałem swoje „laboratorium". Nie było to laboratorium w tym sensie, że mogłem tam przeprowadzać pomiary czy poważne eksperymenty. Była to w gruncie rzeczy zabawa: budowałem silniki, budowałem czujniki, które reagowały na fotokomórkę. Zabawiałem się selenem; ciągle coś majstrowałem. Musiałem wykonać pewne obliczenia dla obwodu lampowego, szeregu włączników i żarówek, których używałem jako oporników do kontroli napięcia. Wszystko to służyło jednak jakimś praktycznym zastosowaniom. Nie przeprowadzałem żadnych eksperymentów typu laboratoryjnego.

Miałem też mikroskop – uwielbiałem patrzeć przez niego na różne rzeczy. Byłem wytrwały: wsuwałem coś pod mikroskop i przyglądałem się godzinami. Nie musiało to być nic nadzwyczajnego, na przykład okrzemka powoli przemieszczająca się pod okularem.

Pewnego dnia oglądałem pantofelka i zauważyłem coś, o czym nie wspominały podręczniki w szkole czy nawet na studiach. W tych książkach wszystko jest zawsze uproszczone, żeby świat był bardziej taki, jak życzyliby sobie autorzy. Kiedy mówią o zachowaniu zwierząt, zawsze zaczynają od czegoś takiego: „Pantofelek jest bardzo prostym organizmem o bardzo prostym zachowaniu. Porusza się w wodzie, dopóki nie natrafi na jakąś przeszkodę, a wtedy cofa się, ustawia pod innym kątem i znów rusza w drogę".

To nie tak. Po pierwsze, jak wszyscy wiedzą, pantofelki od czasu do czasu spółkują – spotykają się i wymieniają jądra komórkowe. Skąd wiedzą, że już pora? (Ale mniejsza z tym, nie o tym chcę powiedzieć).

Patrzyłem, jak pantofelki natrafiają na jakąś przeszkodę, cofają się, ustawiają pod innym kątem i znów ruszają w drogę. Nie odnosiłem jednak wrażenia, że jest to mechaniczne, komputerowo zaprogramowane. Cofają się na różną odległość, przekręcają o różny kąt i nie zawsze w prawo; ich zachowanie jest bardzo nieregularne. Sprawia wrażenie przypadkowego, ponieważ nie wiadomo, co to za „przeszkoda", na którą natrafiły, jakie poczuły związki chemiczne i tak dalej.

Chciałem sprawdzić, jak się zachowa pantofelek, jeżeli wyschnie woda, w której się znajduje. Nauka twierdziła, że pantofelek zasycha w coś w rodzaju twardego nasionka. Miałem

NAUKOWIEC AMATOR

na slajdzie kroplę wody, w której był pantofelek i jakieś „trawki" – w skali pantofelka wyglądały jak gęstwina grubych pędów. Gdy po piętnastu czy dwudziestu minutach woda wyparowała, pantofelek znalazł się w ciężkiej sytuacji: nieustannie kursował pomiędzy tymi „patykami", niemal zakleszczony.

Potem zobaczyłem coś, o czym nigdy wcześniej nie słyszałem: pantofelek utracił swój kształt. Stał się elastyczny jak ameba. Zaczął napierać na jeden z patyków, wystawiając po obu stronach wypustki, aż wreszcie był mniej więcej do połowy rozcięty, a wtedy uznał, że pomysł był nie najlepszy i wycofał się.

Odniosłem więc wrażenie, że książkowe opisy tych organizmów są zbyt uproszczone. Zachowanie pantofelków nie jest aż tak mechaniczne i jednowymiarowe, jak się twierdzi. Należy je opisać zgodniej z prawdą, ponieważ dopóki się nie przekonamy, jak wielowymiarowe jest zachowanie nawet organizmów jednokomórkowych, nigdy nie zrozumiemy zachowania bardziej skomplikowanych zwierząt.

Lubiłem też oglądać owady. Kiedy miałem jakieś trzynaście lat, dostałem książkę o owadach. Było tam napisane, że ważki nie są groźne: nie gryzą. Tymczasem w naszym sąsiedztwie wszyscy wiedzieli, że ukąszenie „szpili", jak je nazywaliśmy, jest bardzo niebezpieczne. Kiedy graliśmy w baseball i w polu widzenia pojawiła się jakaś ważka, wszyscy chowali się w popłochu, wymachując rękami i wołając: „Szpila! Szpila!".

Pewnego dnia siedziałem na plaży i właśnie przeczytałem, że ważki nie gryzą. Nadleciała szpila, wszyscy zaczęli wrzeszczeć i biegać, lecz ja siedziałem spokojnie i mówiłem: „Nie bójcie się! Szpile nie gryzą!".

Wielki bzykacz usiadł mi na stopie i podniosło się wielkie larum, a ja, ten dziwak naukowiec, upierałem się jak głupi, że mnie nie ugryzie.

Każdy się spodziewa dramatycznej puenty – ważka mnie ugryzła. Nie ugryzła, w książce mówili prawdę. Ale trochę się spociłem.

Miałem też mały, zabawkowy mikroskop, z którego wymontowałem samą optykę. Nosiłem tę „lunetkę" przy sobie, jako szkło powiększające, choć mikroskop miał czterdziesto- lub pięćdziesięciokrotne powiększenie. Od biedy dało się złapać ostrość, więc mogłem chodzić po ulicy i na miejscu oglądać różne rzeczy.

Kiedy studiowałem w Princeton, wyjąłem kiedyś lunetkę z kieszeni, żeby przyjrzeć się mrówkom, które spacerowały po bluszczu. Tak się przejąłem tym, co zobaczyłem, że krzyknąłem w głos. Ujrzałem mrówkę i mszycę – mrówki żyją w symbiozie z mszycami, ponieważ lubią spijać częściowo przetrawiony sok mszyc, zwany „rosą miodową". Ojciec mi o tym opowiedział, ale nigdy tego nie widziałem na własne oczy.

Teraz ujrzałem mszycę i rzeczywiście: wkrótce przytuptała mrówka i zaczęła ze wszystkich stron obstukiwać mszycę łapką. Coś pięknego!

Potem z mszycy polał się sok. W powiększeniu kropla wyglądała jak piękna, błyszcząca piłka, a raczej balon, z powodu napięcia powierzchniowego. Mikroskop nie był zbyt dobry, na skutek aberracji chromatycznej kropla zabarwiła się trochę – coś wspaniałego!

Mrówka wzięła piłkę między przednie łapki, uniosła i trzymała w powietrzu. W tej skali świat jest taki inny, że można podnieść wodę i trzymać ją w powietrzu! Sądzę, że mrówki mają łapki powleczone jakąś tłustą substancją, która nie przebija napięcia powierzchniowego, kiedy kropla jest w powietrzu. Potem mrówka przegryzła powierzchnię kropli, która oklapła i wpadła jej prosto do żołądka. Ten mrówczy obiadek był bardzo interesującym widowiskiem!

W moim pokoju w Princeton było okno wykuszowe z półokrągłym parapetem. Pewnego dnia weszły na parapet mrówki i wałęsały się na wszystkie strony. Zainteresowało mnie, jak znajdują drogę, skąd wiedzą, dokąd mają iść. Czy umieją się nawzajem informować, gdzie jest jedzenie, tak jak pszczoły? Czy mają jakieś poczucie geometrii?

Czysta amatorszczyzna: wszyscy znają odpowiedź na te pytania, ale ja nie znałem, więc rozciągnąłem nad parapetem sznurek i podwiesiłem tuż nad parapetem trochę cukru na tekturce. Chodziło o to, żeby mrówki nie znalazły cukru przypadkiem – eksperyment był kontrolowany.

Potem przygotowałem zagięte z jednej strony skrawki papieru, żeby móc przenosić mrówki z miejsca na miejsce. Porozkładałem papierki na parapecie w dwóch grupach: koło cukru (wiszącego na sznurku) i koło mrówek, które zgromadziły się gdzie indziej. Siedziałem całe popołudnie, czytając i zerkając, czy jakaś mrówka nie zabłąkała się na któryś z moich papierowych „promów". Jeżeli tak, przenosiłem ją w pobliże cukru. Kiedy kilka mrówek zostało przetransportowanych w pobliże cukru, jedna z nich przypadkiem znów weszła na prom, więc odniosłem ją z powrotem.

Chciałem sprawdzić, czy pozostałe mrówki otrzymają informację, że trzeba się udać do „terminalu promów". Z początku szło powoli, ale po jakimś czasie bez przerwy transportowałem mrówki tam i z powrotem.

Po pewnym czasie, przy dużym natężeniu ruchu, zacząłem przenosić mrówki od cukru w jakieś i n n e miejsce. Pytanie brzmiało, czy mrówka wie, że trzeba szukać terminalu promów (albo cukru), skąd została przeniesiona, czy też będzie szukać cukru w nowym miejscu.

Po jakimś czasie prawie wszystkie mrówki kręciły się po nowym miejscu, szukając cukru. Wywnioskowałem z tego, że nie kojarzą, iż zostały przetransportowane.

W innym eksperymencie rozsypałem na parapecie trochę cukru i ustawiłem mrówkom tor przeszkód ze slajdów do mikroskopu. Co jakiś czas zmieniając układ slajdów, mogłem wykazać, że mrówki nie mają poczucia geometrii: kiedy znalazły cukier, wracały zawsze tą samą drogą, nawet jeżeli istniała krótsza.

Stało się oczywiste, że mrówki wytyczają swoisty trop za pomocą jakiejś cieczy. Wykonałem kilka prostych eksperymentów, żeby się dowiedzieć, jak szybko trop wysycha, czy można go łatwo zetrzeć i tak dalej. Dowiedziałem się również, że trop nie jest „zwektorowany". Jeśli podniosłem mrówkę na kawałku papieru, okręciłem ją kilka razy dookoła i odstawiłem z powrotem na trop, nie wiedziała, że idzie w złym kierunku, dopóki nie spotkała innej mrówki. (Później, w Brazylii, zauważyłem mrówki żywiące się liśćmi. Te po kilku krokach wiedziały, czy idą w kierunku pożywienia, czy w przeciwnym – przypuszczalnie trop składał się z sekwencji sygnałów zapachowych: A, B, spacja, A, B, spacja i tak dalej).

Kiedyś chciałem zmusić mrówki do krążenia w kółko, ale zabrakło mi cierpliwości. Wydaje mi się jednak, że to jest wykonalne.

Eksperymenty z mrówkami utrudniało to, że jeśli na nie chuchnąć, rozbiegają się bezładnie na wszystkie strony. Musi to być instynktowna reakcja na jakieś zwierzę, które je zjada albo zakłóca pracę. Nie wiem, czy bały się ciepła, wilgoci czy zapachu mojego oddechu, ale żeby nie zepsuć eksperymentu, musiałem zawsze wstrzymywać oddech i przekręcać głowę, kiedy transportowałem mrówki.

Zastanowiło mnie, dlaczego trop pozostawiany przez mrówki jest taki regularny, jakby wbrew ustaleniom moich eksperymentów posiadały jednak poczucie geometrii. Wiele lat później, kiedy studiowałem w Caltech i mieszkałem w małym domu przy Alameda Street, pojawiły się mrówki koło wanny. Pomyślałem, że to wspaniała okazja, i siedziałem w łazience całe popołudnie, czekając, aż któraś mrówka znajdzie cukier. To tylko kwestia cierpliwości.

Kiedy mrówka znalazła cukier, wziąłem mazak (z poprzednich eksperymentów wiedziałem, że mrówki nie zwracają uwagi na oznaczenia mazakiem – przecinają je – więc nie zakłócam warunków doświadczenia) i zacząłem znaczyć drogę powrotną. Mrówka trochę błądziła, wracając do dziury, więc linia wyszła dość zygzakowata, w przeciwieństwie do typowych mrówczych tropów.

Kiedy następna mrówka zaczęła wracać z łupem, oznaczyłem jej trasę innym kolorem. (Nawiasem mówiąc, poszła powrotnym szlakiem pierwszej mrówki, a nie po swoich śladach. Mam teorię, że kiedy mrówka znajdzie pożywienie, zostawia znacznie silniejszy trop, niż kiedy szwenda się, gdzie popadnie).

Druga mrówka bardzo się spieszyła. Zanadto nie zbaczała z tropu, ale szła tak szybko, że ścinała zygzaki, jakby „nie wyrabiała na zakrętach". Tym sposobem każdy kolejny trop przebiegał coraz bardziej regularnie, chociaż mrówki szły „wytyczonym szlakiem".

Za dziewiątą czy dziesiątą mrówką wykreśliłem mazakiem zupełnie równą linię wzdłuż wanny. Przypomina to szkicowanie: rysujesz niezbyt udaną linię, lecz po kilku kolejnych przymiarkach robi się całkiem regularna.

PRINCETON

Pamiętam, że kiedy byłem dzieckiem, ojciec powiedział mi, że mrówki są wspaniałe i pięknie ze sobą współpracują. Przyglądałem się bardzo uważnie, jak trzy lub cztery mrówki niosą okruch czekolady do swego gniazda. Na pierwszy rzut oka współpraca sprawia wrażenie sprawnej, skutecznej i imponującej, lecz kiedy przyjrzeć się dokładniej, prawda okazuje się zupełnie inna: mrówki zachowują się tak, jakby czekolada stawiała opór samoistnie, a nie dlatego, że trzymają ją inne mrówki. Ciągną każda w swoją stronę. Czasem jakaś mrówka przepełza przez czekoladę, gdy inne ją niosą. Czekolada chwieje się i posuwa zygzakami, mylą się kierunki.

Brazylijskie mrówki tnące liście – będące pod innymi względami takie wspaniałe – cechuje interesująca durnowatość, która powinna była zniknąć w procesie ewolucji. Wycięcie w liściu półkola wymaga od mrówki bardzo dużo pracy. Kiedy cięcie jest zakończone, istnieje pięćdziesięcioprocentowa szansa, że mrówka zacznie szarpać za korpus liścia, a odcięty fragment spadnie na ziemię. Nie podejmuje się prób odzyskania fragmentu liścia, który dana mrówka, czy też inna, już ucięła. Jeżeli więc przyjrzeć się uważnie, okazuje się, że procedura wycinania liści i transportowania ich do mrowiska nie przebiega zbyt sprawnie: mrówki zabierają się za jakiś liść, wycinają w nim półkole i w połowie przypadków szarpią za korpus, podczas gdy ucięty fragment spada na ziemię.

W Princeton mrówki dotarły do mojej spiżarni – położonej dość daleko od okna – w której trzymałem dżem, chleb i inne rzeczy. Długi sznur mrówek maszerował po podłodze salonu. Było to w okresie, kiedy przeprowadzałem wspomniane eksperymenty na mrówkach, więc pomyślałem: „Czy mogę im uniemożliwić wstęp do spiżarni, nie zabijając ani jednej?

Trucizna wykluczona! Z mrówkami trzeba postępować humanitarnie!".

Oto co zrobiłem: kilkanaście centymetrów od miejsca, w którym wchodziły do pokoju, ale nie na ich trasie, położyłem trochę cukru. Potem zrobiłem z papieru te swoje promy i za każdym razem, gdy mrówka wracająca z jedzeniem weszła na prom, transportowałem ją do cukru. Również mrówki dopiero zmierzające do spiżarni, które weszły na prom, zanosiłem pod cukier. Tym sposobem nowy trop został podwójnie wzmocniony, stary zaś był coraz mniej wykorzystywany. Wiedziałem, że mniej więcej po półgodzinie stary trop wyschnie, a po godzinie w spiżarni nie będzie już mrówek. Nie musiałem myć podłogi; wystarczyło poprzewozić mrówki papierowymi promami.

Feynman, bomba i wojsko

SPALONE NA PANEWCE

Kiedy wybuchła wojna w Europie, ale Stany Zjednoczone jeszcze nie brały w niej udziału, wiele się mówiło o gotowości bojowej i patriotyzmie. W gazetach ukazywały się duże reportaże o przedsiębiorcach, którzy zgłaszali się na szkolenie wojskowe w Plattsburghu, stan Nowy Jork *et cetera*.

Pomyślałem sobie, że ja również powinienem się jakoś przyłączyć do tej ogólnej mobilizacji. Gdy skończyłem studia na MIT, mój znajomy z konfraterni, Maurice Meyer, który był w Korpusie Łączności, umówił mnie z jakimś pułkownikiem w nowojorskiej siedzibie Korpusu.

– Chciałbym pomóc ojczyźnie, panie pułkowniku, a ponieważ mam techniczny umysł, być może mógłbym się do czegoś przydać.

– Musi pan po prostu przejść podstawowe szkolenie w Plattsburghu. Wtedy armia będzie miała z pana pożytek.

– Ale czy nie można by wykorzystać moich uzdolnień w sposób bardziej bezpośredni?

– Nie; takie mamy przepisy i musi pan pójść normalną drogą.

Wyszedłem na dwór i usiadłem w parku, żeby sobie to przemyśleć.

Myślałem i myślałem, aż wreszcie doszedłem do wniosku, że może rzeczywiście najlepiej się przysłużę krajowi, jeżeli pójdę normalną drogą. Niestety pomyślałem jeszcze trochę i zmieniłem zdanie: „Do diabła z tym! Jeszcze zaczekam, może coś się wydarzy i będą mnie mogli wykorzystać bardziej efektywnie".

Pojechałem do Princeton na studia doktoranckie, a wiosną wpadłem do Nowego Jorku, żeby się zgłosić do pracy na lato w Bell Labs. Uwielbiałem zwiedzać Bell Labs. Oprowadzał mnie Bill Shockley, człowiek, który wynalazł tranzystory. W jednym z pomieszczeń na szybie w oknie zaznaczony był układ współrzędnych: most Waszyngtona był w budowie i pracownicy śledzili postępy konstrukcji. Wykreślili kształt liny, zanim zostały podwieszone przęsła, po czym mierzyli odległości, gdy krzywa zamieniała się w parabolę. Zawsze marzyłem o takich rzeczach i o pracy z takimi ludźmi. Bardzo ich podziwiałem.

Kilku ludzi z laboratorium zaprosiło mnie na lunch do restauracji z potrawami morskimi i wszyscy ostrzyli sobie zęby na ostrygi. Mieszkałem nad oceanem i nie mogłem patrzeć na to świństwo; nie mogłem jeść nawet ryb, nie mówiąc już o ostrygach.

„Muszę być dzielny" – pomyślałem sobie. „Muszę zjeść ostrygę".

Zamówiłem ostrygę, która była po prostu paskudna. Ale powiedziałem sobie: „To jeszcze nie dowodzi, że jesteś mężczyzną. Nie wiedziałeś, że będzie taka paskudna. Łatwo ci było się odważyć, bo nie wiedziałeś, co cię czeka".

Inni rozpływali się nad tym, jakie pyszne są ostrygi, więc zamówiłem jeszcze jedną: było to znacznie trudniejsze przeżycie niż za pierwszym razem.

Tego roku, a była to moja czwarta lub piąta wizyta w Bell Labs, przyjęli mnie do pracy na lato. Byłem bardzo szczęśliwy. W tych czasach trudno było dostać pracę wśród innych naukowców.

Potem jednak w Princeton zaczęło się wielkie ożywienie. Przyjechał do nas generał Trichel i powiedział: „Musimy mieć fizyków! Fizycy są dla wojska bardzo ważni! Potrzeba nam trzech fizyków!".

Należy pamiętać, że w tych czasach ludzie praktycznie nie wiedzieli, kto to jest fizyk. Nawet Einstein był znany jako matematyk. Rzadko kto potrzebował fizyków. „To jest moja szansa, by przysłużyć się ojczyźnie" – pomyślałem i zgłosiłem się na ochotnika.

Spytałem kierownictwo Bell Labs, czy pozwolą mi przepracować lato w armii, a oni powiedzieli, że wykonują też zlecenia dla wojska, jeżeli o to mi chodzi. Mnie jednak ogarnęła gorączka patriotyczna i straciłem dobrą okazję. Byłoby znacznie rozsądniej pracować dla Bell Labs, ale w takich momentach człowiek trochę traci głowę.

Pojechałem do Frankford Arsenal w Filadelfii i pracowałem przy prawdziwym dinozaurze: mechanicznym komputerze do sterowania działami przeciwlotniczymi. Gdy przelatywały samoloty, kanonierzy patrzyli na nie przez teleskop, a mechaniczny komputer, z zębatkami, kamerami i tak dalej, usiłował wyliczyć właściwy tor pocisku. Maszyna była wspaniale zaprojektowana i skonstruowana, a jednym z najważniejszych wynalazków były niekołowe zębatki, które mimo to się zazębiały. Dzięki zmiennemu promieniowi zębatek osie obracały się w funkcji obrotów innych osi. Maszyna była jednak łabędzim śpiewem swojej technologii. Wkrótce potem przyszły komputery elektroniczne.

Oświadczywszy, jak bardzo ważni są dla armii fizycy, wojskowi zaczęli od tego, że kazali mi sprawdzać rysunki zębatek, czy liczby się zgadzają. Trwało to dłuższy czas. Potem, gdy z upływem lata szef działu stopniowo się przekonał, że mogę się przydać do innych zadań, konsultował ze mną coraz więcej spraw.

Pewien inżynier mechanik we Frankford stale projektował coś nowego i stale mu nie wychodziło. Pewnego razu zaprojektował przekładnię, w której była między innymi duża zębatka o średnicy dwudziestu centymetrów i sześciu zębach.
– No i jak, szefie? – pyta cały przejęty. – Nada się?
– Jasne, że się nada! – mówi szef. – Musi pan tylko zamontować przepuszczacze wału, żeby koło mogło się obracać!
Facet zaprojektował wał, który szedł między zębami!
Okazało się, że rzeczywiście istnieje coś takiego jak przepuszczacz wału (myślałem, że szef żartował). Wymyślili go podczas wojny Niemcy, aby uniemożliwić brytyjskim poławiaczom min chwytanie lin, które trzymały niemieckie miny na pewnej głębokości pod wodą. Dzięki przepuszczaczom wału brytyjskie liny przechodziły przez niemieckie jak przez drzwi obrotowe. Zamontowanie przepuszczaczy wału na wszystkich zębach było więc możliwe, ale szef wcale nie miał zamiaru zadawać tokarzom tyle roboty. Inżynier musiał zmienić projekt i puścić wał inną drogą.

Co jakiś czas wojsko przysyłało na inspekcję pewnego porucznika. Szef powiedział nam, że ponieważ jesteśmy cywilami, porucznik przewyższa nas wszystkich rangą. „Nic mu nie mówcie", ostrzegał nas. „Kiedy zacznie mu się wydawać, że rozumie, co my tu robimy, będzie nam rozkazywał i wszystko się pochrzani".

W tym okresie miałem już zlecane różne projekty, ale gdy przyjechał porucznik, udawałem, że nie wiem, o co w tym wszystkim chodzi, tylko wykonuję rozkazy.
– Co pan robi, panie Feynman?
– Rysuję wiązkę linii, a potem mam odmierzyć odległości od środka według tej tabeli i znaleźć zależność kątową...
– Ale co to jest?

– Chyba kamera. – Tak naprawdę byłem autorem tego projektu, ale zachowywałem się jak ktoś, kto tylko wykonuje ścisłe zalecenia.

Porucznik nie uzyskał od nikogo żadnych informacji, więc pracowaliśmy nad mechanicznym komputerem bez żadnych ingerencji.

Pewnego dnia porucznik zadał nam proste pytanie: „Załóżmy, że obserwator znajduje się w innym miejscu niż kanonier – jak sobie z tym poradzicie?".

Przeżyliśmy ciężki szok. Posługiwaliśmy się współrzędnymi biegunowymi, kątami i odległością radialną. Przy współrzędnych X i Y łatwo jest wprowadzić poprawkę na inne położenie obserwatora, to tylko kwestia dodawania i odejmowania. Przy współrzędnych biegunowych robi się straszny mętlik!

Okazało się więc, że porucznik, któremu skąpiliśmy informacji, żeby nie mógł nam nic rozkazać, przypomniał nam o bardzo ważnej rzeczy, której nie uwzględniliśmy, projektując maszynę: o możliwości, że działo i stacja obserwacyjna nie znajdują się w tym samym miejscu! Nieźle się namęczyliśmy, żeby to skorygować.

Pod koniec lata zlecono mi pierwszą pracę projektową z prawdziwego zdarzenia: miałem wymyślić maszynę, która połączy w linię ciągłą odizolowane punkty – każdy wczytywany co piętnaście sekund – pochodzące z nowego angielskiego wynalazku do tropienia samolotów, który nazywał się „radar". Po raz pierwszy w życiu miałem wykonać mechaniczny projekt, więc trochę się bałem.

Poszedłem do jednego z pozostałych facetów i powiedziałem:

– Jesteś inżynierem mechanikiem; ja się na tym zupełnie nie znam, a dostałem właśnie to zlecenie.

– To żadna filozofia – odparł. – Już ci wszystko mówię. Projektując te maszyny, musisz pamiętać o dwóch zasadach. Po pierwsze, tarcie na każdym łożysku wynosi tyle-a-tyle, a na każdej zębatce tyle-a-tyle. Na podstawie tego wyliczysz potrzebną moc. Po drugie, kiedy masz przełożenie, powiedzmy, 2 do 1 i zastanawiasz się, czy użyć zębatek 10 i 5, 24 i 12 czy 48 i 24, decydujesz w ten sposób: bierzesz Bostoński Katalog Zębatek i wybierasz te ze środka listy. Te u góry listy mają tyle zębów, że są trudne w produkcji. Gdyby umieli robić zębatki z jeszcze mniejszymi zębami, lista byłaby jeszcze dłuższa. Zębatki u dołu listy mają tak mało zębów, że łatwo je uszkodzić. Najlepiej jest więc użyć zębatek ze środka listy.

Miałem wspaniałą zabawę, projektując tę maszynę. Wystarczyło, że wybrałem zębatki ze środka listy i podliczyłem wszystkie momenty siły za pomocą dwóch liczb, które mi podał – i mogłem być inżynierem mechanikiem!

Gdy zbliżał się koniec lata, wojsko nie chciało, żebym wracał do Princeton skończyć dyplom. Podbechtywali mnie patriotycznymi hasłami i zaproponowali, że jeśli zostanę, dadzą mi cały projekt, który będę nadzorował.

Trzeba było zaprojektować takie samo urządzenie do naprowadzania pocisku – fachowo nazywa się to przyrząd centralny – lecz tym razem sprawa była prostsza, ponieważ kanonier miał lecieć innym samolotem za celem na tej samej wysokości. Kanonier miał podać mojemu urządzeniu swoją wysokość i szacunkową odległość od drugiego samolotu, a urządzenie miało automatycznie ustawić działo pod właściwym kątem i uzbroić pocisk.

Jako kierownik tego projektu jeździłbym do Aberdeen po matryce wysokości. Zauważyłem, że dla większych wysokości nie istnieją żadne dane. Spytałem dlaczego, i okazało się, że mieli zamiar stosować nie zapalniki zegarowe, tylko ścieżki prochowe, które na tych wysokościach nie działają – w rozrzedzonym powietrzu proch „spala się na panewce".

Kiedy zaproponowano mi projekt, sądziłem, że wystarczy, jeżeli uwzględnię, że na różnych wysokościach jest różny opór powietrza. Tymczasem okazało się, że moim zadaniem jest wynaleźć urządzenie, które spowoduje eksplozję pocisku we właściwym momencie, jeżeli zapalnik nie będzie chciał się palić!

Uznałem, że to dla mnie za trudne, i wróciłem do Princeton.

WĘCH OGARA

Podczas pobytu w Los Alamos, ilekroć miałem trochę wolnego, jechałem odwiedzić moją żonę, która leżała w szpitalu w Albuquerque, o kilka godzin jazdy. Pewnego razu, gdy pojechałem z wizytą, nie chcieli mnie od razu do niej wpuścić, więc poszedłem do szpitalnej biblioteki.

Przeczytałem w „Science" artykuł o tym, jaki dobry węch mają ogary. Autorzy opisywali różne eksperymenty, które przeprowadzili – ogary rozpoznawały, które przedmioty zostały dotknięte przez człowieka i tak dalej. Pomyślałem sobie: „To rzeczywiście wspaniałe, że ogary mają taki dobry węch, potrafią pójść za czyimś tropem *et cetera*, ale jak to właściwie jest z ludźmi?".

Kiedy wreszcie pozwolono mi odwiedzić żonę, powiedziałem do niej:

– Zrobimy eksperyment. Te butelki po coli w kącie (miała w reklamówce sześć butelek po coli, które zachowała do zwrotu)... nie dotykałaś ich od paru dni, prawda?

– Prawda.

Zaniosłem jej reklamówkę, nie dotykając samych butelek, i powiedziałem:

– Teraz tak. Ja wyjdę, a ty wyjmij jedną butelkę, potrzymaj przez jakieś dwie minuty i włóż z powrotem. Potem ja wrócę i spróbuję zgadnąć, która to była butelka.

Wyszedłem, a żona wyjęła jedną z butelek i trzymała ją przez parę minut – w artykule było napisane, że wystarczy dotknąć, ale ja nie jestem ogarem! Kiedy wróciłem, nie miałem żadnych wątpliwości! Nie musiałem nawet wąchać butelki, bo inna była, oczywiście, temperatura. Ale po zapachu też bez trudu poznałem. Wystarczyło, że butelka znalazła się w niewielkiej odległości od twarzy i czuć było, że jest wilgotnawa i cieplejsza. Eksperyment nie udał się więc, bo próg wyczuwalności został znacznie przekroczony.

Potem spojrzałem na półkę z książkami i powiedziałem:
– Nie czytałaś ostatnio żadnej z tych książek, prawda? Dobra, teraz, kiedy wyjdę, zdejmij jedną książkę z półki, tylko otwórz i zamknij, a potem odłóż z powrotem.

Wyszedłem, żona zdjęła z półki książkę, otworzyła, zamknęła i odłożyła z powrotem. Wróciłem i okazało się, że to pestka! Czułem bardzo wyraźnie, którą książkę miała w rękach. Trudno to wytłumaczyć, bo nie jesteśmy przyzwyczajeni do wąchania książek. Przykładasz każdą książkę do nosa, niuchasz kilka razy i od razu wiesz, która to była. Zapach jest zupełnie inny. Książka, która stała na półce przez dłuższy czas, ma taki suchy, nieokreślony zapach, ale kiedy ktoś jej dotknął, zapach jest wilgotnawy i bardzo wyrazisty.

Przeprowadziliśmy jeszcze kilka eksperymentów i okazało się, że chociaż ogary mają niezły węch, ludzie też nie są tacy beznadziejni, jak się sądzi: tyle że trzymają nos tak wysoko nad ziemią!

(Zauważyłem, że mój pies potrafi poznać, do którego poszedłem pokoju – szczególnie jeśli jestem boso – wąchając trop moich kroków. Spróbowałem zrobić to samo: chodziłem na czworakach po pokoju i sprawdzałem, czy czuję różnicę pomiędzy miejscami, po których chodziłem, a miejscami, po których nie chodziłem. Okazało się, że nie czuję, czyli pies rzeczywiście jest znacznie lepszy ode mnie).

Wiele lat później, kiedy zacząłem pracować w Caltech, u profesora Bachera odbyło się przyjęcie, na które zaproszono mnóstwo ludzi z uczelni. Nie pamiętam kontekstu, ale opowiedziałem im historię o wąchaniu butelek i książek. Oczywiście mi nie uwierzyli, ponieważ miałem reputację zgrywusa. Musiałem im zademonstrować, że nie zmyślam.

Ostrożnie zdjęliśmy z półki osiem lub dziewięć książek, nie dotykając ich bezpośrednio palcami, po czym wyszedłem z pokoju. Trzy różne osoby dotknęły trzech różnych książek, tym samym systemem, co kiedyś moja żona: otworzyli i zamknęli.

Wróciłem, obwąchałem wszystkim ręce i wszystkie książki – nie pamiętam, co najpierw – po czym odgadłem wszystkie trzy książki (pomyliłem się co do jednej osoby).

Dalej mi nie wierzyli: myśleli, że to jakaś kuglarska sztuczka. Byli pewni, że mam wspólnika, który za pomocą jakiegoś szyfru przekazywał mi sygnały. Przyszła mi do głowy ciekawa sztuczka karciana: kazać komuś wyjąć z talii i włożyć z powrotem jedną kartę, gdy ciebie nie będzie w pokoju. Potem mówisz: „Zgadnę, która to karta, ponieważ mam węch ogara: powącham wszystkie karty i powiem ci, którą wyciągnąłeś". Oczywiście nikt nie uwierzy, że zgadujesz na węch, tylko pomyślą, że to jakieś szalbierstwo!

Ludzkie dłonie pachną bardzo różnie – dlatego psy potrafią rozpoznawać ludzi. Bardzo charakterystycznie pachną ręce palacza, kobiety używają różnych perfum *et cetera*. Można nawet wyczuć, że ktoś bawił się w kieszeni monetami.

LOS ALAMOS OKIEM MALUCZKIEGO

Tytuł nie jest żadną kokieterią. Choć dzisiaj jestem w swojej dziedzinie człowiekiem dość znanym, wtedy nikt o mnie nie słyszał. Kiedy zacząłem pracować przy projekcie Manhattan, nie miałem nawet dyplomu. Wielkie decyzje miało na głowie wielu innych ludzi – wyżej postawionych – którzy opowiadają o Los Alamos. Ja nie miałem na głowie żadnych wielkich decyzji. Traktowałem całą sprawę dość frywolnie.

Pewnego dnia pracowałem w swoim pokoju w Princeton, kiedy wszedł Bob Wilson i powiedział, że dostał tajne zlecenie, o którym nie wolno mu nikomu powiedzieć, ale mnie powie, ponieważ jest przekonany, że gdy tylko się dowiem, o co chodzi, będę chciał się do tego przyłączyć. Powiedział mi więc o problemie separacji różnych izotopów uranu potrzebnych do zbudowania bomby atomowej. Wymyślił technologię separacji izotopów uranu (różną od tej, która została w końcu zastosowana), którą chciał dopracować. „Będzie spotkanie...".

Powiedziałem, że nie chcę w tym uczestniczyć.

– O trzeciej jest spotkanie. Tam się zobaczymy.

– Nie przejmuj się, że zdradziłeś mi tajemnicę, nikomu nie powtórzę, ale nie wezmę w tym udziału.

Wróciłem więc do pisania pracy doktorskiej – na mniej więcej trzy minuty. Potem zacząłem przemierzać pokój tam i z powrotem i zastanawiać się. Możliwość skonstruowania bomby była powszechnie znana, Hitler na pewno nie miałby nic przeciwko jej posiadaniu, a perspektywa, że Niemcy zrobią to przed nami, mroziła krew w żyłach. Postanowiłem więc pójść na spotkanie o trzeciej.

O czwartej miałem już przydzielone biurko w jakimś gabinecie i próbowałem obliczyć, czy ta metoda separacji izotopów jest ograniczona ilością prądu w wiązce jonowej i tak dalej. Nie będę wchodził w szczegóły, ale w każdym razie siedziałem za biurkiem nad kartką papieru i pracowałem z wywieszonym językiem, żeby ludzie, którzy konstruowali aparaturę, mogli na miejscu przeprowadzić eksperyment.

Było jak na filmach, gdzie maszyny zawsze robią chrum, chrum, chrum. Za każdym razem, gdy na nowo podniosłem wzrok, aparatura coraz bardziej się rozrastała. Prace dlatego postępowały w tak szybkim tempie, że wszyscy chłopcy zawiesili badania naukowe i poświęcili się wyłącznie temu. Podczas wojny cała nauka stanęła w miejscu, jeżeli nie liczyć Los Alamos, a i tam miało to więcej wspólnego z inżynierią niż z nauką.

Sprzęt z różnych projektów badawczych znoszono w jedno miejsce, aby zgromadzić aparaturę potrzebną do tego eksperymentu – próby oddzielenia różnych izotopów uranu. Ja również przerwałem swoją pracę, choć po jakimś czasie wziąłem sobie sześciotygodniowy urlop na dokończenie pracy dyplomowej. Dostałem dyplom tuż przed wyjazdem do Los Alamos – nie byłem więc aż tak maluczki, jak napisałem w tytule.

Jednym z pierwszych ciekawych przeżyć związanych z projektem, jeszcze w Princeton, było dla mnie poznanie wybitnych ludzi. Nigdy wcześniej nie przebywałem wśród tak wielu wybitnych ludzi. Powołano komisję konsultacyjną, mającą nam pomóc podjąć decyzję, która metoda separacji izotopów uranu jest najlepsza. W komisji znaleźli się tacy ludzie, jak Compton, Tolman, Smyth, Urey, Rabi, Oppenheimer i wielu innych. Ja też byłem w komisji, ponieważ rozumiałem w teorii, na czym polega nasza technologia oddzielania izotopów, więc zadawali mi różne pytania, a potem toczyły się dyskusje. Polegały one na tym, że ktoś wysuwał jakąś hipotezę, a potem ktoś inny, na przykład Compton, przedstawiał inny punkt widzenia i miał zupełną rację. Wtedy jednak inny dyskutant mówił, że może i owszem, ale należy również rozważyć inną możliwość.

Wszyscy zaczynają się spierać, a ja dziwię się i niepokoję, że Compton nic nie mówi i nie obstaje przy swoim poglądzie. Wreszcie Tolman, który jest przewodniczącym, podsumowuje: „Wysłuchawszy wszystkich argumentów, trzeba przyznać, że argument Comptona jest najlepszy, więc idziemy dalej".

Byłem pod wielkim wrażeniem, że komisja potrafiła przedstawić tyle pomysłów, każdy myślał o jakimś nowym aspekcie, ale pamiętając, co powiedzieli wszyscy inni, więc na końcu można było zebrać wszystkie argumenty i wybrać najlepszy, nie powtarzając wszystkiego trzy razy. To byli naprawdę wybitni ludzie.

Ostatecznie uznano, że do separacji izotopów użyta zostanie inna technologia. Kazano nam przerwać badania, ponieważ w Los Alamos, stan Nowy Meksyk, mają się rozpocząć prace nad nowym projektem, którego celem jest zbudowanie bomby. Mieliśmy wszyscy tam pojechać i wziąć w tym udział. Będą do wykonania prace doświadczalne i teoretyczne. Ja znalazłem się w sekcji teoretycznej, wszyscy pozostali ludzie z Princeton – w doświadczalnej.

Los Alamos nie było jednak jeszcze gotowe, więc powstało pytanie, co tymczasem robić. Bob Wilson wysłał mnie do Chicago, żebym dowiedział się wszystkiego na temat bomby. Potem mieliśmy zacząć budować w naszych laboratoriach różne urządzenia, liczniki i tym podobne, które przydałyby się w Los Alamos. Dzięki temu nie marnowaliśmy czasu.

Zostałem wysłany do Chicago na uniwersytet z poleceniem, aby udać się po kolei do każdego działu i kazać im przedstawiać sobie dany problem wystarczająco szczegółowo, abym mógł usiąść i zacząć nad nim pracować. Skończywszy z jednym problemem, miałem iść do następnego działu i omówić następne zagadnienie.

Pomysł był znakomity, ale gryzło mnie trochę sumienie, bo nie podobało mi się, że oni się napracują, a sami nie będą nic z tego mieli. Okazało się jednak, że im pomogłem. Kiedy jeden z profesorów przedstawiał mi zagadnienie, zaproponowałem: „Niech pan zróżniczkuje pod całką". W pół godziny miał rozwiązanie, a pracowali nad tym od trzech miesięcy. Czyli na coś się przydał mój „inny przybornik". Kiedy wróciłem z Chicago, przekazałem uzyskane informacje – ile energii się wyzwoli, jak będzie zbudowana bomba i tak dalej.

Pamiętam, że znajomy, który ze mną pracował – Paul Olum, matematyk – przyszedł do mnie potem i powiedział: „Kiedy będą kręcić o tym film, wstawią sekwencję z człowiekiem, który wraca z Chicago do Princeton, żeby złożyć sprawozdanie na temat bomby. Wystąpi w garniturze, z aktówką pełną dokumentacji – a ty przyłazisz w brudnej koszuli i mówisz wszystko z głowy, choć to taka poważna i dramatyczna sprawa".

Los Alamos nadal nie było gotowe, więc Wilson pojechał sprawdzić, skąd to opóźnienie. Okazało się, że firma budowlana bardzo się przykłada, skończyli już teatr i kilka innych budynków, których przeznaczenie rozumieli, ale nie otrzymali dokładnych instrukcji co do laboratoriów – ile rur gazowych, ile wodnych *et cetera*. Wilson zdecydował więc od ręki, ile gazu, ile wody *et cetera*, i kazał im zacząć stawiać laboratoria.

Kiedy wrócił, wszyscy przebieraliśmy nogami, żeby już tam pojechać. Zebrało się kierownictwo i postanowiło, że możemy jechać, chociaż nie wszystko jest jeszcze gotowe.

Rekrutację przeprowadzał, między innymi, Oppenheimer, który był bardzo cierpliwy. Wypytywał nas o różne problemy rodzinne. Zmartwił się na przykład, czy znajdzie się szpital dla mojej żony, która chorowała na gruźlicę. Po raz pierwszy rozmawiałem z nim tak osobiście; to był wspaniały człowiek.

Powiedziano nam, żebyśmy zachowali maksymalną dyskrecję – na przykład żebyśmy nie kupowali biletów kolejowych w Princeton, ponieważ tamtejsza stacja była bardzo mała i gdyby nagle mnóstwo ludzi kupiło w Princeton bilety do Albuquerque, stan Nowy Meksyk, powstałoby podejrzenie, że coś się tam szykuje. Wszyscy kupili bilety gdzie indziej, przypuszczalnie w najbliższym dużym mieście, z wyjątkiem mnie, bo pomyślałem sobie, że jeżeli wszyscy kupią bilety w najbliższym dużym mieście…

Poszedłem więc na stację kolejową i powiedziałem: „Chcę jechać do Albuquerque, Nowy Meksyk", a kasjer na to: „Aha, czyli te wszystkie skrzynie to dla p a n a!". Od wielu tygodni wysyłaliśmy całe skrzynki liczników i mieliśmy nadzieję, że nikt nie zwróci uwagi na wspólny adres. Dzięki temu, że kupiłem bilet w Princeton, mogłem przynajmniej wytłumaczyć kasjerowi, po co te wszystkie skrzynki: ja jadę do Albuquerque.

Kiedy stawiliśmy się na miejscu, domy mieszkalne nie były jeszcze gotowe. Nawet laboratoria nie były skończone. Przyjechawszy przed czasem, wywarliśmy na nich presję. Wynajęli dla nas domy rancerskie w całej okolicy. Z początku nocowaliśmy więc na ranczach, a rano dojeżdżaliśmy. Pierwszego dnia podczas jazdy byłem pod wielkim wrażeniem – osobę ze Wschodniego Wybrzeża, która niewiele podróżowała, piękno krajobrazu zwalało z nóg. A więc to są te potężne skały, które widziałem na filmach. Gdy wyjeżdżaliśmy na bardzo wysokie *mesa**, powiedziałem, że może mieszkali tam kiedyś Indianie, a człowiek, który prowadził, zatrzymał samochód, wziął mnie za węgieł i pokazał indiańskie jaskinie, które można było zwiedzać. Coś wspaniałego!

Kiedy po raz pierwszy dotarłem na plac budowy, okazało się, że strefa techniczna, która miała być ogrodzona, jest nadal otwarta. Dalej miało być miasto, a wokół miasta jeszcze jedno ogrodzenie, dużo większe. Na razie jednak budowa była w proszku, a Paul Olum, mój asystent, stał przy bramie z kartką papieru, sprawdzał wjeżdżające i wyjeżdżające ciężarówki i mówił kierowcom, gdzie mają dostarczyć materiały.

Kiedy poszedłem do laboratorium, spotkałem ludzi, których znałem z artykułów w „Physical Review" i tak dalej. Osobiście nigdy wcześniej ich nie widziałem. „To jest John Williams", mówiono mi. Facet wstaje zza biurka zaścielonego rysunkami technicznymi, rękawy ma podwinięte i kieruje przez okno ruchem ciężarówek z materiałami budowlanymi. Słowem, fizycy doświadczalni nie mieli nic do roboty, dopóki budynki i aparatura nie były ukończone, więc wzięli się za budowlankę – a przynajmniej pomagali budowlańcom.

Jednak fizycy teoretyczni mogli od razu zacząć pracę, więc postanowiono, że nie będą mieszkać w domach ranczerskich, lecz na miejscu. Natychmiast przystąpiliśmy do pracy. Nie było tablic do pisania, z wyjątkiem jednej na kółkach, więc przetaczaliśmy ją tam, gdzie akurat siedzieliśmy, i Robert Serber opowiadał nam wszystko, co wiedziano w Berkeley na temat bomby atomowej, fizyki jądrowej i tak dalej. Mało się na

---

* Kamienny płaskowyż (przyp. tłum.).

tym znałem, bo zajmowałem się innymi rzeczami, więc miałem dużo do nadrobienia.

Codziennie uczyłem się i czytałem, uczyłem się i czytałem. To był bardzo gorący okres. Ale miałem trochę szczęścia. Tak się złożyło, że wszystkie wielkie szychy z wyjątkiem Hansa Bethego były wtedy poza Los Alamos, więc Bethe potrzebował kogoś, na kim mógłby przetestować swoje przemyślenia. Taki narwaniec jak ja był mu akurat na rękę. Zaczynał mi tłumaczyć jakiś pomysł, a ja mówię: „Chyba zwariowałeś. To nie tak, tylko tak". On przerywa mi i mówi, że to ja zwariowałem. W takiej oto atmosferze upływała nasza wymiana zdań. Brało się to stąd, że kiedy ktoś zaczyna mówić o fizyce, ja myślę tylko o fizyce, zapominam, z kim rozmawiam, i rzucam takie teksty, jak: „nie pleć głupot" czy „zwariowałeś". Okazało się jednak, że jemu to właśnie było potrzebne. Podniosło to moje notowania w jego oczach i zostałem szefem grupy podległej Bethemu; sam miałem pod sobą czterech ludzi.

Jak już wspomniałem, kiedy przyjechaliśmy, bloki mieszkalne nie były jeszcze gotowe. Fizycy teoretyczni musieli jednak nocować gdzieś w pobliżu. Najpierw zakwaterowano nas w starym budynku szkolnym. Była to męska szkoła zawodowa, mnie dostało się miejsce w budynku o nazwie Internat Mechaników. Tłoczyliśmy się tam na pryczach, a organizacja pozostawiała wiele do życzenia – Bob Christy i jego żona musieli chodzić do łazienki przez naszą sypialnię.

Wreszcie postawili blok mieszkalny. Poszedłem tam, gdzie przydzielali pokoje, i powiedziano mi, że mogę sobie wybrać, który chcę. A ja co zrobiłem? Sprawdziłem, które okna wychodzą na blok mieszkalny dla kobiet, i wybrałem sobie odpowiedni pokój (potem się okazało, że drzewo zasłania mi widok).

Powiedzieli mi, że będziemy mieszkać po dwie osoby w pokoju, ale tylko tymczasowo. Każde dwa pokoje będą miały wspólną łazienkę, a spać będziemy na piętrowych pryczach. Ja jednak nie chciałem mieszkać z kimś.

Po południu, kiedy się zainstalowałem, nikogo innego w pokoju nie było, więc postanowiłem, że spróbuję zatrzymać go wyłącznie dla siebie. Moja żona leżała w szpitalu w Albuquerque chora na gruźlicę, ale miałem kilka pudeł z jej rzeczami. Odsunąłem więc pościel na górnym łóżku, wyjąłem koszulę nocną i rzuciłem byle jak na pościel. Wyjąłem pantofle żony, a potem rozsypałem trochę pudru na podłodze w łazience. Problem w tym, że to miało być męskie dormitorium. Kiedy wróciłem tego wieczoru do pokoju, moja piżama leżała starannie złożona pod poduszką na dole, a pantofle stały grzecznie pod łóżkiem. Damska koszula nocna też leżała starannie złożona pod poduszką na górze, łóżko było równo pościelone, a damskie pantofle też stały grzecznie pod łóżkiem. Puder posprzątano, a górnego łóżka nikt nie zajął.

Następnego wieczoru to samo. Po przebudzeniu tarmoszę górne łóżko, niechlujnie rzucam koszulę nocną na pościel, rozsypuję puder w łazience *et cetera*. Trwało to przez cztery dni, do chwili, gdy wszyscy byli zadomowieni i minęła groźba, że dokwaterują mi drugą osobę. W ciągu dnia sprzątaczka wszystko ładnie układała, choć to był męski hotel.

Wtedy jeszcze o tym nie wiedziałem, ale mój drobny figiel wciągnął mnie w politykę. W Los Alamos były, oczywiście, różne stronnictwa – stronnictwo gospodyń domowych, stronnictwo mechaników, stronnictwo techników i tak dalej. Kawalerowie i niezamężne kobiety, które mieszkały w domu naprzeciw, uznali, że też powinni powołać stronnictwo, ponieważ uchwalona została nowa reguła: do męskiego hotelu kobietom wstęp wzbroniony. Kompletny idiotyzm. Przecież jesteśmy dorośli! Cóż to za bzdury? Trzeba było podjąć jakieś działania polityczne. Tak się zaangażowałem w tę debatę, że zostałem wybrany na przedstawiciela mojego domu w radzie.

Gdy zasiadałem w radzie od mniej więcej półtora roku, rozmawialiśmy o czymś z Hansem Bethem, który był w radzie naczelnej. Opowiedziałem mu o moim fortelu z koszulą nocną i pantoflami mojej żony „Więc to tak dostałeś się do rady miejskiej!" – zaśmiał się.

Sprawa była następująca. Sprzątaczka z naszego domu weszła do mojego pokoju i stwierdziła, że jest kłopot: jakaś cizia nocuje z facetem! Doniosła więc szefowej sprzątaczek, szefowa sprzątaczek doniosła porucznikowi, porucznik doniósł majorowi. Informacja zawędrowała aż do generałów z rady naczelnej.

Co z tym fantem zrobić? Trzeba przemyśleć sprawę, ale póki co, jakie polecenie przekazać sprzątaczce za pośrednictwem majorów, kapitanów, poruczników i szefowej sprzątaczek?

– Nic nie ruszaj, tylko ładnie posprzątaj i czekaj, co się stanie.

Następnego dnia raport ten sam. Przez cztery dni zachodzili w głowę, co zrobić. Wreszcie uchwalili przepis: do męskiego hotelu kobietom wstęp wzbroniony! To jednak wzbudziło taki ferment na dole, że trzeba było wybrać jakiegoś przedstawiciela do obrony interesów...

Chciałbym teraz trochę opowiedzieć o cenzurze, która obowiązywała w Los Alamos. Postanowili zrobić coś zupełnie nielegalnego i cenzurowali prywatne listy krajowe. Ponieważ nie mieli do tego prawa, chcieli to przeprowadzić bardzo delikatnie, jako sprawę dobrowolną. Mieliśmy wszyscy dobrowolnie się zgodzić, że nie będziemy zaklejać wysyłanych listów i że pozwalamy im otwierać listy przysyłane. Jeżeli się okaże, że nie ma tam nic podejrzanego, listy zostaną zaklejone. Jeżeli coś im się nie spodoba, odeślą nam list z notką, że nastąpiło naruszenie takiego-a-takiego paragrafu naszego „porozumienia".

A zatem wśród tych wszystkich liberalnie usposobionych naukowców udało się bardzo delikatnie zaprowadzić cenzurę, z całą masą przepisów. Wolno nam było krytykować administrację ośrodka, mogliśmy na przykład napisać do senatora, że jesteśmy niezadowoleni z tutejszych porządków.

Wszystko zostało ustalone i pewnego dnia, drrrryń! – dzwoni telefon. Ja:
– Słucham?
– Proszę zejść na dół.
Schodzę na dół.
– Co to jest?
– List od mojego ojca.
– Ale co to jest?
Na liniowanym papierze były rzędy kropek – cztery kropki pod linią, jedna nad linią, dwie kropki pod linią, jedna nad linią.
– Szyfr – odpowiedziałem.
– Widzę, że szyfr, ale co tu jest napisane?
– Nie wiem.
– W takim razie jaki jest klucz? Jak pan to rozszyfruje?
– Nie wiem.
– A to, co to jest?
– To list od żony. Tekst brzmi TJHYWZTW1X3.
– Też szyfr?
– Też.
– Jaki jest klucz?
– Nie wiem.
– Dostaje pan szyfrowane listy i nie zna pan klucza?
– Tak. Mamy taką grę. Wymyślają jakiś szyfr, przysyłają mi list, nie mówiąc, jaki jest klucz, a ja mam to odczytać.

– Dobra, ale musi im pan powiedzieć, żeby przysyłali klucz.
– Kiedy ja nie chcę znać klucza!
– Nie ma problemu, my wyjmiemy.
Czyli zawarliśmy układ. Proste? Proste. Następnego dnia dostaję list od żony, w którym czytam: „Bardzo trudno mi się pisze, bo czuję, jakby... patrzył mi przez ramię". Wykropkowane miejsce w rzeczywistości było pociągnięte korektorem.

Poszedłem więc do biura i powiedziałem:
– Nie macie prawa ingerować w nadchodzącą korespondencję tylko dlatego, że coś wam się nie podoba. Możecie tylko przeczytać, ale nie wolno wam nic usuwać.
– Niech pan nie będzie śmieszny – odparli. – Myśli pan, że cenzorzy posługują się korektorem? Cenzorzy wycinają nożyczkami.

Niech wam będzie, powiedziałem. Napisałem do żony z pytaniem, czy użyła korektora w swoim liście. Odpisała: „Nie, nie użyłam korektora, to musiał zrobić...". Tym razem w papierze była dziura.

Poszedłem więc na skargę do majora, który miał nad tym wszystkim czuwać. Zajęło mi to trochę czasu, ale czułem się niejako odpowiedzialny za załatwienie tej sprawy także dla dobra innych. Major próbował mi tłumaczyć, że cenzorzy stosują normalną procedurę wojskową i nie rozumieją, że tu sytuacja jest inna i potrzeba trochę więcej wyczucia.

Potem zmienił front:
– Poza tym o co chodzi, nie wierzy pan w moją dobrą wolę?
– Ma pan dobrą wolę, tylko nie ma pan władzy. – Major był szefem cenzury już od trzech lub czterech dni.
– Zaraz się przekonamy! – odwarknął. Złapał za telefon i wszystko załatwił – żadnego wycinania z listów.

Pojawiło się jednak kilka innych problemów. Kiedyś na przykład dostałem list od żony z następującą notką od cenzora: „Załączony był szyfr bez klucza, więc zatrzymaliśmy tekst".
Akurat tego dnia jechałem do Albuquerque i żona spytała:
– Gdzie masz te wszystkie rzeczy?
– Jakie rzeczy?
– Glejta ołowiowa, gliceryna, hot dogi, pranie.
– Zaraz, zaraz – to była lista?
– Tak.
– Oni myśleli, że to szyfr – glejta ołowiowa, gliceryna i tak dalej. – (Chciała glejtę ołowiową i glicerynę, bo rozbiła szkatułkę z onyksu i potrzebowała kleju).

Innym razem bawiłem się maszyną liczącą i zauważyłem bardzo ciekawą rzecz. Jeśli podzielić 1 przez 243, wychodzi 0,004115226337... Po 559 szereg trochę się wichruje, ale potem znowu jest regularny.

Bardzo mi się to spodobało, więc umieściłem wynik w jakimś liście. List nie przeszedł – otrzymałem następującą notkę: „Proszę przeczytać paragraf 17B". Czytam paragraf 17B, który mówi: „Listy mogą być napisane tylko w języku angielskim, rosyjskim, hiszpańskim, portugalskim, niemieckim, po łacinie itd. Zezwolenie na użycie innych języków musi być uzyskane na piśmie". Dalej było jeszcze: „Zabrania się stosowania szyfrów".

Odpisałem cenzorowi, że to nie może być szyfr, ponieważ jeżeli podzielić 1 przez 243, rzeczywiście tyle wychodzi, a zatem liczba 0,004115226337... zawiera tyle samo informacji, co liczba 243 – czyli tyle, co nic. Na tej podstawie poprosiłem o zgodę na używanie liczb arabskich w mojej korespondencji. List przeszedł.

Istniała pewna trudność z listami, które przychodziły do Los Alamos. Na przykład moja żona wiele razy wspominała o tym, jak nieprzyjemnie jej się pisze ze świadomością, że cenzor patrzy jej przez ramię. Jedna z reguł brzmiała, że nie wolno nam wspominać w listach o cenzurze. Nam nie wolno, ale jak jej to przekazać? Stale przysyłali mi więc notkę: „Pańska żona wspomniała o cenzurze". Bardzo spostrzegawcza uwaga. W końcu zdenerwowali się i napisali: „Proszę poinformować żonę, że nie wolno wspominać w korespondencji o cenzurze". Piszę więc w liście: „Otrzymałem polecenie, żeby Cię poinformować, że nie wolno wspominać w korespondencji o cenzurze". Oczywiście list natychmiast do mnie wraca! Piszę więc: „Otrzymałem polecenie, by poinformować moją żonę, że nie wolno wspominać w korespondencji o cenzurze. Jak mam to, do diabła, zrobić? Poza tym po co mam to zrobić? Czy grozi nam przechwycenie jakichś informacji?".

Bardzo interesujące zapętlenie: cenzor mówi mi, żebym powiedział mojej żonie, żeby mi nie mówiła, że nie lubi cenzora... Znaleźli jednak odpowiedź. Tak, martwią się, że poczta zostanie przechwycona po drodze z Albuquerque i ktoś się może dowiedzieć, że w Los Alamos jest cenzura, więc czy żona nie mogłaby się zachowywać trochę mniej histerycznie?

Kiedy następny raz byłem w Albuquerque, powiedziałem do niej: „Słuchaj, nie piszmy już o cenzurze, dobra?". Tak nam to jednak doskwierało, że opracowaliśmy nielegalny sposób porozumiewania się. Jeżeli postawiłem kropkę po podpisie, oznaczało to, że znów mam kłopoty, a żona zaczynała wymyślać następny ruch, na co miała mnóstwo czasu, bo leżała chora. Kiedyś wymyśliła następującą rzecz. Wycięła z gazety reklamę, co było najzupełniej legalne. Reklama brzmiała: „Wyślij swemu chłopcu list na układance. Napisz list, rozłóż puzzla na części, włóż do koperty i wyślij". Tak zrobiła. Dostałem list z notką: „Nie mamy czasu na zabawy. Proszę poinstruować żonę, aby ograniczyła się do normalnych listów".

Mieliśmy opracowany jeszcze jeden numer, ale kłopoty z cenzurą akurat się skończyły, więc nie musieliśmy go wykorzystywać. Ustaliliśmy, że następny list zacznie się od słów: „Mam nadzieję, że pamiętałaś, aby otworzyć kopertę ostrożnie, ponieważ wsypałem do środka Pepto-Bismol na Twój żołądek, tak jak się umówiliśmy". Oczywiście w biurze nie wiedzieliby, że list jest pełen proszku, więc otworzyliby go szybko i wszystko by się wysypało na podłogę. Ponieważ przepisy mówiły, że jeżeli list jest cenzuralny, ma dotrzeć do adresata w niezmienionej postaci, musieliby zebrać cały Pepto-Bismol z podłogi...

Dzięki tym rozlicznym doświadczeniom z cenzorem doskonale wiedziałem, co przejdzie, a co nie. Zarobiłem też na tym trochę pieniędzy, zakładając się z kolegami.

Pewnego dnia odkryłem, że robotnicy, którzy mieszkali kawałek drogi od ośrodka, są zbyt leniwi, żeby wchodzić przez bramę, więc wycięli sobie dziurę w ogrodzeniu. Postanowiłem zrobić strażnikowi psikusa: wyszedłem przez bramę, wróciłem przez dziurę, wyszedłem przez bramę, wróciłem przez dziurę... aż w końcu zaczął się zastanawiać, co jest grane. Jak to się dzieje, że facet tyle razy wychodzi, lecz ani razu nie wchodzi? Nastąpiła naturalna reakcja: zadzwonił po porucznika i chciał mnie wsadzić do więzienia. Wytłumaczyłem, że w ogrodzeniu jest dziura.

Założyłem się z kimś, że w liście napiszę o dziurze i cenzura mi tego nie zatrzyma. I nie zatrzymała. Sformułowałem to jako zażalenie na zarządzanie ośrodkiem (co było dozwolone): rany, jak oni tym zarządzają, to głowa boli – dwadzieścia cztery i pół metra od takiego-a-takiego miejsca jest dziura o rozmiarach tyle-na-tyle, przez którą można przejść.

Nie mogli mi nic zrobić. Nie mogli powiedzieć, że to nieprawda, że nie ma żadnej dziury. Pechowa sprawa, ale dziura jest jak byk. Wszystko, co mogą zrobić, to ją naprawić. Zakład więc wygrałem.

Nie zatrzymali mi też listu, w którym napisałem, że chłopak, który pracował w jednej z moich grup, John Kemeny, został obudzony w środku nocy i przemaglowany w świetle reflektorów przez jakichś wojskowych durniów na okoliczność, że jego ojciec miał rzekomo być komunistą czy kimś takim. Kemeny jest dziś sławnym człowiekiem.

Były jeszcze inne afery. Tak jak z dziurą w ogrodzeniu, zawsze starałem się załatwiać wszystko pośrednią drogą. Chciałem na przykład zwrócić uwagę na następującą rzecz. Na samym początku wszystkie te supertajne dokumenty na temat uranu, działania bomby i tak dalej trzymaliśmy w drewnianych segregatorach zamykanych na zwyczajne, nieduże kłódki. Oczywiście były różne zabezpieczenia wykonane w warsztacie ślusarskim, jak na przykład metalowe antaby przez cały segregator i dopiero na to kłódka, ale ostateczną instancją była zawsze kłódka. Poza tym dało się wyjąć dokumenty nawet bez wyłamywania kłódki. Wystarczyło odchylić segregator do tyłu. W najniższej szufladzie była podłużna szczelina na suwak, do którego wkręcony był drut dociskający teczki, więc można było wyciągnąć dokumenty od dołu.

Ciągle więc otwierałem drutem zamki, włamywałem się do szafek i wszystkim rozpowiadałem, jakie to banalnie proste. Za każdym razem, gdy mieliśmy walne zebranie, wstawałem i mówiłem, że posiadamy ważne tajemnice i nie powinniśmy trzymać dokumentów w tak źle zabezpieczonych segregatorach. Pewnego dnia wstał Teller i odpowiedział mi:

– Ja nie trzymam moich tajnych papierów w szafce na dokumenty, tylko w szufladzie biurka. Tak lepiej?
– Nie wiem – odparłem. – Nie widziałem szuflady twojego biurka.

Siedział w głębi sali, a ja blisko wyjścia. Zebranie trwało dalej, a ja wymknąłem się, żeby rzucić okiem na jego biurko.

Nie musiałem nawet otwierać drutem zamka. Okazało się, że można włożyć rękę z tyłu szuflady i wyciągnąć wszystkie papiery, jak w tych dozownikach ręczniczków w toalecie: pociągniesz za jeden, on pociągnie następny. Opróżniłem calutką szufladę, położyłem wszystko gdzieś z boku i wróciłem na dół.

Zebranie właśnie się skończyło, wszyscy wychodzili. Dogoniłem Tellera i powiedziałem:

– Aha, chodźmy zobaczyć to twoje biurko.
– Jasne.

Gdy weszliśmy do jego gabinetu, spojrzałem na zamek i orzekłem:

– Wygląda zupełnie nieźle. Zobaczmy, co tam masz w środku.
– Chętnie ci pokażę... – powiedział, wkładając klucz do zamka i otwierając szufladę – ...tyle, że ty już to widziałeś.

Niestety, jeżeli chcesz zrobić w balona tak inteligentnego człowieka jak Teller, czas, jaki upływa od chwili, kiedy on zorientuje się, że coś nie gra, do chwili, kiedy dokładnie zrozumie, co się stało, jest tak diabelnie krótki, że nie masz z tego żadnej satysfakcji!

Niektóre ze specjalnych zleceń, jakie otrzymałem w Los Alamos, były dość ciekawe. Kazano mi, na przykład, zająć się zabezpieczeniem zakładów w Oak Ridge, stan Tennessee. Bomba miała powstać w Los Alamos, ale w Oak Ridge przeprowadzano rozdzielanie izotopów uranu – uranu 238 i uranu 235, rozszczepialnego. Właśnie zaczęli uzyskiwać mikroskopijne ilości uranu 235 w warunkach doświadczalnych, a jednocześnie pracowali nad jego dalszą obróbką. Miała to być duża fabryka, z całymi kadziami uranu, wzbogacanego w kilku stadiach. Z jednej strony pracowali więc nad technologią dalszego wzbogacania, a z drugiej uzyskiwali odrobinę U235 na aparaturze doświadczalnej. Usiłowali wymyślić metodę próbkowania, czyli określenia zawartości uranu 235 w uzyskanym materiale. Liczyli na to, że przyślemy im instrukcje, bo nie potrafili tego sami zrobić.

W końcu Emil Segrè powiedział, że nie ma innego wyjścia, tylko on musi pojechać i zająć się tą sprawą na miejscu. Wojskowi odparli: „Nie, przyjęliśmy strategię zatrzymywania wszystkich informacji dotyczących Los Alamos w jednym miejscu".

Ludzie w Oak Ridge nie wiedzieli, do czego ma służyć produkowany przez nich uran. To znaczy naczelni inżynierowie wiedzieli, że oddzielają izotopy uranu, ale nie wiedzieli, jak ma działać bomba, jaką ma mieć moc i tak dalej. Niższe kadry w o g ó l e nie wiedziały, w czym biorą udział. Armia chciała, żeby tak zostało. Nie było stałego przepływu informacji pomiędzy Oak Ridge a Los Alamos. Segrè upierał się jednak, że w fabryce nigdy nie poradzą sobie z próbkowaniem, a na dodatek puszczą zakład z dymem. W końcu dostał zgodę na wyjazd i kiedy wszedł do fabryki, pierwsze, co zauważył, to kilku ludzi toczących na wózku butlę z wodą, zieloną wodą – czyli roztworem azotowym uranu.

– Yyy, czy wzbogacony też będziecie w ten sposób wozić? – spytał.

– Jasne, czemu nie? – zdziwili się.

– Nie wybuchnie?

– Co?! Wybuchnie?!

Armia uzyskała potwierdzenie, że obawy były słuszne: „A widzicie? Nie trzeba było przekazywać im żadnych informacji! Teraz będą się zamartwiać". Okazało się, że armia wiedziała, iż wzbogacony uran potrzebny do bomby – chyba około dwudziestu kilo – nie będzie składowany w całości w fabryce, więc zagrożenie nie istniało. Nie wiedzieli jednak, że neutrony mają ze sto razy większą zdolność do wzbudzania reakcji łańcuchowej, kiedy zostaną spowolnione w wodzie. Sprawa była więc b a r d z o niebezpieczna, a oni zupełnie nie zadbali o bezpieczeństwo.

Oppenheimer wysłał więc do Segrè'a telegram: „Sprawdź całą fabrykę i zwróć uwagę, gdzie będą skupiska uranu zgodnie z technologią, którą oni opracowali. My tymczasem policzymy, ile materiału może znajdować się w jednym miejscu, zanim nastąpi eksplozja".

Zabrały się do tego dwie ekipy. Grupa Christy'ego pracowała nad roztworami wodnymi, a moja nad sproszkowanym uranem w skrzynkach. Wyliczyliśmy, ile materiału można bezpiecznie zgromadzić w jednym miejscu. Potem Christy miał pojechać do Oak Ridge i przedstawić im wyniki, bo w takiej sytuacji względy tajemnicy wojskowej musiały zejść na dalszy plan. Zadowolony z siebie, dałem moje wyliczenia Christy'emu i powiedziałem: „Masz już wszystkie wyniki, więc jedź". Christy zachorował na zapalenie płuc; musiałem go zastąpić.

Nigdy wcześniej nie leciałem samolotem. Nasze tajemnice miałem w woreczku, który przypięto mi na plecach! W tych czasach samolot niewiele się różnił od autobusu, tyle że odległości pomiędzy przystankami były większe.

Obok mnie stał jakiś facet, który wywijał łańcuchem i mówił: „Chyba ciężko się dziś załapać na samolot bez dokumentów specjalnego uprzywilejowania".

Nie mogłem się oprzeć pokusie i odparłem: „Nie wiem. Ja mam specjalne uprzywilejowanie".

Trochę później spróbował znowu:

– Zabierają jakichś generałów. Będą musieli wysadzić kilku z nas z trzecią klasą uprzywilejowania.

– Ja mam drugą – odparłem.

Na pewno napisał do swojego kongresmana – jeśli sam nie był kongresmanem – ze skargą, że jacyś smarkacze latają w samym środku wojny z drugą klasą uprzywilejowania.

W każdym razie dotarłem do Oak Ridge. Kazałem się oprowadzić po fabryce, ale nic nie mówiłem, tylko patrzyłem. Uznałem, że sytuacja jest jeszcze gorsza, niż wynikało z raportu Segrè'a, ponieważ on zauważył całą furę skrzynek zgromadzonych w jednym pomieszczeniu, ale nie zauważył całej fury skrzynek w pomieszczeniu po drugiej stronie tej samej ściany i jeszcze paru podobnych afer. A nie można trzymać za dużo w jednym miejscu, bo będzie bum.

Przeszukałem więc całą fabrykę. Mam bardzo słabą pamięć, ale kiedy się bardzo skupię, pamięć krótkotrwała pracuje mi jak komputer, więc pamiętałem mnóstwo szczegółów w rodzaju budynek 90-207, numery kadzi *et cetera*.

Wieczorem, w hotelu, opracowałem wszystkie zasady bezpieczeństwa. To dość proste. Do roztworów należy dodać kadm, żeby wchłonął neutrony z wody, a skrzynki należy odpowiednio pogrupować, żeby nie leżały zbyt gęsto.

Następnego dnia miało się odbyć walne zebranie. Zapomniałem powiedzieć, że zanim wyjechałem z Los Alamos, Oppenheimer poinformował mnie:

– W Oak Ridge następujący ludzie mają rozeznanie techniczne: pan Julian Webb, pan taki-a-taki itd. Proszę załatwić, żeby wszyscy oni byli obecni na zebraniu, żeby z r o z u m i e l i, o co chodzi, kiedy pan poda im zasady bezpieczeństwa.

– A co, jeśli ich nie będzie? – spytałem. – Co mam wtedy zrobić?

– Wtedy pan powie: L o s A l a m o s n i e b i e r z e n a s i e b i e o d p o w i e d z i a l n o ś c i z a b e z p i e c z e ń s t w o z a k ł a d ó w w O a k R i d g e, o i l e...

– Chce pan powiedzieć, że ja, mały Richard, mam stanąć przed tymi wszystkimi ludźmi i...

– Tak, mały Richardzie, niech pan jedzie i zrobi, co kazałem.

Kiedy przyjechałem na miejsce, było tam szefostwo firmy i moi „technicznie rozeznani" inżynierowie, jak również generałowie i inni ludzie zatroskani tym bardzo poważnym problemem. Ucieszyłem się z tego, bo przy takim zaangażowaniu była mniejsza szansa, że fabryka wyleci w powietrze.

Zajął się mną niejaki porucznik Zumwalt. Przekazał mi polecenie pułkownika, żebym im nie tłumaczył działania neutronów i innych szczegółów, bo to powinno pozostać tajemnicą, a tylko powiedział im, co mają robić, żeby było bezpiecznie.

– Moim zdaniem – odparłem – to niemożliwe, żeby umieli się zastosować do listy zasad, jeżeli nie będą rozumieli, o co w nich chodzi. Moim zdaniem muszą wiedzieć, na czym to polega, i L o s A l a m o s n i e b i e r z e n a s i e b i e o d p o w i e d z i a l n o ś c i z a b e z p i e c z e ń s t w o f a b r y k i w O a k R i d g e, o i l e p r a c o w n i c y n i e z o s t a n ą w s p o s ó b w y c z e r p u j ą c y p o i n f o r m o w a n i o d z i a ł a n i u n e u t r o n ó w.

Byłem w ekstazie. Porucznik zabrał mnie do pułkownika i powtórzył moje ultimatum. „Pięć minut", mówi pułkownik, po czym podchodzi do okna, staje i myśli. W tym są bardzo dobrzy – w podejmowaniu decyzji. Zaimponowało mi, że decyzję o tym, czy pracownikom fabryki w Oak Ridge należy udzielić informacji o działaniu bomby, trzeba było i m o ż n a było podjąć w pięć minut. Mam więc dużo szacunku dla wojskowych, bo ja nigdy nie mogę podjąć żadnej ważnej decyzji, choćbym miał na to ile bądź czasu.

Po pięciu minutach powiedział:

– Dobrze, panie Feynman, niech pan im powie.

Na zebraniu opowiedziałem im o neutronach, jak działają, że jest ich za dużo na kupie, że trzeba trzymać materiał osobno, że kadm wchłania neutrony, że powolne neutrony wzbudzają reakcję radioaktywną skuteczniej niż szybkie i tak dalej w ten deseń – w Los Alamos był to dla nas elementarz, ale oni nigdy o tym wszystkim nie słyszeli, więc uznali mnie za Bóg wie jak wielkiego geniusza.

W rezultacie postanowili, że utworzą ekipy, które dokonają obliczeń na własną rękę, żeby się lepiej nauczyć, na czym sprawa polega. Postanowili zmienić projekty hal fabrycznych, w czym wzięliby udział projektanci, konstruktorzy, inżynierowie i inżynierowie chemicy, którzy mieli pracować w zakładzie.

Powiedzieli mi, żebym wrócił za kilka miesięcy, kiedy inżynierowie skończą projekt fabryki. Miałem to oglądnąć.

Jak się ogląda fabrykę, która nie została jeszcze zbudowana? Nie wiem. Porucznik Zumwalt, który stale ze mną chodził, bo musiałem mieć wszędzie eskortę, zabrał mnie do pokoju, gdzie było dwóch inżynierów i dłuuuuuugi stół ze schematami różnych poziomów proponowanej fabryki.

Przerabiałem rysunek techniczny na studiach, ale nie jestem dobry w czytaniu schematów. Oni jednak uważają mnie za geniusza, więc rozwijają całą rolkę rysunków i zaczynają mi tłumaczyć, co wymyślili. Jedną z rzeczy, których chcieli uniknąć, było gromadzenie się materiału: jeśli zatka się, na przykład, zawór wyparki, to materiał zacznie się gromadzić i wybuchnie, co rozwiązali w ten sposób, że wszędzie wstawili po dwa zawory.

Zaczynają mi wyjaśniać, jak to wszystko działa. Tu wchodzi czterochlorek węgla, azotan uranu idzie stąd tutaj, potem przez sufit rurami do góry, strasznie szybko, ale nie tak szybko, jak my przechodzimy od schematu do schematu tego bardzo skomplikowanego zakładu chemicznego.

Mam kompletny mętlik w głowie. Co gorsza, nie wiem nawet, co oznaczają symbole na schematach! Jest na przykład znaczek, który biorę za okno – kwadrat z poziomą i pionową kreską w środku, ale nie, to nie może być okno, bo okna są zawsze w ścianie, a kwadraty są porozrzucane po całym schemacie. Chcę ich zapytać, co to za znaczek.

Nie spytałem od razu, bo się wstydziłem. Na pewno każdemu zdarzyła się taka sytuacja: na początku można było spytać, ale teraz już nie wypada, bo wyjdzie na to, że oni zdzierają sobie gardło, a ty w ogóle nic nie rozumiesz.

Co robić? Przychodzi mi do głowy, że może to zawór. Kładę palec na jednym z tajemniczych kwadracików na środku jednego ze schematów na stronie trzeciej i pytam: „Co będzie, jeśli zatka się ten zawór?", licząc się z tym, że mi odpowiedzą: „To nie zawór, proszę pana, tylko okno".

Faceci patrzą po sobie, a potem jeden mówi: „Jeśli ten zawór się zatka...", po czym wodzą palcami po schemacie, w górę i w dół, w górę i w dół, i znów patrzą po sobie. Odwracają się do mnie i otwierają usta jak zdziwione ryby: „Ma pan absolutną słuszność".

Zwinęli więc schematy i poszli popracować nad zaworem, a my wróciliśmy na dwór. Pan Zumwalt, który jak zawsze mi towarzyszył, powiedział: „Geniusz z pana. Od razu wiedziałem, że z pana geniusz, kiedy po jednym obchodzie fabryki następnego dnia rano pamiętał pan, że w budynku 90-207 jest wyparka C-21, ale ten numer przed chwilą był tak niesamowity, że po prostu muszę wiedzieć, jak pan to robi?".

Powiedziałem mu, że trzeba wymyślić, jak się dowiedzieć, czy to zawór, czy okno.

Inny problem, nad którym pracowałem, był następujący. Robiliśmy mnóstwo obliczeń, do czego służyły nam maszyny liczące Marchanta.

Zresztą warto o nich trochę opowiedzieć, bo to daje pewne wyobrażenie o tym, jak wtedy wyglądało Los Alamos. Mieliśmy te liczydła Marchanta – ręczne kalkulatory z cyframi. Naciska się na cyfry, a maszyna dodaje, odejmuje, dzieli itd., ale nie jest to takie łatwe jak dzisiaj. Były to urządzenia mechaniczne, często się psuły i musieliśmy je odsyłać producentowi do naprawy. Kilku z nas zaczęło zdejmować obudowy. (Czego nie wolno nam było robić: „W przypadku zdjęcia obudowy producent nie bierze odpowiedzialności..."). Zdejmowaliśmy obudowy i zaczęliśmy się uczyć, jak to naprawiać, z czasem nabieraliśmy coraz większej wprawy. Gdy usterka była zbyt skomplikowana, odsyłaliśmy maszynę do fabryki, ale łatwiejsze naprawy przeprowadzaliśmy sami i jakoś to szło. Skończyło się na tym, że ja naprawiałem wszystkie maszyny liczące, a jeden człowiek z warsztatu mechanicznego zajął się maszynami do pisania.

Wracając do tematu, uznaliśmy, że główne zagadnienie – czyli dokładne określenie, co się dzieje podczas implozji bomby, żeby można było ustalić, ile powstaje energii i tak dalej – wymaga znacznie większej ilości obliczeń, niż my byliśmy w stanie przeprowadzić. Pewien niegłupi facet, Stanley Frankel, wpadł na pomysł, że można by użyć maszyn IBM. Firma IBM robiła maszyny liczące dla celów rachunkowości, na przykład tzw. tabulatory do sumowania czy mnożarki, do których wkładało się kartę, a one brały dwie liczby z karty i przemnażały je przez siebie. Były też kolatory, sortery itd.

Frankel wykoncypował sprytny program. Gdyby zgromadzić wystarczającą ilość tych maszyn w jednym pomieszczeniu, można by przepuszczać karty przez cały cykl operacji. Dziś każdy, kto zajmuje się obliczeniami numerycznymi, wie, o czym mówię, ale wtedy było to coś nowego – swego rodzaju produkcja taśmowa. Przedtem próbowaliśmy czegoś takiego z samymi maszynami dodającymi, ale każdy sam wykonywał wszystkie kroki. Frankel opracował cały system i zamówił maszyny u IBM, ponieważ zdaliśmy sobie sprawę, że to dobry sposób na rozwiązanie naszych problemów.

Potrzebowaliśmy człowieka do montażu, naprawy i konserwacji maszyn. Wojsko obiecało nam kogoś przysłać, ale z jakiegoś powodu ciągle się to opóźniało, a my z a w s z e się spieszyliśmy. Zawsze wszystko robiliśmy na ostatnią chwilę. Tym razem opracowaliśmy wszystkie numeryczne kroki, które miały wykonać maszyny – pomnożyć, dodać, odjąć – i mieliśmy cały program gotowy, ale nie było jeszcze maszyn. Posadziliśmy więc w jednym pomieszczeniu dziewczyny z Marchantem, każda od innego działania. Jedna na przykład tylko podnosiła do sześcianu – dostawała na karcie liczbę, podnosiła ją do sześcianu i podawała następnej dziewczynie.

Testowaliśmy cały cykl, dopóki wszystkie usterki nie zostały usunięte. Okazało się, że liczy się w ten sposób dużo szybciej niż dawnym systemem, w którym każdy sam wykonywał wszystkie działania. Wiedzieliśmy, że jest to maksymalna szybkość, jaką jesteśmy w stanie osiągnąć także na maszynach IBM, ale różnica była taka, że w przeciwieństwie do dziewczyn maszyny IBM nie męczą się i mogą pracować na trzy zmiany.

Gdy system był już dopieszczony, przyjechały maszyny, ale bez montera. Na te czasy były to jedne z najbardziej skomplikowanych dzieł techniki, wielkie machiny, które dostaliśmy tylko częściowo złożone, z mnóstwem kabli i instrukcji. Złożyliśmy je we trójkę ze Stanem Frankelem i jeszcze jednym facetem, ale nie obeszło się bez problemów. Największym problemem było szefostwo, które ciągle zaglądało do środka i mówiło: „Tylko żebyście czegoś nie popsuli!".

Poskładaliśmy maszyny i niektóre działały, a niektóre nie. W jednej mnożarce zauważyłem zgiętą część, którą bałem się wyprostować, żeby nie pękła – a szefostwo suszyło nam głowę, że na pewno uszkodzimy coś nieodwracalnie. W końcu musieliśmy więc zaczekać na montera, który wkrótce się zjawił i uruchomił niedziałające maszyny. Miał jednak problemy z tą maszyną, z którą ja nie mogłem sobie poradzić. Po trzech dniach nadal nad nią siedział.

Zszedłem na dół i powiedziałem mu:

– Zauważyłem, że tu jest zgięte.

– O kurczę, rzeczywiście!... Teraz już pójdzie. – Poszło.

Pan Frankel, który wymyślił program liczący, zapadł na chorobę komputerową, znaną wszystkim, którzy pracują z komputerami. Jest to bardzo poważna choroba. Kto na nią zachoruje, jest praktycznie inwalidą. Problem polega na tym, że maszynami liczącymi człowiek lubi się bawić. Są takie wspaniałe. Mają te wszystkie przełączniki – jeśli liczba jest parzysta, trzeba ustawić tak, jeśli nieparzysta, inaczej – a jeśli jesteś wystarczająco rozgarnięty, po krótkim czasie potrafisz na jednej maszynie wykonywać coraz bardziej skomplikowane działania.

Po jakimś czasie system nawalił. Frankel nie pilnował, czy ludzie nie robią jakichś zakazanych manewrów, bo miał ważniejsze sprawy na głowie. Siedział w swoim gabinecie i myślał nad tym, jak sprawić, żeby jeden tabulator automatycznie drukował arcus tangens X, nie przerywając całej operacji.

Kompletna strata czasu. Arcus tangens można sobie wziąć z tablicy trygonometrycznej. Ale kto pracował z maszynami liczącymi, ten wie, na czym polega choroba – świadomość, że można na nich policzyć przeróżne proste i zupełnie niepotrzebne rzeczy, jest fascynująca. Ale Frankel był wynalazcą komputera, więc skąd miał wiedzieć o chorobie komputerowej?

Dostałem polecenie, żeby przerwać prace z moją grupą, przejść na dół i objąć grupę IBM. Pilnowałem się, żeby nie złapać choroby. Ekipa była bardzo dobra, chociaż do tej pory przez dziewięć miesięcy wykonali dopiero trzy obliczenia.

Szkopuł w tym, że tym chłopakom nikt nigdy nie powiedział, o co w tym wszystkim biega. Pochodzili z różnych regionów kraju, a wojsko wyznaczyło ich do tzw. Specjalnych Służb Inżynieryjnych, jeżeli byli inteligentni i mieli dobre wyniki z przedmiotów ścisłych w szkole średniej. Potem posłano ich do Los Alamos. Zakwaterowano w koszarach. I nic im nie powiedziano.

Później przyszli do pracy z maszynami IBM – mieli perforować w kartach liczby, które nic im nie mówiły. Nikt im nie powiedział, co się tu oblicza. Szło im to bardzo powoli. Uznałem, że jeżeli ma być lepiej, trzeba zacząć od zorientowania technicznych w sytuacji. Oppenheimer poszedł do ludzi odpowiedzialnych za bezpieczeństwo i uzyskał zgodę, żebym im wytłumaczył, co robimy. Zapanowała wielka euforia: „Walczymy! Damy im popalić!". Teraz już wiedzieli, co znaczą te wszystkie liczby. Jeśli ciśnienie wzrasta, to znaczy, że wyzwala się więcej energii *et cetera*.

Co za metamorfoza! Sami zaczęli wymyślać sposoby usprawnienia obliczeń. Ulepszyli system. Pracowali do późna wieczorem. Nie trzeba było ich stale pilnować. Wszystko rozumieli. Opracowali kilka programów, z których skorzystaliśmy.

Czyli wystarczyło powiedzieć moim chłopakom, o co chodzi, żeby zapalili się do pracy. W rezultacie proporcje się odwróciły: zamiast trzech wyliczeń w dziewięć miesięcy wykonaliśmy dziewięć wyliczeń w trzy miesiące – prawie dziesięciokrotnie większa wydajność.

Oto jedna z metod zwiększenia wydajności pracy: dane obliczenie polegało na tym, że plik kart musiał przejść przez cały cykl. Najpierw dodawanie, potem mnożenie i tak przez całe pomieszczenie, bardzo powoli. Wymyśliliśmy, żeby jednocześnie puścić w obieg drugi plik kart, innego koloru i przesunięty o fazę. Dzięki temu mogliśmy wykonywać dwa albo trzy obliczenia naraz.

To wpędziło nas jednak w innego rodzaju tarapaty. Na przykład pod koniec wojny, tuż przed próbnym wybuchem w Albuquerque, powstało pytanie: ile energii się wyzwoli? Mieliśmy to policzone dla różnych modeli bomby, ale nie dla tego, który został ostatecznie użyty. Zszedł więc do nas Bob Christy i powiedział:

– Chcielibyśmy mieć wynik w ciągu miesiąca. – A może nawet podał jeszcze krótszy termin, nie pamiętam dokładnie.

– To niemożliwe – odparłem.

– Przecież wykonujecie prawie dwa obliczenia na miesiąc, czyli wypada dwa do trzech tygodni na jedno obliczenie.

– Owszem – powiedziałem – ale to dlatego, że robimy je równolegle. Karty przechodzą przez cykl bardzo powoli i nie da się tego przyspieszyć.

Wyszedł, a ja zacząłem się zastanawiać. A może jednak da się przyspieszyć? Może lepiej robić tylko jedno obliczenie naraz, żeby nie było żadnych zakłóceń? Rzuciłem więc chłopcom wyzwanie, pisząc na tablicy: DAMY RADĘ? Wszyscy zaczynają wrzeszczeć: „Jasne, będziemy pracować na więcej zmian, będziemy zostawać po godzinach", i tym podobne sprawy. „Spróbujemy! Spróbujemy!".

A więc inne obliczenia poszły w odstawkę. Koncentrujemy się na jednym. Chłopcy zabrali się do pracy.

Moja żona Arlene była chora na gruźlicę – bardzo chora. Wyglądało na to, że w każdej chwili może się coś stać, więc uzgodniłem wcześniej z kolegą z dormitorium, że w razie potrzeby pożyczy mi samochód, żebym mógł szybko dojechać do Albuquerque. Nazywał się Klaus Fuchs. Był w tajnych służbach i używał swego samochodu do przewożenia sekretów atomowych z Los Alamos do Santa Fe. Nikt jednak o tym nie wiedział.

Ze szpitala nadeszły złe wieści. Pożyczyłem od Fuchsa samochód i zabrałem jeszcze dwie osoby, na wypadek gdyby auto nawaliło po drodze do Albuquerque. No i oczywiście, gdy wjeżdżaliśmy do Santa Fe, złapaliśmy gumę. Moi pasażerowie pomogli mi zmienić koło, lecz gdy wyjeżdżaliśmy z Santa Fe, przebiliśmy następne. Dopchaliśmy auto do pobliskiej stacji benzynowej.

Mechanik na stacji naprawiał jakiś inny samochód i miało mu to zająć jeszcze sporo czasu. Nie przyszło mi nawet do głowy, żeby negocjować, ale moi pasażerowie naświetlili mu sytuację i wkrótce mieliśmy nową oponę (ale nie zapasową – w czasie wojny opony były towarem deficytowym).

Około trzydziestu mil przed Albuquerque złapaliśmy trzecią gumę, więc zostawiliśmy auto na poboczu i dojechaliśmy do miasta autostopem. Zadzwoniłem do warsztatu, żeby przyholowali samochód, kiedy ja będę w szpitalu u żony.

Arlene umarła kilka godzin po moim przybyciu. Weszła pielęgniarka, żeby sporządzić akt zgonu, po czym znowu zostawiła mnie samego. Spędziłem jeszcze trochę czasu z moją żoną. Potem spojrzałem na zegar, który jej dałem siedem lat wcześniej. W tych czasach był to wielki cymes: zegar „cyfrowy", na którym cyfry zmieniały się mechanicznie przez obrót bębna. Mechanizm był bardzo delikatny i zegar często stawał bez powodu – musiałem go od czasu do czasu naprawiać – ale po upływie tylu lat nadal działał. Teraz jeszcze raz się zatrzymał – na 9.22, czyli godzinie podanej w akcie zgonu!

Przypomniałem sobie, że kiedy mieszkałem w siedzibie konfraterni na MIT, kiedyś zupełnie bez żadnego powodu nagle mnie tknęło, że moja babcia nie żyje. Zaraz potem zadzwonił telefon. Odebrałem – ktoś dzwonił do Pete'a Bernaya, moja babcia nie umarła. Zapamiętałem to sobie na wypadek, gdyby ktoś mi chciał wcisnąć podobną historię o innym zakończeniu. W końcu takie rzeczy mogą się czasem zdarzyć w wyniku zbiegu okoliczności – moja babcia była bardzo stara – ale ludziom może się wydawać, że wchodzi tu w grę jakieś zjawisko paranormalne.

Arlene miała ten zegar przy łóżku przez cały okres choroby, a teraz stanął dokładnie w chwili jej śmierci. Potrafię zrozumieć, że osoba, która na poły wierzy, że takie rzeczy są możliwe, i nie jest krytycznym umysłem, w takich okolicznościach nie będzie się zastanawiała, co mogło się stać, lecz zacznie tłumaczyć, że nikt nie dotykał zegara, więc normalne wyjaśnienie zjawiska nie wchodzi w rachubę. Stanął zegar. Nic nadzwyczajnego. Ale w takiej sytuacji mogłoby się to stać dramatycznym potwierdzeniem istnienia zjawisk paranormalnych.

W pokoju było ciemnawo i przypomniałem sobie, że pielęgniarka wzięła zegar do ręki i obróciła tarczą do światła. Na pewno zatrzymał się wtedy na skutek wstrząsu.

Wyszedłem na zewnątrz pospacerować. Może się oszukiwałem, ale ze zdziwieniem zauważyłem, że nie czuję tego, co powinno się czuć w takiej sytuacji. Nie żebym się cieszył, ale nie byłem też specjalnie przygnębiony, może dlatego że od siedmiu lat wiedziałem, iż kiedyś to musi nastąpić.

Zastanawiałem się, co będzie, kiedy wrócę do Los Alamos. Nie chciałem, żeby ludzie rozmawiali o tym ze mną z zatroskanymi minami. Kiedy wróciłem (po drodze poszła jeszcze jedna opona), spytali mnie, co się stało.

– Umarła. A co z programem?

Natychmiast zrozumieli, że nie chcę się nad tym roztkliwiać.

(Z pewnością dokonałem na sobie jakiejś psychologicznej manipulacji. Ważna jest rzeczywistość – tak bardzo chciałem się dowiedzieć, co się r z e c z y w i ś c i e stało z Arlene, to znaczy fizjologicznie, że po raz pierwszy zapłakałem dopiero wiele miesięcy później, w Oak Ridge. Mijałem dom handlowy z jakimiś sukienkami w witrynie i pomyślałem, że jedna z nich spodobałaby się Arlene. Tego już nie wytrzymałem).

Kiedy wróciłem do pracy obliczeniowej, stwierdziłem, że zrobił się kompletny bałagan: białe karty, niebieskie karty, żółte karty, więc mówię do nich: „Przecież mieliście robić tylko jedno obliczenie naraz!". A oni na to: „Idź stąd, idź stąd! Potem ci wszystko wytłumaczymy!".

Oto co wymyślili. Gdy karty szły przez program, maszyny czasem się myliły albo jakaś liczba była błędnie wdziurkowana. Przedtem, kiedy coś takiego się zdarzyło, musieliśmy zaczynać wszystko od nowa. Ale oni zauważyli, że pomyłka w którymś punkcie cyklu ma wpływ tylko na pobliskie liczby, i tak w każdym następnym cyklu. Na przykład jeśli masz pięćdziesiąt kart, a pomyłka nastąpi na trzydziestej dziewiątej, to ma wpływ na wynik na trzydziestej siódmej, trzydziestej ósmej i trzydziestej dziewiątej. Błąd przeniesiony na kartę numer czterdzieści ma już wpływ na kartę trzydziestą szóstą, trzydziestą siódmą, trzydziestą ósmą, trzydziestą dziewiątą i czterdziestą. Potem rozprzestrzenia się jak zaraza.

Wpadli więc na pomysł, żeby zlokalizować błąd i jeszcze raz przeliczyć mały plik kart wokół błędu. Ponieważ dziesięć kart można przepuścić przez system znacznie szybciej niż pięćdziesiąt, kiedy duży plik policzył się do końca, obszar objęty zarazą można było zaraz skorygować na podstawie małego pliku. Bardzo inteligentne. Dzięki tej metodzie mieliśmy szansę, żeby zdążyć w terminie, bo nie musieliśmy tracić czasu na przeprowadzanie całych obliczeń od nowa.

Oczywiście, nietrudno się domyślić, dlaczego tak się zdenerwowali, gdy wszedłem. Powstał błąd w białym pliku, więc puścili w obieg mniejszy plik niebieski. Powstał błąd w niebieskim, więc puścili żółty. I kiedy dostawali już kręćka, bo powstał nowy błąd w białym pliku – wchodzi s z e f.

– Zostaw nas w spokoju – mówią. Zostawiłem ich w spokoju i wszystko poszło jak trzeba. Dzięki temu wykonaliśmy obliczenie w terminie.

Na początku byłem w Los Alamos płotką. Potem zostałem szefem grupy i poznałem kilku bardzo wybitnych ludzi. Poznanie tych wszystkich genialnych fizyków to jedno z najwspanialszych doświadczeń mojego życia.

Był tam, oczywiście, Enrico Fermi. Przyjechał kiedyś z Chicago, żeby nam doradzić, żeby nam pomóc, jeślibyśmy mieli jakieś problemy. Zrobiliśmy spotkanie, a ja przyszedłem z wynikami pewnych obliczeń, które przeprowadzałem. Obliczenia były tak skomplikowane, że trudno było ustalić, co znaczą. Zazwyczaj byłem w tym bardzo dobry; zawsze wiedziałem, jakie wyjdą wyniki, a kiedy wyszły, potrafiłem wytłumaczyć, dlaczego są takie, a nie inne. Tym razem obliczenia były tak skomplikowane, że nie potrafiłem powiedzieć, dlaczego taki wyszedł wynik.

Powiedziałem Fermiemu, o co chodzi w problemie, i zacząłem mu przedstawiać wyniki.

– Chwileczkę – przerwał mi. – Spróbuję wymyślić, jaki jest wynik, zanim pan mi powie. Myślę, że wynik będzie taki (miał rację), co się tłumaczy tym, że...

Zrobił to, w czym ja miałem się za dobrego, tylko że dziesięć razy lepiej. Trochę mi to utarło nosa!

Przyjechał też John von Neumann, wybitny matematyk. W niedziele chadzaliśmy razem na spacery. Wędrowaliśmy kanionami, często z Bethem i Bobem Bacherem. Była to dla mnie wielka przyjemność. Von Neumann dał mi pod rozwagę interesujący pomysł: że nie trzeba czuć się odpowiedzialnym za świat, w którym się żyje. Skutkiem jego porady rozwinąłem w sobie bardzo silny zmysł społecznego tumiwisizmu. Od tej pory jestem bardzo szczęśliwym człowiekiem. Ale to von Neumann zasiał ziarno, z którego wyrósł mój a k t y w n y tumiwisizm!

Poznałem też Nielsa Bohra. W tych czasach nazywał się Nicholas Baker, a do Los Alamos przyjechał z Jimem Bakerem, swoim synem, który naprawdę nazywał się Aage Bohr. Przyjechali z Danii i byli, jak wiadomo, b a r d z o słynnymi fizykami. Nawet dla naszych wielkich szych Bohr był prawdziwym bożyszczem.

Kiedy przyjechał po raz pierwszy, zapowiedziano spotkanie i oczywiście wszyscy chcieli zobaczyć wielkiego Bohra. Zeszło się więc mnóstwo ludzi i dyskutowaliśmy o bombie. Ja siedziałem wciśnięty w jakiś kąt. Widziałem go tylko od czasu do czasu między głowami innych.

Rano w dniu jego powtórnego przyjazdu dzwoni telefon.
– Halo? Pan Feynman?
– Tak.
– Tu Jim Baker. – Syn Bohra. – Mój ojciec i ja chcielibyśmy z panem porozmawiać.
– Ze mną? Jestem Feynman, czy pan mnie z kimś...
– Tak, pan Feynman. Może być o ósmej?

A więc o ósmej rano, gdy wszyscy jeszcze śpią, idę na umówione miejsce. Wchodzimy do gabinetu w strefie technicznej i Bohr mówi:
– Zastanawialiśmy się nad zwiększeniem siły wybuchu bomby i przyszedł nam do głowy następujący pomysł...
– Nie – mówię – to nie zwiększy siły wybuchu, bo...
– A w takim razie gdyby zrobić tak... – replikuje.
– To już brzmiałoby trochę bardziej dorzecznie, gdyby nie ten idiotyzm w tym miejscu.

Trwało to przez jakieś dwie godziny, podczas których spieraliśmy się i przerzucaliśmy argumentami. Wielki Niels ciągle zapalał fajkę, bo ciągle gasła. Bardzo trudno go było zrozumieć, bo strasznie mamrotał. Lepiej rozumiałem jego syna.
– Dobra – powiedział wreszcie, zapaliwszy fajkę. – Chyba teraz już możemy wezwać wielkie szychy. – Zawołali więc wszystkich pozostałych i odbyła się wielka dyskusja.

Potem Bohr syn opowiedział mi, skąd się to wszystko wzięło. Podczas swojego poprzedniego pobytu w Los Alamos stary Bohr powiedział do niego: „Pamiętasz, jak się nazywa ten chłopak, co siedział z tyłu? On jeden się mnie nie boi i powie mi, kiedy palnę jakąś głupotę. Następnym razem, kiedy będziemy chcieli z kimś przedyskutować te sprawy, nie będziemy siadać do stołu z tymi wszystkimi ludźmi, którzy na wszystko odpowiadają: oczywiście, doktorze Bohr. Spotkamy się z tym chłopakiem i wszystko z nim wcześniej omówimy".

Zawsze byłem taki narwany: kiedy rozmawiałem o fizyce, nigdy nie pamiętałem, z kim mam do czynienia. Jeżeli pomysł wydawał mi się błędny, mówiłem, że wydaje mi się błędny. Jeżeli wydawał mi się słuszny, mówiłem, że wydaje mi się słuszny. Prosta zależność.

Zawsze taki byłem. Jest to miłe i przyjemne – jeśli ktoś potrafi się na to zdobyć. Mam w życiu to szczęście, że potrafię.

Gdy wykonaliśmy obliczenia, przyszła kolej, oczywiście, na próbny wybuch. Akurat byłem w domu na krótkim urlopie po śmierci żony, więc przysłano mi telegram z wiadomością, że „Spodziewany termin porodu w dniu tym-a-tym".

Wsiadłem w samolot i wylądowałem w Los Alamos dokładnie w chwili, gdy autobusy już odjeżdżały, więc pojechałem prosto na miejsce próby, dwadzieścia mil od samego wybuchu. Dostaliśmy radiotelefon, przez który miano nas poinformować, kiedy będzie wybuch *et cetera*, ale nie działał, więc nie wiedzieliśmy, co się dzieje. Na szczęście kilka minut przed wybuchem zaczął działać. Powiedzieli nam, że dźwięk dotrze do nas mniej więcej po dwudziestu sekundach. Inni byli bliżej, sześć mil od bomby.

Rozdali nam ciemne okulary, przez które mieliśmy patrzeć. Ciemne okulary! Z odległości dwudziestu mil przez ciemne okulary guzik widać. Pomyślałem sobie, że jedyne, co może naprawdę zaszkodzić oczom, to światło ultrafioletowe (jasne światło nie szkodzi oczom). Usiadłem sobie więc za przednią szybą ciężarówki, bo szkło zatrzymuje promienie ultrafioletowe – dzięki temu mogłem coś zobaczyć.

Nadchodzi pora: błysk jest tak niesamowicie jasny, że pochylam głowę i widzę purpurową plamę na podłodze ciężarówki. „To nie ultrafiolet" – myślę – „to powidok". Znów podnoszę wzrok i widzę, że białe światło przechodzi w żółte, a potem w pomarańczowe. Obłoki tworzą się i znikają – efekt sprężania się i rozprężania fali uderzeniowej.

Wreszcie wielka pomarańczowa kula, której środek był taki jasny, zaczyna się unosić, trochę pęcznieje i czernieje po brzegach, potem widać wielką kulę dymu, która błyska od środka, a za nią idzie żar ognia.

Wszystko to trwało mniej więcej minutę. Seria obrazów od jasnych do ciemnych: ja to wszystko w i d z i a ł e m. Jestem bodaj jedynym człowiekiem, który naprawdę widział pierwszą próbę jądrową. Wszyscy inni patrzyli przez ciemne okulary, a ludzie, którzy stacjonowali sześć mil od wybuchu, nic nie widzieli, bo kazano im się położyć na podłodze. Jestem przypuszczalnie jedynym człowiekiem, który widział to ludzkim okiem.

Na koniec, po mniej więcej półtorej minuty*, nagle słychać potężny huk – BUM, a potem dudnienie, jak po uderzeniu pioruna – to mnie przekonało. Cały czas wszyscy patrzyliśmy w milczeniu, ale huk wytrącił wszystkich z odrętwienia – w każdym razie mnie, bo siła dźwięku przekonała mnie, że się udało.

Człowiek, który stał obok mnie, spytał:
– Co to było?
– Bomba – odparłem.

Był to William Laurence. Miał napisać reportaż z całych badań, a ja miałem mu posłużyć za przewodnika. Potem się okazało,

---

* Tak w oryginale (przyp. tłum.).

że to dla niego zbyt techniczne, więc przysłali H.D. Smitha i jego oprowadzałem. Z Laurence'em poszliśmy między innymi do pomieszczenia, w którym na małym cokoliku stała posrebrzana kula. Można było jej dotknąć. Była ciepła. Radioaktywna. Zrobiona z plutonu. Staliśmy w drzwiach tego pomieszczenia i rozmawialiśmy o kuli. Pluton był nowym pierwiastkiem, wytworzonym przez człowieka, nigdy wcześniej nie istniał, może nie licząc krótkiego okresu tuż po Wielkim Wybuchu. Tu zaś stał sobie wypreparowany, radioaktywny, ze wszystkimi własnościami pierwiastków radioaktywnych. Myśmy tego dokonali. Było to więc n i e s a m o w i c i e cenne.

Kiedy ludzie rozmawiają, ciągle wykonują jakieś ruchy. William Laurence kopał odbój drzwiowy, a ja powiedziałem: „Tak, odbój jest na pewno zrobiony z właściwego materiału dla tych drzwi". Odbój był dziesięciocalową półkulą z żółtego metalu – a konkretnie złota.

Odbyło się to tak. Chcieliśmy sprawdzić, które metale najlepiej odbijają neutrony, żeby utracić jak najmniej materiału radioaktywnego. Sprawdziliśmy dużo różnych metali. Sprawdziliśmy platynę, sprawdziliśmy cynk, sprawdziliśmy brąz, sprawdziliśmy złoto. Po eksperymentach ze złotem zostało nam dużo skrawków i ktoś wpadł na inteligentny pomysł, żeby zrobić z nich dużą półkulę na odbój do drzwi pomieszczenia, w którym był pluton.

Po wybuchu w Los Alamos wszystkich ogarnął wielki entuzjazm. Wszędzie odbywały się imprezy, jeździliśmy autami po całym ośrodku. Ja siedziałem z tyłu gazika, biłem w bębny *et cetera*. Ale jeden człowiek, Bob Wilson, siedział cały smętny.

– Dlaczego się smęcisz? – spytałem.

– Zrobiliśmy straszną rzecz.

– Ale to ty zacząłeś. To ty nas w to wciągnąłeś.

Dlaczego potraktowałem to tak beztrosko? Myślę, że z innymi było tak samo: skoro n a p o c z ą t k u uznałem, że należy się w to włączyć, a potem ciężko pracowałem nad osiągnięciem celu, mam prawo się cieszyć, mam prawo się entuzjazmować. Gdy się już w to włączysz, po prostu przestajesz się zastanawiać, czy to słuszne. Bob Wilson był jedynym człowiekiem, który nie przestał się nad tym zastanawiać.

Wkrótce potem powróciłem na łono cywilizacji i pojechałem wykładać w Cornell University. Z początku czułem się bardzo dziwnie. Teraz już tego nie rozumiem, ale wtedy bardzo silnie to odczuwałem. Siedziałem, na przykład, w restauracji w Nowym Jorku, wyglądałem przez okno i zastanawiałem się, ile wynosił promień zniszczeń bomby hiroszimskiej... ile jest stąd do 34. Ulicy, ile budynków ległoby w gruzach – i tak dalej. Szedłem po mieście, widziałem, że budują most albo drogę, i myślałem sobie, co za wariactwo, oni nic nie rozumieją, oni nic nie rozumieją. Po co oni budują te wszystkie nowe mosty? To bezcelowe.

Na szczęście budowanie mostów jest bezcelowe już od czterdziestu lat. Pomyliłem się więc co do bezcelowości budowania mostów i cieszę się, że ci ludzie byli na tyle rozsądni, żeby żyć dalej.

TRAFIŁ KASIARZ NA KASIARZA

Nauczyłem się otwierać zamki od niejakiego Leo Lavatellego. Okazuje się, że otwieranie zwyczajnych zamków bębenkowych – na przykład typu yale – jest bardzo proste. Próbujesz obrócić zamek, wkładając do dziury śrubokręt (trochę z boku, żeby zostawić miejsce na drut). Bębenek nie obraca się, ponieważ w środku są zastawki – kołeczki, które trzeba podnieść na odpowiednią wysokość (normalnie za pomocą klucza). Ponieważ zamek nie jest zrobiony idealnie, jeden z kołeczków w większym stopniu blokuje bębenek niż inne. Jeśli włożysz do zamka specjalny dinks z drutu – może być rozprostowany spinacz z niewielkim haczykiem na końcu – i poruszasz nim do przodu i do tyłu, w którymś momencie podepchniesz ten najważniejszy kołeczek na odpowiednią wysokość. Bębenek ustąpi, ale tylko trochę, na tyle, że kołeczek zostanie w górze, bo chwyciła go krawędź bębenka. Teraz większość oporu przechodzi na inny kołeczek, więc trzeba powtarzać ten proceder przez kilka minut, aż wszystkie kołeczki zostaną wypchnięte do góry.

Często się zdarza, że śrubokręt się obsunie – słyszysz wtedy tyk-tyk-tyk, co doprowadza cię do szału. W środku bębenka są sprężynki, które odsuwają kołeczki z powrotem na dół po wyjęciu klucza i słychać, jak stukają, gdy poluzujesz śrubokręt. (Czasem wyjmujesz śrubokręt celowo, na przykład żeby sprawdzić, czy nie przekręcasz w złą stronę). Przypomina to dolę Syzyfa: ciągle spadasz z powrotem na dół.

Technika jest prosta, ale wymaga pewnej wprawy. Trzeba na przykład umiejętnie przekręcić dziurkę śrubokrętem – na tyle mocno, żeby kołeczki zaskoczyły, ale nie za mocno, bo wtedy w ogóle nie pójdą do góry. Większość ludzi nie zdaje sobie sprawy, że zamykają się za pomocą zamków, do których otworzenia nie potrzeba klucza.

Kiedy zaczęliśmy pracować nad konstrukcją bomby atomowej w Los Alamos, wszystko odbywało się w takim pośpiechu, że wiele rzeczy było zrobionych na łapu-capu. Wszystkie tajemnice projektu – wszystkie szczegóły dotyczące bomby – trzymaliśmy w segregatorach, które, o ile w ogóle były zamykane, to na kłódki z trzema-czterema kołeczkami: otworzyć je to pestka.

Aby zmniejszyć groźbę kradzieży danych, w warsztacie wykonano długie pręty, które przełożono przez uchwyty szuflad i zablokowano kłódką.

Ktoś powiedział do mnie: „Popatrz na te nowe zabezpieczenia – potrafisz teraz otworzyć segregator?".

Zerknąłem na segregatory od tyłu i zauważyłem, że w dnach szuflad biegnie szczelina na suwak, w który wkręcony jest drut dociskający teczki. „Popatrz!", powiedziałem. „Nie musiałem nawet otwierać zamka".

W Los Alamos panował duch współpracy i czuliśmy, że spoczywa na nas odpowiedzialność, by informować o wszystkim, co można usprawnić. Ciągle narzekałem, że dokumenty nie są dobrze zabezpieczone, ponieważ te pręty i kłódki guzik dają.

Aby tego dowieść, za każdym razem, gdy potrzebowałem czyjegoś raportu, a tego kogoś nie było akurat pod ręką, po prostu szedłem do jego biura, otwierałem segregator i wyjmowałem raport. Kiedy nie był mi już potrzebny, oddawałem go gościowi ze słowami:

– Dziękuję ci za raport.
– Skąd go wziąłeś?
– Z twojego segregatora.
– Ale ja go zamknąłem!
– Wiem, że zamknąłeś. Zamki są do niczego.

W końcu przyjechały segregatory z zamkami szyfrowymi produkcji Mosler Safe Company. Miały trzy szuflady. Po wysunięciu górnej szuflady można było otworzyć dolne, bo zwalniała się zapadka. Aby otworzyć górną szufladę, trzeba było ustawić pokrętło, kręcąc w lewo i prawo, na kolejnych cyfrach kombinacji, a potem przekręcić w prawo na dziesiątkę, co cofało zasuwę. Zamykało się segregator, chowając najpierw dolne szuflady, potem górną i zjeżdżając pokrętłem z dziesiątki, co wypychało zasuwę.

Rzecz jasna, nowe segregatory były dla mnie natychmiastowym wyzwaniem. Uwielbiam zagadki. Ktoś coś zrobił, żeby mnie nie dopuścić do jakiegoś sekretu; musi być na to sposób!

Najpierw musiałem poznać działanie zamka, więc rozebrałem ten z segregatora w moim gabinecie. Zamek zbudowany był następująco: na jednej osi są trzy tarcze, każda ma w innym miejscu wycięcie. Teraz chodzi o to, żeby ustawić wycięcia w jednej linii, a wtedy, po ustawieniu pokrętła szyfrowego na dziesiątce, małe sprzęgło ciągnie zasuwę w szczelinę utworzoną przez wycięcia w trzech tarczach.

Do obracania tarcz służy bolec z tyłu pokrętła szyfrowego i bolec umieszczony w tej samej odległości od osi na pierwszej tarczy. Kiedy raz obrócisz pokrętłem w koło, złapiesz pierwszą tarczę.

Z tyłu pierwszej tarczy jest bolec umieszczony w tej samej odległości od osi co bolec z przodu drugiej tarczy, więc kiedy dwa razy obrócisz pokrętłem w koło, złapiesz również drugą tarczę.

Obracaj dalej, a bolec z tyłu drugiej tarczy złapie bolec z przodu trzeciej, którą ustawisz we właściwej pozycji, jeżeli dojedziesz do pierwszej cyfry kombinacji.

Teraz musisz obrócić pokrętłem szyfrowym o 360 stopni w drugą stronę, żeby złapać drugą tarczę z przeciwnej strony, a potem dojechać do drugiej cyfry szyfru, co ustawi drugą tarczę we właściwej pozycji.

Znów odwracasz kierunek i ustawiasz pierwszą tarczę na właściwym miejscu. Wycięcia znajdują się w jednej linii i obracając pokrętłem na dziesiątkę, zwalniasz zasuwę i otwierasz segregator.

Strasznie się namęczyłem nad tymi zamkami, nie miałem jednak żadnych osiągnięć. Kupiłem parę książek o włamywaczach, ale wszystkie mówiły to samo. Na początku były różne anegdoty o niesamowitych wyczynach włamywacza. Na przykład kobieta została przez przypadek zamknięta w chłodziarce do mięsa i ma już zamarznąć na śmierć, ale włamywacz, wisząc głową w dół, w dwie minuty otwiera zamek szyfrowy. Albo na dnie morza leży skrzynia z cennymi futrami czy sztabkami złota, włamywacz nurkuje i otwiera skrzynię.

W drugiej części książki piszą, jak złamać szyfr. Roi się od kretynizmów w rodzaju: „Warto byłoby spróbować jakąś ważną datę, ponieważ wiele osób stosuje w kombinacjach daty". Albo: „Zastanów się nad psychiką właściciela sejfu: jaką kombinację mógłby wymyślić taki człowiek?". Albo: „Sekretarka często martwi się, że mogłaby zapomnieć kombinację, toteż może ją zapisać w jednym z następujących miejsc: na górze bocznej ścianki szuflady, na spisie nazwisk i adresów" *et cetera*.

Czegoś się jednak z tych książek dowiedziałem na temat otwierania zwyczajnych sejfów. W zwyczajnych sejfach jest klamka i jeśli ją naciskasz, obracając pokrętłem szyfrowym, to ponieważ siły nie rozkładają się równo (tak samo jak w zamkach), jedna z tarcz stawia większy opór klamce, która chce wcisnąć zasuwę w wycięcia (jeszcze nieustawione w jednej linii). Kiedy wycięcie tej tarczy trafi pod zasuwę, za pomocą stetoskopu można usłyszeć minimalne stuknięcie lub wyczuć palcami maleńkie zmniejszenie tarcia (nie musisz w tym celu gładzić opuszków palców papierem ściernym); wtedy wiesz, że znalazłeś któryś z numerów.

Nie wiesz, czy to pierwszy, drugi czy trzeci numer, ale możesz się o tym przekonać, sprawdzając, ile razy musisz obrócić pokrętło w drugą stronę, aby usłyszeć to samo stuknięcie. Jeżeli mniej niż raz, masz numer z pierwszej tarczy; jeżeli mniej niż dwa razy, z drugiej (musisz wziąć poprawkę na grubość bolców).

Ten pożyteczny trik sprawdza się tylko dla zwykłych sejfów z klamkami, więc miałem twardy orzech do zgryzienia.

Wypróbowałem wszelkie dodatkowe metody, które mają zastosowanie do segregatorów z szufladami. Próbowałem na przykład zwalniać zaczepy dolnych szuflad bez wysuwania górnej w ten sposób, że odkręcałem śrubę z przodu i grzebałem w środku rozprostowanym wieszakiem do ubrań.

Próbowałem obracać pokrętłem bardzo szybko, a potem przejechać na dziesiątkę, co zwiększało tarcie, więc miałem nadzieję, że tarcze zatrzymają się we właściwym miejscu. Próbowałem w s z y s t k i e g o. Byłem zdesperowany.

Przeprowadziłem także pewne badania doświadczalne. Powiedzmy, że segregator otwierał się na kombinację 69-32-21. O ile można się pomylić, kiedy otwierasz sejf? Czy przy liczbie 69 sejf otworzy się, jeżeli ustawisz pokrętło na 68? A 67? W wypadku naszych zamków okazało się, że tak, ale dla 66 już nie. Można było się pomylić o dwa w każdą stronę. To oznaczało, że wystarczyło sprawdzić co piątą liczbę, na przykład zero, pięć, dziesięć, piętnaście i tak dalej. Przy dwudziestu liczbach do sprawdzenia na pokrętle od zera do stu dawało to 8000 kombinacji zamiast miliona przy wypróbowywaniu wszystkich liczb.

Zadałem sobie pytanie, ile czasu by mi zajęło sprawdzenie 8000 kombinacji. Załóżmy, że znajdę dwie pierwsze liczby kombinacji. Powiedzmy, że te liczby to 69-32, ale ja o tym nie wiem – znalazłem 70-30. Teraz zostaje mi do sprawdzenia dwadzieścia numerów, lecz teraz już nie muszę za każdym razem ustawiać pierwszych dwóch. Jeżeli sejf się nie otworzy, uznam, że trafiłem tylko pierwszą liczbę, a co do drugiej trochę się pomyliłem. Wtedy przekręcę drugą tarczę o jeden czy dwa numery, po czym znów sprawdzę dwadzieścia numerów na trzeciej.

Cały czas ćwiczyłem na moim własnym sejfie, żeby nabrać wprawy i cały czas pamiętać, jaka jest sytuacja (na przykład żeby, szukając drugiej liczby, przez pomyłkę nie przesunąć wycięcia w pierwszej tarczy na złe miejsce). Jak zawodowy złodziej wpadałem w trans i byłem w stanie przerobić czterysta kombinacji przy jednej trafionej liczbie w mniej niż pół godziny. Oznaczało to, że potrafię otworzyć sejf w maksimum osiem godzin – średnio zajmowało mi to cztery godziny.

W Los Alamos był jeszcze jeden człowiek, który interesował się zamkami; nazywał się Staley. Od czasu do czasu rozmawialiśmy o tym ze sobą, ale nie doszliśmy do żadnych ciekawszych wniosków. Gdy opracowałem technikę otwierania sejfu średnio w cztery godziny, chciałem pokazać Staleyowi, jak się to robi, więc poszedłem do biura jakiegoś gościa w dziale obliczeń i spytałem: „Mogę skorzystać z pańskiego sejfu? Chciałbym coś pokazać Staleyowi".

Zebrali się wokół nas jacyś ludzie z działu obliczeń i jeden z nich zawołał: „Chodźcie wszyscy, Feynman pokaże Staleyowi, jak się otwiera sejf, ha, ha, ha!". Nie miałem zamiaru otwierać sejfu, tylko pokazać Staleyowi, jak się szuka drugiej i trzeciej liczby, nie gubiąc ustawienia pierwszej tarczy.

Zacząłem mu tłumaczyć. „Załóżmy, że pierwsza liczba to czterdzieści, i próbujemy piętnastki jako drugiej. Idziemy o pięć do przodu i pięć do tyłu; teraz dziesięć do przodu i dziesięć do tyłu; i tak dalej. Sprawdziliśmy wszystkie możliwe trzecie liczby. Teraz próbujemy dwudziestkę jako drugą liczbę: pięć do przodu, pięć do tyłu; dziesięć do przodu, dziesięć do tyłu; piętnaście do przodu, piętnaście do tyłu". STUK! – Opadła mi szczęka: pierwsze dwa numery okazały się trafione!

Nikt nie widział mojej miny, bo byłem odwrócony do nich plecami. Staley sprawiał wrażenie bardzo zdziwionego, ale obaj bardzo szybko skojarzyliśmy, co się stało, więc teatralnym gestem wyciągnąłem górną szufladę i powiedziałem:

– *Voilà!*

– Rozumiem, o co ci chodzi – odparł Staley. – To bardzo dobry system. – Po czym wyszliśmy. Wszyscy byli zdumieni. Był to czysty łut szczęścia. Zdobyłem sobie reputację włamywacza, któremu nie oprze się żaden sejf.

Zajęło mi półtora roku, żeby osiągnąć ten stopień zaawansowania (oczywiście pracowałem też nad bombą!), ale uznałem, że problem sejfów mam rozwiązany, w tym sensie, że gdyby zaistniała rzeczywista konieczność otworzenia sejfu – ktoś by zaginął, umarł, nie przekazując nikomu kombinacji, a zawartość sejfu byłaby potrzebna – umiałbym to zrobić. Po przeczytaniu tych wszystkich bzdur, jakie wygadywali włamywacze, uznałem, że to niemałe osiągnięcie.

Nie mieliśmy w Los Alamos żadnych rozrywek, a musieliśmy się jakoś zabawiać, więc dla mnie jedną z rozrywek stało się majstrowanie przy zamku Moslera w mojej szafce. Pewnego dnia poczyniłem ciekawe spostrzeżenie: kiedy zamek jest otwarty, szuflada wysunięta, a pokrętło zostało na dziesiątce (czyli normalna sytuacja przy wyjmowaniu papierów), zasuwa nadal jest spuszczona. Co to znaczy, że zasuwa jest spuszczona? To znaczy, że siedzi w zagłębieniu utworzonym przez trzy wycięcia w tarczach, które nadal są ustawione w jednej linii. Aaaaaaa!

Teraz tak: jeżeli trochę obrócę pokrętłem od dziesiątki, zasuwa idzie do góry; jeżeli natychmiast wrócę na dziesiątkę, znowu opadnie, ponieważ nie ruszyłem wycięciami. Jeżeli będę się stopniowo coraz bardziej oddalał od dziesiątki, za którymś razem zasuwa nie wskoczy z powrotem, gdy znów ustawię pokrętło na dziesiątce: ruszyłem wycięciami. Liczba, przy której zasuwa po raz ostatni wskoczyła w wycięcia, to ostatnia liczba kombinacji!

Zdałem sobie sprawę, że mogę zrobić to samo w celu znalezienia drugiej liczby: gdy ustalę ostatnią liczbę, mogę się stopniowo oddalać od dziesiątki w drugą stronę, przekręcając drugą tarczę aż do punktu, w którym zasuwa nie opadnie po powrocie na dziesiątkę. Liczba, do której właśnie dotarłem, będzie drugą liczbą kombinacji.

Gdybym był bardzo cierpliwy, mógłbym znaleźć tym sposobem wszystkie trzy liczby, ale ilość pracy potrzebnej do zlokalizowania pierwszej byłaby w tym skomplikowanym systemie znacznie większa niż wypróbowywanie na zamkniętym sejfie możliwych dwudziestu pierwszych liczb przy znajomości drugiej i trzeciej.

Ćwiczyłem i ćwiczyłem, aż wreszcie umiałem znaleźć przy otwartym sejfie dwie ostatnie liczby, prawie nie patrząc na podziałkę. Potem, gdy byłem w czyimś biurze i omawiałem jakiś problem fizyczny, opierałem się o otwarty sejf i, jak facet, który odruchowo brzęka w kieszeni kluczami podczas rozmowy, obracałem pokrętłem tam i z powrotem, tam i z powrotem. Czasem kładłem palec na zasuwie, żeby nie musieć patrzeć, w którym momencie zaczyna iść do góry. Tym sposobem ustaliłem dwie ostatnie liczby kombinacji kilku segregatorów. Kiedy wracałem do swojego biura, zapisywałem je na kartce papieru, którą trzymałem w środku zamka mojego własnego segregatora. Za każdym razem, gdy potrzebowałem kartki, rozbierałem zamek – uważałem, że to bardzo bezpieczne miejsce na te dane.

Wkrótce moja sława kasiarza zaczęła zataczać szerokie kręgi, a odbywało się to następująco. Ktoś mówił: „Hej, Feynman! Christy wyjechał, a potrzebujemy teczki z jego sejfu – mógłbyś go otworzyć?".

Jeżeli nie znałem dwóch ostatnich liczb szyfru danego sejfu, mówiłem po prostu: „Przepraszam, ale nie mam teraz czasu; pracuję nad pilną sprawą". Jeżeli znałem te liczby, mówiłem: „Dobra, ale muszę skoczyć po narzędzia". Nie potrzebowałem żadnych narzędzi, tylko szedłem do gabinetu, otwierałem segregator, rozbierałem zamek i patrzyłem na moją listę: „Christy – 35, 60". Potem dla picu brałem śrubokręt, szedłem do biura Christy'ego i zamykałem za sobą drzwi. Nie było potrzeby wszystkich wtajemniczać!

Otwierałem sejf w kilka minut, bo wystarczyło wypróbować w najgorszym razie dwadzieścia pierwszych numerów, po czym przez piętnaście czy dwadzieścia minut siedziałem i czytałem jakieś czasopismo. Nie było sensu popisywać się ekspresową szybkością, bo ktoś mógłby się domyślić, że to jakiś trik! W końcu wychodziłem na korytarz i mówiłem: „Gotowe".

Od czasu tego przypadkowego otwarcia sejfu przy Staleyu ludzie sądzili, że robię to za każdym razem od ręki. Teraz mogłem utrzymywać ich w tym mniemaniu. Nikomu nie przyszło do głowy, że ustalam ostatnie dwie liczby ich kombinacji, chociaż – a może właśnie dlatego – robiłem to n i e u s t a n n i e, jak szuler karciany, który zawsze ma przy sobie talię kart.

Często jeździłem do Oak Ridge, żeby sprawdzić stan bezpieczeństwa fabryki uranu. Ze wszystkim zawsze się spieszyło, bo była wojna, i kiedyś musiałem tam pojechać na weekend.

W niedzielę siedzieliśmy w biurze u jakiegoś generała – prezesa czy wiceprezesa jakiejś firmy. Oprócz mnie było tam jeszcze paru wysoko postawionych wojskowych. Mieliśmy omówić raport schowany w sejfie tego faceta – tajnym sejfie – kiedy nagle zdał sobie sprawę, że nie zna kombinacji. Znała ją tylko jego sekretarka, więc zadzwonił do niej do domu, ale okazało się, że wyjechała na piknik w góry.

Ja tymczasem spytałem: „Czy miałby pan coś przeciwko temu, żebym pomajstrował przy sejfie?".

– Ha, ha, ha – ależ proszę bardzo!

Podszedłem więc do sejfu i zacząłem się bawić zamkiem.

Wymyślili, żeby posłać samochód po sekretarkę, a generał był coraz bardziej zakłopotany, bo kazał tym wszystkim ludziom czekać i wyszedł na kompletnego imbecyla, który nie umie otworzyć własnego sejfu. Wszyscy byli spięci i coraz bardziej się na niego wkurzali, kiedy nagle STUK! – sejf się otworzył.

W dziesięć minut odemknąłem sejf, który zawierał wszystkie tajne dokumenty na temat fabryki. Wszyscy wybałuszyli oczy ze zdziwienia. Okazało się, że szafy pancerne nie są aż takie pancerne. Co za szok: wszystkie tajne łamane przez poufne dokumenty leżą zamknięte w superbezpiecznym tajnym sejfie, a facet otwiera go w dziesięć minut!

Oczywiście byłem w stanie to zrobić dzięki mojej obsesji kolekcjonowania ostatnich dwóch liczb. Za poprzedniego pobytu w Oak Ridge miesiąc wcześniej byłem w tym biurze, kiedy sejf był otwarty, więc jak zawsze „przebierałem palcami" podczas rozmowy – nie potrafiłem się oprzeć nałogowi. Chociaż liczb nie zapisałem, mniej więcej pamiętałem, jakie cyfry w nich występują. Najpierw spróbowałem 40-15, potem 15-40, ale nie poskutkowało. Potem spróbowałem 10-45 i sejf się otworzył.

Podobna rzecz zdarzyła się podczas innej inspekcji w Oak Ridge, także w weekend. Napisałem wcześniej raport, który miał zostać zatwierdzony przez pewnego pułkownika, więc leżał w jego sejfie. Wszyscy inni trzymali dokumenty w tego samego typu segregatorach, jakie mieliśmy w Los Alamos, ale on, jako pułkownik, sprawił sobie znacznie wymyślniejszy, dwudrzwiowy sejf z wielkimi klamkami, które wysuwały z framugi po cztery stalowe bolce grube na trzy czwarte cala. Wielkie mosiężne drzwi otworzyły się i pułkownik wyjął mój raport, żeby go przeczytać.

Ponieważ nie miałem nigdy wcześniej okazji przyjrzeć się naprawdę porządnym sejfom, spytałem go:

– Czy pozwoli pan, że rzucę okiem na pański sejf, gdy pan będzie czytał?

– Oczywiście – odparł, przekonany, że nie mogę nic zbroić.

Spojrzawszy na jedno skrzydło solidnych mosiężnych drzwi, stwierdziłem, że szyfrator współpracuje z małym zamkiem, który był dokładnie taki sam jak urządzenie w moim segregatorze w Los Alamos. Ta sama firma, taka sama zasuwka, tyle że kiedy zasuwka opadała, trzeba było jeszcze nacisnąć na klamki, żeby system dźwigni wysunął te stalowe bolce grube na trzy czwarte cala. Czyli cały system dźwigni blokuje taka sama zasuwka, jaka zamyka segregatory.

Powodowany wyłącznie zawodowym perfekcjonizmem kasiarza, sprawdziłem dwie ostatnie liczby kombinacji, tak jak to robiłem z segregatorami.

Tymczasem pułkownik czytał mój raport. Kiedy skończył, powiedział: „Może być, akceptuję". Włożył raport do sejfu, złapał za wielkie klamki i zatrzasnął ogromne mosiężne drzwi. Efekt psychologiczny był bardzo przekonujący, ale ja wiedziałem, że to pic na wodę, bo wszystko zasadza się na tym samym zamku.

Nie mogłem się powstrzymać, żeby się z nim trochę nie podrażnić (zawsze tak reagowałem na wojskowych w ich wspaniałych mundurach), więc powiedziałem:

– Widząc, jak pan zamyka ten sejf, można by pomyśleć, że dokumenty rzeczywiście są tam bezpieczne.

– Oczywiście, że są.

– Sądzi pan tak dlatego, że c y w i l e nazywają to „sejfem"*. (Chciałem zasugerować, że dał się wpuścić w maliny cywilom).

Strasznie się zapienił:

– Co pan mi tu mówi, że niby nie jest bezpieczny?

– Dobry kasiarz potrafi go otworzyć w pół godziny.

– A p a n potrafi go otworzyć w pół godziny?

– Powiedziałem d o b r y kasiarz. Ja potrzebuję czterdziestu pięciu minut.

– Dobra! Żona czeka na mnie w domu z kolacją, ale zostanę tu z panem i będę patrzył, jak pan nad tym ślęczy bezskutecznie przez czterdzieści pięć minut! – Rozsiadł się w swoim dużym, wybitym skórą fotelu, położył nogi na biurku i zaczął czytać.

Stuprocentowo pewien, że mi się uda, wziąłem krzesło i usiadłem przed sejfem. Zacząłem obracać szyfratorem raz w jedną, raz w drugą stronę, żeby stworzyć pozory jakiegoś działania.

Po mniej więcej pięciu minutach, co jest dość długim czasem, kiedy siedzisz i czekasz na coś, zaczął tracić cierpliwość:

– I co, robi pan jakieś postępy?

– Takie sejfy albo się otwiera, albo nie.

Uznałem, że nie ma sensu już dłużej zwlekać, więc zacząłem sprawdzać pierwsze numery i po dwóch minutach

---

* *Safe* – po ang. „bezpieczny" (przyp. tłum.).

STUK – sejf otworzył się. Pułkownikowi opadła szczęka, a oczy wyszły na wierzch.

– Panie pułkowniku – powiedziałem poważnym tonem – z tymi zamkami jest następująca sprawa: jeżeli drzwi sejfu lub górna szuflada segregatora są otwarte, bardzo łatwo uzyskać kombinację. Ja właśnie to zrobiłem, kiedy pan czytał raport, żeby panu pokazać, jakie to niebezpieczne. Powinien pan zalecić, żeby wszyscy mieli segregatory zamknięte podczas pracy, bo jeśli są zostawiane otwarte, bardzo łatwo później się do nich włamać.

– Kurczę! Rozumiem! To bardzo ciekawe! – Od tej pory byliśmy już po tej samej stronie.

Następnym razem, gdy przyjechałem do Oak Ridge, wszystkie sekretarki i ludzie, którzy wiedzieli, kim jestem, mówili: „Proszę tędy nie przechodzić! Proszę tędy nie przechodzić!".

Pułkownik rozesłał notę służbową, w której spytał: „Czy podczas swojej ostatniej wizyty pan Feynman był w waszym biurze lub przechodził przez wasze biuro?". Niektórzy odpowiedzieli, że tak, inni, że nie. Ludzie, którzy odpowiedzieli, że tak, otrzymali następną notę: „Proszę zmienić kombinację w waszym zamku".

Oto jakie przyjął rozwiązanie: to ja byłem zagrożeniem. Z mojego powodu musieli pozmieniać kombinacje. Ponieważ zmiana kombinacji i zapamiętanie nowej to niepotrzebny kłopot, byli na mnie wściekli i nie chcieli, żebym się zbliżał do ich biura: po co mają znowu zmieniać kombinację. Oczywiście segregatory mieli podczas pracy otwarte!

W bibliotece w Los Alamos trzymano wszystkie dokumenty, nad którymi kiedykolwiek pracowaliśmy. Mieściły się w dużym betonowym pomieszczeniu za potężnymi drzwiami, wyposażonymi w metalowe koło do otwierania – jak kasa pancerna. Podczas wojny postanowiłem przyjrzeć się mechanizmowi. Znałem bibliotekarkę i ubłagałem ją, żeby pozwoliła mi się chwilę pobawić drzwiami. Byłem zafascynowany: jeszcze nigdy nie widziałem tak dużego zamka! Odkryłem, że moja metoda ustalania dwóch ostatnich liczb nie działa. Kiedy obróciłem kołem przy otwartych drzwiach, wysunęła się zasuwa i drzwi nie chciały się zamknąć, dopóki nie przyszła bibliotekarka i nie otworzyła zamka. Na tym skończyło się moje majstrowanie przy nim. Nie miałem czasu, żeby opanować jego działanie; znacznie przerastało to moje możliwości.

Latem w rok po wojnie musiałem jeszcze dokończyć jakąś pracę i spisać wyniki, więc pojechałem do Los Alamos z Cornell, gdzie przez ten rok wykładałem. W pewnej fazie obliczeń musiałem skorzystać z dokumentu, który wcześniej napisałem, ale nie pamiętałem wyników. Leżał w bibliotece.

Zszedłem na dół i ujrzałem żołnierza z karabinem, który chodził tam i z powrotem przed biblioteką. Była sobota, a po wojnie biblioteka była w soboty nieczynna.

Wtedy sobie przypomniałem o Fredericu de Hoffmannie, moim znajomym. Pracował w dziale odtajniania dokumentacji. Po wojnie armia uznała, że niektóre dokumenty można odtajnić, i Frederic musiał ciągle kursować pomiędzy biblioteką a swoim biurem – zerknąć na ten dokument, sprawdzić tamten – co doprowadzało go do szału! W końcu zrobił sobie kopie wszystkich dokumentów – wszystkich tajemnic bomby atomowej – i trzymał je w dziewięciu segregatorach w swoim biurze.

Poszedłem do jego biura, gdzie paliło się światło. Wyglądało na to, że ktokolwiek tam pracował – może jego sekretarka – wyszedł na kilka minut, więc postanowiłem zaczekać. Dla zabicia czasu zacząłem się bawić szyfratorem jednego z segregatorów. (Nawiasem mówiąc, nie znałem dwóch ostatnich liczb dla sejfów de Hoffmanna; wstawili je po wojnie, już po moim wyjeździe).

Bawiłem się szyfratorem i nagle przypomniały mi się książki o kasiarzach. Pomyślałem sobie: „Te wszystkie triki, które opisują w tych książkach, nigdy nie robiły na mnie wrażenia i nigdy ich nie stosowałem, ale sprawdźmy, czy potrafię otworzyć sejf de Hoffmanna, postępując zgodnie z ich zaleceniami".

Pierwszy trik, sekretarka: boi się, że zapomni kombinacji, więc gdzieś ją zapisuje. Zacząłem szukać w miejscach, które wymieniali w książce. Szuflada biurka była zamknięta, ale miała zwyczajny zamek typu, który nauczył mnie otwierać Leo Lavatelli – ping! – Patrzę na wierzch bocznej ścianki: nic.

Potem przejrzałem stertę papierów na biurku sekretarki. Znalazłem arkusz papieru, jaki miały wszystkie sekretarki: starannie wykaligrafowany alfabet grecki wraz z nazwami liter, żeby mogły je rozpoznać we wzorach matematycznych. Na górnym marginesie ktoś niby to przypadkiem wypisał: pi = 3,14159. Zaraz, to jest sześć cyfr, a po co sekretarce znać wartość liczbową pi? To oczywiste; innego powodu nie ma!

Podszedłem do jednego z segregatorów i spróbowałem: 31--41-59. Bez skutku. Potem spróbowałem 59-41-31. Też bez skutku. Potem 95-14-13. Sprawdziłem wszystkie możliwe kolejności cyfr i... nic!

Zamknąłem szufladę biurka i ruszyłem do drzwi, gdy znów przypomniały mi się książki o kasiarzach: jeżeli nie znajdziesz kombinacji, spróbuj metody psychologicznej. Powiedziałem sobie: „Freddy de Hoffmann to typ faceta, który użyje jako kombinacji jakiejś stałej matematycznej".

Wróciłem do pierwszego segregatora i sprawdziłem, czy zadziała 27-18-28 – STUK! Otworzyło się! (Drugą co do ważności stałą matematyczną, po liczbie pi, jest podstawa logarytmu naturalnego: e = 2,71828...). Było dziewięć segregatorów; otworzyłem pierwszy z nich, ale dokument, którego potrzebowałem, znajdował się w innym – ułożone były w porządku alfabetycznym według autorów. Zabrałem się za drugi segregator: 27-18-28 – STUK! Otwierała go ta sama kombinacja. Pomyślałem: „To wspaniałe! Dotarłem do sekretów bomby atomowej! Ale jeśli mam kiedyś robić furorę tą opowieścią, muszę się upewnić, czy wszystkie kombinacje są rzeczywiście takie same!". Niektóre segregatory stały w pomieszczeniu obok, więc spróbowałem na jednym z nich szyfru 27-18-28 i otworzył się. Teraz miałem otwarte trzy segregatory – wszystkie za pomocą tego samego szyfru.

Pomyślałem sobie: „Teraz ja mógłbym napisać książkę o włamywaniu się do sejfów, która pobiłaby wszystkie inne, ponieważ na początku bym opisał, jak otwierałem sejfy o tak cennej zawartości, jaka nie śniła się innym kasiarzom; oczywiście nie licząc tych, którzy uratowali komuś życie. Ale w porównaniu ze sztabkami złota czy futrami biłem ich na głowę: otworzyłem sejfy, które zawierały wszystkie tajemnice bomby atomowej; technologię produkcji i wzbogacania plutonu, informacje o ilości potrzebnego materiału, o działaniu bomby, sposobie generowania neutronów, mechanice bomby, wymiarach – dotarłem do wszystkich informacji, jakie mieli w Los Alamos: nie było na mnie mocnych!".

Wróciłem do pierwszego pomieszczenia i wyjąłem potrzebny mi dokument. Potem wziąłem czerwoną kredkę i napisałem na żółtej kartce papieru: „Pożyczyłem dokument nr LA4312 – Feynman Kasiarz". Położyłem notkę na teczkach w górnej szufladzie segregatora i zamknąłem go.

Do pierwszego segregatora włożyłem inną notkę: „Ten otwierało się równie łatwo jak pierwszy – Cwaniaczek".

W ostatnim segregatorze, który otworzyłem, w drugim pomieszczeniu, zostawiłem tekst: „Kiedy wszystkie kombinacje są takie same, z kolejnymi segregatorami idzie jak po maśle – Znowu Ja". Wróciłem do biura i dokończyłem obliczenia.

Wieczorem poszedłem do kafeterii na kolację. Spotkałem tam Freddy'ego de Hoffmanna. Powiedział, że idzie do biura popracować, więc poszedłem z nim, żeby się trochę pośmiać.

Zaczął pracować, po czym wyszedł do drugiego pomieszczenia po jakiś dokument – nie wziąłem pod uwagę takiej ewentualności. Tak się złożyło, że otworzył segregator z moją trzecią notką: natychmiast ujrzał „obce ciało", jasnożółty kawałek papieru, zapisany jaskrawoczerwoną kredką.

Czytałem wcześniej w książkach, że kiedy ktoś się mocno przestraszy, jego twarz robi się ziemista, ale nigdy tego nie widziałem na własne oczy. To absolutna prawda. Freddy zrobił się szary, żółtozielony – przerażający widok. Gdy podniósł kartkę, ujrzałem, że drży mu ręka.

– P-p-popatrz na to – powiedział rozdygotany.

Tekst brzmiał: „Kiedy wszystkie kombinacje są takie same, z kolejnymi segregatorami idzie jak po maśle – Znowu Ja".

– O co chodzi? – spytałem.

– Wszystkie k-k-kombinacje moich segregatorów są t-t- -takie same! – wydukał.

– Nieszczególny pomysł.

– T-t-teraz już o tym wiem! – odparł, zupełnie załamany.

Wnioskuję, że innym skutkiem odkrwienia twarzy są zakłócenia pracy mózgu.

– Podpisał się! Podpisał się!

– Jak to? – (Moje nazwisko było tylko na pierwszej kartce).

– Tak, to z n o w u ten facet, który próbował się włamać do Budynku Omega!

Przez całą wojnę, a nawet później, nieustannie krążyły pogłoski, że ktoś próbował się włamać do Budynku Omega. Podczas wojny przeprowadzali eksperymenty, które miały na celu sprawdzić, ile dokładnie materiału potrzeba do wywołania reakcji łańcuchowej. Strzelali jedną porcją materiału p r z e z drugą; w momencie przejścia przez drugą porcję zaczynała się reakcja i mierzyli liczbę neutronów. Wystrzelona porcja przelatywała tak szybko, że nie dochodziło do kumulacji i nie było wybuchu. Początek reakcji jednak zachodził, więc można było sprawdzić, czy proporcje są właściwe i czy wszystko przebiega zgodnie z przewidywaniami. B a r d z o niebezpieczny eksperyment!

Naturalnie nie przeprowadzali go w samym Los Alamos, tylko kilka mil dalej, w kanionie za kilkoma *mesa*, na zupełnym odludziu. Nazywało się to Budynek Omega i było otoczone siatką z wieżyczkami strażniczymi. W środku nocy, kiedy jest bardzo cicho, z zarośli wyskakuje jakiś królik, obija się o siatkę i robi trochę hałasu. Strażnik strzela. Przychodzi porucznik, szef warty. Co ma powiedzieć strażnik – że strzelał do królika? Nie! „Ktoś chciał się dostać do Budynku Omega, ale go odstraszyłem!"

De Hoffmann był więc blady i roztrzęsiony, nie zdając sobie sprawy, że z punktu widzenia logiki jego rozumowanie pozostawia wiele do życzenia: wcale nie było oczywiste, że do Budynku Omega próbował się dostać ten sam człowiek, który w tym momencie stał obok niego.

Spytał mnie, co moim zdaniem powinien zrobić.

– Przede wszystkim sprawdź, czy brakuje jakichś dokumentów.

– Nie widzę, żeby czegoś brakowało.

Chciałem go naprowadzić na segregator, z którego wyjąłem potrzebny mi dokument.

– No, ale jeśli wszystkie kombinacje są takie same, może wziął coś z innego segregatora.

– Racja! – odparł, po czym wrócił do swojego gabinetu, otworzył pierwszy segregator i wyjął moją drugą notkę: „Ten otwierało się równie łatwo jak pierwszy – Cwaniaczek".

W jego stanie ducha nie robiło mu różnicy, czy to „Znowu Ja", czy „Cwaniaczek": było dla niego oczywiste, że to ten sam facet, który próbował się dostać do Budynku Omega. Było mi zatem szczególnie trudno nakłonić go do otworzenia segregatora z moją pierwszą notką i nie pamiętam już, jak mi się udało to osiągnąć.

Kiedy zaczął go otwierać, ja czym prędzej wyszedłem na korytarz, bo trochę się bałem, że gdy odkryje winnego swoich cierpień, poderżnie mi gardło!

Rzeczywiście przybiegł za mną, ale zamiast się gniewać, praktycznie rzucił mi się na szyję, taką poczuł ulgę, że straszliwa katastrofa kradzieży tajemnic bomby atomowej okazała się tylko psikusem z mojej strony.

Kilka dni później de Hoffmann powiedział mi, że potrzebuje czegoś z sejfu Kersta. Donald Kerst wrócił do Illinois i trudno było do niego dotrzeć.

– Jeżeli otworzyłeś wszystkie moje sejfy za pomocą metody psychologicznej – (opowiedziałem de Hoffmannowi, jak to się odbyło) – może ci się też uda z sejfem Kersta.

Historia z de Hoffmannem zdążyła się już roznieść, więc przyszło kilka osób, żeby popatrzeć na to niezwykłe zjawisko – Feynman otwiera sejf Kersta od ręki. Nie miałem nic przeciwko temu. Nie znałem dwóch ostatnich numerów, a do użycia metody psychologicznej potrzebni mi byli ludzie, którzy znali Kersta.

Wszyscy przeszukaliśmy gabinet Kersta, sprawdziliśmy boczne ścianki szuflad, ale nic nie znaleźliśmy. Spytałem ich:
– Czy Kerst użyłby stałej matematycznej?
– O nie! – odparł de Hoffmann. – Kerst użyłby czegoś bardzo prostego.

Spróbowałem 10-20-30, 20-40-60, 30-20-10. Bez skutku.
– Sądzicie, że użyłby daty? – spytałem.
– Jasne! To byłoby w jego stylu!

Powymyślaliśmy przeróżne daty: 8 czerwca 1945 roku wybuchła bomba, czyli 8-6-1945; tego-a-tego dnia zaczął się projekt *et cetera*. Żadna data nie wypaliła.

Do tej pory większość widzów zdążyła się już rozejść. Nie mieli cierpliwości, żeby patrzeć, jak ja to robię, ale ta metoda wymaga wyłącznie cierpliwości!

Postanowiłem wypróbować wszystkie daty od początku wieku do chwili obecnej. Może się wydawać, że to mnóstwo kombinacji, ale tak nie jest. Pierwsza liczba to dzień miesiąca, od jednego do trzydziestu jeden, co mogę sprawdzić na sześciu liczbach: trzydzieści, dwadzieścia pięć, dwadzieścia, piętnaście, dziesięć, pięć, zero. Druga liczba to miesiąc, od jednego do dwunastu, co mogę sprawdzić na zaledwie trzech liczbach. Trzecia liczba to rok, co wtedy dawało tylko czterdzieści siedem numerów, czyli dziewięć prób. Czyli z 8000 kombinacji zrobiło się 162, do sprawdzenia w piętnaście, dwadzieścia minut.

Zacząłem od dziesiątki przy miesiącach, ale niestety okazało się, że kombinacja jest 0-5-35.

Zwróciłem się do de Hoffmanna.

– Co się stało w życiu Kersta około 5 stycznia 1935 roku?
– W trzydziestym szóstym urodziła mu się córka – odparł de Hoffmann. – To pewnie data jej urodzin.

Miałem zatem na swoim koncie otworzone od ręki dwa sejfy. Wyrobiłem się. Mogłem się uznać za zawodowca.

Tego samego lata w rok po wojnie magazynier wojskowy chciał zabrać niektóre rzeczy zakupione przez rząd, żeby je sprzedać na przetargu. Jedną z nich był sejf pewnego kapitana. Wszyscy słyszeliśmy o tym sejfie. Kapitan, kiedy przyjechał podczas wojny do Los Alamos, uznał, że nasze segregatory nie są wystarczająco bezpieczne, zważywszy, jak ważne tajemnice miały one przechowywać, więc zamówił sobie specjalny sejf.

Biuro kapitana mieściło się na pierwszym piętrze jednego z rozchwierutanych drewnianych budynków, w których wszyscy mieliśmy swoje biura, a zamówił sobie ciężki sejf ze stali. Robociarze musieli podkładać deski i użyć specjalnych kołowrotów, żeby go wytaszczyć po schodach. Ponieważ nie mieliśmy w ośrodku zbyt wielu rozrywek, wszyscy im kibicowaliśmy, kiedy z wielkim mozołem wciągali ten olbrzymi sejf do biura kapitana, i żartowaliśmy sobie, co to za sekrety będzie w nim trzymał. Ktoś powiedział, że powinniśmy trzymać nasze papiery w jego sejfie, a jemu oddać nasze segregatory. Krótko mówiąc, wszyscy wiedzieli o sejfie kapitana.

Magazynier chciał sprzedać sejf na przetargu, ale najpierw musiał go opróżnić, a jedynymi ludźmi, którzy znali kombinację, byli kapitan, obecnie przebywający na wyspach Bikini, oraz Alvarez, który ją zapomniał. Magazynier poprosił mnie o otwarcie sejfu.

Poszedłem do dawnego biura kapitana i powiedziałem do sekretarki:

– Czemu pani po prostu nie zadzwoni do kapitana, żeby pani podał kombinację?

– Nie chcę mu zawracać głowy – odparła.

– Ale m n i e pani chce zawracać głowę przez jakieś osiem godzin. Nie zabiorę się do tego, dopóki pani nie spróbuje dotrzeć do kapitana.

– OK, OK! – Podniosła słuchawkę, a ja poszedłem do pomieszczenia obok, żeby rzucić okiem na sejf. Ogromne, stalowe drzwi sejfu były otwarte na oścież.

Wróciłem do sekretarki.

– Jest otwarty.

– Cudownie! – powiedziała, odkładając słuchawkę na widełki.

– To znaczy, już był otwarty.

– A! Z tego wynika, że magazynier jakoś sobie z tym poradził.

Zszedłem na dół do magazyniera.

– Kiedy przyszedłem, sejf był już otwarty.

– Ach, rzeczywiście, przepraszam, że panu nie powiedziałem. Posłałem na górę naszego etatowego ślusarza, żeby go rozwiercił, ale najpierw spróbował normalnie otworzyć i udało mu się.

No, no! Pierwsza informacja: Los Alamos ma teraz etatowego ślusarza. Druga informacja: człowiek ten umie rozwiercać sejfy, czego ja nie umiem. Trzecia informacja: potrafi otworzyć sejf od ręki – w kilka minut. Oto p r a w d z i w y zawodowiec, p r a w d z i w e źródło informacji. Muszę go poznać.

Dowiedziałem się, że zatrudnili go po wojnie (kiedy już się tak nie przejmowali względami bezpieczeństwa) właśnie do tego typu spraw. Okazało się, że otwieranie sejfów nie dostarcza mu dość zajęcia, więc naprawiał też kalkulatory Marchanta, których używaliśmy. Podczas wojny ja je musiałem naprawiać, więc miałem pretekst, żeby się z nim spotkać.

Zawsze jestem bardzo bezpośredni i nie robię żadnych podchodów, kiedy chcę kogoś poznać: po prostu idę do niego i przedstawiam się. Ale tym razem wiedziałem, że będę musiał wkraść się w jego łaski, zanim podzieli się ze mną sekretami otwierania sejfów.

Dowiedziałem się, gdzie ma warsztat – w podziemiu budynku fizyki teoretycznej, gdzie ja miałem gabinet – i wiedziałem, że pracuje wieczorami, kiedy nikt nie korzysta z kalkulatorów. Przez pierwszych kilka wieczorów tylko przechodziłem obok jego drzwi w drodze do swojego gabinetu. Tylko tyle: przechodziłem obok drzwi.

Po kilku dniach zacząłem mówić „Cześć". Kiedy się zorientował, że to wciąż ten sam facet, zaczął odpowiadać „Cześć" albo „Dobry wieczór".

Po kilku dłużących się tygodniach widzę, że naprawia kalkulatory Marchanta. Nic się nie odzywam na ich temat; jeszcze nie czas.

Wymiany zdań stopniowo robią się dłuższe:
– Cześć! Widzę, że ciężko pracujesz!
– Co robić, takie jest życie! – Tego typu gadki.

Wreszcie następuje przełom: facet zaprasza mnie na zupę. Robi się coraz lepiej. Każdego wieczoru jemy razem zupę. Napomykam coś o maszynach liczących, a on mówi, że ma problem. Musi nałożyć na oskę kilka kółeczek sprężynowych, ale nie ma odpowiedniego narzędzia; męczy się już nad tym od tygodnia. Mówię mu, że naprawiałem te kalkulatory podczas wojny.

– Zróbmy tak: dzisiaj daj mi kalkulator, a ja jutro rzucę na niego okiem.

– Dobra – mówi, taki jest zdesperowany.

Następnego dnia próbuję wcisnąć kółka ręcznie, ale ciągle sprężynują do tyłu. Myślę sobie: „Skoro facet bezskutecznie próbował zrobić to samo przez tydzień, to znaczy, że nie tędy droga!". Przyjrzałem się kółkom bardzo dokładnie i zauważyłem, że w każdym jest mały otworek. I nic więcej: mały otworek. Potem mnie olśniło: wcisnąłem pierwsze kółko i przewlokłem przez otworek kawałek drutu. Wcisnąłem drugie, przewlokłem drut. Potem następne i następne – jak nawlekanie paciorków na nitkę. Od razu nałożyłem wszystkie, ustawiłem w jednej linii, wyciągnąłem drut i wszystko grało.

Tego wieczoru pokazałem mu otworki i opowiedziałem o metodzie z drutem, a potem dużo rozmawialiśmy o maszynach liczących; zostaliśmy dobrymi przyjaciółmi. W drewnianych przegródkach miał mnóstwo rozebranych zamków, także od sejfów. Byłem bardzo podniecony, ale nadal ani słowem nie wspominałem o zamkach i sejfach.

Wreszcie uznałem, że już pora zapuścić przynętę. Powiem mu jedyną ciekawą rzecz, jaką wiem o sejfach – że można ustalić dwie ostatnie liczby, kiedy sejf jest otwarty.

– Ty! – powiedziałem, patrząc na przegródki. – Widzę, że pracujesz nad sejfami Moslera.

– No.

– Kiepskie zamki. Kiedy sejf jest otwarty, można ustalić dwie ostatnie liczby.

– Żartujesz! – Nareszcie okazał jakieś zainteresowanie.

– Nie.

– Pokaż mi. – Pokazałem mu. – Jak się nazywasz? – spytał. Do tej pory nie przedstawiliśmy się sobie nawzajem.

– Dick Feynman.

– Kurczę blade! To ty jesteś Feynman! – powiedział z podziwem w głosie. – Wielki kasiarz! Słyszałem o tobie. Już dawno chciałem cię poznać! Chciałbym, żebyś mnie nauczył otwierać sejfy.

– Jak to? Przecież ty umiesz otwierać sejfy od ręki.

– Nie umiem.

– Posłuchaj, powiedzieli mi, że otworzyłeś sejf kapitana, więc strasznie się nagimnastykowałem, żeby cię poznać, a ty mi teraz mówisz, że nie umiesz otwierać sejfów od ręki?

– Nie umiem.

– Ale umiesz rozwiercić zamek.

– Tego też nie umiem.

– CO?! – zawołałem. – Magazynier powiedział, że wziąłeś narzędzia i poszedłeś rozwiercić sejf kapitana.

– A co byś zrobił, gdybyś pracował jako ślusarz i ktoś by ci kazał rozwiercić sejf?

– Udałbym, że dobieram narzędzia, zabrałbym je na górę i zacząłbym borować gdzie popadnie, żeby nie stracić pracy.

– Właśnie taki miałem zamiar.

– Ale otworzyłeś sejf! Czyli umiesz łamać szyfr.

– Jeszcze jak umiem. Wiedziałem, że zamki przychodzą z fabryki ustawione na 25-0-25 albo 50-25-50, więc pomyślałem: „Kto wie, może facetowi nie chciało się zmieniać kombinacji" – i druga była dobra.

Czyli czegoś się jednak od niego dowiedziałem – jego metoda była nie bardziej czarodziejska niż moja. Najweselsze było jednak to, że kapitan zażyczył sobie superwymyślnego sejfu, ludzie się namęczyli, żeby go wytargać na górę, a on nawet się nie pofatygował zmienić kombinacji.

Przeszedłem wszystkie gabinety w moim budynku, wypróbowując te dwie fabryczne kombinacje, i otworzyłem mniej więcej co piąty sejf.

WUJEK SAM CIĘ NIE POTRZEBUJE!

Po wojnie armia wyskrobywała ostatnie resztki, żeby starczyło ludzi do wojsk okupacyjnych w Niemczech. Do tej pory najpierw sprawdzali, czy nie ma jakichś pozamedycznych powodów do zwolnienia od służby (ja zostałem zwolniony, bo pracowałem nad bombą), teraz zaczynali od badań lekarskich.

Tego lata pracowałem dla Hansa Bethego w General Electric w Schenectady, w stanie Nowy Jork, i pamiętam, że na badania musiałem pojechać spory kawałek drogi – chyba do Albany.

Wchodzę do siedziby komisji poborowej, dostaję różne formularze do wypełnienia, a potem krążę od gabinetu do gabinetu. W jednym sprawdzają mi wzrok, w drugim słuch, w trzecim pobierają krew *et cetera*.

Wreszcie docieram do gabinetu numer trzynaście: psychiatra. Siadam na ławce i czekam, a tymczasem patrzę, co się dzieje. Są trzy biurka, za każdym psychiatra, a „oskarżony" siedzi naprzeciwko w bieliźnie i odpowiada na różne pytania.

W tym czasie w kinach szło dużo filmów o psychiatrach. Była na przykład *Urzeczona* Hitchcocka, gdzie wybitnej pianistce paraliżuje ręce w cudacznej pozie i nie może nimi poruszać. Rodzina wzywa psychiatrę, on idzie z nią na górę do jej pokoju, widać, jak zamykają się za nimi drzwi, rodzina zastanawia się, co się stanie, po czym kobieta wychodzi z pokoju, nadal ze strasznie powykręcanymi rękami, dramatycznie schodzi po schodach, siada za fortepianem, unosi ręce nad klawiaturą i nagle – tam tarara ram tam tam – znów może grać. Nie znoszę tego rodzaju bredni i uznałem, że psychiatrzy to szarlatani i nie chcę mieć z nimi nic do czynienia. Taki był więc mój stan ducha, kiedy przyszła moja kolej, by porozmawiać z psychiatrą.

Siadam naprzeciwko niego, a on zaczyna przeglądać moje papiery.

– Dzień dobry, Dick! – mówi przyjaznym tonem. – Gdzie pracujesz?

Co on sobie wyobraża, że mówi do mnie po imieniu?

– W Schenectady – odpowiadam chłodno.

– Dla kogo pracujesz, Dick? – pyta psychiatra, znowu z uśmiechem.

– Dla General Electric.

– Lubisz swoją pracę, Dick? – Szeroki uśmiech nie znika mu z twarzy.

– Dosyć lubię. – Nie miałem zamiaru wdawać się w żadne poufałości.

Trzy niewinne pytania i nagle czwarte, zupełnie inne:

– Czy myślisz, że ludzie o tobie mówią? – pyta niskim, poważnym tonem.

– Jasne! – odpowiadam radośnie. – Kiedy jadę do domu, matka często mi mówi, że opowiadała o mnie znajomym. – Nie słucha mnie, tylko zapisuje coś w moich papierach.

Potem znowu pyta niskim, poważnym tonem:

– Czy myślisz, że ludzie na ciebie p a t r z ą?

Już chcę powiedzieć, że nie, ale on dodaje:

– Na przykład teraz, czy myślisz, że chłopcy, którzy siedzą na ławce, patrzą na ciebie?

Kiedy czekałem na swoją kolej, zauważyłem, że na ławce siedzi około dwunastu chłopaków, a ponieważ nie mają nic innego do roboty jak patrzeć, wypada po czterech chłopaków patrzących na jednego psychiatrę; jestem jednak ostrożny w rachubach, więc mówię:

– No, ze dwóch się na nas patrzy.

– Odwróć się i sprawdź – mówi, ale sam nie podnosi nawet głowy!

Odwracam się, i rzeczywiście, patrzy na nas dwóch chłopaków. Pokazuję na nich i mówię: „No, ten na nas patrzy i tamten". Oczywiście, kiedy się odwróciłem i zacząłem wytykać ich palcami, inni też się nami zainteresowali, więc mówię: „Teraz jeszcze ten i tamtych dwóch – a teraz wszyscy". Psychiatra nadal nie podnosi głowy, żeby to sprawdzić. Pilnie coś zapisuje w moich papierach.

– Czy zdarza ci się słyszeć wyimaginowane głosy? – pyta.

– Bardzo rzadko. – Zamierzam opisać dwie sytuacje, w których to się zdarzyło, lecz on pyta:

– Mówisz do siebie?

– No, czasem, jak się golę albo myślę.

On dalej pisze.

– Widzę, że zmarła ci żona – czy zdarza ci się mówić do niej?

To pytanie bardzo mnie zdenerwowało, ale opanowałem się i odparłem:

– Czasem, kiedy wyjdę na jakąś górę i myślę o niej.

Dalsze notatki. Potem pyta:

– Czy ktoś z twojej rodziny jest w zakładzie psychiatrycznym?

– No, mam ciotkę w szpitalu dla obłąkanych.

– Dlaczego nazywasz to szpitalem dla obłąkanych, a nie zakładem psychiatrycznym? – pyta z wyrzutem.

– Sądziłem, że to to samo.

– A co to jest dla ciebie obłąkanie? – mówi z gniewem.

– Jest to dziwna i osobliwa choroba, która występuje u ludzi – odpowiadam ze szczerego serca.

– Nie ma w tym nic dziwniejszego i bardziej osobliwego niż w zapaleniu wyrostka! – kontruje.

– Jestem innego zdania. Przy zapaleniu wyrostka dość dobrze znamy przyczyny i trochę rozumiemy mechanizm choroby, natomiast obłąkanie jest znacznie bardziej skomplikowane i zagadkowe. – Nie będę relacjonował całej dyskusji; w każdym razie mnie chodziło o to, że obłąkanie jest dziwne pod względem f i z j o l o g i c z n y m, a on myślał, że dla mnie jest dziwne pod względem s p o ł e c z n y m.

Do tego momentu, choć byłem wrogo nastawiony do psychiatry, na wszystko odpowiadałem szczerze. Kiedy jednak kazał mi wyciągnąć przed siebie dłonie, nie mogłem się powstrzymać i wykonałem numer, o którym mi powiedział facet w kolejce do „krwiopijców". Pomyślałem sobie, że i tak jestem pogrążony, więc mogę zaryzykować. Wyciągnąłem jedną dłoń wierzchem do góry, a drugą odwrotnie.

Psychiatra nie zauważył. Mówi: „Teraz odwróć".

Odwracam. Po tej operacji nadal są każda inaczej, ale psychiatra wciąż nic nie zauważa, ponieważ przygląda się z bliska każdej dłoni, czy nie drży. A więc numer nie wyszedł.

Wreszcie, gdy kończą się pytania „psychiczne", psychiatra znów robi się sympatyczny. Twarz mu się rozjaśnia, gdy mówi:

– Widzę, że masz doktorat, Dick. Gdzie studiowałeś?

– Na MIT i w Princeton. A pan gdzie studiował?

– W Yale i Londynie. A co studiowałeś, Dick?

– Fizykę. A pan co studiował?

– Medycynę.

– To ma być medycyna?

– Oczywiście. A twoim zdaniem co to jest? Idź, usiądź na ławce i zaczekaj kilka minut.

Wracam więc na ławkę, a jeden z czekających chłopaków przysuwa się do mnie i mówi:
– Kurczę, siedziałeś tam dwadzieścia pięć minut! Innych trzymali tylko po pięć minut!
– No.
– Wiesz, co trzeba zrobić, jak chcesz wykiwać psychiatrę? Musisz sobie poobgryzać paznokcie.
– To dlaczego ty masz niepoobgryzane?
– No bo ja chcę iść do wojska!
– Chcesz wykiwać psychiatrę? – ja na to. – To mu powiedz, że chcesz iść do wojska!

Wkrótce zostałem wezwany do innego psychiatry. Pierwszy był dość młody i sprawiał niewinne wrażenie, a ten był siwy i dystyngowany – na pewno wyższy rangą. Domyślam się, że wszystko zostanie odkręcone, ale postanawiam, że niezależnie od rozwoju sytuacji nie będę dla niego miły.

Nowy psychiatra przegląda moje papiery, uśmiecha się szeroko i mówi:
– Dzień dobry, Dick. Widzę, że podczas wojny pracowałeś w Los Alamos.
– No.
– Była tam kiedyś męska szkoła z internatem, prawda?
– Była.
– Dużo zostało po niej budynków?
– Tylko kilka.

Ta sama technika – najpierw trzy towarzyskie pytania, potem czwarte, zupełnie inne.
– Powiedziałeś, że zdarza ci się słyszeć głosy. Czy mógłbyś je opisać?
– To się zdarza bardzo rzadko, kiedy słucham osoby mówiącej z obcym akcentem: tego samego dnia przed snem bar-

dzo wyraźnie słyszę jej głos. Pierwszy raz zdarzyło mi się coś takiego podczas studiów na MIT. Słyszałem, jak stary profesor Vallarta mówi: „Płole łelektryczne". Potem był jeszcze jeden raz, kiedy profesor Teller wyjaśniał mi działanie bomby atomowej. Ponieważ interesują mnie wszelkie dziwne zjawiska, zastanawiałem się, jak to możliwe, że słyszę te głosy tak dokładnie, skoro nie potrafię dobrze naśladować akcentów. Czy takie rzeczy nie zdarzają się od czasu do czasu wszystkim?

Psychiatra zasłonił sobie twarz dłonią, ale widziałem przez palce, że się uśmiecha (nie chciał odpowiedzieć na moje pytanie).

Potem podjął inną kwestię.

– Powiedziałeś, że rozmawiasz ze swoją zmarłą żoną. Co do niej mówisz?

Wściekłem się. To nie jego interes, do cholery!

– Mówię jej, że ją kocham, jeśli to pana interesuje!

Po krótkiej sprzeczce pyta:

– Wierzysz w zjawiska nadnormalne?

– Nie wiem, co to znaczy „nadnormalne".

– Jak to? Masz doktorat z fizyki i nie wiesz, co to są zjawiska nadnormalne?

– Ano nie wiem.

– Zjawiska nadnormalne to te, w które wierzy sir Oliver Lodge i jego szkoła.

Niezbyt przydatna wskazówka, ale oczywiście od początku wiedziałem, o co mnie pyta.

– Chodzi panu o zjawiska n a d p r z y r o d z o n e.

– Możesz to nazywać, jak chcesz.

– Dziękuję za pozwolenie.

– Wierzysz w telepatię?

– Nie. A pan?

– Jestem w tych sprawach otwarty.

– Co? Pan, psychiatra, nie ma zdania w takich sprawach? Droczyliśmy się ze sobą w tym stylu przez dłuższy czas. Gdzieś pod koniec rozmowy pyta mnie:
– Jaką wartość ma dla ciebie twoje życie?
– Sześćdziesiąt cztery.
– Dlaczego powiedziałeś „sześćdziesiąt cztery"?
– A według jakiej skali mierzy się wartość życia?
– Chodzi mi o to, dlaczego nie powiedziałeś na przykład „siedemdziesiąt trzy"?
– Gdybym powiedział „siedemdziesiąt trzy", zadałby mi pan to samo pytanie!

Psychiatra zakończył trzema przyjaznymi pytaniami, tak jak poprzedni, oddał mi papiery i poszedłem do następnego gabinetu.

Czekając w kolejce, patrzę na tabelę z wynikami wszystkich dotychczasowych badań. Dla draki pokazuję tabelę sąsiadowi i pytam go głosem lekko upośledzonego psychicznie:
– Ty, słuchaj, co żeś dostał od psychiatry? Aha, dali ci „N". Mnie dali „N" za wszystkie inne, a psychiatra dał mi „U". Co to znaczy? – Wiem, co to znaczy: „N" znaczy w normie, ale „U" znaczy upośledzony.

Chłopak klepie mnie w ramię i mówi: „Nie przejmuj się, stary. To nic nie znaczy. Wszystko jest w porządku". Potem przechodzi w inny kąt pokoju, przerażony, że przyczepił się do niego wariat!

Zacząłem czytać, co powypisywali psychiatrzy i wyglądało to dość groźnie! Pierwszy napisał:

„Sądzi, że ludzie o nim rozmawiają.
Sądzi, że ludzie mu się przyglądają.
Złudzenia słuchowe hipnogogiczne.
Mówi do siebie.
Mówi do zmarłej żony.

WUJEK SAM CIĘ NIE POTRZEBUJE!

Ciotka ze strony matki w zakładzie psychiatrycznym. Bardzo dziwny wzrok". (Chodziło mu na pewno o to spojrzenie, gdy go spytałem: „To ma być medycyna?").

Drugi psychiatra musiał być wyżej postawiony, bo jego bazgroły trudniej było odczytać. Napisał między innymi: „złudzenia słuchowe hipnogogiczne potwierdzone". („Hipnogogiczne" są te złudzenia, których doznaje się przed snem).

Równie technicznym żargonem napisał jeszcze dużo innych rzeczy, które wyglądały bardzo poważnie. Uznałem, że muszę to jakoś odkręcić, żeby armia nie wzięła mnie za ciężkiego świra.

Po skończeniu wszystkich badań szło się do oficera wojskowego, który decydował, czy nadajesz się do poboru, czy nie. Na przykład jeżeli stwierdzono jakieś problemy ze słuchem, to on decydował, czy są wystarczająco poważne, żeby cię zwolnić ze służby. A ponieważ armia nie miała już skąd brać nowych ludzi do poboru, oficer nie był zbyt pobłażliwy. Na przykład chłopak przede mną miał dwie wystające kości z tyłu szyi – jakieś przestawione kręgi czy coś – i oficer wstał zza biurka, żeby je pomacać: nie uwierzył na słowo, że są prawdziwe!

Myślę sobie, że to jest najlepszy moment, żeby wyjaśnić to całe nieporozumienie. Kiedy przychodzi na mnie kolej, wręczam mu papiery i jestem gotów mu wszystko wytłumaczyć, ale oficer nie podnosi wzroku. Kiedy widzi „U" w rubryce „Badanie psychiatryczne", o nic mnie nie pyta, tylko natychmiast przybija mi pieczątkę: „ZWOLNIONY" i oddaje mi papiery z kategorią 4F, nadal patrząc w blat biurka.

Kiedy wróciłem do Schenectady, poszedłem porozmawiać z Hansem Bethem. Siedział za biurkiem i spytał mnie żartobliwie:

– I co, Dick, zdałeś?

Zrobiłem smutną minę i powoli potrząsnąłem głową: „Nie".

Zrobiło mu się strasznie głupio, pomyślał, że odkryli u mnie jakąś poważną chorobę, więc spytał zatroskanym głosem:
— Co ci powiedzieli, Dick?
Dotknąłem się palcem w czoło.
— Nie! — zaprotestował.
— Tak.
— Nie-e-e-e-e-e! — zawołał i zaczął się tak rozdzierająco śmiać, że w General Electric Company omalże nie runął dach.

Opowiedziałem tę historię wielu innym osobom i wszyscy się śmiali, z paroma wyjątkami.

Kiedy wróciłem do Nowego Jorku, wyszli po mnie na lotnisko ojciec, matka i siostra. W samochodzie opowiedziałem im tę historię. Kiedy skończyłem, matka spytała ojca:
— Co teraz zrobimy, Mel?
— Nie bądź śmieszna, Lucille. To absurdalne!

Na tym stanęło, ale siostra powiedziała mi później, że kiedy mnie przy tym nie było, ojciec zwrócił się do matki z wyrzutem: „Nie powinnaś była nic mówić przy nim. No, ale co teraz zrobimy?".

Ponieważ matka zdążyła już trochę otrzeźwieć, odparła: „Nie bądź śmieszny, Mel!".

Moja anegdota zmartwiła jeszcze jedną osobę. Było to podczas bankietu wydanego przez Stowarzyszenie Fizyków. Profesor Slater, który mnie kiedyś uczył na MIT, powiedział: „Feynman! Opowiedz nam tę historię o komisji poborowej".

Zreferowałem sprawę wszystkim tym fizykom — oprócz Slatera nikogo z nich nie znałem — i non stop się śmiali, ale kiedy skończyłem, jeden facet powiedział:
— Może jednak psychiatra miał jakieś podstawy?
— Mogę wiedzieć, jaki jest pański zawód? — spytałem agresywnie. Na zebraniu stowarzyszenia fizyków było to oczywiście

głupie pytanie, ale zdziwiłem się, że fizyk może powiedzieć coś takiego.

– No – odparł – właściwie nie powinno mnie tu być, ale przyprowadził mnie ze sobą brat, który jest fizykiem. Ja jestem psychiatrą.

Kazałem mu się wynosić!

Po jakimś czasie zacząłem się martwić. No bo tak: facet dostał odroczenie na całą wojnę, bo pracował nad bombą, komisja poborowa dostaje listy, że jest potrzebny do pracy naukowej, a tu się okazuje, że to czubek, dostaje „U" za psychikę! Oczywiście nie jest czubkiem, tylko udaje – jeszcze go dorwiemy!

Sytuacja wydawała mi się niewesoła, uznałem, że muszę coś wymyślić. Po kilku dniach wymyśliłem, że napiszę list do komisji poborowej. Napisałem tak:

Szanowni Panowie,

uważam, że nie powinienem zostać wcielony do wojska, ponieważ uczę studentów fizyki, a między innymi od tego, jakich będziemy mieli naukowców, zależy przyszłość naszego kraju. Możecie jednak uznać, że powinienem zostać zwolniony ze względu na wyniki badań medycznych, w których stwierdzono, że nie jestem normalny. Uważam, że wyniki te są jednym wielkim nieporozumieniem i nie należy do nich przywiązywać żadnej wagi.

Zwracam Panów uwagę na to nieporozumienie, ponieważ jestem na tyle nienormalny, że nie chcę tego wykorzystywać.

Pozdrawiam
R.P. Feynman

Rezultat: „Zwolniony z przyczyn medycznych. Kategoria 4F".

Z Cornell do Caltech, zahaczając o Brazylię

DOSTOJNY PROFESOR

Nie wierzę, żebym mógł się obejść bez uczenia studentów. Kiedy zdarzają się takie chwile, że nie mam żadnych pomysłów i stoję w miejscu, mogę sobie powiedzieć: „Przynajmniej żyję; przynajmniej coś robię; przynajmniej się do czegoś przydaję". To taki psychologiczny chwyt.

Kiedy byłem w latach czterdziestych w Princeton, widziałem, co się działo z tymi wielkimi umysłami w Institute for Advanced Studies, z ludźmi, którzy zostali wybrani ze względu na swoje wybitne zdolności i teraz mogli sobie siedzieć w tym cudownym ośrodku pod lasem, bez żadnych zajęć ze studentami, bez żadnych obowiązków. Wymarzona sytuacja, nic im nie zakłóca myślenia, tak? Teraz załóżmy, że przez jakiś czas nie przychodzą im do głowy żadne pomysły: stworzono im idealne warunki, a oni nie mają żadnych pomysłów. Wydaje mi się, że w takiej sytuacji musi cię zacząć żreć poczucie winy i depresja, zaczynasz się m a r t w i ć, że nie masz żadnych pomysłów. Nic to nie daje. Nadal żadnych pomysłów.

Nic to nie daje, ponieważ jesteś bezczynny i nikt ci nie stawia rzeczywistych wyzwań: nie masz kontaktu z doświadczalnikami; nie musisz myśleć, jak odpowiedzieć na pytania studentów; nic nie musisz!

W każdej pracy naukowej zdarzają się chwile, kiedy wszystko idzie dobrze i masz wiele świetnych pomysłów. Nauczanie jest wtedy przeszkodą i strasznie się wkurzasz, że musisz to robić. Dłuższe są jednak okresy, kiedy prawie stoisz w miejscu. Nie przychodzą ci do głowy żadne pomysły i jeżeli nie masz nic innego do roboty, krew cię zalewa! Nie możesz sobie nawet powiedzieć: „Przynajmniej prowadzę zajęcia".

Jeżeli prowadzisz zajęcia, możesz się zastanawiać nad podstawowymi sprawami, które tak dobrze znasz. Jest to znakomita zabawa i nigdy nie zaszkodzi, jeżeli jeszcze raz je przemyślisz. Czy istnieje lepszy sposób ich przedstawiania? Czy są jakieś nowe problemy, które się z nimi wiążą? Czy masz na ich temat jakieś nowe przemyślenia? O sprawach podstawowych łatwo się myśli; jeżeli nie przyjdzie ci do głowy nic nowego, to nie szkodzi: wystarczy, że przekażesz studentom to, co myślałeś do tej pory. Jeżeli coś jednak wymyślisz, sprawia ci wielką radość, że potrafisz spojrzeć na te sprawy z innej perspektywy.

Pytania studentów niejednokrotnie są bodźcem do nowych badań. Studenci często stawiają dociekliwe pytania, które mnie też kiedyś interesowały, lecz odłożyłem je na później. Nie zaszkodzi, jeżeli je znowu przemyślę i zobaczę, czy teraz potrafię posunąć się dalej. Odpowiedź może okazać się zbyt trudna do przekazania studentom, a w każdym razie niektóre jej niuanse, ale zadając mi pytania wokół jakiegoś problemu, przynajmniej mi o tym problemie p r z y p o m i n a j ą. Nie jest łatwo samemu pamiętać wszystkie ciekawe problemy.

Uważam więc, że dzięki uczeniu i studentom życie może posuwać się naprzód i n i g d y nie przyjąłbym posady „sprzyjającej pracy naukowej", na której nie musiałbym uczyć. Nigdy.

Kiedyś mi jednak taką posadę zaoferowano.

Podczas wojny, gdy byłem jeszcze w Los Alamos, Hans Bethe załatwił mi pracę w Cornell, za 3700 dolarów rocznie. Dostałem też korzystniejszą finansowo ofertę z innej uczelni, ale lubię Bethego, więc pojechałem do Cornell, a pieniędzmi

DOSTOJNY PROFESOR

się nie przejmowałem. Ale Bethe zawsze o mnie dbał, więc kiedy się dowiedział, że inni chcą mi zapłacić więcej, wywalczył dla mnie podwyżkę do 4000 dolarów, jeszcze zanim podjąłem pracę.

W Cornell miałem prowadzić kurs z matematycznych metod fizyki. Powiedziano mi, którego dnia mam przyjechać – wydaje mi się, że to był 6 listopada, ale to dziwna pora na rozpoczęcie semestru. Wsiadłem w pociąg z Los Alamos do Ithaki, a po drodze przez większość czasu pisałem raport końcowy z projektu Manhattan. Pamiętam, że jeszcze tej nocy, pomiędzy Buffalo a Ithaką, zacząłem się przygotowywać do kursu.

Należy pamiętać, pod jaką presją pracowało się w Los Alamos. Wszystko trzeba było zrobić jak najszybciej; wszyscy pracowali bardzo, bardzo ciężko i wszystko było zawsze gotowe na ostatnią chwilę. Po czymś takim wydawało mi się naturalne, że przygotowuję się do kursu w nocy w pociągu.

Nie mogłem sobie wymarzyć lepszych zajęć do prowadzenia niż matematyczne metody fizyki. Tym się właśnie zajmowałem w czasie wojny – zastosowaniem matematyki w fizyce. Wiedziałem, które metody są n a p r a w d ę użyteczne, a które nie. Miałem wiele doświadczenia, bo przez cztery lata ciężko pracowałem nad różnymi matematycznymi chwytami. Rozpisałem zajęcia na różne tematy – do dziś mam notatki, które zrobiłem w pociągu.

Wysiadłem w Ithace, jak zwykle niosąc moją ciężką walizkę na ramieniu. Jakiś facet zawołał: „Taxi, proszę pana?".

Nigdy nie lubiłem jeździć taksówkami: byłem młody, wiecznie bez pieniędzy, chciałem być zawsze sobie samemu panem. Ale pomyślałem: „Jestem p r o f e s o r e m – muszę być dostojny". Zdjąłem więc walizkę z ramienia, niosłem ją z boku i powiedziałem:

– Tak.
– Dokąd?
– Do hotelu.
– Do którego?
– Do byle którego.
– Ma pan rezerwację?
– Nie.
– Nie będzie łatwo o pokój.
– Będziemy jeździć od hotelu do hotelu, a pan na mnie zaczeka.

Próbuję w hotelu Ithaca – nie ma miejsc. Jedziemy do Traveller's Hotel – też nie ma miejsc. Mówię do taksówkarza: „To nie ma sensu; zbankrutuję, jak tak dalej pójdzie. Będę chodził piechotą od hotelu do hotelu". Zostawiłem walizkę w Traveller's Hotel i zacząłem się rozglądać za pokojem. To pokazuje, jak dalece nowy profesor był przygotowany do objęcia posady.

Spotkałem innego faceta, który też chodził po mieście i szukał pokoju. Okazało się, że sytuacja na tym odcinku jest katastrofalna. Po jakimś czasie znaleźliśmy się jakby na wzgórzu i ujrzeliśmy, że jesteśmy blisko campusu uniwersyteckiego.

Przechodziliśmy koło domu, który wyglądał na pensjonat, bo przez otwarte okna widać było piętrowe łóżka. Zrobiło się już późno, więc postanowiliśmy spytać o nocleg. Drzwi były otwarte, ale w środku nie napotkaliśmy żywej duszy. Weszliśmy do jednego z pokojów i mój kompan powiedział: „Prześpijmy się tutaj!".

Pomysł mi się nie spodobał. Uznałem, że to trochę jak kradzież. Łóżka były pościelone; jeśli właściciele wrócą do domu i znajdą nas śpiących w ich łóżkach, mogą być kłopoty.

DOSTOJNY PROFESOR

Wyszliśmy więc na ulicę. Trochę dalej, pod latarnią, ujrzeliśmy olbrzymi kopiec liści zgrabionych z trawników (była jesień). Powiedziałem: „Ty, możemy wleźć pod liście i się przespać!". Spróbowałem: było dość wygodnie. Byłem zmęczony chodzeniem i taki nocleg zupełnie by mi odpowiadał, ale nie chciałem od razu psuć sobie reputacji. Przed wyjazdem z Los Alamos ludzie kpili sobie ze mnie (kiedy grałem na bębnach i tak dalej), jakiego to „profesora" przygruchało sobie Cornell. Powiedzieli, że na pewno od razu zrobię coś głupiego i wyrobię sobie opinię lekkoducha, więc starałem się zachowywać w miarę dostojnie. Z bólem serca zrezygnowałem ze spania w kopcu liści.

Jeszcze trochę pospacerowaliśmy i doszliśmy do dużego budynku, jakiegoś ważnego budynku na campusie. Weszliśmy do środka – w holu stały dwie kanapy. Mój kompan powiedział: „Ja śpię tutaj!" – i walnął się na kanapę.

Ja nie chciałem kłopotów, więc znalazłem w podziemiu woźnego i spytałem, czy mogę się przespać na kanapie, a on odpowiedział: „Pewnie, że tak".

Następnego ranka obudziłem się, znalazłem jakąś knajpkę, gdzie zjadłem śniadanie, i czym prędzej pognałem dowiedzieć się, kiedy mam pierwsze zajęcia. Wpadłem do budynku wydziału fizyki:

– O której są moje pierwsze zajęcia? Nie spóźniłem się?

– Niech się pan nie martwi – odparł człowiek w sekretariacie. – Zajęcia zaczynają się dopiero za osiem dni.

Przeżyłem szok! Gdy się otrząsnąłem, spytałem:

– To po co kazaliście mi przyjechać tydzień wcześniej?

– Sądziłem, że zechce pan się rozejrzeć, zaaklimatyzować i znaleźć jakieś mieszkanie, zanim pan zacznie prowadzić zajęcia.

Okazało się, że nieświadomie powróciłem na łono cywilizacji!

Profesor Gibbs wysłał mnie do Stowarzyszenia Studentów, żebym sobie znalazł jakieś mieszkanie. Był to duży budynek, kręciły się tam całe tabuny młodzieży. Podszedłem do dużego biurka z tabliczką ZAKWATEROWANIE i powiedziałem: „Jestem tu nowy i szukam pokoju".

Facet odpowiada: „Stary, sytuacja mieszkaniowa w Ithace jest napięta. Jest tak napięta, że może w to nie uwierzysz, ale wczoraj w tym holu musiał spać na kanapie jeden p r o f e s o r!".

Rozglądam się wokół siebie – to ten sam hol!

Mówię do niego: „To ja jestem tym profesorem. Profesor nie ma ochoty już tego więcej robić!".

Moje pierwsze dni w Cornell przebiegały ciekawie, a czasem zabawnie. Kilka dni po moim przyjeździe do mojego gabinetu wszedł profesor Gibbs i wyjaśnił, że z reguły nie przyjmujemy studentów tak długo po rozpoczęciu semestru, ale jeżeli ktoś ma bardzo dobre referencje, możemy zrobić wyjątek. Wręczył mi czyjeś podanie i poprosił, bym je przejrzał.

Po jakimś czasie wrócił:

– I jak pan myśli?

– Myślę, że to pierwszorzędny fizyk i powinniśmy go przyjąć. Myślę, że mieliśmy wielkie szczęście, że się do nas zgłosił.

– Tak, ale patrzył pan na jego zdjęcie?

– C o t o m a d o r z e c z y? – zdumiałem się.

– Absolutnie nic, proszę pana! Chciałem tylko sprawdzić, jakiego rodzaju człowieka zatrudniliśmy. – Gibbsowi spodobało się, że natychmiast mu odszczeknąłem, nie myśląc sobie: „To szef wydziału, a ja jestem tu nowy, więc muszę uważać na to, co mówię". Nie kojarzę na tyle szybko, żeby zdążyć sobie pomyśleć coś takiego; moja reakcja jest zawsze natychmiastowa i mówię pierwszą rzecz, jaka przyjdzie mi do głowy.

Potem przyszedł do mojego gabinetu jakiś inny człowiek. Chciał ze mną porozmawiać na temat filozofii. Nie pamiętam dokładnie, co powiedział, ale namawiał mnie, żebym się zapisał do jakiegoś klubu dla profesorów. Był to klub antysemicki, gdzie uważano, że naziści nie byli tacy źli. Facet mi tłumaczył, że na świecie jest za dużo Żydów, którzy robią to i tamto – wciskał mi jakieś wariactwa. Odczekałem, aż skończy, po czym powiedziałem: „Przykro mi, ale pomylił pan adres: ja byłem wychowany w żydowskiej rodzinie". Wyszedł, a dla mnie był to początek utraty szacunku dla niektórych profesorów humanistyki, i innych dyscyplin, na Uniwersytecie Cornell.

Od śmierci żony byłem sam i chciałem poznać jakieś kobiety. W tych czasach było dużo imprez tanecznych. W Cornell organizowano potańcówki, żeby ludzie mogli się poznać, szczególnie pierwszoroczniacy i inni nowi.

Pamiętam pierwszą potańcówkę, na którą poszedłem. Przez trzy czy cztery lata w Los Alamos ani razu nie tańczyłem; żyłem poza społeczeństwem. Wydawało mi się jednak, że nie wyszedłem z wprawy i rzeczywiście poszło mi zupełnie przyzwoicie. Zwykle da się powiedzieć, czy dziewczynie dobrze się z tobą tańczy.

Tańcząc, rozmawiałem z dziewczynami; one zadawały mi pytania na mój temat i odwrotnie. Ale za każdym razem, gdy chciałem zatańczyć z jakąś dziewczyną po raz drugi, okazywało się, że muszę jej poszukać.

– Chciałabyś ze mną zatańczyć jeszcze raz?

– Przepraszam cię, ale muszę wyjść na powietrze, strasznie tu duszno. – Albo: – Niestety muszę iść do toalety. – Trzy dziewczyny z rzędu wymówiły się w ten sposób! Co jest we mnie takiego, że nie chcą ze mną tańczyć? Źle tańczę? Jestem niesympatyczny?

Poprosiłem do tańca inną dziewczynę i znów zaczęły się zwyczajowe pytania.

– Jesteś studentem czy doktorantem? (Wielu studentów przekroczyło już „wiek szkolny", bo byli w wojsku).
– Jestem profesorem.
– Tak? A czego?
– Fizyki teoretycznej.
– To pewnie pracowałeś nad bombą atomową.
– Tak, byłem w Los Alamos podczas wojny.
– Łżesz jak nie wiem! – powiedziała i odwróciła się na pięcie.

Wszystko się wyjaśniło. Mówiłem tym dziewczynom najszczerszą prawdę i nie domyślałem się, w czym problem. Jedna po drugiej dawały mi kosza, chociaż byłem dla nich bardzo miły, uprzejmy i odpowiadałem na pytania. Wszystko szło jak najlepiej i nagle – bęc, wszystko się waliło. Nie rozumiałem, dlaczego tak się dzieje, dopóki ta dziewczyna nie powiedziała mi, że łżę.

Próbowałem więc uchylać się od odpowiedzi i efekt był wręcz odwrotny:

– Jesteś studentem?
– No, nie całkiem.
– Jesteś doktorantem?
– Nie.
– To kim jesteś?
– Wolałbym nie mówić.
– Dlaczego?
– Bo wolałbym, żeby... – po czym dalej ze mną rozmawiały!

DOSTOJNY PROFESOR

Skończyło się na tym, że dwie dziewczyny poszły ze mną do domu, a jedna mi powiedziała, żebym się nie martwił tym, że jestem na pierwszym roku: mnóstwo chłopaków w moim wieku dopiero zaczyna studia*, więc to żaden wstyd. One były na drugim roku i traktowały mnie bardzo po macierzyńsku. Ciężko pracowały nad moją psychiką, ale ja nie chciałem, żeby sytuacja zanadto się zawikłała, więc im powiedziałem, że jestem profesorem. Bardzo się zdenerwowały, że je tak wodziłem za nos. Miałem mnóstwo kłopotów jako młody profesor w Cornell.

Zmieniając temat – zacząłem prowadzić zajęcia z matematycznych metod fizyki i o ile pamiętam, wziąłem jeszcze jeden kurs, chyba elektromagnetyzm. Chciałem też prowadzić badania. Przed wojną, gdy robiłem dyplom, miałem dużo pomysłów: wynalazłem nowe metody prowadzenia badań z mechaniki kwantowej za pomocą całkowania po trajektorii. Było dużo rzeczy, za które chciałem się zabrać.

Czas schodził mi w Cornell na przygotowywaniu zajęć i na chodzeniu do biblioteki, gdzie czytałem *Księgę tysiąca i jednej nocy* i gapiłem się na panienki. Ale kiedy przyszło do badań, nie potrafiłem zmusić się do pracy. Raz byłem za bardzo zmęczony, raz niezbyt zainteresowany – w sumie nie prowadziłem badań! Trwało to całe wieki, a w każdym razie tak mi się wydawało, bo kiedy teraz sobie policzę, to nie mogło być aż tak długo. Dziś pewnie bym się tak bardzo nie przejmował, ale wtedy czułem, że marnotrawię mnóstwo czasu. Po prostu nie potrafiłem ruszyć z miejsca z żadną sprawą: pamiętam, że

---

* W 1945 roku uchwalono G.J. Bill, ustawę, która wszystkim kombatantom dawała prawo do darmowych studiów na wybranej przez nich uczelni (przyp. tłum.).

napisałem parę zdań na temat jakiegoś problemu z promieniowaniem gamma, a potem utknąłem. Byłem przekonany, że przez tę wojnę i wszystko inne (śmierć mojej żony) kompletnie się wypaliłem.

Teraz dużo lepiej to rozumiem. Po pierwsze, młody człowiek nie zdaje sobie sprawy, ile czasu zajmuje przygotowanie dobrych zajęć – szczególnie jeżeli robi to po raz pierwszy – wygłoszenie wykładów, przygotowanie zadań egzaminacyjnych i sprawdzenie, czy rzeczywiście są sensowne. Prowadziłem dobre zajęcia, w każdy wykład wkładałem wiele wysiłku. Jakoś jednak nie zdawałem sobie sprawy, ile pracy mnie to kosztuje! Siedziałem więc sobie „wypalony" w bibliotece, czytałem *Księgę tysiąca i jednej nocy* i czułem się przygnębiony, że nic nie robię.

W tym okresie dostawałem różne oferty pracy – na innych uczelniach i w przemyśle – za wyższą płacę niż w Cornell. Za każdym razem, gdy przychodziła tego rodzaju oferta, czułem się jeszcze bardziej przygnębiony. Mówiłem sobie: „Słuchaj, składają ci te wszystkie wspaniałe oferty, bo nie zdają sobie sprawy, że jesteś wypalony! Oczywiście nie możesz ich przyjąć. Oni oczekują, że coś osiągniesz, a ty nie potrafisz nic osiągnąć! Nie masz żadnych pomysłów...".

Wreszcie przyszło pocztą zaproszenie z Institute for Advanced Study: Einstein... von Neumann... wszystkie te wielkie nazwiska! I oni piszą do mnie, żebym u nich pracował! I to na wyjątkowych warunkach. Skądś wiedzieli, jakie są moje odczucia na temat Instytutu: że jest zbyt teoretyczny, że za mało jest tam życia i prawdziwych wyzwań. Napisali więc: „Mamy świadomość, że interesuje pana zarówno praca badawcza, jak i dydaktyczna, więc jeżeli pan zechce, istnieje możliwość stworzenia specjalnego stanowiska: byłby pan w połowie profesorem Uniwersytetu Princeton, a w połowie Instytutu".

Institute for Advanced Study! Specjalne stanowisko! Warunki lepsze nawet od tych, które miał Einstein! Sytuacja wprost wymarzona; sytuacja wprost absurdalna.

To naprawdę było absurdalne. Inne oferty pogarszały moje samopoczucie, do pewnego stopnia. Wiedziałem, że ci ludzie spodziewają się po mnie jakichś osiągnięć. Ale ta oferta była tak śmieszna, tak przekraczająca moje możliwości, tak nieproporcjonalna do moich zdolności. Inne były zwyczajnymi pomyłkami; ta była absurdem! Śmiałem się z tego przy goleniu, ale cały czas się zastanawiałem.

Wreszcie pomyślałem sobie: „Wiesz co, oni mają o tobie tak fantastyczne wyobrażenie, że jest niemożliwe, abyś mu sprostał. Ale przecież nie masz obowiązku sprostać czyimś fantastycznym wyobrażeniom!".

Co za sprytna myśl: nie masz obowiązku sprostać oczekiwaniom ludzi co do twoich osiągnięć. Nie mam obowiązku być tym, kogo oni we mnie widzą. To ich błąd, a nie moja wina.

To nie moja wina, że Institute for Advanced Study ma o mnie mniemanie tak niebotyczne, że aż nieosiągalne. To ewidentny błąd z ich strony – z chwilą gdy dopuściłem do siebie możliwości, że się co do mnie mylą, uznałem, że dotyczy to również wszystkich innych pracodawców, łącznie z moim własnym uniwersytetem. Jestem, kim jestem, a jeśli oni myślą, że jestem Bóg wie jaki dobry, i proponują mi za to pieniądze, to mają pecha.

Następnego dnia, jakby jakimś cudownym zrządzeniem losu, Bob Wilson, który był szefem laboratorium w Cornell, wezwał mnie do siebie. Może przypadkiem podsłuchał, jak z kimś o tym rozmawiam, a może po prostu wyczuł mój stan ducha. Powiedział do mnie poważnym tonem: „Feynman, prowadzi pan zajęcia bardzo dobrze; dobrze się pan spisuje i jesteśmy z pana bardzo zadowoleni. Wszystkie inne oczekiwania, jakie mamy co do pana, są drugorzędne. Kiedy zatrudniamy profesora, bierzemy na siebie wszelkie ryzyko. Jeśli pójdzie dobrze, to w porządku. Jeśli nie, to trudno. Nie powinien się pan martwić tym, co pan robi albo czego pan nie robi". Ujął to znacznie lepiej, zdejmując ze mnie poczucie winy.

Potem przyszła mi do głowy inna myśl: fizyka trochę mnie teraz mierzi, a kiedyś sprawiała mi radość. Dlaczego sprawiała mi radość? Bo się nią b a w i ł e m. Robiłem to, na co miałem ochotę – nie musiałem się przejmować, czy to ma coś wspólnego z rozwojem fizyki jądrowej, lecz czy jest ciekawe i mnie bawi. Kiedy byłem w szkole średniej i zauważyłem na przykład, że strumień wody z kranu zwęża się ku dołowi, zastanawiałem się, czy potrafię znaleźć wzór na tę krzywą. Okazało się, że to dość proste. Nie m u s i a ł e m tego robić; to nie ważyło na przyszłości fizyki. Ktoś to już zrobił przede mną, ale to się nie liczyło: wymyślałem różne rzeczy i przeprowadzałem eksperymenty wyłącznie dla własnej przyjemności.

Przyjąłem więc nową postawę. Skoro nie mogę zmienić tego, że jestem wypalony i nigdy nic nie osiągnę, a mam tę ciepłą posadkę na uniwersytecie, uczenie studentów sprawia mi przyjemność i lubię czytać *Księgę tysiąca i jednej nocy*, będę się b a w i ł w fizykę, kiedy mi przyjdzie na to ochota, nie zastanawiając się, czy to ma jakieś znaczenie dla świata.

Kiedy mniej więcej tydzień później siedziałem w kafeterii, jakiś facet rzucił w powietrze talerz. Gdy talerz leciał przez salę, zauważyłem, że ma bicie podłużne i że czerwony herb uniwersytetu obraca się. Było dla mnie oczywiste, że jeden obrót herbu trwa krócej niż jedna faza bicia.

Nie miałem nic innego do roboty, więc zacząłem obliczać ruch obracającego się talerza. Odkryłem, że jeżeli kąt bicia jest bardzo niewielki, herb obraca się dwa razy szybciej niż bicie – stosunek dwa do jednego. Wyszło mi tak z bardzo skomplikowanego równania! Pomyślałem sobie: „Czy mogę znaleźć jakąś bardziej podstawową przyczynę – na przykład siły, jakie działają na talerz – dla której ten stosunek wynosi dwa do jednego?".

Do dziś pamiętam, że poszedłem do Hansa Bethego i powiedziałem:

– Hej, Hans! Zauważyłem ciekawą rzecz. Jak się talerz obraca, wychodzi dwa do jednego, bo... – pokazałem mu przyspieszenia.

– To dość interesujące, Feynman, ale co z tego wynika, co? Po co to robisz?

– Nic z tego nie wynika. Robię to tylko dla zabawy. – Jego reakcja nie zniechęciła mnie; miałem postanowione, że będę się bawił fizyką i robił to, na co mi przyjdzie ochota.

Nie przestałem pracować nad równaniami bicia. Potem pomyślałem o tym, jak przemieszczają się orbity elektronów w teorii względności. Potem pojawiło się równanie Diraca z elektrodynamiki. Potem elektrodynamika kwantowa. Zanim się obejrzałem (stało się to bardzo szybko), „bawiłem się" tym samym starym problemem, który mnie tak bardzo cieszył, nad którym przestałem pracować, gdy pojechałem do Los Alamos: znowu miałem do czynienia z tymi staroświeckimi, cudownymi problemami, nad którymi siedziałem do dyplomu.

Nie kosztowało mnie to żadnego wysiłku. Kiedy już wpadłem w rytm, wszystko szło jak po maśle. Jak po odkorkowaniu butelki: wszystko samo wypływa. Chciałem sobie nawet trochę utrudnić zadanie! Wszystko to nie miało żadnego znaczenia, ale potem się okazało, że ma. Diagramy* i ta cała sprawa, za którą dostałem Nobla, wzięła się z dłubaniny nad wzorem opisującym ruch wirującego talerza.

SĄ JAKIEŚ PYTANIA?

Kiedy pracowałem w Cornell, poproszono mnie o wygłoszenie serii cotygodniowych wykładów w laboratorium aeronautycznym w Buffalo. Uniwersytet zawarł z laboratorium umowę, która obejmowała wieczorne wykłady z fizyki dla pracowników. Ktoś już to robił, ale były na niego skargi, więc wydział fizyki zwrócił się do mnie. Byłem wtedy młodym profesorem i nie bardzo mogłem odmówić, więc się zgodziłem.

Aby dostać się do Buffalo, musiałem korzystać z linii lotniczej, która miała na stanie jeden samolot. Nazywała się Robinson Airlines (potem przemianowano ją na Mohawk Airlines) i pamiętam, że podczas mojego pierwszego lotu sterował sam pan Robinson. Zeskrobał lód ze skrzydeł i wystartowaliśmy.

W sumie nie bardzo mi się podobało, że muszę co czwartek wieczór latać do Buffalo. Uniwersytet płacił mi dodatkowo 35 dolarów, oprócz kosztów. Byłem dzieckiem Wielkiego Kryzysu, więc wymyśliłem, że będę odkładał te pieniądze, które na te czasy były całkiem spore.

Nagle doznałem olśnienia: po to mi płacą 35 dolarów, żeby wyprawa do Buffalo była dla mnie bardziej atrakcyjna, a będzie

---

* Tzw. grafy Feynmana – kamień węgielny elektrodynamiki kwantowej (przyp. tłum.).

SĄ JAKIEŚ PYTANIA?

bardziej atrakcyjna wtedy, kiedy wydam te pieniądze. Postanowiłem więc, że za każdym pobytem w Buffalo rozpuszczę 35 dolarów na rozrywki i okaże się, czy dzięki temu wycieczka będzie przyjemniejsza.

Nie byłem człowiekiem zbyt doświadczonym w sprawach tego świata. Nie wiedząc, jak się zabrać do rzeczy, poprosiłem taksówkarza, który wiózł mnie z lotniska, żeby wprowadził mnie w tajniki życia nocnego w Buffalo. Bardzo mi pomógł i do dziś pamiętam, jak się nazywał – Marcuso, taksówka numer 169. Zawsze o niego pytałem, gdy przylatywałem w czwartek wieczór na lotnisko.

Przed wygłoszeniem pierwszego wykładu spytałem Marcuso:

– Gdzie jest jakiś ciekawy bar, w którym dużo się dzieje? – Sądziłem, że ciekawe rzeczy dzieją się w barach.

– Alibi Room – odparł. – To ruchliwy lokal, gdzie można spotkać dużo ludzi. Zabiorę tam pana po wykładzie.

Po wykładzie Marcuso przyjechał po mnie i zabrał mnie do Alibi Room. Po drodze spytałem:

– Będę musiał coś wypić. Jaką whisky mam zamówić?

– Niech pan zamówi Black and White, wodę osobno – doradził mi.

Alibi Room okazał się eleganckim lokalem, gdzie było dużo ludzi i dużo ruchu. Kobiety miały na sobie futra, wszyscy byli mili, telefony ciągle dzwoniły.

Poszedłem do baru i zamówiłem Black and White, woda osobno. Barman był bardzo miły, szybko znalazł piękną kobietę, którą posadził koło mnie, i przedstawił nas sobie. Postawiłem jej kilka drinków. Spodobało mi się tam i postanowiłem, że za tydzień też przyjdę.

W każdy czwartek przylatywałem wieczorem do Buffalo, po czym taksówka numer 169 zawoziła mnie na wykład, a następnie do Alibi Room. Podchodziłem do baru i zamawiałem Black and White, woda osobno. Po kilku tygodniach doszło do tego, że zanim zdążyłem dotrzeć do baru, moja Black and White, woda osobno, już na mnie czekała. „To, co zawsze, proszę pana", pozdrawiał mnie barman.

Obciągałem całą whisky jednym haustem, żeby pokazać, jaki ze mnie twardziel, jak na filmach, po czym odczekiwałem mniej więcej dwadzieścia sekund, zanim wypiłem wodę. Po jakimś czasie byłem w stanie poradzić sobie bez wody.

Barman zawsze troszczył się o to, żeby na pustym krześle obok mnie szybko usiadła jakaś piękna kobieta i rozmowa natychmiast się rozkręcała, ale tuż przed zamknięciem baru kobiety zawsze się gdzieś ulatniały. Sądziłem, że może jestem już dla nich za bardzo pijany.

Pewnego razu, w porze zamknięcia Alibi Room, dziewczyna, której stawiałem tego wieczoru drinki, zaproponowała, żebyśmy poszli w inne miejsce, gdzie ona zna dużo ludzi. Było to na pierwszym piętrze jakiegoś budynku, który nie sprawiał wrażenia, żeby na górze miał być bar. Wszystkie bary w Buffalo musiały zwijać interes o drugiej w nocy, więc ludzie z barów walili do tej wielkiej sali na pierwszym piętrze i balowali dalej – oczywiście nielegalnie.

Zastanawiałem się, co zrobić, żeby się dobrze bawić, a jednocześnie być wystarczająco trzeźwym, by móc obserwować towarzystwo. Pewnego wieczoru zauważyłem, że jakiś facet, który sobie zwykle nie żałował, podszedł do baru i zamówił szklankę mleka. Wszyscy wiedzieli, co biedakowi dolega: miał wrzody. Podsunęło mi to pewien pomysł.

Następnego wieczoru, gdy wszedłem do Alibi Room, barman zapytał:

– To, co zawsze, proszę pana?

SĄ JAKIEŚ PYTANIA?

– Nie. Colę. Zwykłą colę – odparłem ze smutną miną.

Zebrało się wokół mnie kilku barowych kumpli i serdecznie mi współczuli: „No, ja też byłem na odwyku trzy tygodnie temu" – mówi jeden. „To ciężka sprawa, Dick, bardzo ciężka sprawa" – mówi inny.

Wszyscy mnie podziwiali. Byłem „na odwyku", a mimo to starczyło mi odwagi, żeby wejść do baru, z wszystkimi jego „pokusami", i zamówić colę – no bo, oczywiście, musiałem zobaczyć się z przyjaciółmi. Podtrzymywałem tę fikcję przez miesiąc! Niezły był ze mnie skurczybyk.

Pewnego wieczoru, gdy byłem w ubikacji, przy pisuarze stał jakiś facet, dość pijany, i powiedział groźnym głosem: „Nie podoba mi się twoja gęba. Chyba ci ją rozkwaszę".

Zzieleniałem ze strachu. Odpowiedziałem równie groźnym głosem: „Zjeżdżaj stąd, bo cię obsikam!".

On coś szczeknął i byłem pewien, że zaraz dojdzie do mordobicia. Nigdy się z nikim nie biłem. Nie bardzo wiedziałem, jak się zachować, i bałem się, że facet zrobi mi krzywdę. Jedna rzecz przyszła mi do głowy: odsunąłem się od ściany, żeby nie uderzyć się dodatkowo plecami, kiedy facet mi przyłoży.

Potem poczułem jakby chrupnięcie koło oka – niezbyt bolesne – i zupełnie nie myśląc, odruchowo rąbnąłem sukinkota na odlew. Było to dla mnie interesujące odkrycie, że nie muszę myśleć: „maszyneria" sama wiedziała, co ma robić.

– Dobra. Czyli daliśmy sobie po razie – powiedziałem. – Chcesz się bić dalej?

Facet odwrócił się i wyszedł. Miałem więcej szczęścia niż rozumu, bo gdyby był równie narwany jak ja, pewnie byśmy się nawzajem pozabijali.

Poszedłem się obmyć, ręce mi dygotały, krew mi leciała z dziąseł – mam wrażliwe dziąsła – i bolało mnie oko. Gdy się uspokoiłem, wróciłem do baru i zawadiackim krokiem podszedłem do barmana:

– Black and White, woda osobno. – Pomyślałem sobie, że mi to pomoże uspokoić nerwy.

Nie wiedziałem o tym, ale facet, któremu przyłożyłem w ubikacji, stał w innej części baru i rozmawiał z trzema innymi gośćmi. Niedługo ci trzej – rosłe, muskularne chłopy – podeszli do mnie i pochylili się z groźnymi minami. „Co to za zaczepianie naszego kumpla?"

Taki ze mnie tępak, że nie zdaję sobie sprawy, iż chcą mnie zastraszyć; dla mnie liczy się tylko, że racja jest po mojej stronie, więc odwracam się na stołku i mówię: „A może byście najpierw się dowiedzieli, kto zaczął, zanim zrobicie awanturę?".

Faceci tak się speszyli tym, że ich technika zastraszania okazała się nieskuteczna, że zostawili mnie.

Po jakimś czasie jeden z nich wrócił i powiedział:

– Ma pan rację, Curly zawsze tak robi. Zawsze wszczyna bójki, a potem każe nam odkręcać sprawę.

– Kurna, jasne, że mam rację – powiedziałem, a facet usiadł obok mnie.

Potem podeszli do nas Curly i dwaj pozostali faceci, Curly usiadł dwa stołki dalej, po drugiej stronie. Powiedział, że moje oko kiepsko wygląda, a ja na to, że on też nie jest piękny ze swoją rozkwaszoną gębą.

Nadal mówię jak twardziel, bo mi się wydaje, że tak się powinien zachowywać prawdziwy mężczyzna w barze.

Sytuacja robi się coraz bardziej napięta, a ludzie w barze zaczynają się martwić, co będzie dalej. Barman mówi:

– Tylko proszę mi tutaj bez bójek, chłopaki! Uspokójcie się!

– Jasne, że się uspokoję – syczy Curly. – Dorwę go na zewnątrz.

SĄ JAKIEŚ PYTANIA?

Potem zjawia się geniusz. Każda dziedzina ma swoich ekspertów. Podchodzi do nas jakiś gość i mówi: „Cześć, Dan! Nie wiedziałem, że jesteś w mieście! Miło cię widzieć!".

Potem zwraca się do Curly'ego: „Paul, wiesz co, chciałbym, żebyś poznał mojego dobrego przyjaciela, Dana. Myślę, że powinniście się polubić. Przywitajcie się".

Podajemy sobie ręce. Curly mówi: „Yyy, miło cię poznać".

Potem geniusz pochyla się do mnie i mówi bardzo cichym szeptem:

– A teraz spływaj stąd szybko!

– Ale przecież powiedzieli, że mnie...

– Idź! – powtarza.

Wziąłem płaszcz i natychmiast wyszedłem. Kleiłem się do ścian budynków, na wypadek gdyby mnie gonili. Nikt nie wyszedł, a ja wróciłem do hotelu. Tak się złożyło, że tego wieczoru miałem ostatni wykład, więc nie poszedłem już do Alibi Room, przynajmniej przez kolejnych kilka lat.

(Zaglądnąłem do Alibi Room jakieś dziesięć lat później, ale wszystko się zmieniło. Nie było już tak porządnie i błyszcząco jak przedtem, tylko obskurnie, a klientela podejrzana. Porozmawiałem z barmanem, który też był inny, i opowiedziałem mu o dawnych czasach. „O, tak!", odparł. „Kiedyś tu chodzili wszyscy bukmacherzy i ich dziewczyny". Dopiero wtedy zrozumiałem, skąd się brało tylu sympatycznych i elegancko ubranych ludzi i dlaczego cały czas dzwoniły telefony).

Następnego dnia po bójce, kiedy wstałem i spojrzałem w lustro, odkryłem, że oko robi się naprawdę sine dopiero po kilku godzinach. Gdy wróciłem tego dnia do Ithaki, musiałem coś zanieść do biura dziekana. Jakiś profesor filozofii ujrzał moje podsiniaczone oko i zawołał:

– Och, panie Feynman! Chyba mi pan nie powie, że uderzył się pan o drzwi!
– Ależ skąd. Wdałem się w bójkę w ubikacji w Buffalo.
– Ha, ha, ha! – roześmiał się.

Potem trzeba było stanąć przed moją grupą, z którą miałem tego dnia zajęcia. Wszedłem do sali wykładowej ze spuszczoną głową, przeglądając notatki. Kiedy byłem gotów, podniosłem głowę i spojrzałem prosto na nich, zadając pytanie, od którego zawsze zaczynałem wykład – ale tym razem groźniejszym tonem: „Są jakieś pytania?".

CHCĘ MOJEGO DOLARA!

Kiedy pracowałem w Cornell, często jeździłem z wizytą do domu w Far Rockaway. Pewnego razu, kiedy byłem w domu, zadzwonił telefon, MIĘDZYMIASTOWA z Kalifornii. W tych czasach rozmowa międzymiastowa oznaczała, że chodzi o coś bardzo ważnego, zwłaszcza jeśli telefonowano z tej cudownej krainy odległej o miliony mil.

Facet na drugim końcu linii pyta:
– Czy to profesor Feynman z Uniwersytetu Cornell?
– Tak.
– Tu pan Taki-a-taki z Owakich Linii Lotniczych. – Była to jedna z dużych kalifornijskich linii lotniczych, niestety nie pamiętam która. Facet mówi dalej:
– Zamierzamy otworzyć laboratorium, gdzie chcemy prowadzić badania nad silnikami rakietowymi o napędzie jądrowym. Roczny budżet będzie wynosił tyle-a-tyle (dużo) dolarów.

— Chwileczkę, proszę pana – przerwałem mu. – Nie bardzo wiem, po co mi pan o tym mówi.

— Proszę mi pozwolić skończyć. Wyjaśnię panu wszystko po kolei. – Opowiada mi więc dalej, ilu ludzi będzie tam pracowało, ilu w tym dziale, ilu ze stopniem doktora.

— Przepraszam bardzo – znów mu przerywam – ale to chyba pomyłka.

— Rozmawiam z Richardem Feynmanem, prawda, z Richardem P. Feynmanem?

— Tak, ale...

— Czy może mi pan pozwolić dokończyć, a p o t e m omówimy sprawę?

— Dobrze. – Siadam, przymykam oczy, słucham tych wszystkich szczegółów o wielkim projekcie i nadal nie mam zielonego pojęcia, po co on mi udziela tych wszystkich informacji.

Kiedy przerobił już cały temat, powiedział:

— Opowiadam panu o naszych planach, ponieważ chcemy panu zaproponować, żeby pan został dyrektorem laboratorium.

— Czy n a p r a w d ę chodzi panu o mnie? Jestem profesorem fizyki teoretycznej, a nie inżynierem rakietowym albo samolotowym.

— Jestem pewien, że chodzi nam właśnie o pana.

— A skąd pan wziął moje nazwisko? Dlaczego zadzwonił pan akurat do mnie?

— Pańskie nazwisko figuruje na patencie samolotów z silnikami rakietowymi o napędzie jądrowym.

— Aaaa. – Od razu sobie uświadomiłem, skąd się wzięło moje nazwisko na patencie, zaraz do tego przejdę. Facetowi powiedziałem: – Przykro mi, ale chciałbym nadal pracować jako profesor na Uniwersytecie Cornell.

A stało się to tak: podczas wojny pracował w Los Alamos bardzo miły przedstawiciel biura patentowego, który nazywał się kapitan Smith. Smith rozesłał do wszystkich notatkę, w której napisał coś w tym guście: „Biuro patentowe chciałoby opatentować na rzecz rządu Stanów Zjednoczonych, dla którego teraz pracujecie, każdy wasz ewentualny pomysł. Może się wam wydawać, że wszyscy wiedzą o każdym waszym pomyśle dotyczącym energii jądrowej czy jej zastosowania, ale to nieprawda: po prostu przyjdźcie do mojego biura i przekażcie mi wasz pomysł".

Zobaczyłem Smitha w jadalni i gdy wracał do strefy technicznej, zaczepiłem go: „Ja w sprawie tej notki, którą pan rozesłał: to bez sensu, żebyśmy przychodzili do pana z k a ż d y m pomysłem".

Zaczęliśmy się spierać – tymczasem znaleźliśmy się w jego biurze – i w pewnym momencie powiedziałem:

– Jest tyle zupełnie oczywistych zastosowań energii atomowej, że musiałbym siedzieć u pana cały dzień, gdybym chciał panu o nich wszystkich opowiedzieć.

– NA PRZYKŁAD?

– To pestka. Chociażby: bierzemy reaktor jądrowy... pod wodą... z jednej strony wchodzi woda... z drugiej strony wychodzi para... pszszszsz – mamy jądrowy okręt podwodny. Albo: bierzemy reaktor jądrowy... z przodu wpada powietrze... reakcja jądrowa je podgrzewa... wypada z tyłu... bum! Mamy samolot. Albo: bierzemy reaktor jądrowy... przepuszczamy przez niego wodór... fiuuuu! Mamy rakietę. Albo: reaktor jądrowy... tylko zamiast zwykłego uranu bierzemy wzbogacony w wysokiej temperaturze tlenkiem berylu, żeby zwiększyć wydajność... Mamy elektrownię jądrową. Są m i l i o n y pomysłów! – powiedziałem na odchodnym.

CHCĘ MOJEGO DOLARA!

Przez jakiś czas nic się nie działo.

Mniej więcej po trzech miesiącach Smith wzywa mnie do swojego biura i mówi: „Feynman, okręt podwodny jest już wzięty, ale pozostałe trzy wynalazki należą do pana". A zatem, kiedy ludzie z linii lotniczej w Kalifornii zamierzają otworzyć laboratorium i szukają eksperta od napędu jądrowego, żaden problem: wystarczy sprawdzić, kto ma na to patent!

W każdym razie Smith dał mi do podpisania jakieś dokumenty, żeby można było przedłożyć rządowi trzy pomysły do opatentowania. To tylko jakiś idiotyczny kruczek prawny, ale kiedy chcesz oddać swój patent rządowi, umowa, którą zawierasz, nie ma mocy prawnej, jeśli ci nie zapłacą, w związku z czym dokument, który podpisałem, brzmiał: „Za sumę jednego dolara ja, Richard P. Feynman, przekazuję rządowi pomysł...".

Podpisuję i pytam:

– Gdzie mój dolar?

– To tylko formalność – mówi Smith. – Nie stworzyliśmy żadnego funduszu, żeby móc wypłacać te pieniądze.

– Ale stworzyliście system, w którym p o d p i s u j ę, że dostaję dolara. Chcę mojego dolara!

– To nonsens.

– Wcale nie – mówię. – To dokument prawny. Kazał mi pan go podpisać, a ja jestem uczciwym człowiekiem. Z prawem nie ma wygłupów.

– Niech panu będzie, niech panu będzie – mówi wkurzony. – Dam panu dolara z własnej kieszeni.

– Doskonale.

Biorę dolara i od razu wiem, co z nim zrobię. Idę do spożywczego i kupuję słodycze, te różne czekoladki z galaretką, a że dolar miał wtedy całkiem dużą moc nabywczą, jest tego dość sporo.

Wracam do laboratorium teoretycznego i rozdaję słodycze na lewo i prawo: „Częstujcie się! Dostałem nagrodę! Częstujcie się wszyscy! Dostałem nagrodę! Dostałem dolara za mój patent! Dostałem dolara za mój patent!".

Każdy, kto coś opatentował – całe mnóstwo ludzi – poszedł do kapitana Smitha, że chce swojego dolara!

Smith zaczął wypłacać z własnej kieszeni, ale szybko zdał sobie sprawę, że go to zrujnuje! Wściekł się i zaczął organizować fundusz na wypłaty za patenty. Nie wiem, czy mu się udało to załatwić.

TRZEBA PO PROSTU SPYTAĆ?

Na początku mojego pobytu w Ithace korespondowałem z pewną dziewczyną, którą poznałem w Nowym Meksyku podczas pracy nad bombą. Kiedy wspomniała o jakimś innym facecie, który się koło niej kręcił, pomyślałem sobie, że jak się skończy rok szkolny, trzeba będzie do niej pojechać i spróbować uratować sytuację. Ale kiedy przyjechałem na miejsce, okazało się, że jest już za późno, więc znalazłem się w Albuquerque, mając przed sobą całe lato i nic do roboty.

Motel Casa Grande stał przy szosie 66, głównej drodze przelotowej przez miasto. Jakieś trzy budynki dalej był mały klub nocny z programem rozrywkowym. Ponieważ nie miałem nic do roboty, a lubiłem obserwować i poznawać ludzi w barach, często tam chodziłem.

Za pierwszym razem, kiedy rozmawiałem z jakimś człowiekiem przy barze, zauważyliśmy c a ł y s t ó ł obsadzony bardzo sympatycznymi młodymi paniami – myślę, że to były stewardesy TWA – które zorganizowały sobie bal urodzinowy. Drugi facet powiedział do mnie: „Chodź, zbierzmy się na odwagę i poprośmy je do tańca".

Poprosiliśmy do tańca dwie dziewczyny, a potem one zaprosiły nas, żebyśmy usiedli z nimi przy stole. Po kilku drinkach przyszedł kelner: „Ktoś sobie czegoś życzy?".

Lubiłem udawać pijanego, więc chociaż byłem zupełnie trzeźwy, zwróciłem się do dziewczyny, z którą tańczyłem, i spytałem pijackim głosem:

– Samófić si soś?
– A czego moglibyśmy się napić?
– WSZSZYSTKIEGO, co chcesz!
– W takim razie napijemy się szampana! – mówi uszczęśliwiona.
– Dobra! Szszampana dla wszszystkich! – wołam na cały bar.

Potem słyszę, jak mój znajomy mówi do mojej dziewczyny, jaki to podły numer „wypompowywać z gościa wszystkie pieniądze tylko dlatego, że jest pijany", a ja myślę sobie, że może popełniłem błąd.

Kelner, bardzo uprzejmie, pochyla się nade mną i mówi mi do ucha: „Szampan kosztuje szesnaście dolarów za butelkę, proszę pana".

Postanawiam zrezygnować z idei szampana dla wszystkich, więc mówię, jeszcze głośniej niż przedtem: „TRUDNO!".

Byłem bardzo zdziwiony, kiedy kilka chwil później kelner wrócił do stołu z całym kramem – serwetką przewieszoną przez ramię, tacą z kieliszkami, wiaderkiem z lodem i butelką szampana. Moje „trudno!" zinterpretował sobie jako „Trudno, niech stracę!", podczas gdy ja chciałem powiedzieć: „Trudno, rezygnujemy z szampana!".

Kelner nalał wszystkim szampana, ja zapłaciłem szesnaście dolarów, a mój znajomy był wściekły na moją dziewczynę, bo myślał, że to ona mnie naciągnęła. Dla mnie jednak sprawa się na tym kończyła – choć potem się okazało, że to początek nowej przygody.

Chodziłem do tego klubu dość często i z upływem tygodni program rozrywkowy się zmieniał. Jedni wykonawcy mieli trasę do Amarillo i innych miast w Teksasie, więc w końcu wyjechali. Klub zatrudniał też etatową śpiewaczkę – Tamarę. Za każdym razem, gdy w klubie pojawiała się nowa grupa wykonawców, Tamara przedstawiała mnie jednej z dziewczyn z zespołu. Dziewczyna siadała przy moim stole, stawiałem jej drinka i rozmawialiśmy. Oczywiście wolałbym, żeby wynikło z tego coś więcej niż tylko rozmowa, ale w ostatniej chwili dziewczynie zawsze coś wypadało. Starania Tamary nie na wiele się więc zdawały, bo chociaż z początku wszystko szło bardzo dobrze, stawiałem dziewczynom drinka i miło nam się rozmawiało, na tym się zawsze kończyło. Mój znajomy, który nie cieszył się u Tamary takimi względami, też nie miał żadnych rezultatów – obaj byliśmy fujarami.

Po kilku tygodniach różnych spektakli i różnych dziewczyn przyjechała nowa trupa. Tamara jak zwykle przedstawiła mnie jednej z dziewczyn i jak zwykle odbębniliśmy cały ceremoniał – ja stawiam jej drinki, rozmawiamy, ona jest bardzo miła. Potem poszła na scenę, ale po swoim numerze wróciła do mojego stolika, więc poczułem się bardzo dumny z siebie. Ludzie oglądali się i myśleli: „Co on takiego w sobie ma, że ta dziewczyna wybrała akurat j e g o?".

Ale potem, gdy wieczór dobiegał końca, powiedziała coś, co słyszałem już wiele razy: „Chciałabym, żebyś przyszedł dziś w nocy do mojego pokoju, ale mamy przyjęcie, więc może jutro wieczorem...", a ja wiedziałem, że to „może jutro wieczorem" oznacza: „NIC Z TEGO NIE BĘDZIE".

TRZEBA PO PROSTU SPYTAĆ?

Wcześniej zauważyłem, że dziewczyna – miała na imię Gloria – często rozmawia z mistrzem ceremonii, podczas spektaklu i po drodze do albo z toalety. Więc kiedy następnym razem była w toalecie, a mistrz ceremonii przypadkiem przechodził koło mojego stolika, zablefowałem:

– Pańska żona jest bardzo miłą kobietą.

– Dziękuję panu – odparł i zaczęliśmy trochę rozmawiać. Uznał, że Gloria sama mi powiedziała. Kiedy wróciła, uznała, że to on mi powiedział. Oboje trochę ze mną rozmawiali, po czym zaprosili mnie na ten wieczór do siebie po zamknięciu baru.

O drugiej w nocy poszedłem z nimi do ich motelu. Oczywiście nie było żadnego przyjęcia i bardzo długo rozmawialiśmy. Pokazali mi album ze zdjęciami Glorii z czasów, gdy poznali się w Iowa: karmiona kukurydzą, dość pulchnawa kobieta; potem pokazali mi zdjęcia z okresu po kuracji odchudzającej, na których wyglądała naprawdę wystrzałowo! Mąż nauczył ją wielu rzeczy, ale nie umiał czytać ani pisać, co było szczególnie intrygujące, ponieważ jako mistrz ceremonii musiał odczytywać nazwy numerów i nazwiska wykonawców w konkursie dla amatorów, a ja nawet nie zauważyłem, że jest analfabetą! (Następnego wieczoru zrozumiałem, w jaki sposób to rozwiązali. Kiedy Gloria sprowadzała poprzedniego wykonawcę ze sceny, przechodząc, zaglądała mężowi przez ramię na kartkę, którą miał w ręce, i szeptała nazwę numeru i nazwisko wykonawcy).

Byli bardzo interesującym, sympatycznym małżeństwem i odbyliśmy wiele ciekawych rozmów. Przypomniałem sobie, w jaki sposób się poznaliśmy, i spytałem ich, dlaczego Tamara ciągle przedstawia mi nowe dziewczyny.

– Kiedy Tamara miała mi ciebie przedstawić – odparła Gloria – powiedziała: „A teraz przedstawię ci faceta, który lubi rozstawać się z kasą!".

W pierwszej chwili się zdziwiłem, ale potem uświadomiłem sobie, że butelka szampana za szesnaście dolarów, kupiona za pomocą tak donośnego i błędnie zrozumianego „trudno!", okazała się dobrą inwestycją. Najwidoczniej zarobiłem sobie na reputację ekscentryka, który przychodzi nędznie ubrany, nigdy nie ma na sobie garnituru, ale zawsze jest gotów wydać dużo pieniędzy na dziewczyny.

Kiedyś powiedziałem Glorii i jej mężowi, że nie bardzo to wszystko rozumiem.

– Jestem dość inteligentny, ale chyba tylko w sprawach fizyki. Przecież w tym barze jest mnóstwo inteligentnych facetów – od ropy naftowej, od surowców, wielkich przedsiębiorców i tak dalej – którzy ciągle stawiają dziewczynom drinki i n i c z tego nie mają! – (Zdążyłem się zorientować, że reszcie ludzi w barze drinki też nie przynoszą wymiernych korzyści). – Jak to możliwe – spytałem – że inteligentny mężczyzna staje się takim tępakiem, kiedy wchodzi do baru?

– Już ci tłumaczę – odparł mistrz ceremonii. – Dokładnie wiem, na czym to polega. Udzielę ci korepetycji, może potem uda ci się coś wywalczyć z dziewczynami. Ale zanim udzielę ci korepetycji, muszę ci udowodnić, że znam się na rzeczy. Dla ilustracji Gloria nakłoni jakiegoś mężczyznę, żeby t o b i e postawił szampana.

– Dobrze – mówię, choć myślę sobie: „Jak oni to, do licha, zrobią?".

Wodzirej ciągnął dalej:

– Musisz robić dokładnie to, co ci każemy. Jutro wieczorem usiądziesz tak, żebyś widział Glorię, i kiedy da ci znak, będziesz musiał tylko wstać i przejść koło niej.

– Tak – mówi Gloria. – To nic trudnego.

Następnego wieczoru idę do baru i siadam w rogu, skąd mogę mieć oko na Glorię. Wkrótce, jakże inaczej, siada przy niej jakiś facet i po chwili, gdy jest już cały rozanielony, Gloria mruga do mnie. Wstaję i nonszalancko idę w ich stronę. Gdy ich mijam, Gloria odwraca się i mówi bardzo przyjaznym, sympatycznym tonem: „O, cześć, Dick! Kiedy wróciłeś do miasta? Gdzie cię poniosło?".

Facet też się odwraca, żeby sprawdzić, co to za „Dick", i widzę w jego oczach coś, co doskonale rozumiem, bo sam nieraz byłem w takiej sytuacji.

Pierwsze spojrzenie: „No, no, przyszła konkurencja. Postawiłem jej drinka, a on mi ją teraz podbierze! Co teraz?".

Drugie spojrzenie: „Nie, to tylko stary znajomy". Miał to wszystko po prostu wypisane na twarzy. Dokładnie wiedziałem, jakie stany przechodzi.

Gloria odwraca się do niego i mówi: „Jim, chciałabym, żebyś poznał mojego starego znajomego Dicka Feynmana".

Następne spojrzenie: „Już wiem, co zrobię. **Będę miły dla tego gościa, to wtedy ona bardziej mnie polubi**".

Jim odwraca się do mnie i mówi:

– Cześć, Dick. Może drinka?

– Z miłą chęcią – mówię.

– Co sobie życzysz?

– To samo, co ona.

– Barman, poproszę jeszcze raz lampkę szampana.

Rzeczywiście, nic trudnego. Tej nocy po zamknięciu baru znów poszedłem z wodzirejem i Glorią do ich motelu. Zaśmiewali się z radości, że tak świetnie poszło.

– Dobra – powiedziałem – zupełnie mnie przekonaliście, że znacie się na rzeczy. A teraz, co z korepetycjami?

– Już zaczynamy – mówi wodzirej. – Cała zasada jest następująca: Mężczyzna chce być dżentelmenem. Nie chce, żeby dziewczyna uznała go za chama, prostaka, a zwłaszcza za sknerę. Ponieważ dziewczyna dobrze zna jego motywy, może nim manipulować, jak chce. Stąd też – ciągnął – w ż a d n y c h o k o l i c z n o ś c i a c h nie wolno ci być dżentelmenem! Nie wolno ci dziewczyny s z a n o w a ć! Ponadto, absolutnie podstawowa reguła brzmi, że nic dziewczynie nie kupujesz – nawet paczki papierosów – dopóki jej nie s p y t a s z, czy się z tobą prześpi, i nie będziesz pewien, że nie robi ci tylko pustych obietnic.

– E... znaczy... nie chcesz chyba... Znaczy... trzeba po prostu s p y t a ć?

– To dopiero twoja pierwsza lekcja i z początku nie będzie ci łatwo stawiać sprawę tak bez ogródek. Na razie możesz im coś kupować – byle niedrogiego – zanim spytasz. Ale to ci tylko utrudni zadanie.

Ze mną jest tak, że wystarczy mi podać ogólną zasadę, a ja w lot chwytam, o co w niej chodzi. Przez cały następny dzień usiłowałem sobie przyswoić tę nową psychologię: powiedziałem sobie, że te barowe panienki to wszystko nic niewarte zdziry, które chcą cię naciągnąć na drinka, nie dając nic w zamian. Nie będę zgrywał dżentelmena wobec tych bezwartościowych zdzir, i tak dalej w ten deseń. Wbijałem to sobie do głowy, żeby mi weszło w krew.

Wieczorem byłem gotów wypróbować moją nową postawę. Wchodzę do baru, a mój znajomy jak zwykle mówi: „Hej, Dick! Zobaczysz, jaką dziś zerwałem dziewczynę! Poszła się przebrać, ale zaraz wróci".

– Aha – mówię bez entuzjazmu i siadam przy innym stoliku, żeby popatrzeć na spektakl. Dziewczyna wchodzi, akurat gdy zaczyna się program, a ja myślę sobie: „Nic mnie nie obchodzi, jaka z niej piękność; naciąga go tylko na drinki, a on nic nie będzie z tego miał!".

Po pierwszej odsłonie mój znajomy mówi: „Hej, Dick! Pozwól, że ci przedstawię Ann. Ann, to mój dobry znajomy Dick Feynman".

Mówię „cześć" i dalej patrzę na spektakl.

Jakiś czas później Ann mówi do mnie: „Może przyjdziesz i usiądziesz z nami?".

Myślę sobie: „Typowa zdzira: on jej stawia drinki, a ona zaprasza do stołu innego faceta". Mówię: „Dziękuję, stąd dobrze widać".

Jeszcze później wchodzi porucznik z pobliskiej jednostki, w ładnym mundurze. Po krótkim czasie zauważam, że Ann siedzi z porucznikiem na drugim końcu baru!

Jeszcze później ja siedzę przy barze, Ann tańczy z porucznikiem i kiedy porucznik jest odwrócony do mnie plecami, a ona twarzą, uśmiecha się do mnie miło. Znów sobie myślę: „Co za zdzira! Nawet p o r u c z n i k o w i wykręca ten numer!".

Potem wpadam na dobry pomysł: czekam, aż o b o j e będą mnie widzieli, i dopiero wtedy odwzajemniam uśmiech, żeby porucznik wiedział, co jest grane. Numer jest spalony.

Kilka minut później Ann nie jest już z porucznikiem, lecz prosi barmana o płaszcz i torbę, po czym mówi głośno i ostentacyjnie: „Idę na spacer. Ktoś się ze mną wybierze?".

Myślę sobie: „Możesz odmawiać i traktować je z butą, ale nie możesz tego robić zawsze, bo do niczego nie dojdziesz. Przychodzi chwila, kiedy trzeba trochę spuścić z tonu". Mówię więc chłodno: „J a z t o b ą pójdę". Wychodzimy na zewnątrz, mijamy kilka przecznic i widzimy kawiarnię. Ann mówi: „Mam pomysł – kupimy kawę i kanapki, a potem pójdziemy do mnie je zjeść".

Pomysł wydaje się świetny, więc wchodzimy do kawiarni, Ann prosi o trzy kawy i trzy kanapki, a ja uiszczam rachunek. Gdy wychodzimy z kawiarni, myślę sobie: „Coś tu nie gra: za dużo kanapek!".

Po drodze do motelu Ann mówi: „Przepraszam cię, ale nie będę miała czasu, żeby zjeść z tobą kanapki, bo jestem umówiona z jednym porucznikiem…".

Myślę sobie: „Aha, czyli oblałem. Wodzirej udzielił mi korepetycji, lecz ja oblałem. Kupiłem jej kanapki za dolara dziesięć centów, choć jej wcześniej o nic nie spytałem, a teraz już wiem, że nic nie dostanę! Muszę jakoś uratować twarz, choćby po to, żeby nie przynieść wstydu mojemu nauczycielowi".

Nagle się zatrzymuję i mówię do niej:
– Ty… Ty… jesteś gorsza od PROSTYTUTKI!
– O co ci chodzi?
– Naciągnęłaś mnie na kanapki, a co ja z tego będę miał? Nic!
– Co za sknera! – mówi. – Skoro tak stawiasz sprawę, to ci zwrócę za kanapki!
– No to mi zwróć!

Zdziwiła się. Sięgnęła po portmonetkę i dała mi jakieś drobne. Wziąłem moją kanapkę i kawę i wróciłem do baru.

Po drodze zjadłem kanapkę, a w barze złożyłem sprawozdanie wodzirejowi. Wszystko mu wyjaśniłem, powiedziałem, że jest mi smutno z powodu niezdanego egzaminu, ale że próbowałem uratować twarz.

– Nic się nie stało, Dick – odparł uspokajającym tonem. – Skoro w końcu nic za nią nie zapłaciłeś, prześpi się dziś z tobą.
– Co?
– Oczywiście, że tak, prześpi się dziś z tobą. Jestem tego pewien – powiedział z przekonaniem.

TRZEBA PO PROSTU SPYTAĆ?

– Ale jej tu nawet nie ma! Jest u siebie z poru...
– Zobaczysz.

Zbliża się godzina druga, zamykają bar, a Ann jak nie ma, tak nie ma. Pytam wodzireja i jego żonę, czy mogę znów do nich przyjść. Mówią, że jasne.

Gdy wychodzimy z baru, nadchodzi Ann, podbiega do mnie przez szosę 66. Wkłada mi rękę pod ramię i mówi: „Chodź, pójdziemy do mnie".

Wodzirej miał słuszność. Jego metoda okazała się bezkonkurencyjna!

Po powrocie do Cornell tej jesieni tańczyłem kiedyś z siostrą pewnego studenta, która przyjechała do niego w odwiedziny z Virginii. Była bardzo miła, a mnie nagle przyszedł do głowy pomysł: „Chodźmy do baru i napijmy się czegoś" – powiedziałem.

Po drodze zbierałem się na odwagę, żeby wypróbować metodę wodzireja na n o r m a l n e j dziewczynie. W końcu można nie szanować panienki barowej, która naciąga cię na drinki – ale miłej, zwyczajnej dziewczyny z Południa?

Weszliśmy do baru i zanim usiedliśmy, spytałem:

– Słuchaj, zanim postawię ci drinka, chcę wiedzieć jedną rzecz: prześpisz się ze mną dziś w nocy?

– Tak.

Czyli sprawdziło się na normalnej dziewczynie! Ale choć metoda była tak skuteczna, już nigdy jej potem nie stosowałem. Przyjemność nie ta sama. Ciekawe było jednak się dowiedzieć, że świat jest niezupełnie taki, jak mi wpajano w dzieciństwie.

SZCZĘŚLIWE LICZBY

Pewnego dnia w Princeton siedziałem w świetlicy i podsłuchałem dwóch matematyków, którzy rozmawiali o szeregu e^x, czyli $1 + x + x^2/2! + x^3/3!$. Każdy wyraz otrzymuje się, mnożąc poprzedni przez x i dzieląc przez kolejną liczbę całkowitą. Na przykład aby otrzymać następny wyraz po $x^4/4!$, mnożysz ten wyraz przez x i dzielisz przez 5. Bardzo proste.

Kiedy byłem mały, szeregi mnie fascynowały. Policzyłem sobie e za pomocą tego szeregu i stwierdziłem, że po jakimś czasie kolejne wyrazy zaczynają szybko zmierzać do zera.

Wtedy, w Princeton, bąknąłem mimochodem, jak łatwo jest obliczyć e do dowolnej potęgi za pomocą tego szeregu (wystarczy podstawić wskaźnik potęgi pod x).

– Co ty powiesz? W takim razie ile jest e do 3,3? – spytał jakiś żartowniś, chyba Tukey.

– To proste – mówię. – 27,11.

Tukey wie, że nie da się tego aż tak łatwo policzyć w głowie.

Idą poszukać wyniku w tablicach, a ja tymczasem uzupełniam go jeszcze o dwa miejsca po przecinku.

– Powinno wyjść 27,1126 – mówię.

Odszukują wynik w tablicach.

– Masz rację! Ale jak ty to robisz?!

– Normalnie: sumuję szereg.

– Nikt nie potrafi tak szybko zsumować tego szeregu. Musiałeś znać wynik dla 3,3. Ile jest e do 3?

– Słuchaj, to ciężka praca! Wystarczy jedno obliczenie dziennie!

– Ha! Ty oszuście! – mówią uradowani.

– Niech wam będzie. E do 3 jest 20,085.

Zaglądają do tablic, a ja dodaję jeszcze kilka miejsc po przecinku. Teraz są już zafascynowani, bo znów podałem dobrą odpowiedź.

Najwięksi matematycy w całym mieście dziwią się, że potrafię obliczyć e do dowolnej potęgi! Jeden z nich mówi:

– To niemożliwe, żeby po prostu podstawiał i sumował, to zbyt trudne. Na pewno stosuje jakiś chwyt. Założę się, że nie potrafisz tego obliczyć dla pierwszej z brzegu liczby, powiedzmy e do 1,4.

– To ciężka praca – powtarzam – ale zrobię to dla ciebie: 4,05.

Oni szukają w tablicach, a ja dodaję kilka miejsc po przecinku, mówię: „Na dziś wystarczy!", i wychodzę.

Oto co się stało: tak się złożyło, że pamiętałem trzy liczby – logarytm z 10 przy podstawie e (potrzebny do przeliczania z podstawy dziesiętnej na podstawę naturalną), który wynosi 2,3026 (czyli wiedziałem, że e do potęgi 2,3 jest zbliżone do 10), a dzięki temu, że zajmowałem się radioaktywnością (średni czas rozpadu i czas połowicznego rozpadu), znałem logarytm naturalny z 2, który wynosi 0,69315 (czyli wiedziałem, że e do potęgi 0,7 prawie równa się 2). Pamiętałem też, ile wynosi e – 2,71828.

Pierwszą potęgą, jaką mi zadali, było 3,3, co wynosi e do 2,3 – dziesięć – razy e, czyli 27,18. Gdy oni się zastanawiali, jak to zrobiłem, ja próbowałem uwzględnić dodatkowe 0,0026 – 2,3026 daje trochę inny wynik.

Wiedziałem, że to zupełny przypadek, ale potem zadali mi e do 3: to daje e do 2,3 razy e do 0,7, czyli dziesięć razy dwa. Wiedziałem więc, że wychodzi 20 z czymś, a gdy oni dziwili się, jak to zrobiłem, ja wziąłem poprawkę na 0,693 zamiast 0,7.

Teraz byłem już pewien, że następnego nie p o l i c z ę, bo znów udało mi się przez czysty przypadek. Ale zadali mi e do 1,4, co wynosi e do 0,7 pomnożone przez siebie. Wystarczyło więc podać wynik zbliżony do 4.

Nigdy się nie zorientowali, jaką miałem metodę.

Kiedy byłem w Los Alamos, wyszło na jaw, że arcymistrzem w rachunkach jest Hans Bethe. Kiedyś na przykład podstawialiśmy różne liczby do wzoru i potrzebne było 48 do kwadratu. Sięgam po kalkulator Marchanta, a on mówi: „To będzie 2300". Zaczynam naciskać guziki, a on mówi: „A dokładnie 2304". Maszyna wyświetla 2304. „Kurczę! Niezły jesteś!", mówię.

– Nie wiesz, jak się oblicza kwadrat liczb zbliżonych do 50? – pyta. – Podnosisz do kwadratu 50 – to daje 2500 – i odejmujesz 100 razy różnica 50 i twojej liczby (w tym wypadku 2), czyli wychodzi 2300. Jeżeli potrzebujesz dokładnego wyniku, podnosisz różnicę do kwadratu i dodajesz. Wychodzi 2304.

Kilka minut później potrzebny nam był pierwiastek sześcienny z 2,5. Aby obliczyć pierwiastek sześcienny na Marchancie, trzeba było wziąć pierwsze przybliżenie z tablic. Otwieram szufladę, żeby wyjąć tablice – trwa to więc trochę dłużej niż przedtem – a on mówi: „To będzie mniej więcej 1,35".

Sprawdzam na Marchancie i rzeczywiście tyle wychodzi.

– Jak to zrobiłeś? – pytam. – Masz jakąś tajemną metodę pierwiastkowania?

– To proste: logarytm z 2,5 wynosi tyle a tyle. Jedna trzecia tego logarytmu zawiera się pomiędzy logarytmem z 1,3, który wynosi tyle, a logarytmem z 1,4, który wynosi tyle, więc dokonałem interpolacji.

Dowiedziałem się z tego dwóch rzeczy: po pierwsze, Bethe zna tablice logarytmiczne; po drugie, ilość działań arytmetycznych potrzebnych do samej interpolacji zajęłaby mi więcej czasu niż wyjęcie tablic i wciśnięcie klawiszy kalkulatora. Bardzo mi zaimponował.

SZCZĘŚLIWE LICZBY

Postanowiłem wziąć z niego przykład. Nauczyłem się na pamięć kilku logarytmów i zacząłem zwracać uwagę na różne rzeczy. Na przykład, jeśli ktoś spyta, ile wynosi 28 do kwadratu, zauważasz, że pierwiastek kwadratowy z 2 wynosi 1,4, a 28 to 20 razy 1,4, więc 28 do kwadratu musi wyjść mniej więcej 400 razy 2, czyli 800.

Jeżeli ktoś chce podzielić 1 przez 1,73, możesz mu od razu powiedzieć, że to będzie 0,577, ponieważ 1,73 to prawie tyle samo, co pierwiastek kwadratowy z trzech, czyli 1 podzielone przez 1,73 musi być jedną trzecią pierwiastka kwadratowego z 3. A jeśli trzeba podzielić 1 przez 1,75, to się równa odwrotności $\frac{7}{4}$, a ponieważ znasz na pamięć ułamki z siódemką w mianowniku, wiesz, że to będzie 0,571428...

Świetnie się bawiłem, próbując z Hansem szybko rachować za pomocą różnych chwytów. Bardzo rzadko się zdarzało, żebym zauważył coś, czego on nie zauważył, i prawie zawsze byłem od niego powolniejszy, a jeśli udało mi się go wyprzedzić, kwitował to swoim rubasznym śmiechem. Prawie zawsze był w stanie uzyskać wynik z dokładnością do jednego procenta. Szło mu jak z płatka – każda liczba była zbliżona do jakiejś znanej mu wartości.

Pewnego dnia miałem ochotę zaszaleć. Jedliśmy obiad w strefie technicznej i nie wiem, skąd mi to przyszło do głowy, ale nagle oświadczyłem: „W ciągu sześćdziesięciu sekund rozwiążę z dokładnością do dziesięciu procent każde zadanie arytmetyczne wypowiedziane nie dłużej niż w dziesięć sekund!".

Ludzie zaczęli wymyślać zadania, które ich zdaniem były trudne, jak na przykład przecałkowanie funkcji $\frac{1}{1+x^4}$, która prawie się nie zmieniała w przedziale, który mi zadali.

Najtrudniej było mi policzyć współczynnik przy x^{10} w rozwinięciu $(1 + x)^{20}$.

Wszyscy wymyślali dla mnie zadania, ja czułem się niezwyciężony, kiedy opodal pojawił się Paul Olum. Paul pracował ze mną przez jakiś czas w Princeton, przed przyjazdem do Los Alamos, i wiele razy zrobił mnie w balona. Kiedyś na przykład bawiłem się mechanicznie jedną z tych taśm mierniczych, które wsuwają się do środka, kiedy naciśniesz guzik. Gdy wskakiwała do środka, zawsze trochę szarpało i bolała mnie dłoń.

– Kurczę, ale ze mnie matoł. Zawsze zrobię sobie krzywdę, kiedy się tym bawię.

– Bo źle trzymasz – orzekł, wziął ode mnie taśmę, wysunął, nacisnął guzik i wskoczyła płynnie do środka, bezboleśnie.

– Jeju! Jak to zrobiłeś? – podekscytowałem się.

– Sam wymyśl!

Przez następne dwa tygodnie chodzę po całej uczelni z taśmą i ciągle naciskam guzik, aż dłoń mam zupełnie zmasakrowaną. W końcu nie mogę już dłużej wytrzymać.

– Paul! Poddaję się! Jak ty to trzymasz, że cię nie boli?

– A kto ci powiedział, że mnie nie boli? Mnie też boli!

Poczułem się jak idiota. Tak się dałem nabrać, że przez dwa tygodnie masakrowałem sobie dłoń!

Paul przechodzi więc koło nas, gdy jemy obiad, a chłopcy są strasznie przejęci. „Paul!" – wołają. „Feynman jest niesamowity! Wymyślamy zadanie, które można wypowiedzieć w dziesięć sekund, a on w minutę oblicza wynik z dokładnością do dziesięciu procent. Może ty mu coś zadasz?"

Nawet się nie zatrzymując, powiedział: „Tangens 10 do setnej".

Byłem bezradny: trzeba podzielić przez pi z dokładnością do 100 miejsc po przecinku! Bez szans.

Kiedy indziej pochwaliłem się, że potrafię policzyć innymi metodami każdą całkę, do której inni muszą użyć całki po krzywej zamkniętej.

SZCZĘŚLIWE LICZBY

Paul wziął jakąś potwornie skomplikowaną funkcję zespoloną, dla której znał wynik całkowania, wyjął część rzeczywistą, a zostawił urojoną. Tak rozwinął funkcję, że dało się to policzyć tylko za pomocą całki po krzywej zamkniętej! Zawsze mnie umiał tak zgasić. Bardzo inteligentny facet.

Kiedy po raz pierwszy byłem w Brazylii, jadłem kiedyś obiad o nie wiem której godzinie – zawsze przychodziłem do restauracji nie w porę – i byłem jedynym klientem w całym lokalu. Jadłem stek z ryżem (był pyszny), a w pobliżu kręciło się ze czterech kelnerów.

Do restauracji wszedł Japończyk. Widziałem go już wcześniej w okolicy: handlował liczydłami. Zaczął rozmawiać z kelnerami i chciał się z nimi założyć, że potrafi szybciej dodawać niż oni wszyscy.

Kelnerzy nie chcieli się skompromitować, więc powiedzieli: „Jak pan chce, to niech się pan założy z tym panem".

Japończyk podszedł do mnie: „Ale ja słabo znam portugalski", zaprotestowałem.

Kelnerzy roześmiali się. „Liczby są proste", powiedzieli i przynieśli mi papier i długopis.

Japończyk poprosił kelnera, żeby podawał nam liczby do zsumowania. Rozłożył mnie na łopatki, bo kiedy ja zapisywałem liczby, on już je dodawał.

Zaproponowałem, żeby kelner sporządził dwie identyczne listy liczb i dał je nam jednocześnie, ale niewiele pomogło: znów mnie sporo wyprzedził.

Trochę go to podbechtało i chciał się jeszcze bardziej popisać. „*Multiplição!*"*, powiedział.

---

* Mnożenie.

Ktoś zapisał zadanie. Japończyk znów wygrał, ale tylko o trochę, bo jestem dość dobry z iloczynów.

Potem popełnił błąd: zaproponował dzielenie. Nie zdawał sobie sprawy, że im trudniejsze zadanie, tym większe mam szanse.

Dostaliśmy skomplikowane zadanie z dzieleniem i zremisowaliśmy.

Strasznie go to przygnębiło, bo miał dużą wprawę w liczeniu na liczydle, a tu nie zdołał pokonać pierwszego lepszego klienta w restauracji.

– *Raios cubicos!* – powiedział z zacietrzewieniem.

Pierwiastki sześcienne! Facet chce arytmetycznie obliczać pierwiastki sześcienne! Trudno znaleźć w arytmetyce trudniejsze działanie. Na liczydle to jest chyba najwyższa szkoła jazdy.

Japończyk podaje pierwszą z brzegu liczbę – do dziś ją pamiętam: 1729,03 – i zabiera się do pracy, sapie i mruczy, mmmmmmmagmmmmmbrrr – jakby diabeł w niego wstąpił! Cały się poci, liczy pierwiastek.

Tymczasem ja nic nie robię, tylko s i e d z ę.

Jeden z kelnerów pyta: „Poddaje się pan?".

Pokazuję na głowę: „Myślę!". Piszę na kartce 12. Po chwili wychodzi mi 12,002.

Japończyk z liczydłem ściera pot z czoła i mówi:

– Dwanaście!

– Za mało dokładnie! – protestuję. Wiem, że przy liczeniu pierwiastka sześciennego arytmetycznie każde następne miejsce po przecinku wymaga jeszcze więcej pracy niż poprzednie.

Znów zbiera się w sobie, mamrocze, rrrrgrrrrrmmmmmmmm, a ja dokładam jeszcze dwa miejsca po przecinku. Wreszcie podnosi głowę i mówi: „12,0!".

SZCZĘŚLIWE LICZBY

Kelnerzy są cali podekscytowani i przeszczęśliwi. „Posłuchaj pan! Klient liczy w głowie, pan potrzebuje liczydła, a i tak on ma dużo więcej cyfr!".

Facet jest załamany i wychodzi upokorzony. Kelnerzy gratulują sobie nawzajem.

Jak to się stało, że klient wygrał z liczydłem? Liczba wynosiła 1729,03. Przypadkiem wiedziałem, że stopa sześcienna zawiera 1728 cali sześciennych, więc odpowiedź wynosi trochę więcej niż dwanaście. Reszta, 1,03, to niewiele więcej niż jedna dwutysięczna, a z rachunku różniczkowo-całkowego wiedziałem, że dla małych ułamków reszta z pierwiastka sześciennego wynosi jedną trzecią z reszty pierwiastkowanej liczby. Trzeba więc było tylko policzyć $\frac{1}{1725}$ i pomnożyć przez 4 (podzielić przez 3 i pomnożyć przez 12).

W ten sposób byłem w stanie uzyskać mnóstwo miejsc po przecinku.

Kilka tygodni później Japończyk wszedł do baru w hotelu, w którym mieszkałem. Rozpoznał mnie i podszedł do mnie.

– Niech mi pan powie – pyta – jak pan policzył ten pierwiastek sześcienny tak szybko?

Zacząłem mu tłumaczyć, że to metoda przybliżeń, związana z błędem procentowym.

– Załóżmy, że kazałby mi pan policzyć pierwiastek sześcienny z 28. Ponieważ pierwiastek sześcienny z 27 wynosi 3...

Japończyk bierze liczydło: zzzzzzzzzzzzz...

– Rzeczywiście – mówi.

Zdałem sobie sprawę, że on n i e z n a liczb. Mając liczydło, nie trzeba się uczyć na pamięć różnych wartości arytmetycznych; wystarczy wiedzieć, jak przesuwać z góry na dół te paciorki. Nie trzeba uczyć się na pamięć, że 9 + 7 = 16, wystarczy wiedzieć, że dodając do czegoś dziewięć, trzeba popchnąć dziesiątkę do góry, a jedynkę w dół. A zatem my jesteśmy powolniejsi w podstawowych działaniach arytmetycznych, ale za to znamy liczby.

Poza tym cała idea metody przybliżeń go przerastała, zresztą pierwiastka sześciennego często nie da się policzyć dokładnie żadną metodą. Nie byłem mu więc w stanie wyjaśnić, w jaki sposób liczę pierwiastki sześcienne i jaki miałem fart, że wybrał akurat liczbę 1729,03.

O AMERICANO, OUTRA VEZ!

Zabrałem kiedyś autostopowicza, który mi powiedział, że powinienem pojechać do Ameryki Południowej, bo to bardzo ciekawy kraj. Poskarżyłem się, że tam mówią innym językiem, ale mi odpowiedział, żebym się po prostu nauczył języka – to żaden problem. Pomyślałem sobie, dobry pomysł: pojadę do Ameryki Południowej.

W Cornell oferowano kursy językowe prowadzone według metody stosowanej podczas wojny: mała grupa, około dziesięciu studentów, i nauczyciel „autochton" rozmawiają ze sobą wyłącznie w obcym języku – i na tym koniec. Ponieważ jak na profesora wyglądałem dość młodo, postanowiłem wziąć udział w kursie, jakbym był zwyczajnym studentem. Jako że jeszcze nie wiedziałem, w którym kraju latynoamerykańskim wyląduję, zdecydowałem się pójść na hiszpański, ponieważ w przeważającej większości z tych krajów mówi się po hiszpańsku.

Kiedy przyszedł czas zapisów i staliśmy wszyscy w korytarzu, gotowi wejść do sali, nadeszła taka „buforowa" blondyna,

O AMERICANO, OUTRA VEZ!

z tych, co to chce człowiekowi oczy zwichnąć. Zupełnie odlotowa. Pomyślałem sobie: „Może zapisze się na hiszpański, to byłoby g e n i a l n e!". Ale nie, weszła do sali, w której miał być kurs portugalskiego. Pomyślałem sobie, co mi tam – równie dobrze mogę się nauczyć portugalskiego.

Ruszyłem w jej ślady, lecz obudził się we mnie mój anglosaski etos i powiedział: „Nie, to nie jest wystarczający powód, by uczyć się innego języka, niż zamierzałeś". Wróciłem więc i zapisałem się na hiszpański, z wielkim bólem serca.

Tak się złożyło, że jakiś czas później, na zebraniu Stowarzyszenia Fizyków w Nowym Jorku, siedziałem obok Jaimego Tiomno z Brazylii, który mnie spytał, co będę robił przyszłego lata.

– Wybieram się do Ameryki Południowej – powiedziałem.

– O! To może przyjedzie pan do Brazylii? Załatwię panu pracę w Ośrodku Badań Fizycznych.

Czekała mnie więc konwersja całego mojego hiszpańskiego na portugalski!

Znalazłem w Cornell studenta Portugalczyka, który dwa razy w tygodniu udzielał mi lekcji, i wszystko sobie poprzestawiałem w głowie.

W samolocie do Brazylii z początku siedziałem obok Kolumbijczyka, który mówił tylko po hiszpańsku, więc nie rozmawiałem z nim, żeby mi się wszystko znowu nie pomieszało. Ale przede mną siedzieli dwaj ludzie, którzy rozmawiali ze sobą po portugalsku. Nigdy wcześniej nie słyszałem p r a w d z i w e g o portugalskiego; miałem tylko tego jednego nauczyciela, który mówił bardzo powoli i wyraźnie. Tutaj dochodził do mnie tylko strumień dźwięków, brrrrrrr-a-ta brrrrrrr-a-ta, w którym nie odróżniałem nawet słowa „ja" czy „i", czy czegokolwiek.

Z CORNELL DO CALTECH, ZAHACZAJĄC O BRAZYLIĘ

W końcu, podczas międzylądowania w Trynidadzie – tankowaliśmy – podszedłem do nich i powiedziałem bardzo powoli po portugalsku, a w każdym razie tak mi się wydawało:
– Przepraszam... czy rozumiecie... co do was teraz mówię?
– *Pues não, porque não?* (Jasne, czemu nie?) – odparli.

Wyjaśniłem im najlepiej, jak umiałem, że uczę się portugalskiego od kilku miesięcy, ale jeszcze nigdy nie słyszałem normalnej rozmowy i gdy ich słuchałem podczas lotu, nie mogłem zrozumieć ani słowa.
– Nie, nie – powiedzieli ze śmiechem. – *Não e Portugues! E Ladão! Judeo!* – Język, którym mówili, miał się tak do portugalskiego jak jidysz do niemieckiego, więc wyobraźcie sobie faceta, który uczył się niemieckiego, a teraz siedzi za plecami dwojga ludzi rozmawiających w jidysz i nie wie, co jest grane. Niemożliwe, żeby to nie był niemiecki, ale coś tu jest nie tak. Myśli więc sobie, że z jego niemieckim musi być kiepsko.

Kiedy wróciliśmy do samolotu, pokazali mi jakiegoś człowieka, który mówił autentycznym portugalskim, więc usiadłem koło niego. Studiował neurochirurgię w Maryland, więc łatwo nam się rozmawiało – pod warunkiem że chodziło o takie „skomplikowane" sprawy, jak *cirugia neural* czy *o cerebreu*. Długie słowa bardzo łatwo się przekłada na portugalski, bo to, co w angielskim kończy się na -tion, w portugalskim kończy się na -ção, to, co na -ly, na -mente, i tak dalej. Ale kiedy wyjrzał za okno i powiedział coś bardzo prostego, okazało się, że nie potrafię rozszyfrować zdania: „niebo jest niebieskie".

Wysiadłem z samolotu w Recife (koszty przelotu z Recife do Rio pokrywał rząd brazylijski), gdzie wyszedł po mnie teść Cesara Lattesa, dyrektora Ośrodka Badań Fizycznych w Rio, jego żona i jeszcze jeden człowiek. Gdy mężczyźni poszli po mój bagaż, starsza pani zaczęła do mnie mówić po portugalsku:

O AMERICANO, OUTRA VEZ!

– Mówi pan po portugalsku? To wspaniale! Jak się pan nauczył?

Odpowiedziałem powoli, z wielkim wysiłkiem:

– Najpierw uczyłem się hiszpańskiego... potem się dowiedziałem, że jadę do Brazylii... – W tym miejscu chciałem powiedzieć: „więc nauczyłem się portugalskiego", ale nie mogłem sobie przypomnieć, jak jest „więc". Umiałem jednak tworzyć WIELKIE słowa, więc dokończyłem zdanie następująco – *CONSEQUENTEMENTE, apprendi Portugues!*

Kiedy mężczyźni wrócili z bagażem, powiedziała:

– Ach, pan mówi po portugalsku, i jakie zna cudowne słowa: *CONSEQUENTEMENTE!*

Potem zapowiedzieli przez głośniki, że lot do Rio został odwołany, a następny będzie we wtorek – ja musiałem być w Rio najpóźniej w poniedziałek.

Strasznie się zmartwiłem:

– Może będzie samolot towarowy. Polecę samolotem towarowym – powiedziałem.

– Panie profesorze! – zaprotestowali. – Recife jest bardzo ładne. Pokażemy panu miasto. Niech się pan odpręży, jest pan w B r a z y l i i.

Tego wieczoru poszedłem na spacer po mieście i natrafiłem na tłumek ludzi stojących wokół dużej, prostokątnej dziury w ulicy – wykopali ją, żeby pociągnąć kanalizację czy coś – a w dziurze stał... samochód! Coś fantastycznego: pasował jak ulał, dach był równo z ulicą. Robotnicy drogowi nie zatroszczyli się o to, żeby po fajerancie postawić jakieś znaki, i kierowca po prostu wjechał do dziury. Różnica dość wyraźna: kiedy u n a s kopie się dziurę, od razu jest mnóstwo znaków objazdu i świateł ostrzegawczych. Tutaj kopią wielką dziurę, a kiedy skończą na dany dzień, po prostu zabierają się do domu.

W każdym razie Recife rzeczywiście było ładne, a ja poleciałem do Rio dopiero w następny wtorek.

Kiedy dotarłem na miejsce, spotkałem się z Cesarem Lattesem. Ogólnokrajowa sieć telewizyjna filmowała nasze spotkanie, ale nie nagrywali dźwięku. Kamerzysta poprosił, żebyśmy ruszali ustami, żebyśmy rozmawiali o czymkolwiek.

Lattes spytał mnie:

– Znalazł pan już katalog nocnych rozrywek?

Tego wieczoru brazylijscy telewidzowie zobaczyli na swych ekranach, jak dyrektor Ośrodka Badań Fizycznych rozmawia z amerykańskim profesorem, lecz ani się domyślali, że tematem rozmowy jest załatwienie dziewczyny na noc!

Kiedy poszedłem do ośrodka, musiałem zdecydować, czy chcę mieć wykłady rano czy po południu.

– Studenci wolą po południu – powiedział mi Lattes.

– To niech będzie po południu.

– Ale po południu przyjemnie jest pójść na plażę, więc lepiej niech pan zrobi wykłady rano, a po południu będzie pan chodził na plażę.

– Ale przecież pan powiedział, że studenci woleliby mieć wykłady po południu.

– Tym niech się pan nie przejmuje. Niech pan zrobi tak, jak jest wygodnie dla p a n a! A po południu jest przyjemniejsze plażowanie.

Nauczyłem się więc patrzeć na życie z innej perspektywy niż ta, która obowiązuje w Ameryce. Po pierwsze, Brazylijczycy nigdy się nie spieszyli tak jak ja. Po drugie, jeśli coś jest wygodniejsze dla ciebie, do diabła z innymi! Tak więc wykłady miałem rano, a po południu plażowałem. Gdybym wcześniej poszedł po rozum do głowy, umiałbym portugalski, a nie hiszpański.

O AMERICANO, OUTRA VEZ!

Z początku zamierzałem wygłaszać wykłady po angielsku, ale zauważyłem pewną rzecz: kiedy studenci tłumaczyli mi coś po portugalsku, niezbyt dobrze ich rozumiałem, nie byłem pewien, czy powiedzieli „wzrasta" czy „spada", a może „nie wzrasta" lub „nie spada", czy „spada powoli". Kiedy zaś zmagali się z angielskim, zawsze jakoś wybełkotali „w górę" albo „w dół", więc wiedziałem, o co chodzi, mimo że wymowa była okropna, a składnia pogmatwana. Zdałem więc sobie sprawę, że jeżeli mam ich czegoś nauczyć, to lepiej będzie, jeżeli będę mówił moją kiepską portugalszczyzną. Swój język łatwiej zrozumieją.

Podczas tego pierwszego pobytu w Brazylii, który trwał sześć tygodni, poproszono mnie o referat w Brazylijskiej Akademii Nauk na temat jakiejś pracy z elektrodynamiki kwantowej, którą właśnie skończyłem. Postanowiłem wygłosić referat po portugalsku i dwóch studentów z ośrodka zaoferowało mi swą pomoc. Najpierw napisałem tekst absolutnie okropną portugalszczyzną. Napisałem go sam, bo gdyby oni to za mnie zrobili, byłoby za dużo nieznanych mi słów, których nie umiałbym wymówić. Studenci poprawili błędy gramatyczne i wszystko powygładzali, ale tekst pozostał na takim poziomie, że potrafiłem go przeczytać i mniej więcej rozumiałem, co mówię. Ćwiczyli ze mną wymowę: „de" musi być pomiędzy „deska" a „deista" – nie popuścili mi, dopóki się nie nauczyłem.

Poszedłem na zebranie Brazylijskiej Akademii Nauk. Pierwszym prelegentem był chemik, który zaczął wygłaszać swój referat – po angielsku. Chciał być dla mnie miły czy co? Nie mogłem zrozumieć, co mówi, taką miał fatalną wymowę, ale może inni rozumieli, bo mieli taki sam akcent – nie wiem. Potem wstaje następny facet i wygłasza swój referat – też po angielsku!

Kiedy przyszła kolej na mnie, wstałem i powiedziałem:

– Przepraszam, ale nie wiedziałem, że oficjalnym językiem Brazylijskiej Akademii Nauk jest angielski, w związku z czym wybaczą mi państwo, ale przygotowałem swój referat po portugalsku.

Przeczytałem, co miałem do przeczytania, i wszyscy byli bardzo zadowoleni.

Następny prelegent wstał i powiedział:

– Idąc za przykładem naszego kolegi ze Stanów Zjednoczonych, ja również wygłoszę swój referat po portugalsku. – Wygląda na to, że zmieniłem obyczaje językowe obowiązujące w Brazylijskiej Akademii Nauk.

Kilka lat później spotkałem Brazylijczyka, który zacytował mi słowo w słowo kilka pierwszych zdań z mojego referatu. Wynika z tego, że musiałem zrobić duże wrażenie.

Mimo to portugalski zawsze był dla mnie trudny, toteż cały czas nad nim pracowałem, czytałem gazety i tak dalej. Nadal wykładałem po portugalsku – był to raczej „portugalski Feynmana", na pewno różniący się od normalnego języka, ponieważ rozumiałem, co sam mówię, a nie rozumiałem ludzi na ulicy.

Jako że za pierwszym pobytem Brazylia bardzo mi się spodobała, rok później pojechałem tam znowu, tym razem na dziesięć miesięcy. Dostałem wykłady na uniwersytecie w Rio, który miał mi płacić, ale nie płacił, więc pieniądze na utrzymanie dawał mi ośrodek.

Wylądowałem w hotelu, który nazywał się Miramar, tuż przy plaży Copacabana. Przez jakiś czas mieszkałem w pokoju na trzynastym piętrze, skąd miałem widok na ocean i mogłem obserwować dziewczęta na plaży.

Okazało się, że w hotelu tym nocują piloci i stewardesy z Pan Amu. Zawsze brali pokoje na czwartym piętrze, po

O AMERICANO, OUTRA VEZ!

czym do późnej nocy odbywało się przemykanie windą do góry i na dół.

Pojechałem kiedyś na kilkutygodniową wycieczkę, a po powrocie kierownik hotelu powiedział mi, że musiał oddać mój pokój komuś innemu, ponieważ nie było wolnych miejsc, a moje rzeczy przeniósł do pokoju, który się potem zwolnił.

Nowy pokój znajdował się nad kuchnią, w związku z czym z reguły nikt tam nie zostawał na dłużej. Kierownik na pewno uznał, że ja jestem jedynym człowiekiem, który potrafi na tyle docenić zalety tego pokoju, że nie będzie narzekał na wyziewy z kuchni. Nie narzekałem: pokój był na czwartym piętrze, blisko stewardes. Oszczędzało to wiele zachodu.

Pracownicy linii lotniczych byli mocno znudzeni życiem, toteż wieczorem często chodzili do barów napić się czegoś. Lubiłem ich wszystkich, a żeby nie wyjść na odludka, kilka razy w tygodniu towarzyszyłem im w wyprawach do baru.

Pewnego dnia, o wpół do czwartej po południu, szedłem chodnikiem wzdłuż plaży Copacabana i natrafiłem na bar. Nagle ogarnęło mnie niesamowicie silne uczucie, że właśnie tego mi w tej chwili potrzeba, że muszę się natychmiast czegoś napić.

Ruszyłem do drzwi baru, ale nagle pomyślałem sobie: „Zaraz, stary! Jest środek popołudnia. W barze nikogo nie ma. To nie będzie picie dla towarzystwa. Skąd się w tobie wzięło tak niesamowicie silne uczucie, że m u s i s z się czegoś napić?". Przeraziłem się.

Od tej pory nie wypiłem już ani kropli alkoholu. Sądzę, że tak naprawdę nic mi nie groziło, ponieważ nie miałem żadnych problemów z odwykiem. Ale to silne uczucie, którego nie rozumiałem, przestraszyło mnie. Rzecz w tym, że największą frajdę sprawia mi myślenie, więc nie chcę sobie popsuć tego instrumentu, dzięki któremu życie jest takie fantastyczne.

Z tego samego powodu wahałem się później, czy eksperymentować z LSD, chociaż halucynacje budziły moją ciekawość.

Pod koniec tego roku spędzonego w Brazylii zabrałem jedną ze stewardes – śliczną dziewczynę z warkoczami – do muzeum. Gdy zwiedzaliśmy dział egipski, stwierdziłem, że mówię rzeczy w rodzaju: „Skrzydła na sarkofagu oznaczają to-a-to, w te wazy wkładali wnętrzności, a tu powinno być...", i pomyślałem sobie: „Wiesz, od kogo się dowiedziałeś tego wszystkiego? Od Mary Lou" – i zatęskniłem za nią.

Poznałem Mary Lou w Cornell, a poźniej, kiedy przeniosłem się do Pasadeny, okazało się, że ona jest w Westwood, czyli niedaleko. Lubiłem ją, ale często się kłóciliśmy i w końcu uznaliśmy, że to beznadziejne, i rozstaliśmy się. Jednak po roku mało rozwijającego duchowo randkowania ze stewardesami czułem się sfrustrowany. Kiedy opowiadałem tej dziewczynie o Egipcie, pomyślałem sobie, że Mary Lou była naprawdę wspaniała i że zupełnie niepotrzebnie się kłóciliśmy.

Napisałem do niej list z oświadczynami. Gdybym miał pod ręką kogoś mądrego, to by mi powiedział, że to niebezpieczne: kiedy jesteś gdzieś daleko, czujesz się samotny i masz przed sobą tylko papier, pamiętasz wyłącznie to, co było dobre, a nie pamiętasz powodów kłótni. Pomysł nie wypalił. Od razu zaczęły się nowe kłótnie i małżeństwo przetrwało tylko dwa lata.

W Ambasadzie Amerykańskiej pracował człowiek, który wiedział, że lubię muzykę latynoską. Chyba mu kiedyś powiedziałem, że za pierwszym pobytem w Brazylii usłyszałem kapelę, która ćwiczyła na ulicy, i że chciałbym się więcej dowiedzieć na temat brazylijskiej muzyki.

Powiedział, że niewielki zespół, który nazywa się *regional*, ćwiczy co tydzień u niego w mieszkaniu i że mogę przyjść posłuchać.

Było ich trzech czy czterech – w tym dozorca budynku – i grali dość spokojną muzykę, żeby nie przeszkadzać sąsiadom; nie mieli innego miejsca do grania. Jeden gość miał tamburyn, który nazywał się *pandeiro*, a inny małą gitarę. Ciągle słyszałem skądś bęben, ale bębna nie było! W końcu zorientowałem się, że to tamburyn, na którym ten człowiek grał w bardzo skomplikowany sposób, wykręcając nadgarstek i uderzając w skórę kciukiem. Zaciekawiło mnie to, więc nauczyłem się, mniej więcej, grać na *pandeiro*.

Zbliżał się karnawał, a podczas karnawału prezentowana jest nowa muzyka. W Brazylii nie gra się nowych utworów i nie wydaje płyt przez okrągły rok, tylko trzyma się je na *Carnaval*, więc wszyscy czekają w napięciu.

Okazało się, że dozorca komponuje muzykę dla małej sambowej „ławicy" – tak nazywały się te zespoły – z plaży Copacabana, o nazwie *Farçantes de Copacabana*, czyli „Szarlatani z Copacabany" (co mi się bardzo spodobało), i zwerbował mnie do zespołu.

„Ławica" polega na tym, że ludzie z *favelas* – ubogich dzielnic – spotykają się koło jakiegoś placu budowy i ćwiczą nową muzykę na karnawał.

Wybrałem sobie instrument, który nazywał się *frigideira*. Gra się na nim w następujący sposób: tłucze się metalową pałeczką w metalową patelenkę o średnicy mniej więcej piętnastu centymetrów. Jest to instrument akompaniujący, który wydaje z siebie szybki, dźwięczny szczekot, wzmacniając główny motyw rytmiczny samby. Szybko się nauczyłem tym posługiwać i wszystko szło znakomicie. Zaczęliśmy ćwiczyć, muzyka aż furczała, kiedy nagle szef sekcji *batteria*, potężny Murzyn, wrzasnął: „STOP! Przerwać!". Wszyscy przestali grać. „Coś jest nie tak z *frigideiras*!", huknął. „*O Americano, outra vez!*" (Znowu ten Amerykanin!)

Zawstydziłem się i od tej pory ćwiczyłem całymi godzinami. Kiedy szedłem plażą, podnosiłem dwa patyki i ćwiczyłem giętkie ruchy nadgarstka. Choć dużo nad sobą pracowałem, ciągle czułem, że jestem gorszy, że psuję im tylko zabawę, że to mnie przerasta.

Karnawał zbliżał się wielkimi krokami. Pewnego razu szef zespołu odbył rozmowę z jakimś innym facetem, po czym kapelmistrz zaczął podchodzić do ludzi i mówić: „Ty!" – do trębacza, „Ty!" – do wokalisty, „Ty!" – do mnie. Uznałem, że zostaliśmy skreśleni.

Szef kazał nam pójść – było nas pięciu czy sześciu – na drugą stronę placu budowy, gdzie stał stary cadillac kabriolet, ze złożonym dachem. „Wsiadać!", powiedział kapelmistrz.

Nie było miejsca dla nas wszystkich, więc niektórzy musieli siedzieć na bagażniku. Spytałem faceta obok:

– Co się dzieje, wyrzuca nas?

– *Não sé, não sé.* (Nie wiem).

Pojechaliśmy do góry drogą, która kończyła się blisko krawędzi nadmorskiej skarpy. Samochód zatrzymał się i szef powiedział: „Wysiadać!", po czym zaprowadził nas nad samą krawędź skarpy!

– Ustawić się gęsiego! – polecił. – Ty pierwszy, ty drugi, ty trzeci… Grać! A teraz naprzód marsz!

Nie fajtnęliśmy do morza, bo okazało się, że w tym miejscu prowadzi stroma ścieżka na dół. Idziemy więc naszym małym zespołem – trąbka, wokal, gitara, *pandeiro* i *frigideira* – i dochodzimy do grupy ludzi, którzy urządzili sobie w lesie piknik. Nie zostaliśmy wybrani dlatego, że szef chciał się nas pozbyć; wysłał nas na prywatny piknik, żebyśmy zagrali na zamówienie! Pieniądze przeznaczył na kostiumy dla członków zespołu.

O AMERICANO, OUTRA VEZ!

Trochę mi to poprawiło samopoczucie, bo zdałem sobie sprawę, że ze wszystkich grających na *frigideira* wybrał m n i e!

Zdarzyło się jeszcze coś, co korzystnie wpłynęło na moją samoocenę. Jakiś czas później przyszedł człowiek z innej „ławicy" sambowej, z plaży Leblon. Chciał się przenieść do naszej ławicy.

– Skąd jesteś? – spytał szef.

– Z Leblon.

– Na czym grasz?

– Na *frigideira*.

– Dobra, to posłuchajmy, jak grasz na *frigideira*.

Facet wziął swoją patelenkę i zaczął wywijać pałeczką, „brrra-pum-pum; czik-a-czik". Coś niesamowitego!

Szef powiedział do niego: „Idź stań sobie koło *O Americano* i naucz się od niego, jak się gra na *frigideira*!".

Według mojej teorii to jest tak jak z Francuzem, który przyjeżdża do Ameryki. Na początku ciągle robi błędy i trudno go zrozumieć. Potem stale ćwiczy, aż wreszcie mówi dość dobrze, a na dodatek jest w tym jakaś cudowna melodia – bardzo przyjemny akcent, który działa na ciebie jak muzyka. Ja też musiałem mieć jakiś szczególny akcent, grając na *frigideira*, bo nie mogłem iść w zawody z ludźmi, którzy grali na tym przez całe życie. Tak czy inaczej odniosłem spory sukces jako sambowy instrumentalista.

Pewnego dnia, tuż przed karnawałem, kapelmistrz ławicy sambowej powiedział: „Dobra, teraz poćwiczymy maszerowanie ulicą".

Wyszliśmy z placu budowy na ulicę. Ruch był olbrzymi. Na ulicach Copacabany zawsze panuje straszny rozgardiasz. To nie do wiary, ale był pas dla trolejbusów, po którym trolejbusy jeździły w jednym kierunku, a samochody w drugim. Mamy więc godzinę szczytu w Copacabana i zamierzamy przemaszerować środkiem Avenida Atlantica.

„Chryste Panie!", pomyślałem sobie. „Szef nie załatwił pozwolenia, nie pytał policji o zgodę, nic nie zrobił. Nagle postanowił, że po prostu wyjdziemy na ulicę".

Zaczęliśmy wychodzić na środek ulicy i dookoła zrobił się wielki rumor. Kilku gapiów z własnej inicjatywy wzięło linę i utworzyło wokół naszego zespołu duży prostokąt, żeby przechodnie się z nami nie mieszali. Ludzie zaczęli wyglądać przez okna. Wszyscy chcieli posłuchać nowej samby. Coś wspaniałego!

Ledwo ruszyliśmy, kiedy ujrzałem daleko z przodu policjanta. Popatrzył w naszą stronę, zauważył, co się dzieje, i zaczął kierować ruch inną drogą! Wszystko odbyło się nieformalnie, nie trzeba było nic załatwiać. Ochotnicy otoczyli nas linami, policjant skierował ruch inną drogą, zebrał się tłum przechodniów i powstał wielki korek samochodów, ale nikomu to nie przeszkadzało! Przeszliśmy przez całą Copacabanę, skręcając w kolejne ulice, jak nam się spodobało!

Wreszcie dotarliśmy na niewielki placyk przed budynkiem, w którym mieszkała matka szefa. Zatrzymaliśmy się i graliśmy, matka zeszła do nas z siostrą i kilkoma innymi kobietami. Wszystkie miały na sobie fartuchy; pracowały w kuchni i widać było, jakie są przejęte – prawie płakały ze szczęścia. Miło było sprawić ludziom taką radość. I ci wszyscy gapie w oknach – coś wspaniałego! Przypomniałem sobie mój poprzedni pobyt w Brazylii, kiedy pierwszy raz ujrzałem zespół sambowy i oszalałem na punkcie tej muzyki – teraz sam byłem w takim zespole!

Nawiasem mówiąc, kiedy tak szliśmy przez Copacabanę, zauważyłem na chodniku dwie panie z ambasady. W następnym tygodniu dostałem z ambasady notkę, w której dziękowano mi za moją „wspaniałą postawę, bla, bla, bla", tak jakbym to robił dla poprawienia stosunków pomiędzy Stanami Zjednoczonymi a Brazylią!

Nie chciałem chodzić na próby tak samo ubrany jak na uniwersytet. Ludzie z zespołu byli bardzo biedni i mieli tylko stare, złachmanione ubrania. Wkładałem więc jakiś stary podkoszulek, stare spodnie i tak dalej, żeby się za bardzo nie wyróżniać. Ale nie mogłem przejść w takim stroju koło recepcji mojego ekskluzywnego hotelu przy Avenida Atlantica, więc zjeżdżałem windą na sam dół i wychodziłem przez podziemie.

Przed samym karnawałem miał się odbyć specjalny konkurs ławic sambowych ze wszystkich plaż – Copacabana, Ipanema i Leblon; ławic było trzy albo cztery, a wśród nich my. Mieliśmy przemaszerować poprzebierani wzdłuż Avenida Atlantica. Nie byłem Brazylijczykiem, więc czułem się trochę nieswojo na myśl o tym, że mam włożyć na siebie jeden z tych fikuśnych kostiumów karnawałowych, ale okazało się, że będziemy przebrani za Greków, więc pomyślałem, że udawać Greka mogę równie dobrze jak oni.

W dniu konkursu jadłem śniadanie w restauracji hotelowej, kiedy szef sali, który często widział, jak stukam palcami w stół, słysząc, jak grają sambę, podszedł do mnie i powiedział:

– Panie Feynman, tego wieczoru będzie coś, co się panu bardzo spodoba! *Tipico Brasileiro*: przed samym hotelem przemaszerują zespoły sambowe! Muzyka jest zawsze znakomita – musi pan to usłyszeć!

– Dziś wieczór jestem trochę zajęty – odparłem. – Nie wiem, czy zdążę.

– Och, musi pan, na pewno będzie pan zachwycony! Mówię panu, *tipico Brasileiro*!

Nie dawał mi spokoju, a ja powtarzałem mu, że nie wiem, czy zdążę, więc był bardzo rozczarowany.

Tego wieczoru jak zwykle wrzuciłem na siebie moje stare ciuchy i wyszedłem przez podziemie. Na placu budowy założyliśmy kostiumy i zaczęliśmy maszerować wzdłuż Avenida Atlantica – tysiąc brazylijskich Greków w kostiumach z papieru; ja szedłem z tyłu i wygrywałem na *frigideira*.

Z obu stron Avenida zgromadził się wielki tłum, ludzie wyglądali też z okien. Zbliżaliśmy się do hotelu Miramar, w którym mieszkałem. Ludzie powchodzili na stoły i krzesła, tłumy były nieprzebrane. Graliśmy, aż furczało, i zaczęliśmy mijać hotel. Nagle zauważyłem, że jeden z kelnerów podskakuje do góry, pokazuje ręką, i w całym tym strasznym harmidrze usłyszałem, jak wrzeszczy: *„O PROFESSOR!"*. A zatem szef sali dowiedział się, czemu nie mogłem przyjść popatrzeć na konkurs – brałem w nim udział!

Następnego dnia w oknie mieszkania przy Avenida zauważyłem pewną panią, którą stale widywałem na plaży. Zaprosiła do siebie znajomych i gdy przechodziliśmy pod jej oknami, jeden ze znajomych zawołał: *„Patrzcie na tego człowieka, co gra na frigideira – n i e z ł y   j e s t,   n o   n i e?"*. Udało mi się. Pochlebiło mi, że odniosłem sukces w czymś, w czym nie miałem prawa być dobry.

Kiedy nadszedł czas karnawału, niewielu ludzi z naszej ławicy stawiło się. Mieliśmy gotowe kostiumy specjalnie na tę okazję, ale ludzi było za mało. Może reszta uznała, że nie mamy szans wygrać z największymi ławicami w mieście; nie wiem. Pomyślałem sobie: „Kurczę, pracowaliśmy dzień po dniu, ćwiczyliśmy i maszerowaliśmy, a kiedy przyszedł karnawał, mnóstwo ludzi z zespołu nie stawiło się i nie wypadliśmy zbyt dobrze. Nawet kiedy już maszerowaliśmy ulicą, kilku członków zespołu ulotniło się. Bardzo dziwne zjawisko!". Nigdy tego do końca nie zrozumiałem, ale może najprzyjemniejszy i najbardziej ekscytujący był dla nich konkurs poszczególnych plaż, w którym nie odstawaliśmy od reszty. Nawiasem mówiąc, wygraliśmy ten konkurs.

Podczas tego dziesięciomiesięcznego pobytu w Brazylii zainteresowałem się poziomem energii lżejszych jąder. Całą teorię opracowałem w pokoju hotelowym, ale chciałem sprawdzić, jak przedstawiają się dane doświadczalne. Była to nowa rzecz, nad którą pracowali eksperci z Kellogg Laboratory w Caltech, więc kontaktowałem się z nimi – dokładnie umówiliśmy godziny – przez amatorskie radio. Znalazłem w Brazylii radioamatora i mniej więcej raz w tygodniu jeździłem do jego domu. Łączył się z radioamatorem w Pasadenie, a potem, ponieważ sprawa nie była całkiem legalna, wymyślał dla mnie jakiś kryptonim i mówił:

– Teraz oddaję ci WKWX, który siedzi obok mnie i chciałby z tobą zamienić parę słów.

– Tu WKWX – mówiłem. – Czy mógłby mi pan podać odległości poziomów energii jąder boronu, o których mówiliśmy w zeszłym tygodniu? – i tak dalej. Korzystałem z danych doświadczalnych, żeby skorygować moje stałe i sprawdzić, czy jestem na dobrej drodze.

Potem radioamator wyjechał na wakacje, więc wysłał mnie do kolegi. Kolega był ślepy, ale doskonale sobie radził. Obaj byli bardzo sympatyczni, a rozmowy z Caltech przez radio bardzo dużo mi dały.

Moja teoria, której poświęciłem sporo czasu, okazała się sensowna. Później dopracowali ją i zweryfikowali inni ludzie. Wtedy jednak uznałem, że mam zbyt wiele parametrów, które wymagają dopasowania – że potrzeba zbyt wiele „fenomenologicznego dopasowywania stałych" – i nie byłem pewien, czy teoria jest użyteczna. Chciałem dużo bardziej dogłębnie zrozumieć lekkie jądra i nigdy nie byłem do końca przekonany, że to, co robię, jest znaczące, więc nigdy tego nie wykorzystałem.

Miałem bardzo ciekawe doświadczenia związane z brazylijskim szkolnictwem. Prowadziłem zajęcia ze studentami, którzy po studiach mieli zostać nauczycielami, ponieważ w tym okresie nie było w Brazylii zbyt wielu możliwości pracy dla naukowca. Moi studenci mieli już za sobą wiele kursów, a teraz przystępowali do najbardziej zaawansowanego kursu z elektromagnetyzmu – równania Maxwella i tak dalej.

Uniwersytet mieścił się w wielu budynkach rozrzuconych po całym mieście, a zajęcia, które prowadziłem, odbywały się w budynku nad zatoką.

Odkryłem bardzo dziwne zjawisko: stawiałem jakieś pytanie, na które studenci natychmiast odpowiadali, lecz kiedy później stawiałem je znowu – na ten sam temat i, jak mi się wydawało, to samo pytanie – w ogóle nie potrafili odpowiedzieć! Kiedyś, na przykład, mówiłem o polaryzacji światła i dałem im wszystkim po kilka pasków polaroidu.

Polaroid przepuszcza tylko światło o określonym wektorze elektrycznym, więc wytłumaczyłem im, że da się poznać sposób polaryzacji światła po tym, czy polaroid jest ciemny, czy jasny.

Najpierw wzięliśmy dwa paski polaroidu i obracaliśmy nimi, aż znaleźliśmy położenie, w którym przepuszczały najwięcej światła. Dzięki temu mogliśmy stwierdzić, że oba paski przepuszczają światło spolaryzowane w tym samym kierunku – to, co przechodziło przez jeden pasek, mogło także przejść przez drugi. Wtedy spytałem, jak można stwierdzić a b s o l u t n y kierunek polaryzacji dla j e d n e g o kawałka polaroidu.

Nie mieli pojęcia.

Wiedziałem, że to wymaga pewnej operacji myślowej, więc podpowiedziałem im:

– Spójrzcie na światło odbite od zatoki.

Nic nie odpowiedzieli.

– Słyszeliście o kącie Brewstera?

– Tak, proszę pana! Kąt Brewstera to kąt padania światła na granicę ośrodków przezroczystych o współczynniku załamania n, przy którym światło odbite ulega całkowitej polaryzacji liniowej.

– A w którym kierunku biegnie odbity promień spolaryzowany?

– Promień spolaryzowany biegnie prostopadle do załamanego, proszę pana.

Do dziś się zastanawiam, na czym to polega. Recytowali jak z książki! Wiedzieli nawet, że tangens kąta padania równa się współczynnikowi załamania!

– No i co? – spytałem.

Dalej cisza. Właśnie mi powiedzieli, że światło odbite od ośrodka o współczynniku załamania n, takiego jak zatoka na zewnątrz, jest spolaryzowane; powiedzieli mi nawet, w którym kierunku jest spolaryzowane.

– Spójrzcie na zatokę przez polaroid – poleciłem. – Teraz obróćcie polaroidem.

– Ach, jest spolaryzowane! – zdziwili się.

Po dłuższych dociekaniach doszedłem do wniosku, że studenci nauczyli się wszystkiego na pamięć, ale nic z tego nie rozumieją. Kiedy się im mówiło o „świetle odbitym od ośrodka o współczynniku załamania n", nie wiedzieli, że chodzi o jakiś konkretny materiał, na przykład o w o d ę. Nie wiedzieli, że kierunek światła to coś, co można z o b a c z y ć, i tak dalej. Wszystko mieli wykute na pamięć, lecz niczego sobie nie przełożyli na słowa, które coś by dla nich znaczyły. Kiedy więc spytałem: „Co to jest kąt Brewstera?", komputer umiał rozpoznać te symbole, ale kiedy mówiłem: „Spójrzcie na wodę", żadnej reakcji – w komputerze nie było nic pod hasłem: „Spójrzcie na wodę"!

Później poszedłem na wykład do szkoły inżynieryjnej. W tłumaczeniu na angielski wykładowca mówił, co następuje: dwa ciała... są równoważne... kiedy jednakowy moment siły... daje jednakowe przyspieszenia. Dwa ciała są równoważne, kiedy jednakowy moment siły daje jednakowe przyspieszenia. – Studenci zapisywali dyktowane zdanie do zeszytu, a kiedy pan profesor je powtarzał, sprawdzali, czy nie popełnili jakiegoś błędu. Potem zapisywali następne zdanie i tak dalej. Byłem jedynym słuchaczem, który wiedział, że profesor ma na myśli ciała o jednakowym momencie bezwładności, co samodzielnie trudno było wymyślić.

Nie wiedziałem, do czego miałaby im się przydać taka wiedza. Profesor mówił o momencie bezwładności, ale nie było żadnej dyskusji o tym, jak trudno jest otworzyć drzwi, kiedy zablokujesz je jakimś ciężarem daleko od zawiasów – nic z tych rzeczy!

Po wykładzie spytałem jednego ze studentów:
– Co robicie z tymi wszystkimi notatkami?
– Uczymy się z nich do egzaminu.
– Na czym polega egzamin?
– Jest bardzo prosty. Dam panu przykład pytania. – Zagląda do zeszytu i mówi: – „Kiedy dwa ciała są równoważne?". Odpowiedź: „Dwa ciała są równoważne, kiedy jednakowy moment obrotowy daje jednakowe przyspieszenia".

O AMERICANO, OUTRA VEZ!

Czyli można było „nauczyć się" notatek na pamięć, zdać egzamin i nic z tego n i e w i e d z i e ć.

Potem poszedłem popatrzeć na egzamin wstępny do szkoły inżynieryjnej. Był to egzamin ustny i pozwolili mi się przysłuchiwać. Jeden ze studentów był super: na wszystko odpowiadał bezbłędnie. Egzaminatorzy spytali go, co to jest diamagnetyzm, a on powiedział wszystko, co trzeba. Potem spytali:

– Co się dzieje ze światłem, które przechodzi przez płaski ośrodek o grubości m i współczynniku załamania n?

– Wychodzi przesunięte równolegle do promienia padania.

– Ile wynosi przesunięcie?

– Nie wiem, proszę pana, ale mogę spróbować wymyślić.

Wymyślił. Był znakomity. Ale po wszystkich moich doświadczeniach nabrałem podejrzeń.

Po egzaminie podszedłem do tego inteligentnego młodego człowieka i wyjaśniłem, że jestem ze Stanów Zjednoczonych i chciałbym mu zadać kilka pytań, które w żaden sposób nie wpłyną na wyniki egzaminu. Pierwsze pytanie brzmiało:

– Czy może mi pan podać przykład jakiejś substancji diamagnetycznej?

– Nie.

Drugie pytanie:

– Gdyby ta książka była ze szkła, a ja patrzyłbym przez nią na jakiś przedmiot na stole, co stałoby się z obrazem tego przedmiotu, gdybym uniósł książkę z jednej strony?

– Byłby obrócony o dwukrotność kąta, o który uniósłby pan książkę.

– Nie pomyliło się panu z lustrem?

– Nie, proszę pana!

Dopiero co powiedział na egzaminie, że światło byłoby przesunięte równolegle do promienia padania, toteż obraz byłby przesunięty w którąś stronę, a nie obrócony. Wymyślił nawet wzór na przesunięcie, ale nie zdawał sobie sprawy, że kawałek szkła jest materiałem o współczynniku załamania n, a zatem wzór, który podał, stosuje się do mojego pytania.

Prowadziłem w szkole inżynieryjnej zajęcia z matematycznych metod fizyki i chciałem pokazać studentom, jak rozwiązuje się zadania metodą prób i błędów. Ludzie na ogół się tego nie uczą, więc dla ilustracji zacząłem od prostych przykładów arytmetycznych. Byłem zdziwiony, że tylko ośmiu na około osiemdziesięciu studentów wykonało pierwsze zadanie, więc wygłosiłem płomienną orację pod hasłem, że trzeba s a m e m u spróbować, a nie tylko siedzieć i patrzeć, jak ja to robię.

Po wykładzie przyszło do mnie kilku wydelegowanych studentów, żeby mi wytłumaczyć, iż nie rozumiem idei tych studiów: można się uczyć bez rozwiązywania zadań, oni arytmetykę już umieją i jest to dla nich zbyt trywialne.

Nie egzekwowałem więc odrabiania zadań, ale potem zrobiły się coraz bardziej skomplikowane i zaawansowane, a oni dalej nic nie oddawali. Oczywiście domyślałem się, jaki jest tego powód: nie potrafią ich rozwiązać!

Kolejna rzecz, do której nie byłem ich w stanie zmusić, to zadawanie pytań. Wreszcie jakiś student wyjaśnił mi: „Jeśli zadam pytanie podczas zajęć, wszyscy na mnie potem naskoczą, że marnuję ich czas, bo oni chcą się czegoś n a u c z y ć, a ja panu przerywam pytaniami".

Wzajemnie się licytowali, jacy są mądrzy, udawali, że wszystko rozumieją, a jeśli ktoś, zadając pytanie, przyznał, że coś jest dla niego niejasne, obruszali się, stroili miny, że niby wszystko jest tak oczywiste, a facet tylko marnuje ich czas.

Wyjaśniłem im, jak pożyteczna jest wspólna praca, wspólne omawianie problemów, ale na to też nie chcieli się zgodzić, bo zapytanie o coś kolegi oznaczałoby dla nich kompromitację. Żal mi ich było. Inteligentni ludzie, chętni do nauki, ale wpadli w tę dziwną koleinę bezproduktywnego gromadzenia wiedzy.

Pod koniec roku akademickiego studenci poprosili mnie, żebym wygłosił referat na temat moich doświadczeń dydaktycznych w Brazylii. Mieli przyjść także profesorowie i urzędnicy rządowi, więc wymogłem na studentach obietnicę, że będę mógł powiedzieć, co zechcę: „Oczywiście", zgodzili się. „To wolny kraj".

Zabrałem ze sobą podręcznik podstaw fizyki, z którego korzystali na pierwszym roku studiów. Uważali, że to znakomita książka, bo różne rzeczy były pisane różnymi czcionkami – najważniejsze rzeczy tłustym drukiem, mniej ważne trochę mniej pogrubionym i tak dalej.

Kiedy wszedłem z nią na salę wykładową, ktoś mi od razu powiedział:

– Chyba nie ma pan zamiaru krytykować tego podręcznika? Jego autor jest na sali, a wszyscy uważają, że to dobry podręcznik.

– Zgodziliście się, żebym mówił, co mi się spodoba.

Sala wykładowa była zajęta do ostatniego miejsca. Zacząłem od zdefiniowania nauki jako dążenia do zrozumienia zachowania przyrody. Potem spytałem: „Czy istnieje dobry powód, by nauczać przyrodoznawstwa? Oczywiście, żaden kraj nie może się nazwać cywilizowanym, jeżeli... bla, bla, bla". Wszyscy siedzieli i kiwali głowami, bo właśnie to chcieli usłyszeć.

Nagle zmieniłem front: „To oczywiście absurdalne, bo kto powiedział, że musimy dotrzymać kroku innym krajom? Musimy znaleźć jakiś d o b r y powód, jakiś r o z u m n y powód, a nie tylko taki, że inne kraje to robią". Zacząłem mówić o użyteczności nauki, jej zasługach dla poprawy warunków życia i tak dalej – chciałem się z nimi trochę podroczyć.

Potem mówię: „Głównym celem mojego odczytu jest wykazanie, że w Brazylii nie naucza się przyrodoznawstwa!".

Widzę wielkie poruszenie, wszyscy sobie myślą: „Jak to nie ma przyrodoznawstwa? Co za brednie! A te wszystkie zajęcia?".

Mówię im, że pierwszą rzeczą, która mnie zafrapowała po przyjeździe do Brazylii, był widok dzieci z podstawówki kupujących w księgarni książki do fizyki. Skoro w Brazylii jest tyle dzieci, które uczą się fizyki, zaczynając dużo wcześniej niż dzieci w Stanach Zjednoczonych, to dlaczego w Brazylii jest tak niewielu fizyków? Czy to nie dziwne? Tyle dzieci uczy się tak pilnie i nic z tego nie wynika.

Potem przeprowadziłem analogię z filologiem klasycznym, który kocha grekę, lecz wie, że w jego kraju nie ma wielu dzieci uczących się greckiego. Kiedy przyjeżdża do innego kraju, z radością zauważa, że wszyscy się tu uczą greki – nawet najmniejsze szkraby w podstawówce. Idzie więc na egzamin z greki, po czym pyta studenta, który właśnie dostał dyplom z filologii klasycznej: „Jakie były poglądy Sokratesa na temat stosunku prawdy do piękna?", a student nie umie odpowiedzieć. Potem pyta studenta: „Co Sokrates powiedział w tym-a-tym fragmencie *Uczty*?", a student z błyskiem w oku zaczyna wyrzucać z siebie cytaty, słowo w słowo, znakomitą greką.

A przecież w tym fragmencie *Uczty* Sokrates mówi właśnie o stosunku prawdy do piękna!

Ów przyjezdny filolog dowiaduje się, że tutejsi studenci uczą się greki następująco: najpierw litery, potem wyrazy, potem zdania i akapity. Potem recytują, słowo w słowo, co powiedział Sokrates, ale nie zdają sobie sprawy, że te greckie słowa cokolwiek z n a c z ą. Dla studenta są tylko sztucznymi dźwiękami. Nikt ich nigdy nie przełożył na słowa dla studentów zrozumiałe.

– Tak mi się to właśnie przedstawia, kiedy obserwuję, jak tu uczycie młodzież „przyrodoznawstwa". – (Mocne, co?)

Potem wziąłem do ręki podręcznik, którego używali.

– Nigdzie w tej książce nie ma mowy o wynikach doświadczeń, z wyjątkiem jednego miejsca, w którym jest opisane, jak piłka toczy się po równi pochyłej, i podane jest, jaką odległość pokonała po jednej, dwóch, trzech... sekundach. Wyniki podane są z „błędem" – to znaczy różnią się nieznacznie od uzyskanych teoretycznie. Napisane jest nawet, że trzeba uwzględniać błąd pomiaru. Na razie wszystko w porządku. Sęk w tym, że kiedy wyliczyć z tych wyników stałą przyspieszenia, otrzymuje się prawidłową odpowiedź. Tymczasem jeżeli wziąć r z e c z y w i s t ą piłkę i n a p r a w d ę przeprowadzić eksperyment, występuje dodatkowy czynnik tarcia, w związku z czym rzeczywista odpowiedź wyniesie pięć siódmych uzyskanej ze wzoru. Czyli w jednym jedynym przykładzie „wyników" doświadczalnych podaje się trochę zmienione wyniki teoretyczne. Nikt nigdy nie spuścił takiej piłki po równi pochyłej, bo na pewno nie otrzymałby takich wyników!

– Zauważyłem jeszcze jedną rzecz – ciągnąłem. – Na waszych oczach otworzę tę książkę w dowolnym miejscu i pokażę wam, o co mi chodzi – a chodzi mi o to, że to nie jest przyrodoz n a w s t w o, tylko wkuwanie na pamięć, calutka książka. Uwaga, otwieram na chybił trafił.

Wkładam więc palec między kartki, otwieram i zaczynam czytać: „Tryboluminescencja. Tryboluminescencja to światło emitowane przy kruszeniu kryształów...".

– Czy to jest przyrodoznawstwo? – spytałem. – Nie! Powiedziane jest tylko, co jedno słowo oznacza przełożone na inne słowa. Nic nie jest powiedziane o przyrodzie – j a k i e kryształy, kiedy je kruszyć, wytwarzają światło, d l a c z e g o wytwarzają światło. Czy zdarzyło się, żeby jakiś student poszedł do domu i spróbował u z y s k a ć zjawisko tryboluminescencji? Nie wie jak.

– Gdybyście natomiast napisali: „Jeśli weźmiesz kostkę cukru i skruszysz ją w ciemnościach za pomocą kombinerek, zobaczysz niebieskawy błysk. Niektóre inne kryształy też się tak zachowują. Nikt nie wie dlaczego. Zjawisko to nazywamy tryboluminescencją". Wtedy ktoś pójdzie do domu i spróbuje. Wtedy mamy doświadczenie przyrody. – Trafiłem akurat na ten przykład, ale każdy inny byłby równie dobry: cała książka była tak napisana.

Na koniec powiedziałem, że nie widzę sposobu, by ktoś miał się czegokolwiek nauczyć w tym samonapędzającym się systemie, w którym ludzie zdają egzaminy i uczą innych zdawać egzaminy, ale nikt nic nie wie.

– Jednak może jestem w błędzie – powiedziałem. – Na moich zajęciach było dwóch studentów, którzy dobrze sobie radzili, a jeden z moich znajomych fizyków zdobył wykształcenie w Brazylii. Czyli choć system jest zły, niektórzy ludzie potrafią na nim skorzystać.

Po referacie wstał dziekan wydziału przyrodoznawstwa i powiedział:

– Pan Feynman mówił o bolesnych dla nas sprawach, ale wydaje się, że on naprawdę kocha naukę i jego krytyka płynie ze szczerego serca. Dlatego sądzę, że powinniśmy go wysłuchać. Przyszedłem tutaj ze świadomością, że naszemu systemowi szkolnictwa coś dolega; dowiedziałem się, że toczy nas r a k! – Po czym usiadł.

Gdy skończył, inni poczuli się dopuszczeni do głosu i wywiązała się gorąca dyskusja. Wszyscy wstawali i zgłaszali jakieś pomysły. Studenci powołali komisję, która miała się zająć wcześniejszym powielaniem wykładów, żeby nie musieli ich spisywać, powstało też kilka innych komisji.

Potem stało się coś zupełnie dla mnie nieoczekiwanego. Wstał jeden ze studentów i powiedział:

– Jestem jednym z dwóch studentów, o których pan Feynman wspomniał pod koniec swojego referatu. Nie uzyskałem wykształcenia w Brazylii; studiowałem w Niemczech, a do Brazylii przyjechałem dopiero w tym roku.

Drugi student, który dobrze sobie radził na zajęciach, miał do powiedzenia coś podobnego. Potem wstał profesor, o którym wspominałem, i powiedział:

– Uczyłem się tutaj, w Brazylii, podczas wojny, kiedy, na szczęście, wszyscy profesorzy opuścili uniwersytet, więc uczyłem się sam, czytając, czyli tak naprawdę nie zdobyłem wykształcenia w brazylijskim systemie szkolnictwa.

Nie spodziewałem się tego. Wiedziałem, że system jest zły, ale 100 procent – to było straszne!

Ponieważ pojechałem do Brazylii w ramach programu sponsorowanego przez rząd Stanów Zjednoczonych, Departament Stanu poprosił mnie, żebym napisał sprawozdanie z moich doświadczeń, spisałem więc główne punkty referatu, który wtedy wygłosiłem. Dowiedziałem się później pocztą pantoflową, jaka była reakcja kogoś z Departamentu Stanu:

– Z tego widać, jakie to niebezpieczne wysłać do Brazylii kogoś tak naiwnego. Ten dureń napyta nam tylko biedy. Nic nie zrozumiał z ich sytuacji.

Wręcz przeciwnie! Myślę, że to ten człowiek z Departamentu Stanu był naiwny, jeżeli sądził, że wystarczy przeglądnąć katalog kursów, żeby się dowiedzieć, czy dany uniwersytet jest dobry.

CZŁOWIEK O TYSIĄCU JĘZYKÓW

Gdy byłem w Brazylii, bardzo chciałem nauczyć się tamtejszego języka, więc postanowiłem, że będę wykładał fizykę po portugalsku. Wkrótce po powrocie do Caltech zostałem zaproszony na przyjęcie u profesora Bachera. Przed moim przyjściem Bacher powiedział do gości:

– Ten Feynman ma się za Bóg wie jak mądrego, bo liznął trochę portugalskiego. Zróbmy mu kawał: pani Smith (która jest czystą anglosaską) wychowała się w Chinach. Niech się przywita z Feynmanem po chińsku.

W błogiej nieświadomości przychodzę na przyjęcie i Bacher zaczyna mnie przedstawiać:

– Panie Feynman, to jest pan Taki-a-taki.
– Miło mi pana poznać, panie Feynman.
– A to jest pan Taki-a-taki.
– Bardzo mi miło, panie Feynman.
– A to jest pani Smith.
– *Ai, choong, ngong jia!* – mówi z ukłonem.

Jest to dla mnie takie zaskoczenie, że jedyne, co przychodzi mi do głowy, to odpowiedzieć dokładnie tym samym. Kłaniam się kurtuazyjnie i z całkowitą pewnością siebie mówię:

– Ah ching, jong jien!
– O mój Boże! – woła wytrącona z równowagi. – Wiedziałam, że tak będzie – ja mówię po mandaryńsku, a on po kantońsku!

OCZYWIŚCIE, PANIE WAŻNY!

Miałem kiedyś zwyczaj co lato przemierzać samochodem całe Stany Zjednoczone, z zamiarem dotarcia nad Pacyfik, ale

OCZYWIŚCIE, PANIE WAŻNY!

z różnych przyczyn zawsze gdzieś utkwiłem – na ogół w Las Vegas.

Najlepiej pamiętam pierwszy raz, kiedy było najprzyjemniej. Tak samo jak teraz, Las Vegas żyło z hazardzistów, więc każdy hotel starał się za wszelką cenę ściągnąć ludzi do siebie, żeby zostawili pieniądze w kasynie. Stosowano więc takie chwyty jak bardzo tanie, prawie darmowe kolacje z wodewilem. Nie trzeba było rezerwować stolika: wystarczyło przyjść, usiąść przy jednym z wielu wolnych stolików i dobrze się bawić. Dla kogoś, kto nie uprawiał hazardu, był to prawdziwy raj – niedrogie pokoje, posiłki prawie za darmo, ciekawe wodewile i ładne dziewczyny.

Pewnego dnia leżałem koło basenu w moim motelu, kiedy podszedł do mnie jakiś człowiek i zaczął coś mówić. Z początku nie bardzo wiedziałem, o co mu idzie, ale chyba nabijał się ze mnie, że pracuję na życie – nie wiem, jak się tego domyślił – kiedy to jest zupełnie niepotrzebne.

– Niech pan popatrzy, jak mi się żyje – powiedział. – Cały czas leżę sobie koło basenu i baluję.

– Ale jak pan to robi bez pracy?

– Stawiam na konie.

– Zupełnie się nie znam na koniach, ale nie rozumiem, jak można wyżyć ze stawiania na konie – odparłem sceptycznie.

– Oczywiście, że można – powiedział. – Ja właśnie z tego żyję! Posłuchaj pan: ja pana n a u c z ę, jak się to robi. Pójdziemy do bukmachera i gwarantuję panu, że pan wygra sto dolarów.

– Jak pan może mi to zagwarantować?

– Założymy się o sto dolarów, że pan wygra. Jeżeli pan wygra, zapłaci mi pan i wyjdzie na zero, a jeśli pan przegra, dostanie pan ode mnie sto dolarów!

„Genialne!", myślę sobie. „Jeżeli wygram sto dolarów na wyścigach i będę musiał mu zapłacić, nic nie tracę; to tylko eksperyment – dowód na to, że jego system działa. A jeżeli przegram, on mi płaci sto dolarów. Świetny pomysł".

Zabiera mnie do jakiegoś bukmachera, gdzie jest spis koni i torów wyścigowych w całym kraju. Przedstawia mnie innym ludziom, którzy mówią: „Fajny gość! Wygrałem od niego stówkę!".

Powoli sobie uświadamiam, że będę musiał postawić moje własne pieniądze, i zaczynam się trochę denerwować.

– Ile muszę postawić? – pytam.

– E tam, jakieś trzysta, czterysta dolarów.

Nie mam tyle przy sobie. Poza tym zaczynam się martwić: a jeśli przegram wszystkie zakłady?

Facet mówi: „Posłuchaj pan: jak dla pana moja rada będzie pana kosztować tylko p i ę ć d z i e s i ą t dolarów i t y l k o w t e d y, k i e d y p a n w y g r a. Jeżeli pan przegra, dostaje pan swoją stówkę" – a ja myślę sobie: „Jejku, teraz wygrywam tak czy tak – albo pięćdziesiąt, albo sto dolarów! Jak on to, u diabła, robi?". Potem zdaję sobie sprawę, że jeżeli wyniki rozkładają się mniej więcej zgodnie z prawdopodobieństwem, szansa wygrania stu dolarów do szansy przegrania czterystu dolarów wynosi cztery do jednego. A więc na pięć wyścigów on cztery razy dostaje pięćdziesiąt dolarów za radę, czyli w sumie dwieście (i wszystkim rozpowiada, jaki jest genialny), a za piątym razem musi zapłacić sto dolarów. Czyli dostaje przeciętnie dwieście, a płaci sto! Nareszcie więc zrozumiałem, jak on na tym zarabia.

Te przekomarzanki trwały przez kilka dni. Facet wymyślał jakiś system, który z początku wyglądał na znakomity interes dla mnie, ale po chwili namysłu zawsze wykrywałem jakiś kruczek. Wreszcie, już trochę zdesperowany, mówi:

— Dobra, to zróbmy tak: pan mi zapłaci pięćdziesiąt dolarów za poradę i jeśli pan przegra, zwrócę panu w s z y s t k i e pieniądze.

No nie, na tym już nie mogę stracić, więc mówię mu, że się zgadzam.

— Świetnie — mówi. — Niestety muszę wyjechać w weekend do San Francisco, więc niech mi pan przyśle wyniki pocztą i jeśli pan straci czterysta dolarów, ja panu przyślę pieniądze.

Na wcześniejszych systemach miał zarobić dzięki uczciwej arytmetyce, a teraz chce bryknąć z miasta. Na tym systemie może zarobić tylko w jeden sposób: nie przysyłając pieniędzy, czyli będąc zwyczajnym oszustem.

Nie przyjąłem więc żadnej z jego propozycji, ale dużą rozrywką było obserwować, jak taki facet kombinuje.

Drugą przyjemną rzeczą w Las Vegas były rozmowy z tancerkami z rewii. Sądzę, że w przerwach pomiędzy numerami kazano im się kręcić w pobliżu baru, żeby przyciągać klientów. Poznałem w ten sposób kilka z nich i stwierdziłem, że są miłe. Ludzie, którzy mówią: „Girlaski, co?", mają je już z góry zaszufladkowane. Ale w każdym środowisku są bardzo różni ludzie. Na przykład była wśród nich córka dziekana uniwersytetu ze Wschodniego Wybrzeża. Miała talent do tańca, a ponieważ latem trudno było o pracę w tym zawodzie, najęła się jako tancerka rewiowa. Większość dziewczyn była miła i przyjazna. Przyznam się, że właśnie ze względu na nie tak bardzo lubiłem Las Vegas.

Z początku trochę się bałem: dziewczyny były takie piękne, miały taką okropną reputację i tak dalej. Strasznie się jąkałem, kiedy z nimi rozmawiałem, ale z czasem na tyle nabrałem pewności siebie, że już nie bałem się żadnej z nich.

Przygody przytrafiały mi się w pewien dziwny sposób, który trudno wyjaśnić. To tak jak z wędkarstwem: zarzucasz wędkę, a potem musisz być cierpliwy. Kiedy opowiadałem ludziom o moich przygodach, często mówili: "No to chodźmy i zróbmy to!". Szliśmy do baru, żeby sprawdzić, czy coś się stanie, lecz mój towarzysz po dwudziestu minutach tracił cierpliwość. Przeciętnie trzeba zaczekać kilka dni, zanim coś się stanie. Spędziłem mnóstwo czasu na rozmowach z tancerkami rewiowymi. Jedna przedstawiała mnie drugiej, aż w końcu działo się coś interesującego.

Pamiętam jedną dziewczynę, która lubiła pić gibsona. Tańczyła w hotelu Flamingo. Zostaliśmy dobrymi znajomymi. Kiedy przyjeżdżałem do miasta, zanim usiadła, zamawiałem do jej stolika gibsona, żeby w ten sposób oznajmić o swoim przybyciu.

Pewnego razu podszedłem i usiadłem obok niej, a ona powiedziała: "Dziś wieczorem jestem z jednym nadzianym facetem z Teksasu". (Słyszałem o nim już wcześniej. Zawsze kiedy szedł pograć w kości, wokół stołu gromadzili się ludzie, żeby popatrzeć). Wrócił do stolika, przy którym siedzieliśmy, i moja znajoma tancerka przedstawiła mnie.

Pierwszą rzeczą, którą do mnie powiedział, było: "Wie pan co? Wczoraj wieczorem przegrałem tu sześćdziesiąt tysięcy dolarów".

Byłem przygotowany na coś takiego; odwróciłem się do niego z krytyczną miną i spytałem: "Chce się pan pochwalić, jaki pan jest bogaty, czy jaki pan jest głupi?".

Innym razem jedliśmy śniadanie w jadalni. Pod koniec powiedział:

– Daj, podpiszę ci rachunek. Ja tu tyle gram, że mi nie liczą za takie drobiazgi.

– Dziękuję, mam z czego sobie zapłacić za śniadanie. – Zawsze go tak gasiłem, kiedy chciał mi zaimponować.

Próbował wszystkiego: ile ma pieniędzy, ile ma ropy, ale na nic się to nie zdało, bo dobrze znałem te śpiewki!

Spędzaliśmy ze sobą sporo czasu. Pewnego razu, gdy siedzieliśmy przy barze, powiedział do mnie:

– Widzisz te dziewczyny przy tamtym stole? To prostytutki z Los Angeles.

Wyglądały na zupełnie przyzwoite, „markowe" dziewczyny.

– Wiesz, co zrobimy? – powiedział. – Przedstawię cię, a potem zapłacę za tę, którą sobie wybierzesz.

Nie miałem ochoty ich poznawać, a poza tym wiedziałem, że facet chce mi zaimponować, więc już chciałem się nie zgodzić, kiedy pomyślałem: „Facet tak bardzo chce mi zaimponować, że gotów jest mi p o s t a w i ć panienkę! Będę miał co opowiadać…". Powiedziałem więc do niego:

– Dobra, przedstaw mnie.

Podeszliśmy do ich stolika, on mnie przedstawił i zniknął na chwilę. Przyszła kelnerka i spytała, co pijemy. Zamówiłem wodę, a dziewczyna obok mnie spytała:

– Mogłybyśmy się napić szampana?

– Możecie się napić, czego tylko chcecie – odparłem chłodno – ponieważ wy płacicie.

– Co jest z tobą? – spytała. – Sknera czy co?

– Właśnie.

– Nie można powiedzieć, żebyś był dżentelmenem! – oburzyła się.

– Od razu się na mnie poznałaś! – odparłem. Już wiele lat wcześniej, w Nowym Meksyku, nauczyłem się, że nie należy być dżentelmenem.

Nie minęło wiele czasu i one zaczęły mi stawiać – sytuacja całkowicie się odwróciła! (Nawiasem mówiąc, naftarz z Teksasu już nie wrócił).

Po chwili jedna z dziewczyn powiedziała: „Chodźmy do El Rancho. Może tam się więcej dzieje". Wsiedliśmy do ich samochodu. Samochód też był „markowy". Po drodze spytały mnie, jak się nazywam.
– Dick Feynman.
– Skąd jesteś, Dick? Co robisz?
– Jestem z Pasadeny; pracuję na Caltech.
– Poważnie? – zdziwiła się jedna z dziewczyn. – Czy tam nie pracuje naukowiec Pauling?

Byłem w Las Vegas już tyle razy, a jeszcze nigdy nie spotkałem ani jednej osoby, która wiedziałaby cokolwiek na temat nauki. Rozmawiałem z najróżniejszymi biznesmenami, ale oni mieli naukowców za nic.
– Pracuje – odparłem zaskoczony.
– I jest też Gellan albo coś w tym rodzaju... fizyk?

Nie wierzyłem własnym uszom. Jechałem samochodem pełnym prostytutek, które od niechcenia rzucały nazwiskami fizyków!
– Jest! Nazywa się Gell-Mann. Skąd wy to wszystko wiecie?
– Wasze zdjęcia były w „Time".

Rzeczywiście, z jakiegoś powodu zamieścili kiedyś w „Time" zdjęcia dziesięciu naukowców amerykańskich, między innymi moje, Paulinga i Gell-Manna.
– Jakim cudem zapamiętałyście nazwiska? – spytałem.
– Przeglądałyśmy zdjęcia i postanowiłyśmy wybrać najmłodszego i najprzystojniejszego! – (Gell-Mann jest młodszy ode mnie).

Dojechaliśmy do hotelu El Rancho i dziewczyny ciągnęły dalej tę grę: zachowywały się wobec mnie tak, jak ludzie zazwyczaj zachowują się wobec nich. „Chciałbyś w coś zagrać?", spytały. Pograłem trochę za ich pieniądze i świetnie się bawiliśmy.

W pewnym momencie powiedziały: „Klienci na horyzoncie, więc musimy cię zostawić", i wróciły do pracy.

Pewnego razu siedziałem przy barze i zauważyłem dwie dziewczyny w towarzystwie starszego pana. W końcu sobie poszedł, a one przysiadły się do mnie: ładniejsza i bardziej aktywna obok mnie, a jej nudniejsza przyjaciółka, która miała na imię Pam, po drugiej stronie stolika.

Od razu zrobiło się bardzo miło. Dziewczyna była sympatyczna. Wkrótce oparła się o mnie, a ja objąłem ją ramieniem. Weszło dwóch mężczyzn i usiadło w pobliżu. Po chwili, zanim zdążono ich obsłużyć, wyszli.

– Widziałeś tych facetów? – spytała moja nowa przyjaciółka.

– No.

– To znajomi mojego męża.

– Ach tak? Co tu jest grane?

– Widzisz, wyszłam za Johna Ważnego – wymieniła bardzo znane nazwisko – i trochę się posprzeczaliśmy. Przyjechaliśmy tu na miesiąc miodowy i John stale gra. Nie zwraca na mnie uwagi, więc ja znikam i bawię się sama, ale on każe mnie szpiegować.

Poprosiła mnie, żebym ją zawiózł do jej motelu, więc wsiedliśmy do mojego samochodu. Po drodze spytałem:

– A co z Johnem?

– Nie przejmuj się – powiedziała. – Trzeba się rozglądać za dużym czerwonym samochodem z dwiema antenami. Jeśli go nie będzie, to znaczy, że Johna nie ma.

Następnego wieczoru zabrałem „gibsonówkę" i jej znajomą na rewię w Srebrnym Pantofelku, gdzie spektakl zaczynał się później niż w innych hotelach. Dziewczyny, które tańczyły w innych rewiach, lubiły tam chodzić, a wodzirej ogłaszał wejście na salę każdej tancerki, którą znał. Wchodzę z tymi dwiema ślicznymi tancerkami pod ramię, a on mówi: "Witamy pannę Taką-a-taką i pannę Taką-a-taką z hotelu Flamingo!". Wszyscy się obejrzeli. Co za chwila!

Usiedliśmy przy stoliku blisko baru, a po chwili zrobiło się lekkie zamieszanie – kelnerzy przestawiają stoliki, na salę wchodzą uzbrojeni ochroniarze: szykowano się na przybycie jakiejś sławnej osoby. Swoją obecnością zaszczycił nas JOHN WAŻNY!

Podszedł do baru, tuż obok naszego stolika, i dwóch jego ludzi natychmiast poprosiło do tańca moje dziewczyny. Poszły tańczyć, ja zostałem sam przy stoliku, lecz po chwili przysiadł się do mnie John.

– Co słychać? – przywitał się. – Co robisz w Las Vegas?

Byłem pewien, że dowiedział się o mnie i jego żonie.

– A, tak się szwendam... – (Nie mogę dać się zastraszyć, no nie?)

– Jak długo tu jesteś?

– Cztery czy pięć dni.

– Ja cię skądś znam – powiedział. – Nie widziałem cię czasem na Florydzie?

– Raczej wątpię...

Zaczął wymieniać wiele innych miejsc, a ja nie wiedziałem, do czego zmierza.

– Już wiem – powiedział. – Musiałem cię widzieć w El Morocco. – (El Morocco to duży nocny klub w Nowym Jorku, gdzie chodzą różne wielkie szychy – na przykład profesorzy fizyki teoretycznej...).

– Bardzo możliwe – powiedziałem. Zastanawiałem się, kiedy przejdzie do rzeczy. Wreszcie pochylił się ku mnie i powiedział:

OCZYWIŚCIE, PANIE WAŻNY!

– Ty, przedstawisz mnie dziewczynom, z którymi jesteś, kiedy skończą tańczyć?

A więc tylko o to mu chodziło; pierwszy raz w życiu widział mnie na oczy! Przedstawiłem go, ale moje tancerki powiedziały, że są zmęczone i chcą iść do domu.

Następnego popołudnia ujrzałem Johna Ważnego we Flamingo, jak stał przy barze i rozmawiał z barmanem o aparatach fotograficznych i robieniu zdjęć. Musi być fotografem amatorem, pomyślałem, tyle miał ze sobą różnych lamp i aparatów, ale mówił takie bzdury, iż uznałem, że to nie żaden fotograf amator, tylko dziany facet, który kupił sobie sprzęt.

Byłem przekonany, że nie wie o moich sprawkach z jego żoną i tylko chciał ze mną porozmawiać, bo spodobały mu się moje dziewczyny. Wpadłem więc na pomysł, że powygłupiam się i wezmę na siebie rolę asystenta Johna Ważnego.

– Dzień dobry, panie Ważny – przywitałem się. – Zróbmy trochę zdjęć. Poniosę panu flesze.

Włożyłem lampy do kieszeni i poszliśmy robić zdjęcia. Ja podaję mu lampy i od czasu do czasu udzielam porad; widać, że lubi fotografować.

Poszliśmy do hotelu Last Frontier, żeby pograć, i John zaczął wygrywać. W hotelach nie lubiano, żeby ludzie grający o duże stawki wychodzili na plusie, ale widać było, że John chce wyjść. Problem polegał na tym, jak zrobić to zgrabnie.

– John, musimy już iść – powiedziałem poważnym tonem.

– Nie widzisz, że wygrywam?

– Tak, ale jesteś u m ó w i o n y dziś po południu.

– Dobra, idź po samochód.

– Tak jest, panie Ważny!

Wręczył mi kluczyki i wytłumaczył, jak wygląda jego samochód (nie dałem po sobie poznać, że już to wiem).

Wyszedłem na parking i rzeczywiście stał: wielki, potężny, wspaniały samochód z dwiema antenami. Wskoczyłem na siedzenie, przekręciłem kluczyk w stacyjce – silnik nie zapalił. Auto miało automatyczną przekładnię: ponieważ dopiero niedawno weszły w użycie, nie wiedziałem, jak się to obsługuje. Po chwili przypadkiem przełożyłem dźwignię na PARK i silnik zapalił. Bardzo ostrożnie, jakby auto kosztowało milion dolarów, podjechałem pod drzwi hotelu, wysiadłem, wszedłem do środka, gdzie John nadal grał, i powiedziałem:

– Samochód czeka, proszę pana!

– Muszę już kończyć – oznajmił i wyszliśmy. Kazał mi prowadzić.

– Jedźmy do El Rancho – powiedział.

– Znasz tam jakieś dziewczyny?

Jedną z tamtejszych dziewczyn znałem dość dobrze, więc powiedziałem: „No". Byłem już całkowicie pewien, że podjął moją grę, bo chciał poznać jakieś dziewczyny, więc zahaczyłem o drażliwy temat:

– Parę dni temu poznałem pańską żonę...

– Moją żonę? Mojej żony nie ma w Las Vegas.

Opowiedziałem mu o dziewczynie w barze.

– A, wiem, o kogo ci chodzi. Poznałem ją i jej przyjaciółkę w Los Angeles i przywiozłem je tutaj. Pierwsza rzecz, jaką zrobiły, to ucięły sobie z mojego telefonu godzinną pogawędkę ze znajomą w Teksasie. Wściekłem się i wyrzuciłem je za drzwi. Czyli ona teraz chodzi po mieście i opowiada, że jest moją żoną, tak?

Sprawa została wyjaśniona.

Gdy weszliśmy do El Rancho, rewia miała się zacząć za piętnaście minut, ale już był straszny tłok: ani jednego wolnego miejsca. John podszedł do kierownika i powiedział:

– Potrzebuję stolik.

– Tak jest, panie Ważny! Za kilka minut stolik będzie na pana czekał.

John dał mu napiwek i poszedł pograć. Ja tymczasem poszedłem za kulisy, gdzie dziewczyny przygotowywały się do występu, i spytałem o moją znajomą. Wyszła do mnie, a ja jej wytłumaczyłem, że jestem z Johnem Ważnym, który chciałby towarzystwa po spektaklu.

– Nie ma sprawy, Dick – powiedziała. – Przyjdziemy do was po spektaklu.

Dostaliśmy dwa stoliki na samym przodzie, tuż przy scenie. Przy innych stolikach na całej sali nie dało się wcisnąć szpilki. Rewia zaczęła się, zanim wrócił John. Dziewczyny wyszły na scenę. Widziały, że mam dla siebie całe dwa stoliki. Do tej pory miały mnie za byle profesorzynę; teraz widzą, że ze mnie **WIELKI MACHER**.

Wreszcie przyszedł John, a jeszcze później przy stoliku obok usiadły cztery osoby – „małżonka" Johna i jej znajoma Pam z dwoma mężczyznami!

Pochyliłem się do Johna:

– To ona, przy sąsiednim stoliku.

– No.

Zauważyła, że robię za goryla Johna, więc pochyliła się ku mnie od drugiego stolika i spytała:

– Mogę porozmawiać z Johnem?

Nie odezwałem się. John też się nie odezwał.

Odczekałem chwilę, po czym pochyliłem się do Johna:

– Chce z panem porozmawiać.

Z kolei on odczekał chwilę.

– Dobrze – powiedział.

Ja znowu odczekałem chwilę, pochyliłem się ku niej i powiedziałem:

– John porozmawia z tobą teraz.

Przesiadła się do naszego stolika. Ostro się za niego zabrała, siedziała bardzo blisko niego i widziałem, że John zaczyna mięknąć.

Uwielbiam snuć intrygi, więc za każdym razem, gdy widziałem, że John mięknie, przypominałem mu o czymś:

– John, a telefon?

– Aha! – powiedział. – Co to za wiszenie przez godzinę na telefonie?

Powiedziała, że to Pam dzwoniła.

Znowu trochę się między nimi poprawiło, więc zwróciłem uwagę, że to był jej pomysł, żeby zabrać ze sobą Pam.

– No, co ty na to? – spytał John. (Te gierki bardzo mnie bawiły; trwało to dość długo).

Po zakończeniu spektaklu dziewczyny z El Rancho przyszły do naszego stolika i rozmawiały z nami, dopóki nie musiały wrócić za kulisy, żeby się przygotować do następnej rewii. John powiedział:

– Znam sympatyczny bar tu niedaleko, chodźmy tam.

Zawiozłem go pod bar i weszliśmy do środka:

– Widzisz tę kobietę? – spytał. – Wybitna prawniczka. Chodź, przedstawię cię.

Przedstawił nas, po czym powiedział, że przeprasza, ale musi pójść do toalety. Nie wrócił już. Myślę, że chciał się pojednać ze swoją „żoną", a ja zaczynałem mu w tym przeszkadzać.

Powiedziałem do tej kobiety: „Cześć", po czym zamówiłem dla siebie drinka (nadal gram źle wychowanego, któremu nic nie zaimponuje).

– Jestem jednym z najlepszych prawników w Las Vegas – powiedziała.

— Guzik prawda — odparłem chłodno. — Może jesteś prawnikiem za dnia, ale wiesz, kim jesteś teraz? Jesteś zwykłą ćmą barową w jakiejś spelunie w Las Vegas.

Spodobałem się jej i poszliśmy w kilka miejsc potańczyć. Świetnie tańczyła, a ja u w i e l b i a m tańczyć, więc doskonale się razem bawiliśmy.

Wtem, ni stąd, ni zowąd, poczułem ból w plecach, ostry i nagły. Wiedziałem, skąd się to wzięło: zarwałem trzy czy cztery noce pełne tych wszystkich szalonych przygód i byłem kompletnie wypompowany.

Powiedziała, że zabierze mnie do swojego domu. Gdy tylko wsadziła mnie do łóżka, FIUUU! — urwał mi się film.

Następnego ranka budzę się w pięknym, wielkim łóżku. Słońce świeci, prawniczki ani śladu. Zamiast niej zjawia się służąca.

— Już pan nie śpi, proszę pana? Śniadanie gotowe.

— Yyy...

— Przyniosę panu. Co pan sobie życzy? — po czym zaczęła recytować jadłospis.

Zamówiłem śniadanie i zjadłem w łóżku — w łóżku kobiety, której nie znałem; nie wiedziałem, kim jest i skąd pochodzi!

Zadałem pokojówce kilka pytań, ale ona też nic nie wiedziała o tej tajemniczej kobiecie: właśnie została przez nią zatrudniona, to był jej pierwszy dzień pracy. Wzięła mnie za pana domu i zdziwiła się, że pytam ją o takie rzeczy. W końcu ubrałem się i wyszedłem. Już nigdy nie spotkałem mojej nieznajomej znajomej.

Podczas mojego pierwszego pobytu w Las Vegas postanowiłem obliczyć szanse wygranej i wyszło mi, że przy grze w kości szanse wynoszą mniej więcej 0,493. Jeżeli postawię dolara, będzie mnie to kosztować tylko 1,4 centa. Więc pomyślałem sobie: „Czemu tak się boję zagrać? To prawie nic nie kosztuje!".

Zacząłem więc stawiać i natychmiast przegrałem pięć dolarów z rzędu – jeden, dwa, trzy, cztery, pięć. Miałem stracić tylko siedem centów, a byłem pięć dolarów do tyłu! Od tej pory już nigdy nie grałem (to znaczy własnymi pieniędzmi). Miałem dużo szczęścia, że zacząłem od przegranej.

Pewnego razu jadłem obiad z jedną z tancerek. O tej porze ruch nie był duży, nie taki ścisk jak wieczorem. Dziewczyna powiedziała:

– Widzisz tego człowieka, który idzie przez trawnik? Ma na imię Nick, ksywa Grek. Zawodowy hazardzista.

Ponieważ dobrze wiedziałem, ile wynoszą szanse na wygraną w Las Vegas, spytałem:

– Jak może być zawodowym hazardzistą?

– Zawołam go.

Nick podszedł do naszego stolika i dziewczyna przedstawiła nas sobie.

– Marilyn mówi, że jest pan zawodowym hazardzistą.

– Dobrze mówi.

– W takim razie chciałbym się dowiedzieć, jak można się utrzymać z hazardu, skoro szanse wygranej wynoszą 0,493.

– Ma pan rację – odparł. – Wytłumaczę to panu. Ja nie stawiam na liczby ani żadne takie sprawy. Ja stawiam tylko wtedy, kiedy moje szanse są większe niż połowa.

– A kiedy pańskie szanse są większe niż połowa? – spytałem z niedowierzaniem.

– Nie ma w tym nic nadzwyczajnego – powiedział. – Stoję na przykład koło ruletki i jakiś facet mówi: „Będzie dziewiątka! Musi wyjść dziewiątka!". Facet jest podrajcowany, myśli, że wyjdzie dziewiątka, i chce się założyć. Ja znam na pamięć szanse wypadnięcia wszystkich numerów, więc mówię do niego: „Stawiam cztery do trzech, że wyjdzie co innego niż dziewiątka", i na dłuższą metę wygrywam. Nie stawiam przy stole, tylko zakładam się z ludźmi, którzy kierują się przesądami-zabobonami o szczęśliwych liczbach. Jestem już znany – ciągnął Nick – ale to mi jeszcze bardziej pomaga, ponieważ ludzie założą się ze mną, nawet jeśli w i e d z ą, że ich szanse są niskie, bo jeśliby przypadkiem wygrali, będą mogli opowiadać, jak to pokonali Nicka Greka. Czyli naprawdę żyję z hazardu i powiem panu, że to wspaniałe życie!

A zatem Nick okazał się osobą oświeconą. Był bardzo sympatycznym i interesującym człowiekiem. Podziękowałem mu za wyjaśnienie; teraz już rozumiem, na czym to polega. Bo to jest tak, że ja muszę rozumieć świat.

PROPOZYCJA DO ODRZUCENIA

W Cornell było wiele wydziałów, które mnie specjalnie nie interesowały. (Co nie oznacza, że coś było z nimi nie w porządku; po prostu zbytnio mnie nie interesowały). Mam na myśli gospodarstwo domowe, filozofię (ludzie z tego wydziału byli szczególnie durnowaci), różne rzeczy związane z kulturą – muzyka *et cetera*. Oczywiście, z wieloma z tych ludzi lubiłem rozmawiać. Na wydziale matematyki pracowali profesor Kac i profesor Feller; na chemii – profesor Calvin; z zoologów przyjaźniłem się z doktorem Griffinem, wspaniałym człowiekiem, który odkrył, że nietoperze poruszają się za pomocą echolokacji. Nie było jednak zbyt wielu partnerów do rozmowy, a wiele spraw, którymi się zajmowano, uważałem za niezbyt wyrafinowane pobredzanie. A Ithaca to małe miasto.

Pogoda nie dopisywała. Pewnego dnia jechałem samochodem i nagle przyszła jedna z tych nagłych śnieżyc, których się nie spodziewałeś, więc nie jesteś do tego przygotowany, ale mówisz sobie: „E tam, trochę popada i przestanie, jadę dalej".

Potem warstwa śniegu robi się na tyle gruba, że zaczyna tobą trochę zarzucać, więc musisz założyć łańcuchy na koła. Wysiadasz z samochodu, kładziesz łańcuchy na śniegu i m a r z n i e s z, zaczynasz trząść się z zimna. Potem cofasz autem na łańcuchy i pojawia się problem – nie wiem, jak to jest z dzisiejszymi łańcuchami – bo trzeba dociągnąć do siebie zaczepy po wewnętrznej stronie koła, a ponieważ łańcuch jest dość napięty, nie idzie ci łatwo. Palce masz sztywne z zimna, a ponieważ zaczepy są po wewnętrznej stronie koła, ciągle ci się wyślizgują. Jest coraz zimniej, śnieg pada, zaczep nie chce chwycić, ręce cię bolą – pamiętam, że to był właśnie moment, kiedy uznałem, że to jakiś obłęd, że na pewno istnieją na świecie miejsca, w których ludzie nie mają takich problemów.

Przypomniałem sobie dwie wizyty w Caltech, jakie odbyłem na zaproszenie profesora Bachera, który przedtem wykładał w Cornell. Znał mnie na wylot i wiedział, jak mnie podejść. Powiedział: „Feynman, mam nadliczbowy samochód, pożyczę ci. Do Hollywood i na Sunset Strip jedzie się tak-a-tak. Baw się dobrze".

Co wieczór brałem jego samochód i jeździłem na Sunset Strip – gdzie są nocne kluby, bary i ruch w interesie. Można tam było znaleźć to, co mi się podobało w Las Vegas – piękne dziewczyny, wielkich macherów i tak dalej. Czyli Bacher dobrze wiedział, jak mnie nakłonić do pracy w Caltech.

Historia o osiołku, któremu w żłoby dano, to mały pikuś w porównaniu z moim dylematem, bo osiołkowi dano po równo, a Cornell i Caltech zaczęły się prześcigać w ofertach. Kiedy uznałem, że się przeniosę, bo Caltech daje lepsze warunki, Cornell podnosił ofertę; kiedy postanowiłem zostać w Cornell, Caltech wymyślał jakąś nową atrakcję. Więc wyobraźmy sobie osiołka pomiędzy dwoma żłobami siana, z tą dodatkową komplikacją, że kiedy podchodzi do jednego z nich, do drugiego mu dokładają. Strasznie trudny wybór!

Argumentem, który mnie ostatecznie przekonał, był urlop naukowy. Chciałem znów pojechać do Brazylii, tym razem na dziesięć miesięcy, a właśnie zasłużyłem sobie na urlop naukowy w Cornell. Nie chciałem tego stracić. Kiedy wymyśliłem już sobie tę motywację, napisałem do Bachera, żeby go poinformować o swojej decyzji.

Caltech odpisał: „Zatrudnimy pana natychmiast i w pierwszym roku przyznamy panu urlop naukowy". Tacy byli uparci: cokolwiek bym postanowił, oni komplikowali mi decyzję. Koniec końców wybrałem Caltech i pierwszy rok pracy spędziłem w Brazylii. Zacząłem uczyć dopiero od drugiego roku.

Pracuję w Caltech od 1951 roku i jest mi tu bardzo dobrze. Dla takiego człowieka jak ja, któremu tylko jedno w głowie, Caltech jest wymarzonym miejscem. Jest tutaj tylu wybitnych naukowców, którzy pasjonują się tym, co robią, i z którymi mogę porozmawiać. Jak mówię, jest mi tu bardzo dobrze!

Ale pewnego dnia, gdy jeszcze się tutaj na dobre nie zadomowiłem, zdarzył się ostry atak smogu. W tych czasach było gorzej niż dzisiaj – w każdym razie bardziej piekło w oczy. Stałem na rogu ulicy, oczy mi łzawiły i myślałem sobie: „To wariactwo! To kompletny OBŁĘD! W Cornell nie było takich rzeczy. Uciekam stąd".

Zadzwoniłem do Cornell i spytałem, czy istnieje możliwość, żeby przyjęli mnie z powrotem: „Jasne!", powiedzieli. „Wszystko pozałatwiamy i jutro do pana zadzwonimy".

Miałem niesamowite szczęście, że akurat następnego dnia zdarzyło się parę spraw, które przeważyły szalę. Chyba Bóg mi je zesłał. Szedłem do swojego gabinetu, kiedy podbiegł do mnie jakiś człowiek i powiedział: „Hej, Feynman! Słyszałeś, co się stało? Baade odkrył, że istnieją dwie różne populacje gwiazd! Wszystkie pomiary odległości galaktyk, które robiliśmy, oparte były na widmach cefeidów jednego typu, a okazuje się, że istnieje jeszcze jeden typ, więc Wszechświat jest dwa, trzy lub nawet cztery razy starszy, niż myśleliśmy!".

Znałem to zagadnienie. W tych czasach wyglądało na to, że Ziemia jest starsza od Wszechświata. Ziemia miała cztery i pół miliarda lat, a Wszechświat tylko dwa lub trzy miliardy. Nikt tego nie umiał wytłumaczyć. To odkrycie wszystko rozwiązywało: wszechświat okazał się znacznie starszy, niż do tej pory sądziliśmy. A ja otrzymałem tę informację natychmiast – facet przybiegł z nią do mnie.

Nie zdążyłem jeszcze nawet przejść przez campus do swojego gabinetu, kiedy podszedł do mnie kolejny kolega – Matt Meselson, biolog, który w college'u uczył się też fizyki. (Byłem w jego komisji doktorskiej). Zbudował pierwszą wirówkę do mierzenia tak zwanego gradientu gęstości – można było za jej pomocą mierzyć gęstość molekuł. „Spójrz na wyniki doświadczenia, które przeprowadziłem!", powiedział.

Udowodnił, że kiedy z jednej bakterii powstaje druga, istnieje cząsteczka, która jest w całości przekazywana nowej bakterii – dziś nazywamy ją DNA. Kwestia jest taka, że my zawsze myślimy tylko w kategoriach podziału, więc nam się wydaje, że w s z y s t k o w bakterii dzieli się na dwie połowy, z których jedna przypada nowej bakterii. Ale to niemożliwe: musi istnieć jakaś cząsteczka, zawierająca informację genetyczną, która nie dzieli się na pół; musi się skopiować, żeby bakteria mogła oddać kopię nowej bakterii, a sobie zatrzymać pierwotną. Meselson dowiódł tego następująco: najpierw hodował bakterie w ciężkim azocie, a potem w zwyczajnym. Cały czas ważył cząsteczki w swojej wirówce do mierzenia gradientu gęstości.

W pierwszym pokoleniu nowych bakterii waga wszystkich cząsteczek chromosomowych była dokładnie pośrodku wagi cząsteczek wyhodowanych w ciężkim azocie i cząsteczek wyhodowanych w zwyczajnym azocie – wynik ten dopuszczał możliwość, że wszystkie cząsteczki podzieliły się, łącznie z chromosomowymi.

Jednak w kolejnych pokoleniach, u których należało się spodziewać, że waga cząsteczek chromosomowych wyniesie jedną czwartą, jedną ósmą i jedną szesnastą różnicy pomiędzy cząsteczkami ciężkimi a zwyczajnymi, wagi cząsteczek rozpadły się tylko na dwie grupy. W pierwszej grupie waga wyniosła tyle samo, ile u pierwszego pokolenia (czyli w połowie pomiędzy cięższymi i lżejszymi cząsteczkami), zaś druga grupa była lżejsza – waga wyniosła tyle, ile dla cząsteczek hodowanych w zwykłym azocie. Odsetek cięższych i lżejszych cząsteczek wyniósł pół na pół, ale nie waga. Było to niesamowicie fascynujące i ważne odkrycie, wręcz fundamentalne. Gdy wreszcie dotarłem do biura, zdałem sobie sprawę, że moje miejsce jest tutaj, gdzie ludzie z różnych dziedzin nauki będą mi opowiadać o swoich fascynujących odkryciach. Tak naprawdę właśnie o czymś takim zawsze marzyłem.

Więc kiedy trochę później zadzwonili do mnie z Cornell, byłem już zdecydowany i powiedziałem: „Przepraszam, ale znowu zmieniłem zdanie". Postanowiłem jednak, że od tej pory nie będę już nic postanawiał. Już nic – absolutnie nic – nie sprawi, żebym znów zmienił zdanie.

Kiedy jesteś młody, zamartwiasz się różnymi sprawami – na przykład co będzie z twoją matką, kiedy wyjedziesz do pracy na drugi koniec kraju. Martwisz się, próbujesz podjąć decyzję, lecz wtedy pojawia się jakiś nowy czynnik. Dużo łatwiej jest po prostu wziąć i zdecydować. Powiedzieć sobie, że już nic nie może wpłynąć na twoją decyzję. Raz tak zrobiłem, kiedy studiowałem na MIT. Miałem już dość wiecznego decydowania się, jaki wybrać deser w restauracji, więc p o s t a n o w i ł e m zawsze zamawiać lody czekoladowe i już nigdy się tym nie martwiłem – ten problem miałem z głowy. Teraz zdecydowałem, że już na zawsze zostanę w Caltech.

Zdarzyło się później, że ktoś próbował wpłynąć na tę decyzję. Właśnie umarł Fermi i wydział fizyki w Chicago szukał kogoś na jego miejsce. Przyjechało dwóch ludzi z Chicago i umówili się ze mną na wizytę w moim domu – nie wiedziałem, jaką mają do mnie sprawę. Zaczęli mi wymieniać wszystkie powody, dla których powinienem pojechać do Chicago: będę mógł to, będę mógł tamto, będę współpracował z tyloma wybitnymi ludźmi, będę miał po prostu niesamowite możliwości. Nie spytałem, ile mi proponują pieniędzy, ale w podtekście było, że jeżeli spytam, to mi powiedzą. W końcu jednak spytali, czy chcę wiedzieć, ile wynosi pensja. „Nie, nie!", odparłem. „Już zdecydowałem, że zostanę w Caltech, a w sąsiednim pokoju jest moja żona Mary Lou i jeśli usłyszy, ile wynosi pensja, będzie kłótnia. Zdecydowałem, że już nie będę nigdy decydował; zostaję w Caltech na dobre". Czyli nie pozwoliłem sobie powiedzieć, ile mi proponują pieniędzy.

Mniej więcej miesiąc później na jakiejś konferencji podeszła do mnie Leona Marshall i powiedziała:

PROPOZYCJA DO ODRZUCENIA

– To dziwne, że nie przyjął pan naszej oferty. Byliśmy tacy rozczarowani i nie mieściło się nam w głowie, że mógł pan odrzucić taką niesamowitą ofertę.

– To było proste – odrzekłem – ponieważ nie pozwoliłem sobie powiedzieć, ile ona wynosi.

Tydzień później dostałem od niej list. Otworzyłem go i pierwsze zdanie brzmiało: „Pensja, którą panu proponowali, wynosiła..." – o g r o m n e pieniądze, trzy albo cztery razy więcej, niż zarabiałem. Oszałamiające! Dalej pisała: „Podałam to panu na samym początku, żeby się pan nie zdążył zorientować. Być może zechce pan jeszcze raz rozważyć naszą propozycję, ponieważ stanowisko jest nadal do objęcia, a bardzo chcielibyśmy pana na nim widzieć".

Odpisałem im następująco: „Dowiedziawszy się, ile wynosi pensja, uznałem, że m u s z ę odmówić. Muszę odmówić dlatego, że przy takiej pensji byłbym w stanie zrobić to, o czym zawsze marzyłem – znaleźć sobie cudowną utrzymankę, kupić jej mieszkanie, sprawiać jej drogie prezenty... Przy pensji, którą mi proponujecie, faktycznie byłbym w stanie to zrobić i wiem, czym by się to dla mnie skończyło. Martwiłbym się o to, co ona robi, kiedy mnie nie ma, w domu miałbym wieczne kłótnie i tak dalej. Z tymi wszystkimi zmartwieniami na głowie byłbym zestresowany i nieszczęśliwy. Opuściłbym się w fizyce, spaskudziłbym sobie życie! To, o czym zawsze marzyłem, byłoby dla mnie zgubne, więc uznałem, że nie mogę przyjąć waszej propozycji".

Świat jednego fizyka

CZY TY ROZWIĄZAŁBYŚ RÓWNANIE DIRACA?

Pod koniec roku, który spędziłem w Brazylii, dostałem list od profesora Wheelera, w którym pisał do mnie, że w Japonii odbędzie się międzynarodowa konferencja fizyków teoretycznych i może chciałbym pojechać... Przed wojną było w Japonii wielu sławnych fizyków – profesor Yukawa, noblista, Tomonaga i Nishina – lecz ta konferencja była pierwszą oznaką powojennego powrotu Japonii do życia, więc wszyscy uważaliśmy, że powinniśmy pojechać i pomóc im.

Wheeler załączył do listu wojskowy samouczek i napisał, że byłoby miło, gdybym się trochę podszkolił w japońskim. Znalazłem w Brazylii Japonkę, która pomogła mi z wymową, ćwiczyłem podnoszenie skrawków papieru pałeczkami do ryżu i dużo czytałem o Japonii. Japonia była wtedy dla mnie bardzo zagadkowa i uznałem, że to ciekawa przygoda pojechać do tego dziwnego i wspaniałego kraju, więc bardzo się przykładałem do nauki.

Kiedy przylecieliśmy do Tokio, gospodarze wyszli po nas na lotnisko i zabrali nas do hotelu, który projektował Frank Lloyd Wright. Była to imitacja hotelu europejskiego, włączając w to malutkiego odźwiernego, który przypominał faceta od Philipa Morrisa. Nie byliśmy w Japonii; niczym się to nie różniło od Europy czy Ameryki! Człowiek, który zaprowadził nas do pokojów, zwlekał z wyjściem, podciągał rolety i tak dalej, licząc na napiwek. Zupełnie jak w Ameryce.

Nasi gospodarze o wszystko zadbali. Pierwszego wieczoru jedliśmy kolację na najwyższym piętrze hotelu. Podawała kobieta ubrana po japońsku, ale jadłospis był po angielsku. Strasznie się namęczyłem, żeby się nauczyć kilku zwrotów japońskich, więc pod koniec posiłku powiedziałem do kelnerki:
– *Kohi-o motte kite kudasai*. – Skłoniła się i odeszła.
Mój przyjaciel Marshak wybałuszył oczy.
– Co? Co?
– Powiedziałem coś do niej po japońsku.
– Feynman, ty oszuście! Ciągle się wygłupiasz.
– O czym ty mówisz? – spytałem poważnym tonem.
– Dobra, w takim razie, o co ją poprosiłeś?
– Żeby przyniosła kawę.
Marshak mi nie uwierzył.
– Załóżmy się – powiedział – że jeśli przyniesie kawę…
Kelnerka przyszła z kawą i Marshak przegrał zakład.

Okazało się, że byłem jedynym człowiekiem, który nauczył się choć trochę japońskiego – nawet Wheeler, który wszystkim to zalecał, nie nauczył się. Byłem wściekły. Tyle się naczytałem o japońskich hotelach, które miały być zupełnie inne od tego, w którym mieszkaliśmy.

Następnego dnia wezwałem do swojego pokoju Japończyka, który zajmował się sprawami organizacyjnymi.
– Chciałbym mieszkać w typowo japońskim hotelu.
– Obawiam się, że to niemożliwe, profesorze Feynman.

Gdzieś przeczytałem, że Japończycy są bardzo uprzejmi, ale uparci: trzeba nad nimi długo pracować. Postanowiłem, że będę równie uprzejmy – i równie uparty. Była to prawdziwa psychomachia: trzydzieści minut wymiany razów.
– Dlaczego chciałby pan mieszkać w typowo japońskim hotelu?

– Ponieważ w tym hotelu zupełnie nie czuję, że jestem w Japonii.
– Typowo japońskie hotele są do niczego. Musiałby pan spać na podłodze.
– Właśnie tego chcę; chcę wiedzieć, jak to jest.
– Nie ma krzeseł – przy stole siedzi się na podłodze.
– To cudowne; właśnie o coś takiego mi chodzi.

Wreszcie przyznał, w czym problem:
– Jeśli pan zamieszka w innym hotelu, autobus będzie się musiał dodatkowo zatrzymywać po drodze na konferencję.
– Ależ nie! Rano przyjdę tutaj i pojadę stąd.
– W takim razie dobrze. Zgoda. – Tylko o to chodziło. Zajęło nam pół godziny, żeby dojść do sedna sprawy.

Podchodzi do telefonu, żeby zadzwonić do innego hotelu, kiedy nagle zatrzymuje się; znów następuje kompletna blokada. Mija piętnaście minut, zanim odkrywam, że tym razem chodzi o pocztę. Wszystkie informacje na temat konferencji będą dostarczane tylko do tego hotelu.
– Nie szkodzi – mówię. – Kiedy przyjdę rano na autobus, zajrzę do swojej skrytki.
– Dobrze. W takim razie zgoda. – Podnosi słuchawkę i w końcu jedziemy do typowo japońskiego hotelu.

Natychmiast, gdy tam dotarliśmy, wiedziałem, że było warto: po prostu cudowna sprawa! Najpierw był przedsionek, gdzie zdejmowało się buty, potem dziewczyna w tradycyjnym stroju – *obi* – przychodzi z sandałami i zabiera twoje rzeczy; idziesz za nią korytarzem, na podłodze leżą maty, po bokach suwane drzwi z papieru, ona tupta ti-ti-ti-ti-ti drobnymi kroczkami. Coś wspaniałego!

Weszliśmy do mojego pokoju, po czym mój opiekun klęknął i przyłożył nos do podłogi; dziewczyna zrobiła to samo.

Poczułem się bardzo niezręcznie. Czy ja też mam dotknąć nosem podłogi?

Wygłosili jakieś pozdrowienia, on zaakceptował pokój w moim imieniu i wyszedł. Pokój był naprawdę cudowny. Miał normalne sprzęty, które teraz wszyscy u nas znają, ale wtedy było to dla mnie zupełną nowością. Była niewielka wnęka z malowidłem, wazon z kunsztownie ułożonymi baziami, stoliczek z pufem obok, a na końcu pokoju dwoje suwanych drzwi wychodzących na ogród.

Dama, która miała się mną zajmować, była kobietą w średnim wieku. Pomogła mi się przebrać i dała mi *jukata*, prosty biało-niebieski płaszcz do noszenia w hotelu.

Odsunąłem drzwi i napawałem się widokiem przepięknego ogrodu, po czym usiadłem przy stoliku, żeby trochę popracować.

Nie minęło więcej niż piętnaście czy dwadzieścia minut, kiedy coś zwróciło moją uwagę. Podniosłem wzrok, spojrzałem w stronę ogrodu i zobaczyłem usadowioną przy drzwiach b a r d z o piękną młodą Japonkę, w przepięknym stroju.

Dużo czytałem o panujących w Japonii obyczajach, toteż miałem swoje podejrzenia, po co ją do mnie przysłano. „To może być bardzo interesujące", pomyślałem.

Trochę znała angielski. „Pan chciałby zobaczyć ogród?" – spytała.

Włożyłem buty, które dostałem do *jukata*, i wyszedłem do ogrodu. Wzięła mnie pod ramię i wszystko mi pokazała.

Okazało się, że dlatego iż dziewczyna trochę znała angielski, kierownik hotelu uznał, że chętnie dam się oprowadzić po ogrodzie – to wszystko. Byłem oczywiście trochę rozczarowany, ale wiedziałem, że przy zderzeniu kultur łatwo o fałszywe konkluzje.

Jakiś czas później przyszła kobieta, która miała na pieczy mój pokój, i coś powiedziała – po japońsku – na temat kąpieli. Wiedziałem, że japońskie łaźnie są bardzo ciekawe, więc byłem bardzo napalony i powiedziałem „*Hai*".

Przeczytałem, że japońskie łaźnie są bardzo skomplikowane. Zużywa się tam dużo wody, która jest podgrzewana od zewnątrz, i nie wolno jej zamydlić, bo następny korzysta z tej samej.

Wstałem, poszedłem do pierwszej części łazienki, gdzie była umywalka, i usłyszałem, że w następnej części, za zamkniętymi drzwiami, ktoś bierze kąpiel. Nagle drzwi odsuwają się: człowiek, którzy bierze kąpiel, wygląda na zewnątrz, żeby sprawdzić, co to za intruz. „Profesorze!", mówi do mnie po angielsku. „To bardzo poważne uchybienie – wejść do umywalni, kiedy ktoś inny bierze kąpiel!" Był to profesor Yukawa!

Powiedział mi, że kobieta z pewnością pytała, czy chcę kąpiel, a jeśli tak, ona wszystko przygotuje i powie mi, kiedy łazienka będzie wolna. Miałem szczęście, że popełniłem tę gafę akurat wobec profesora Yukawy!

Ten typowo japoński hotel był rozkoszny, szczególnie kiedy ludzie przychodzili mnie tam odwiedzić. Przychodzili do mojego pokoju, siadaliśmy na podłodze i zaczynaliśmy rozmawiać. Zanim upłynęło pięć minut, kobieta przypisana do mojego pokoju wchodziła z tacą słodyczy i herbatą. Traktowano cię tak, jakbyś był gospodarzem we własnym domu, a obsługa hotelowa pomagała ci w podejmowaniu twoich gości. U nas, kiedy masz gości w swoim pokoju, nikogo to nie obchodzi; musisz zadzwonić po służbę hotelową i tak dalej.

Zupełnie inaczej wyglądały też posiłki. Dziewczyna, która przynosiła jedzenie, zostawała ze mną, żebym nie musiał jeść sam. Nie byliśmy w stanie rozmawiać na żadne poważniejsze tematy, ale nie było aż tak źle. Jedzenie było cudowne.

Na przykład zupę podawano w przykrytej miseczce. Podnosisz przykrywkę i twoim oczom ukazuje się uroczy obrazek: po powierzchni pływają kawałki cebuli. Dla nich jest bardzo ważne, jak jedzenie wygląda na talerzu.

Postanowiłem, że będę żył maksymalnie po japońsku. Co oznaczało, że jadłem ryby. Gdy dorastałem, nigdy nie przepadałem za rybami, ale w Japonii stwierdziłem, że to było dziecinne: jadłem mnóstwo ryb i bardzo mi smakowały. (Kiedy wróciłem do Stanów, pierwsze, co zrobiłem, to poszedłem do restauracji rybnej. Coś okropnego – zupełnie jak dawniej. Nie mogłem przełknąć tego świństwa. Później się zorientowałem, na czym rzecz polega: ryby muszą być bardzo świeże, bo inaczej mają smak, który mnie odrzuca).

Pewnego razu, podczas posiłku w typowo japońskim hotelu, podano mi coś okrągłego i twardego, mniej więcej rozmiarów żółtka, w miseczce z jakąś żółtą cieczą. Do tej pory jadłem wszystko, co dostawałem, ale to dziwo mnie przestraszyło: było całe poskręcane, przypominało mózg. Kiedy spytałem dziewczynę, co to jest, odpowiedziała, że *kuri*. Niewiele mi to wyjaśniło. Uznałem, że to jajo ośmiornicy albo coś w tym guście. Zebrałem się jednak na odwagę i zjadłem, żeby maksymalnie zakosztować Japonii. (Zapamiętałem również słowo *kuri*, jakby od tego zależało moje życie – do dziś go nie zapomniałem).

Następnego dnia zapytałem jakiegoś Japończyka na konferencji, co to za poskręcane dziwo zjadłem. Powiedziałem mu, że ledwo to przełknąłem. Co to jest, u diabła, to całe *kuri*?

– *Kuri* znaczy „kasztan" – odpowiedział.

Mój ubogi japoński czasami bardzo się przydawał. Pewnego dnia, gdy autobus długo nie odjeżdżał, ktoś powiedział do mnie: „Feynman! Znasz japoński, powiedz im, żeby się zbierali!".

CZY TY ROZWIĄZAŁBYŚ RÓWNANIE DIRACA?

Powiedziałem: *„Hayaku! Hayaku! Ikimasho! Ikimasho!"*, co znaczy: „Jedźmy! Jedźmy! Pospieszcie się! Pospieszcie się!". Zdałem sobie sprawę, że moje użycie języka japońskiego jest zupełnie niekontrolowane. Nauczyłem się tych zwrotów z wojskowego samouczka i musiały brzmieć bardzo nieuprzejmie, ponieważ wszyscy przytuptali potulnie jak myszki i mówili przepraszająco: „Tak jest, proszę pana!", po czym autobus natychmiast odjechał.

Konferencja składała się z dwóch części: pierwszej w Tokio, drugiej w Kioto. Gdy jechaliśmy autobusem do Kioto, opowiedziałem mojemu znajomemu, Abrahamowi Paisowi, o typowo japońskim hotelu i on też postanowił spróbować. Zatrzymaliśmy się w hotelu Miyako, gdzie były pokoje zarówno w stylu amerykańskim, jak i japońskim, i Pais wziął razem ze mną pokój japoński.

Następnego ranka przypisana do naszego pokoju dziewczyna przygotowuje kąpiel w łazience, która była w naszym pokoju. Jakiś czas później przychodzi ze śniadaniem na tacy. Ja jestem tylko częściowo ubrany. Odwraca się do mnie i mówi uprzejmie: *„Ohayo, gozai masu"*, co znaczy „dzień dobry".

Pais właśnie wychodzi z łazienki, ociekający mydlinami i golusieńki. Dziewczyna odwraca się do niego, z równie niezmąconym spokojem mówi: *„Ohayo, gozai masu"*, i kładzie tacę na stoliku.

Pais patrzy na mnie i mówi: „Boże, jacy my jesteśmy niecywilizowani!".

Zdaliśmy sobie sprawę, że gdyby w Ameryce pokojówka przyniosła śniadanie i zastała faceta całego gołego, byłoby wiele krzyku i zamieszania. Lecz w Japonii ludzie byli do tego przyzwyczajeni i uznaliśmy, że pod tym względem znacznie nas wyprzedzili i są od nas znacznie bardziej cywilizowani.

Pracowałem wtedy nad teorią ciekłego helu i doszedłem do tego, w jaki sposób prawa dynamiki kwantowej wyjaśniają różne dziwne zjawiska nadciekłości. Byłem bardzo dumny z tego osiągnięcia i zamierzałem wygłosić na spotkaniu w Kioto referat na ten temat.

Wieczorem w przeddzień referatu odbył się bankiet, na którym moim sąsiadem był nie kto inny jak profesor Onsager, najwyższej klasy ekspert od fizyki stanu stałego i problemów ciekłego helu. Należał do ludzi, którzy niewiele mówią, ale jak już coś powiedzą, to bardzo ważnego.

– Feynman – powiedział burkliwym tonem – słyszałem, że zrozumiał pan ciekły hel.

– No, owszem...

– Pchrr. – To wszystko, co powiedział do mnie przez cały bankiet! Nieszczególnie mi to dodało odwagi.

Następnego dnia wygłosiłem referat, w którym powiedziałem wszystko, co było do powiedzenia na temat ciekłego helu. Na koniec poskarżyłem się, że została jeszcze jedna rzecz, której nie potrafiłem dociec: czy przejście z jednej fazy ciekłego helu w drugą jest pierwszego rzędu (jak przy topnieniu ciała stałego lub wrzeniu cieczy – gdy temperatura jest stała), czy drugiego rzędu (kiedy temperatura dalej się zmienia – takie przejścia zachodzą czasem przy zjawiskach magnetycznych).

Profesor Onsager wstał i powiedział kwaśnym tonem:

– Cóż, profesor Feynman stawia dopiero pierwsze kroki w naszej dziedzinie i należy go dokształcić. Jest coś, co powinniśmy mu uświadomić.

Myślę sobie: „Chryste! Musiałem dać jakąś straszną plamę!".

– Powinniśmy uświadomić panu Feynmanowi – ciągnął Onsager – że jeszcze n i k t nie ustalił poprawnie rzędu j a k i e g o k o l w i e k przejścia na podstawie pierwszych zasad, więc fakt, że jego teoria nie pozwala mu ustalić rzędu, wcale nie oznacza, że nie zrozumiał w wystarczającym stopniu wszystkich aspektów ciekłego helu. – Czyli powiedział mi komplement, ale z tego, jak zaczął, sądziłem, że nieźle mi się dostanie!

Jeszcze tego samego dnia, albo następnego, siedziałem w swoim pokoju, kiedy zadzwonił telefon. Dziennikarz z tygodnika „Time". „Jesteśmy bardzo zainteresowani pańskim referatem" – powiedział. „Czy mógłby pan nam przysłać kopię?"

Jeszcze nigdy nie publikowano nic o mnie w „Time", więc byłem bardzo podekscytowany. Z teorii ciekłego helu byłem bardzo dumny, została przychylnie przyjęta na konferencji, więc powiedziałem:

– Oczywiście.

– To świetnie. Proszę nam ją przysłać do biura w Tokio.

Podał mi adres. Szczęście mnie po prostu rozpierało. Powtórzyłem adres, a dziennikarz powiedział:

– Tak jest. Bardzo panu dziękuję, panie Pais.

– Ach, nie! – zawołałem zaskoczony. – Ja nie jestem Pais. Pan chciał rozmawiać z Paisem? Niestety nie ma go tutaj. Kiedy wróci, przekażę mu, że chciał się pan z nim skontaktować.

Parę godzin później przyszedł Pais:

– Hej, Pais! Pais! – powiedziałem cały przejęty. – Dzwonili z „Time"! Chcą, żebyś im przysłał kopię referatu.

– E tam! – odparł. – Sława to dziwka!

Drugi zimny prysznic.

Potem się przekonałem, że Pais miał rację, ale w tych czasach marzyłem o tym, żeby moje nazwisko znalazło się w tygodniku „Time".

To był mój pierwszy pobyt w Japonii. Bardzo chciałem kiedyś tam wrócić i zaoferowałem, że przyjmę pracę na każdym uniwersytecie, na którym mnie będą chcieli. Japończycy załatwili mi kilka parodniowych wizyt na różnych uczelniach.

Byłem wtedy żonaty z Mary Lou. Wszędzie, gdzie pojechaliśmy, organizowano dla nas jakieś rozrywki. Raz była na przykład cała ceremonia z tańcami, zwykle wykonywanymi dla większych grup, zwłaszcza turystów. Gdzie indziej wyszli po nas do portu wszyscy studenci. Jeszcze gdzie indziej przywitał nas burmistrz.

Jedna z uczelni, które odwiedziliśmy, mieściła się w skromnym budynku otoczonym drzewami, gdzie zatrzymywał się cesarz, gdy był tam przejazdem. Miejsce było cudowne, w środku lasu, po prostu piękne, nad strumykiem. Budynek miał w sobie jakiś spokój, jakąś dostojną elegancję. Fakt, że cesarz zatrzymuje się w takim miejscu, wskazywał na to, że Japończycy są obdarzeni większą wrażliwością na naturę niż ludzie Zachodu.

Na wszystkich tych uczelniach fizycy opowiadali mi, czym się zajmują, i razem to omawialiśmy. Podawali mi ogólne zagadnienie, nad którym pracowali, a ja zaczynałem wypisywać serie równań.

– Chwileczkę – mówiłem. – Czy jest jakiś konkretny przykład tego ogólnego zagadnienia?

– Oczywiście, że tak.

– Dobrze. To proszę mi podać jakiś przykład. – Chciałem sobie ułatwić: nie potrafię zrozumieć nic ogólnego, jeżeli nie mam w głowie konkretnego przykładu, do którego stale się odnoszę. Niektórzy ludzie myślą z początku, że jestem niezbyt rozgarnięty i nie rozumiem problemu, bo zadaję te wszystkie „durne" pytania: „Chodzi o katodę dodatnią czy ujemną? Czy anion jest w tę stronę, czy w drugą?".

Ale później, kiedy facet sypie równaniami, ja mu nagle przerywam i mówię: „Chwileczkę! Tu jest jakiś błąd! To nie może być tak!".

CZY TY ROZWIĄZAŁBYŚ RÓWNANIE DIRACA?

Facet patrzy na swoje równania, po chwili znajduje błąd i myśli sobie: „Jak to możliwe, że człowiek, który z początku ledwo nadążał za tym, co mówię, teraz znalazł błąd w gąszczu tych wszystkich równań?".

Sądzi, że śledzę kolejne kroki matematyczne, ale ja robię co innego. Mam w głowie konkretny, fizyczny przykład tego, co on próbuje zanalizować, i znam własności tego przedmiotu dzięki wyczuciu i doświadczeniu. Kiedy więc równanie mówi, że przedmiot powinien się zachowywać tak-a-tak, a ja wiem, że powinno być inaczej, podrywam się i mówię: „Zaraz! Tu jest błąd!".

Nie potrafię więc zrozumieć czyjejś pracy ani o niej dyskutować, jeżeli nie dostanę fizycznego przykładu, lecz większość Japończyków nie umiała mi podać żadnego. Ci, którzy umieli, często podawali kiepski problem, który można było zanalizować znacznie prostszą metodą.

Ponieważ nieustannie pytałem n i e o równania matematyczne, lecz o warunki fizyczne problemu, który próbowali rozwiązać, moja wizyta została podsumowana w powielaczowym piśmie, które krążyło między naukowcami (był to skromny, lecz skuteczny system porozumiewania się, który opracowali po wojnie) i miało tytuł *Bombardowania Feynmana i nasze reakcje*.

Po odwiedzeniu kilku uniwersytetów spędziłem parę miesięcy w Yukawa Institute w Kioto. Bardzo przyjemnie mi się tam pracowało. Wszystko było bardzo sympatyczne: przychodzisz do pracy, zdejmujesz buty i jeśli zachce ci się pić, ktoś przyniesie ci herbatę.

Podczas pobytu w Kioto zabrałem się na poważnie za japoński. Tak ciężko pracowałem, że wkrótce byłem już w stanie jeździć taksówkami i załatwiać różne sprawy. Codziennie brałem godzinną lekcję u pewnego Japończyka.

Pewnego dnia uczył mnie słowa „zobaczyć".

– Chce pan powiedzieć: „Czy mogę zobaczyć pański ogród?". Co pan mówi?

Utworzyłem zdanie z czasownikiem, którego właśnie się nauczyłem.

– Nie, nie! – zaprotestował. – Kiedy mówi pan do kogoś: „Czy chciałby pan zobaczyć mój ogród?", używa pan tego pierwszego „zobaczyć". Ale kiedy pan chce zobaczyć czyjś ogród, musi pan użyć innego „zobaczyć", które jest bardziej uprzejme. W pierwszym przypadku mówimy coś w rodzaju: „Czy zechciałby pan z e r k n ą ć na mój paskudny ogród?", lecz kiedy to pan chce zobaczyć czyjś ogród, musi pan powiedzieć coś w rodzaju: „Czy mógłbym p o p o d z i w i a ć pański cudowny ogród?". Mamy tu więc dwa różne słowa.

Potem dał mi inne zadanie:

– Idzie pan do świątyni i chce pan zobaczyć ogrody.

Utworzyłem zdanie, tym razem z drugim „zobaczyć".

– Nie, nie! – powiedział. – W świątyni ogrody są znacznie bardziej eleganckie. Musi pan powiedzieć coś równoważnego ze zdaniem: „Czy mógłbym n a c i e s z y ć o c z y pańskimi arcypięknymi ogrodami?".

Trzy albo cztery słowa na tę samą rzecz, bo kiedy ja coś robię, jest to nikczemne, a kiedy ty coś robisz, jest to eleganckie.

Uczyłem się japońskiego głównie dla celów naukowych, więc postanowiłem sprawdzić, czy ten sam problem istnieje wśród naukowców.

Następnego dnia spytałem kolegów w instytucie:

– Jak się mówi po japońsku: „Rozwiązuję równanie Diraca"? Powiedzieli mi.

– Dobra. A teraz chcę powiedzieć: „Czy ty rozwiązałbyś równanie Diraca?". Jak to się mówi?

– Trzeba użyć innego słowa na „rozwiązać".

– Dlaczego? – zaprotestowałem. – Przecież to jedno licho, czy ja rozwiązuję, czy ty rozwiązujesz!

– Owszem, ale trzeba użyć innego słowa – bardziej uprzejmego.

Poddałem się. Uznałem, że to nie jest język dla mnie, i przestałem się uczyć japońskiego.

CZAS ZIMOWY I BŁĄD SIEDMIOPROCENTOWY

Trzeba było ustalić prawo rozpadu beta. Wydawało się, że wchodzą w grę dwie cząstki, które nazywały się mezon tau i mezon teta. Wyglądało na to, że mają niemal identyczną masę, ale jedna rozpadała się na dwa piony, a druga na trzy. Oprócz niemal identycznej masy miały również jednakowy czas rozpadu, co było dziwnym zbiegiem okoliczności. Nie dawało nam to wszystkim spokoju.

Na pewnym zebraniu podałem wyniki doświadczeń, z których wynikało, że kiedy wytwarza się te dwie cząstki w cyklotronie pod różnymi kątami i przy różnych energiach, ich proporcje ilościowe są zawsze takie same – tyle mezonów tau na tyle mezonów teta.

Istniała, oczywiście, możliwość, że jest to jedna i ta sama cząstka, która czasem rozpada się na dwa piony, a czasem na trzy. Nie pozwala jednak na to tak zwane prawo zachowania parzystości, które opiera się na założeniu, że we wszystkich prawach fizyki obowiązuje lustrzana symetria, i z którego wynika, że cząstka rozpadająca się na dwa piony nie może się rozpadać także na trzy piony.

W tym okresie zawsze wlokłem się trochę z tyłu za peletonem: wszyscy wydawali mi się tacy inteligentni i miałem wrażenie, że nie nadążam. Mieszkałem wtedy w jednym pokoju z niejakim Martinem Blockiem, doświadczalnikiem. Pewnego wieczoru powiedział do mnie:

– Czemu wy się tak upieracie przy tym prawie zachowania parzystości? Może tau i teta to ta sama cząstka? Jakie byłyby konsekwencje, gdyby się okazało, że prawo zachowania parzystości jest błędne?

Zastanowiłem się chwilę i powiedziałem:

– Oznaczałoby to, że prawa natury są różne dla prawej ręki i dla lewej ręki, że istnieje możliwość określenia, która ręka jest prawa, na podstawie zjawisk fizycznych. Nie wiem, czy to taka katastrofa, na pewno muszą istnieć jakieś negatywne następstwa, ale nie wiem jakie. Zapytaj jutro fachowców.

– Nie, mnie nie posłuchają – odparł. – Ty zapytaj.

Następnego dnia na zebraniu, kiedy dyskutowaliśmy o zagadce tau-teta, Oppenheimer powiedział:

– Chcielibyśmy usłyszeć jakieś nowe, mniej ortodoksyjne poglądy na ten temat.

Wstałem więc i powiedziałem:

– Zadaję to pytanie w imieniu Martina Blocka: „Jakie byłyby następstwa, gdyby prawo zachowania parzystości okazało się błędne?".

Murray Gell-Mann często nabijał się ze mnie, że nie miałem odwagi zadać tego pytania w swoim imieniu. Ale ja się wcale nie wstydziłem. Uważałem, że to może być bardzo ważny pomysł.

Lee, z pary Lee i Yang, udzielił jakiejś bardzo skomplikowanej odpowiedzi i jak zwykle nie za bardzo go zrozumiałem. Po zebraniu Block spytał mnie, co Lee powiedział, a ja odparłem, że nie wiem, ale na tyle, na ile sam się orientuję, sprawa jest otwarta – istnieje taka możliwość. Nie uważałem jej za zbyt prawdopodobną, ale nie wykluczałem jej.

CZAS ZIMOWY I BŁĄD SIEDMIOPROCENTOWY

Norman Ramsey spytał mnie, czy moim zdaniem powinien skonstruować eksperyment poszukujący ewentualnego naruszenia prawa zachowania parzystości. Ja mu na to:
– Powiem ci tak: stawiam pięćdziesiąt do jednego, że nic nie znajdziesz.
– Wystarczy mi tyle – odparł, ale eksperymentu nigdy nie przeprowadził.

Naruszenie prawa zachowania parzystości odkryła doświadczalnie profesor Wu, co otworzyło szereg nowych możliwości interpretacyjnych dla rozpadu beta. Wynikło z tego również mnóstwo dalszych eksperymentów. W niektórych wykazano, że elektrony wypadające z jądra mają spin lewy, w niektórych, że prawy, w innych eksperymentach pojawiły się różne inne ciekawe odkrycia na temat parzystości. Wyniki były jednak tak niejednoznaczne, że nikt nie był w stanie zebrać tego w jedną całość.

Tymczasem odbyła się doroczna konferencja w Rochester. Ja jak zwykle nie nadążałem, a Lee wygłosił referat na temat naruszenia parzystości. Razem z Yangiem doszli do wniosku, że parzystość jest naruszana, a teraz zbudowali teorię, która to wyjaśniała.

Podczas konferencji mieszkałem u mojej siostry w Syracuse. Przyniosłem referat do domu i powiedziałem:
– Nie rozumiem tego wszystkiego, co mówią Lee i Yang. To takie skomplikowane.
– Nieprawda – zaoponowała – wcale nie chodzi ci o to, że nie rozumiesz, tylko o to, że to nie ty to wymyśliłeś. Nie wyliczyłeś tego sam, wychodząc od przesłanek. Powinieneś sobie wyobrazić, że jesteś znowu studentem, zabrać ten referat na górę, przeczytać linijka po linijce i sprawdzić każde równanie. Wtedy bez problemu zrozumiesz.

Poszedłem za jej poradą, przebrnąłem przez cały referat i stwierdziłem, że jest bardzo prosty i oczywisty. Bałem się go przeczytać, sądząc, że jest zbyt trudny.

Przypomniałem sobie, że wiele lat wcześniej sam coś dłubałem przy równaniach prawostronnie i lewostronnie niesymetrycznych. Teraz, kiedy spojrzałem na wzory podane przez Lee, stało się dla mnie jasne, że rozwiązanie jest znacznie prostsze: wszystko wychodzi sprzężone do lewej strony równania. Dla elektronu i mionu moje przewidywania były takie same jak u Lee, tyle że poodwracałem niektóre oznaczenia. Wtedy jeszcze nie zdawałem sobie z tego sprawy, ale Lee wziął tylko najprostszy przykład sprzężenia mionowego i nie dowiódł, że wszystkie miony byłyby sprzężone do prawej strony równania, podczas gdy zgodnie z moją teorią wszystkie miony byłyby automatycznie sprzężone do prawej strony równania. Czyli moja teoria miała szerszy zakres. Miałem inne oznaczenia, ale nie zdałem sobie sprawy, że u mnie zgadza się również ilość.

Przewidziałem kilka rzeczy, których nikt jeszcze nie sprawdzał eksperymentalnie, ale kiedy doszedłem do neutronu i protonu, nie potrafiłem tego dobrze uzgodnić z tym, co było wtedy wiadomo na temat sprzężenia neutronu i protonu: wszystko mi się trochę kitwasiło.

Następnego dnia na konferencji pewien bardzo uprzejmy prelegent, Ken Case, oddał mi pięć minut ze swojego czasu na przedstawienie mojego pomysłu. Powiedziałem, że jestem przekonany, że wszystko jest sprzężone do lewej strony równania* i że oznaczenia dla elektronu i mionu są odwrócone, ale nie mogę sobie poradzić z neutronem. Później doświadczalnicy

---

* A ściślej: do lewoskrętnego prądu leptonowego (przyp. tłum.).

wypytywali mnie o moje przewidywania, a potem wyjechałem na lato do Brazylii.

Kiedy wróciłem do Stanów, chciałem się dowiedzieć, jaka jest sytuacja w kwestii rozpadu beta. Pojechałem do pani profesor Wu, która pracowała w laboratorium na uniwersytecie Columbia. Nie było jej, ale inna pani pokazała mi wszystkie dane, różne dziwne liczby, które z niczym się nie zgadzały. Elektrony, które w moim modelu wylatywałyby podczas rozpadu beta z lewym spinem, w niektórych przypadkach miały spin prawy. Nic do niczego nie pasowało.

Kiedy wróciłem na Caltech, spytałem kilku tamtejszych doświadczalników o stan badań nad rozpadem beta. Pamiętam, że trzech ludzi, Hans Jensen, Aaldert Wapstra i Felix Boehm, posadziło mnie na stołku i zaczęło mi wyłuszczać wszystkie fakty: wyniki doświadczeń z innych laboratoriów i ich własne. Ponieważ ich znałem i wiedziałem, jacy są dokładni, większą uwagę zwracałem na ich wyniki. Ich wyniki same w sobie nie były aż tak niespójne; dopiero w połączeniu z wszystkimi innymi zaczynały się nie zgadzać.

Kiedy mnie już nafaszerowali tymi wszystkimi informacjami, powiedzieli: „Sytuacja jest tak niepewna, że podważa się rzeczy ustalone już od lat – na przykład, że rozpad beta neutronu daje w wyniku S i T. Murray mówi, że może nawet dawać V i A".

Zrywam się ze stołka i mówię: „W takim razie WSZYSTKO rozumiem!".

Myśleli, że żartuję. Ale jedynym problemem, jaki miałem na konferencji w Rochester, był rozpad neutronu i protonu: wszystko pasowało z wyjątkiem tego jednego, a jeśli ten rozpad dawał V i A zamiast S i T, to również pasowało. Czyli moja teoria była zupełna!

Tego wieczoru poobliczałem różne rzeczy za pomocą tej teorii. Zacząłem od czasu rozpadu mionu i neutronu. Aby teoria była poprawna, powinna istnieć pewna określona zależność pomiędzy tymi czasami. Wynik zgadzał się z dokładnością do 9 procent. 9 procent to dość blisko. Powinno wyjść lepiej, ale 9 procent mieściło się w granicach błędu.

Posprawdzałem jeszcze wiele innych rzeczy i wszystko się zgadzało, więc byłem bardzo podekscytowany. Po raz pierwszy i jedyny w mojej karierze znałem prawo natury, o którym nie wiedział nikt inny. (Co nie było prawdą, ale gdy się później dowiedziałem, że Murray Gell-Mann, a także Sudarshan i Marshak równolegle doszli do tej samej teorii, nie umniejszyło to mojej radości).

Jedyne, co robiłem do tej pory, to brałem jakąś cudzą teorię i poprawiałem metodę liczenia albo brałem jakieś cudze równanie, na przykład Schrödingera, żeby wyjaśnić jakieś zjawisko, na przykład ciekły hel. Znamy równanie i znamy zjawisko, ale jak one mają się do siebie?

Pomyślałem o Diracu, który wymyślił równanie opisujące zachowanie elektronu – moje nie było aż tak istotne, ale dobrze opisywało rozpad beta. Był to jedyny raz, kiedy odkryłem nowe prawo.

Zadzwoniłem do siostry w Nowym Jorku, żeby jej podziękować za to, że mnie skłoniła do przeczytania referatu Lee i Yanga podczas konferencji w Rochester. Dawniej czułem, że nie nadążam, teraz byłem w pierwszej linii. Dokonałem odkrycia – dzięki temu, że poszedłem za jej poradą. Fizyka znów zaczęła mi sprawiać radość i chciałem za to podziękować mojej siostrze. Powiedziałem jej, że wszystko się zgadza z wyjątkiem tych 9 procent.

Byłem bardzo podekscytowany, dalej liczyłem i okazało się, że całe mnóstwo rzeczy pasuje automatycznie, bez żadnych chwytów. Zaczynałem już zapominać o 9 procentach, bo wszystko inne się zgadzało.

Pracowałem bardzo ciężko do późna w nocy, siedząc przy małym stole kuchennym pod oknem. Robiło się coraz później – druga albo trzecia nad ranem. Ciężko pracuję, wychodzi mi mnóstwo zgodnych z doświadczeniem wyników, myślę, koncentruję się, jest ciemno, cicho... i nagle słyszę głośne TAP-TAP-TAP-TAP w okno. Podnoszę wzrok i widzę białą twarz przyklejoną do szyby, kilkanaście centymetrów od mojej głowy: jestem w takim szoku, że wrzeszczę jak wariat!

Była to znajoma, która pogniewała się na mnie, bo po powrocie z wakacji nie zadzwoniłem do niej natychmiast, żeby jej powiedzieć, że już jestem. Wpuściłem ją do środka i usiłowałem jej wyjaśnić, że chwilowo jestem bardzo zajęty, że właśnie odkryłem coś bardzo ważnego.

– Proszę cię, idź na razie i pozwól mi skończyć.
– Nie, nie będę ci przeszkadzać. Usiądę sobie w salonie.
– Dobrze – powiedziałem – ale to naprawdę bardzo trudne.

To, co robiła, trudno nazwać s i e d z e n i e m w salonie. Przycupnęła w kącie, splótłszy ręce na kolanach, żeby mi „nie przeszkadzać". Oczywiście cel miała wręcz przeciwny! I udało się jej – nie byłem w stanie zapomnieć o jej obecności. Zezłościłem się i nie mogłem już tego dłużej wytrzymać. Musiałem zrobić te obliczenia; dokonałem wielkiego odkrycia, które było dla mnie ważniejsze od tej pani – przynajmniej w tej chwili. Nie pamiętam, jak mi się w końcu udało ją wyprosić, ale wiem, że nie przyszło mi to łatwo.

Kiedy jeszcze trochę popracowałem, zrobiło się już bardzo późno i poczułem głód. Poszedłem na główną ulicę do restauracji kilka przecznic dalej, gdzie często jadałem późno w nocy.

O tej porze często zatrzymywała mnie policja, ponieważ szedłem zamyślony i nagle przystawałem – czasem przychodzi ci do głowy tak trudna myśl, że musisz się zatrzymać, żeby ci nie umknęła. Przystawałem więc, a niekiedy podnosiłem do góry ręce i mówiłem do siebie: „Odległość pomiędzy tym a tym wynosi tyle, a kiedy obrócić w tę stronę...".

Stałem więc nad ranem na ulicy, wymachując rękami, i podjeżdżała policja:

– Nazwisko? Adres? Co pan tu robi?

– Och, przepraszam, zamyśliłem się; mieszkam tutaj i często chodzę do tej restauracji... – Po jakimś czasie wiedzieli już, kim jestem, i przestali mnie zatrzymywać.

Wszedłem do restauracji i byłem taki przejęty, że opowiedziałem jakiejś pani o swoim odkryciu. Ona mi przerywa: jest żoną strażaka, leśniczego czy kogoś takiego. Czuje się bardzo samotna – a mnie to zupełnie nie interesuje. Czyli takie rzeczy się zdarzają.

Następnego dnia poszedłem do Wapstry, Boehma i Jensena, żeby im powiedzieć, że wszystko poobliczałem i wszystko się zgadza.

Był tam też Christy, który spytał:

– Jakiej stałej rozpadu beta użyłeś?

– Tej z książki Tego-a-tego.

– Okazuje się, że jest błędna. Ostatnie pomiary wykazały, że różni się od właściwej o 7 procent.

Przypomniałem sobie o moich 9 procentach. Co za zbieg okoliczności: idę wieczorem do domu i opracowuję teorię, z której wynika, że rozpad neutronu powinien się różnić o 9 procent od uzyskanego, a następnego ranka dowiaduję

CZAS ZIMOWY I BŁĄD SIEDMIOPROCENTOWY

się, że stała zmieniła się o 7 procent. Ale czy zmienia to mój błąd z 9 na 16, czy z 9 na 2 procent?

Zaraz potem zadzwoniła moja siostra z Nowego Jorku.

– I co z tymi 9 procentami?

– Właśnie odkryłem, że są nowe dane: o 7 procent...

– W którą stronę?

– Usiłuję się zorientować. Oddzwonię.

Byłem taki przejęty, że nie mogłem myśleć. To tak, jakbyś spieszył się na samolot i nie wiedział, czy zdążysz, kiedy nagle ktoś mówi do ciebie:

– Właśnie wprowadzili czas zimowy!

– Tak, ale w którą stronę? – Jesteś taki przejęty, że nie potrafisz myśleć.

Christy poszedł do jednego pokoju, ja do innego, żebyśmy mogli przemyśleć sprawę: to idzie w tę stronę, to w tę. Tak naprawdę sprawa nie była zbyt skomplikowana – ale jakie emocje przeżywaliśmy!

Christy wyszedł ze swojego pokoju, ja ze swojego i zgodziliśmy się: rozbieżność wynosi 2 procent, co spokojnie mieści się w granicach błędu pomiaru. Zadzwoniłem do siostry:

– Dwa procent. – Moja teoria była poprawna.

(*De facto* była błędna: pomyliłem się o 1 procent, nie uwzględniając czynnika, który odkrył później Nicola Cabibbo. Czyli 2 procent nie wynikało w całości z błędu pomiaru).

Murray Gell-Mann porównał i zestawił nasze pomysły, po czym napisał artykuł o naszej teorii. Była dość przejrzysta, stosunkowo prosta i zgodna z wieloma rzeczami. Ale, jak już wspominałem, mieliśmy strasznie dużo nieskładnych danych. W niektórych przypadkach posunęliśmy się nawet do twierdzenia, że eksperymenty zostały źle przeprowadzone.

Dobrym tego przykładem był eksperyment Valentine'a Telegdiego, który zmierzył liczbę elektronów lecących w każdym z kierunków przy rozpadzie neutronu. Nasza teoria przewidywała, że liczba ta powinna być jednakowa dla wszystkich kierunków, podczas gdy Telegdi stwierdził, że w jednym z kierunków wylatuje 11 procent elektronów więcej niż w innych. Telegdi był znakomitym doświadczalnikiem, i bardzo rzetelnym. Kiedyś podczas jakiegoś odczytu zahaczył o naszą teorię i powiedział: „Teoretycy mają to do siebie, że lekceważą wyniki doświadczeń!".

Telegdi przysłał nam również list, w którym nie zawarł może zbyt wielu druzgoczących argumentów, ale wyraził przekonanie, że nasza teoria jest błędna. Na końcu napisał: „Teoria F-G (Feynmana–Gell-Manna) jest nie F-G*".

Murray mówi:

– I co zrobimy? Ten Telegdi to świetny zawodnik.

– Poczekajmy – mówię.

Dwa dni później dostajemy od Telegdiego następny list. Zupełnie nawrócony: nasza teoria uzmysłowiła mu, że przeoczył możliwość, iż odrzut protonu od neutronu nie jest we wszystkich kierunkach jednakowy. Założył, że jest jednakowy. Gdy wziął na to poprawkę, zgodną z naszą teorią, wyniki powróciły do normy i nie było żadnych rozbieżności.

Wiedziałem, że Telegdi jest znakomitym doświadczalnikiem i że trudno byłoby upierać się przy teorii niezgodnej z jego wynikami. Mimo to byłem przekonany, że tym razem z jego eksperymentem coś jest nie w porządku i że o n s a m do tego dojdzie – że będzie mu to dużo łatwiej stwierdzić niż nam.

---

* *No fucking good* – do niczego (przyp. tłum.).

Dlatego powiedziałem, że najlepiej będzie nie szukać rozwiązania, tylko zaczekać.

Poszedłem do profesora Bachera opowiedzieć mu o naszym sukcesie, a on na to: „Tak, tak, przychodzicie i mówicie, że sprzężenie neutronu i protonu wynosi V, a nie T. Dotychczas wszyscy myśleli, że T. Gdzie jest eksperyment krzyżowy, który pokazał, że T? Może byście tak sprawdzili, co było nie w porządku w pierwszych eksperymentach?".

Poszedłem do czytelni i znalazłem artykuł o doświadczeniu, które rzekomo pokazywało, że sprzężenie neutronu i protonu wynosi T – i coś mną wstrząsnęło. Przypomniałem sobie, że już kiedyś ten artykuł czytałem (było to w czasach, kiedy jeszcze czytałem wszystkie artykuły w „Physical Review" – w tak młodym wieku mogłem sobie jeszcze na to pozwolić). Przypomniałem sobie, że kiedy spojrzałem na krzywą, pomyślałem: „To niczego nie dowodzi!".

Problem w tym, że wniosek opierał się na jednym lub dwóch wynikach skrajnych, a istnieje zasada, że wynik skrajny ma małą wartość dowodową, bo inaczej nie byłby skrajny. Zdałem sobie sprawę, że cały wniosek o rodzaju sprzężenia neutronu i protonu opiera się na wyniku skrajnym, który ma małą wartość, toteż tezy nie można uznać za udowodnioną. Pamiętam, że już wtedy to zauważyłem!

Kiedy zainteresowałem się rozpadem beta, przeczytałem wszystkie artykuły „specjalistów od rozpadu beta", z których wynikało, że wynik wynosi T. Nigdy nie zajrzałem do pierwotnych danych, tylko jak kto głupi czytałem późniejsze artykuły. Gdybym był d o b r y m fizykiem, to od razu w Rochester, kiedy przyszła mi do głowy moja teoria, natychmiast bym sprawdził: „na ile mamy pewność, że wynik wynosi T?" – tak należało zrobić. Natychmiast bym się zorientował, że już kiedyś wcześniej zauważyłem, że wniosek jest błędny.

Od tego czasu przestałem zwracać uwagę na opinie „specjalistów". Obliczam wszystko sam. Kiedy ludzie mówili, że teoria kwarków jest bardzo dobra, poprosiłem dwóch fizyków, Finna Ravndala i Marka Kislingera, żeby sprawdzili ją ze mną od początku do końca, dzięki czemu mogłem się przekonać, czy daje ona wyniki zgodne z doświadczeniem. Już nigdy nie popełniłem tego błędu i nie polegałem na opiniach specjalistów. Oczywiście ma się tylko jedno życie i samemu też robi się błędy, uczy się na nich, a potem przychodzi na nas koniec.

TRZYNAŚCIE RAZY

Pewnego razu przyszedł do mnie naukowiec z lokalnego college'u miejskiego i spytał, czy nie wygłosiłbym tam wykładu. Zaproponował mi pięćdziesiąt dolarów, ale powiedziałem mu, że martwię się nie o pieniądze, tylko o co innego.

– To college m i e j s k i, racja?

– Tak.

Pomyślałem sobie o całej papierkowej robocie, w którą zawsze byłem wciągany, mając do czynienia z instytucjami rządowymi, roześmiałem się i powiedziałem: „Z chęcią wygłoszę wykład, ale pod jednym warunkiem". Wziąłem liczbę z kapelusza i dokończyłem: „Że nie będę musiał się podpisać więcej niż trzynaście razy, łącznie z czekiem!".

Facet też się roześmiał: „Trzynaście razy! Nie ma sprawy".

No i zaczęło się. Najpierw muszę podpisać oświadczenie, że jestem lojalnym obywatelem i nie zamierzam obalić rządu, bo inaczej nie mogę wygłosić odczytu w miejskim college'u.

Aha, na oświadczeniu podpisuję się dwa razy. Potem muszę podpisać jakąś delegację od miasta czy coś w tym rodzaju. Wkrótce liczba zaczyna rosnąć.

Muszę podpisać, że jestem zatrudniony jako pracownik naukowy – ponieważ to instytucja miejska, trzeba się zabezpieczyć przed tym, że ktoś załatwi wykład żonie albo kumplowi. Były też inne zabezpieczenia, a liczba podpisów rosła.

Facet, który najpierw się śmiał, teraz zaczynał się już trochę denerwować, ale zmieściliśmy się. Podpisałem się dokładnie dwanaście razy. Mieliśmy jeszcze w zapasie jeden podpis na czek, więc wygłosiłem wykład.

Kilka dni później facet przychodzi do mnie z czekiem i widzę, że strasznie się poci. Okazało się, że nie może mi dać pieniędzy, jeżeli nie podpiszę formularza stwierdzającego, że naprawdę wygłosiłem odczyt.

– Jeśli podpiszę formularz, nie mogę podpisać czeku – powiedziałem. – Ale przecież pan przy tym był. Słyszał pan wykład. Niech p a n podpisze!

– Nie uważa pan, że to dość dziecinne?

– Nie. Umówiliśmy się. Nie sądziliśmy, że dojdzie do trzynastu, ale tak uzgodniliśmy i powinniśmy się tego trzymać.

– Strasznie się namęczyłem, wszystkich obszedłem, wszystkiego próbowałem, ale mówią, że to niemożliwe. Po prostu nie może pan dostać pieniędzy, jeżeli pan nie podpisze formularza.

– Nie szkodzi – powiedziałem. – Podpisałem się tylko dwanaście razy i wygłosiłem wykład. Nie potrzebuję pieniędzy.

– Ale ja nie mogę panu zrobić czegoś takiego!

– Niech się pan nie martwi. Jak umowa, to umowa.

Następnego dnia dzwoni do mnie.

– Nie mogą n i e dać panu pieniędzy! Już je odfajkowali i odłożyli na bok, więc m u s z ą je panu dać!

– Jeśli muszą, to niech dadzą.
– Ale musi pan podpisać formularz.
– Nie podpiszę!

Znaleźli się w sytuacji bez wyjścia. Nie istniała rubryka „różne", do której można by zakwalifikować człowieka, któremu przysługują pieniądze, ale nie chce ich pokwitować.

Jakoś sobie z tym w końcu poradzili. Było to bardzo skomplikowane i zajęło dużo czasu – ale trzynasty podpis wykorzystałem na zrealizowanie czeku.

GADAJĄ PO CHIŃSKU

Nie wiem dlaczego, ale kiedy do kogoś jadę, nigdy nie zatroszczę się o to, żeby sobie zanotować adres lub telefon ludzi, którzy mnie zapraszają. Zakładam, że ktoś po mnie wyjdzie albo któryś z towarzyszy podróży będzie wiedział, dokąd jedziemy. Jakoś to będzie.

Pewnego razu, w 1957 roku, pojechałem na konferencję poświęconą grawitacji, która odbywała się na Uniwersytecie Karoliny Północnej. Zaproszono mnie jako eksperta od innej dziedziny, aby pozostali uczestnicy mieli możliwość spojrzeć na grawitację z „innej perspektywy".

Wylądowałem na lotnisku w drugim dniu konferencji (nie byłem w stanie zdążyć na pierwszy) i poszedłem do dyspozytora taksówek.

– Chcę pojechać na Uniwersytet Karoliny Północnej.

– Chodzi panu o Uniwersytet Stanowy Karoliny Północnej w Raleigh czy o Uniwersytet Karoliny Północnej w Chapel Hill?

Nie muszę chyba mówić, że nie miałem zielonego pojęcia.

– Są daleko od siebie? – spytałem, z nadzieją, że blisko.
– Nie. Jeden jest na północ od lotniska, a drugi na południe, mniej więcej w tej samej odległości.

Nie miałem przy sobie żadnych materiałów z adresem, a w drugim dniu nikt już nie jechał na konferencję.

To nasunęło mi pewien pomysł.

– Konferencja zaczęła się wczoraj – powiedziałem do dyspozytora – więc musiało się tędy przewinąć mnóstwo ludzi. Opiszę ich panu: głowy w chmurach, mówią do siebie, nie patrzą, gdzie idą, gadają po chińsku – jakieś takie „miu-piu-giu"*.

Twarz mu pojaśniała.

– A, tak – powiedział. – Chodzi panu o Chapel Hill! – Przywołał pierwszą z kolei taksówkę.

– Zawieziesz tego pana na uniwersytet w Chapel Hill.

– Dziękuję bardzo – powiedziałem i pojechałem na konferencję.

ALE CZY TO JEST SZTUKA?

Na jakiejś imprezie grałem na bongosach i zupełnie dobrze mi szło. Jednego z gości moje bębnienie jakoś szczególnie zainspirowało. Poszedł do łazienki, zdjął koszulę, kremem do golenia wysmarował sobie na torsie różne dziwaczne wzory, wyszedł i zaczął wyprawiać dzikie tańce, z wiśniami dyndającymi z uszu. Oczywiście natychmiast się z tym szajbusem zaprzyjaźniłem. Nazywa się Jirayr Zorthian; jest artystą.

---

* W oryginale „gadają" nie po chińsku, lecz po grecku: „*gie-mi-ni*", co stanowi podstawową wielkość w teorii względności (przyp. tłum.).

Odbyliśmy wiele długich dyskusji o sztuce i nauce. Ja mówiłem na przykład: „Artyści są skończeni: nie mają już żadnych tematów! Kiedyś mieli tematy religijne, ale stracili wiarę, więc teraz już nie mają o czym mówić. Nie rozumieją świata techniki, w którym żyjemy, nie mają pojęcia o pięknie r z e c z y w i s t e g o świata – świata nauki – więc w ich sercach nie ma nic, co mogliby malować".

Jerry odpowiadał, że artyści nie potrzebują materialnego przedmiotu, że istnieje wiele uczuć, które można wyrazić poprzez sztukę. Poza tym sztuka może być abstrakcyjna. Co więcej, naukowcy psują piękno natury, kiedy rozbierają ją na czynniki i ujmują we wzory matematyczne.

Kiedyś, na urodzinach Jerry'ego, jedna z tych niedorzecznych dyskusji przeciągnęła się do trzeciej nad ranem. Następnego dnia zadzwoniłem do niego:

– Posłuchaj, Jerry – powiedziałem – dlatego tak się ciągle kłócimy i do niczego nie dochodzimy, że ty guzik wiesz na temat nauki, a ja guzik wiem na temat sztuki. Proponuję, że co drugą niedzielę na przemian ja ci będę udzielał korepetycji z nauki, a ty mi ze sztuki.

– Dobra – powiedział. – Nauczę cię rysować.

– To niemożliwe – sprzeciwiłem się, ponieważ kiedy byłem w ogólniaku, jedyną rzeczą, którą potrafiłem narysować, były piramidy na pustyni, składające się głównie z linii prostych, chociaż czasem porywałem się na palmę i słoneczko. Okazałem się kompletnym beztalenciem. Siedziałem w ławce z kolegą, który był równie wprawny. Kiedy miał narysować drzewo, robił dwa eliptyczne kleksy, przypominające dwie opony jedna na drugiej, z których wystawała do góry łodyga zwieńczona zielonym trójkątem. Założyłem się więc z Jerrym, że nie potrafi mnie nauczyć rysować.

– Oczywiście będziesz musiał dużo ćwiczyć – powiedział. Obiecałem, że będę ćwiczył, ale podtrzymałem zakład. Bardzo chciałem się nauczyć rysować, z powodu, z którym się nie zdradziłem: chciałem wyrazić pewne uczucie, które wiąże się z pięknem świata. Ponieważ chodzi o uczucie, trudno je opisać. Przypomina uczucie człowieka religijnego, wiążące się z Bogiem sprawującym kontrolę nad całym Wszechświatem: jest w tym pewien aspekt ogólności, który odczuwasz, kiedy myślisz o tym, że rzeczy wydające się tak różne i tak różnie się zachowujące są sterowane „zza kulis" przez jeden system zorganizowania, przez te same prawa fizyczne. Jest to podziw dla matematycznego piękna natury, jej wewnętrznego funkcjonowania; świadomość, że widzialne zjawiska uzewnętrzniają złożone wewnętrzne mechanizmy działające pomiędzy atomami; poczucie, że świat jest taki dramatyczny i taki cudowny. Jest to odczucie zachwytu – naukowego – które, jak sądziłem, można przekazać za pomocą rysunku komuś, kto także go doznaje. Sądziłem, że można u kogoś na chwilę wywołać to wrażenie cudowności świata.

Jerry okazał się bardzo dobrym nauczycielem. Na początek powiedział mi, żebym poszedł do domu i narysował cokolwiek. Spróbowałem narysować but, a potem kwiatek w doniczce. Wyszły straszne bohomazy!

Podczas następnego spotkania pokazałem mu swoje dokonania:

– Popatrz! – powiedział. – Tu, z tyłu, linia doniczki nie styka się z liściem. – (Miała się stykać, ale mi nie wyszło). – Bardzo dobrze. Tak się oddaje głębię. To bardzo sprytne z twojej strony. Dobrze też, że użyłeś linii różnej grubości. – (Chciałem, żeby były równej grubości). – Rysunek, na którym wszystkie linie mają taką samą grubość, jest nudny. – I tak dalej:

wszystko, co ja uważałem za błąd, on wykorzystywał, żeby mnie czegoś nauczyć. Nigdy mi nie powiedział, że zrobiłem coś źle; nigdy mnie nie zniechęcał. Próbowałem więc dalej i z czasem rysowałem trochę lepiej, ale nigdy nie byłem z siebie zadowolony.

Dla nabrania wprawy zapisałem się też na międzynarodowy kurs korespondencyjny i muszę powiedzieć, że było to bardzo pożyteczne. Zaczęli od tego, że kazali mi rysować ostrosłupy i walce, cieniować je i tak dalej. Kurs obejmował kilka technik: rysunek, pastele, akwarela, olej. Pod koniec wymiękłem i nie wysłałem im obrazu olejnego, który namalowałem. Przysyłali mi listy zachęcające do dalszej pracy. Bardzo dobry kurs.

Cały czas ćwiczyłem rysunek i bardzo mnie to wciągnęło. Jeżeli na jakimś zebraniu odbywała się jałowa dyskusja – na przykład kiedy przyjechał do nas Carl Rogers z propozycją, żeby powołać w Caltech wydział psychologii – rysowałem innych ludzi. Miałem mały notes, który wszędzie z sobą nosiłem. Czyli, zgodnie z zaleceniem Jerry'ego, ćwiczyłem bardzo dużo.

Z kolei Jerry nie zrobił wielkich postępów w fizyce. Miał za bardzo rozbiegane myśli. Chciałem go czegoś nauczyć z elektromagnetyzmu, ale gdy tylko wymówiłem słowo „elektryczność", on mi opowiadał o jakimś zepsutym silniku i pytał, jak go naprawić. Kiedy chciałem mu pokazać, jak działa elektromagnes, skręciłem z drutu mały zwój, powiesiłem na sznurku gwóźdź i włączyłem prąd. Kiedy gwóźdź wskoczył do zwoju, Jerry powiedział: „Jak fiutek do cipki!", i lekcja na tym się skończyła.

Nie wiem, czy to on jest lepszym nauczycielem, czy ja lepszym uczniem – mamy nowy temat sporu.

ALE CZY TO JEST SZTUKA?

Zrezygnowałem z idei podzielenia się z artystą poczuciem piękna natury po to, aby on mógł je wyrazić. Będę się jeszcze bardziej starał nauczyć rysować, żebym mógł zrobić to sam. Był to bardzo ambitny plan, który zachowałem dla siebie, bo istniało duże prawdopodobieństwo, że nigdy go nie zrealizuję.

Zaczynałem dopiero rysować, kiedy podpatrzyła mnie raz znajoma i powiedziała:

– Powinieneś iść do Muzeum Sztuki w Pasadenie. Mają tam lekcje rysunku, z modelkami, nagimi modelkami.

– Nie – odparłem – za słabo rysuję, za bardzo bym się peszył.

– Wcale nie rysujesz za słabo; zobaczysz, na jakim poziomie są inni!

Zdobyłem się więc na odwagę i poszedłem. Na pierwszej lekcji powiedzieli nam, gdzie i jaki kupić papier – duże arkusze papieru gazetowego – ołówki i węgiel. Na drugą lekcję przyszła modelka, która zaczęła od dziesięciominutowego pozowania.

Zacząłem ją rysować, ale zanim zdążyłem zrobić nogę, dziesięć minut dobiegło końca. Rozejrzałem się wokół siebie i zobaczyłem, że wszyscy inni mają cały rysunek, łącznie z cieniowaniem.

Zdałem sobie sprawę, że to dla mnie zbyt głębokie wody. Jednak któreś z rzędu pozowanie trwało pół godziny. Przyłożyłem się i z wielkim wysiłkiem zdążyłem narysować cały kontur. Pomyślałem sobie, że nie jest aż tak beznadziejnie i że nie muszę zakrywać rysunku, tak jak to robiłem za każdym razem poprzednio.

Przeliczyłem się. Teraz dopiero wyszło na jaw, do czego zdolni są inni: narysowali modelkę, z detalami i cieniowaniem, notes leżący na ławce, na której ona siedzi, podwyższenie, wszystko! Brali węgiel i chlast, plast, już gotowe, więc myślę sobie: beznadziejna sprawa.

Idę zakryć mój rysunek, który składa się z kilku linii stłoczonych w lewym górnym rogu arkusza formatu gazetowego – do tej pory rysowałem na papierze A4 – ale stoi już przy nim kilka osób i ktoś mówi: „Popatrz! U niego liczy się każda linia".

Nie wiedziałem za dobrze, co to znaczy, ale poczułem się wystarczająco podbudowany, żeby przyjść na następne zajęcia. Tymczasem Jerry mi powtarzał, że zbyt gęsto wypełnione rysunki są niedobre. Postawił sobie za cel przekonać mnie, żebym się nie przejmował innymi, więc mówił mi, że wcale nie rysują tak wspaniale.

Zauważyłem, że nauczyciel nie wygłasza zbyt wielu uwag (mnie powiedział tylko, że mój rysunek zajmuje za mało miejsca na stronie). Próbował nas zaś zachęcić do eksperymentów z nowymi technikami. Uświadomiłem sobie, jak my uczymy fizyki: mamy tak dużo technik – tak dużo metod matematycznych – że ciągle instruujemy studentów, co mają robić. Natomiast nauczyciel rysunku boi się cokolwiek powiedzieć. Jeżeli masz zbyt ciężką linię, nauczyciel nie może ci powiedzieć: „Masz zbyt ciężką linię", bo na pewno istniał już jakiś artysta, który malował genialne obrazy ciężkimi liniami. Nauczyciel nie chce cię popychać w żadnym określonym kierunku. Musi więc umieć uczyć rysunku metodą osmozy, a nie dyktowania regułek, podczas gdy nauczyciel fizyki musi uczyć technik, więc zostaje mu niewiele czasu na to, by przekazać ducha rozwiązywania zadań fizycznych.

Stale mi powtarzali, żebym się „wyluzował", przestał się tak bardzo przejmować. Uznałem, że to mniej więcej tak, jakby powiedzieć początkującemu kierowcy, żeby się „wyluzował" za kierownicą. Mało skuteczna metoda. Dopiero kiedy umiesz coś robić starannie, możesz się odprężyć. Nie dałem się więc nabrać na filozofię „więcej luzu".

Jednym z ćwiczeń, które miało nas odprężyć, było rysowanie modelki bez patrzenia na papier. Nie zdejmuj wzroku z modelki; patrz na nią i kreśl linie na papierze, nie sprawdzając tego, co robisz.

Jeden z kursantów mówi:

– Nie mogę się powstrzymać przed podglądaniem. Założę się, że wszyscy podglądają!

– Ja nie podglądam! – sprzeciwiłem się.

– Nie opowiadaj! – mówią.

Po zakończeniu ćwiczenia przychodzą popatrzeć, co narysowałem. Okazało się, że faktycznie nie podglądałem. Na samym początku złamał mi się grafit ołówka i na papierze były tylko wgniecenia.

Kiedy zaostrzyłem ołówek, spróbowałem jeszcze raz. Stwierdziłem, że mój rysunek ma w sobie jakąś siłę – jakąś dziwną, jakby picassowską moc – co mi się spodobało. A spodobało mi się dlatego, że wiedziałem, iż w ten sposób nie da się dobrze rysować, więc nie muszę być dobry – na tym właśnie polegał „luz". Sądziłem, że „wyluzuj się" oznacza „rysuj byle jak", tymczasem chodziło o to, żeby się nie przejmować efektem.

Zrobiłem na tym kursie duże postępy i byłem z siebie dość zadowolony. Aż do ostatniej sesji wszystkie modelki były przyciężkie i nieproporcjonalne; interesująco się je rysowało. Ale na ostatnie zajęcia przyszła odlotowa blondynka o doskonałych proporcjach. Wtedy odkryłem, że nadal nie umiem rysować: nie potrafiłem uzyskać czegoś, co by choć trochę p r z y p o m i n a ł o tę piękną dziewczynę! Z innymi modelkami nie miało znaczenia, jeżeli coś wyszło za duże albo za małe, bo i tak całość była nieproporcjonalna. Ale kiedy chcesz narysować coś tak harmonijnego, nie oszukasz się: wszystko musi być dokładnie takie jak trzeba!

Podczas jednej z przerw podsłuchałem, jak facet, który naprawdę umiał rysować, pyta modelkę, czy pozuje prywatnie. Powiedziała, że tak. „To świetnie. Ale nie mam jeszcze swojego atelier. Będę to musiał najpierw jakoś załatwić".

Pomyślałem, że mogę się od niego wiele nauczyć, a poza tym jeżeli czegoś nie zrobię, nie będę miał już szansy rysować odlotowej blondynki.

– Przepraszam – powiedziałem do niego – na parterze w moim domu jest pomieszczenie, które może posłużyć za atelier.

Oboje się zgodzili. Zabrałem kilka rysunków tego człowieka, żeby pokazać je Jerry'emu, ale nie był nimi zachwycony. „Nie są wcale takie dobre", powiedział. Próbował mi wyjaśnić dlaczego, ale niewiele z tego zrozumiałem.

Zanim zacząłem uczyć się rysunku, sztuka niezbyt mnie interesowała. Bardzo rzadko mi się zdarzało zachwycić jakimś dziełem sztuki, jak kiedyś w muzeum w Japonii. Zobaczyłem tam malunek na brązowym papierze, przedstawiający bambus. Najpiękniejsze było dla mnie to, że zależnie od sposobu patrzenia można było widzieć albo abstrakcyjne maźnięcia pędzlem, albo bambus.

Podczas letnich wakacji po kursie rysunku pojechałem na konferencję naukową do Włoch i pomyślałem, że obejrzę Kaplicę Sykstyńską. Przyszedłem jeszcze przed otwarciem, jako pierwszy kupiłem bilet i po otwarciu wbiegłem po schodach na górę. Dzięki temu miałem tę rzadką przyjemność, że przez chwilę mogłem samotnie popatrzeć na kaplicę pogrążoną w majestatycznej ciszy.

ALE CZY TO JEST SZTUKA?

Wkrótce przyszli turyści, zaczął się kłębić tłum ludzi, którzy mówili coś w różnych językach i pokazywali sobie różne rzeczy rękami. Ja oglądałem sklepienie, lecz w pewnym momencie trochę zniżyłem wzrok i natrafiłem na jakieś duże obrazy w ramach. „Kurczę!", myślę sobie. „Nigdy o nich nie słyszałem".

Niestety zostawiłem przewodnik w hotelu, ale pomyślałem: „Wiem, dlaczego te obrazy nie są znane: bo są kiepskie". Ale potem mój wzrok padł na inny obraz, który uznałem za znakomity. Oglądnąłem wszystkie pozostałe. „Ten jest niezły, ten też, a ten do niczego". Nigdy nie słyszałem o tych obrazach, ale uznałem, że wszystkie są niezłe z wyjątkiem dwóch.

Potem zwiedziłem sale, które nazywają się Stanze Rafaela, i zauważyłem to samo zjawisko. Pomyślałem sobie: „Rafael jest nierówny. Nie zawsze mu wychodzi. Czasem jest znakomity, a czasem zwyczajnie chałturzy".

Kiedy wróciłem do hotelu, zaglądnąłem do przewodnika. O Kaplicy Sykstyńskiej napisane było: „Pod freskami Michała Anioła jest czternaście obrazów Botticellego, Perugina…" i dalej wymienieni byli ci wszyscy wielcy artyści, „…oraz dwa oleje pędzla Takiego-Owakiego, pozbawione większej wartości". Byłem strasznie dumny z tego, że potrafiłem odróżnić piękne dzieło sztuki od szmiry, choć nie potrafiłbym zdefiniować, na czym ta różnica polega. Naukowcom zawsze się wydaje, że wiedzą, co robią, więc nie mają zaufania do artysty, który mówi: „To jest dobre, a to jest słabe", a potem nie umie wytłumaczyć dlaczego, tak jak to było z Jerrym i rysunkami, które mu pokazałem. Ale teraz trudno mi było wątpić: ja też to potrafiłem!

Zagadka sal Rafaela okazała się taka, że tylko niektóre obrazy namalował sam mistrz, a resztę jego uczniowie. Mnie się spodobały obrazy Rafaela. Bardzo mi pochlebiło, że potrafię rozpoznać dobrą sztukę.

Wracając do kursu rysunków – ten facet i odlotowa modelka przyszli do mojego domu kilka razy. Próbowałem ją rysować i nauczyć się czegoś od niego. Po kilku podejściach wreszcie wyszedł mi rysunek, który uznałem za bardzo udany – portret jej głowy – i bardzo mnie podbudował ten pierwszy sukces.

Nabrałem wystarczającej pewności siebie, by spytać mojego starego znajomego – Steve'a Demitriadesa – czy jego piękna żona nie zechciałaby mi pozować, a ja w zamian ofiarowałbym mu portret. Roześmiał się. „Jeżeli będzie miała ochotę tracić czas na pozowanie tobie, to mnie to nie wadzi, ha, ha, ha".

Bardzo się starałem, żeby portret wyszedł jak najlepiej. Kiedy Steve go zobaczył, był zachwycony: „Po prostu c u d o w n y!", zawołał. „Czy mógłbyś załatwić jakiegoś fotografa, żeby zrobił zdjęcia? Chciałbym posłać jedno mojej matce w Grecji!" – Jego matka nigdy nie widziała dziewczyny, z którą się ożenił. Bardzo się ucieszyłem, że doszedłem do punktu, w którym ktoś chciał mieć na własność mój rysunek.

Coś podobnego wydarzyło się podczas zorganizowanej w Caltech niewielkiej wystawy sztuki, na której miałem dwa swoje rysunki i jeden obraz. Organizator wystawy powiedział:

– Powinniśmy ustalić cenę na rysunki.

„Nonsens!", pomyślałem sobie. „Nie próbuję ich sprzedać".

– Wtedy wystawa robi się ciekawsza. Jeżeli jesteś w stanie się z nimi rozstać, podaj jakąś cenę.

Po wystawie organizator powiedział mi, że jakaś dziewczyna kupiła jeden z rysunków i chce ze mną porozmawiać, żeby się o nim dowiedzieć czegoś więcej.

Rysunek był zatytułowany *Pole magnetyczne Słońca*. Zainspirowały mnie piękne zdjęcia protuberancji słonecznej wykonywane przez laboratorium słoneczne w Kolorado, z których jedno wypożyczyłem. Ponieważ rozumiałem, w jaki sposób pole magnetyczne podtrzymuje płomienie, a także zdążyłem opracować technikę rysowania linii pola magnetycznego (które przypominały u mnie rozwiane włosy dziewczyny), chciałem narysować coś pięknego, a zarazem niedostępnego dla artysty: dość skomplikowane i kręte linie pola magnetycznego, gęste w środku i bardziej rozbite na zewnątrz.

Wyjaśniłem to wszystko nabywczyni i pokazałem jej zdjęcie, które mnie zainspirowało.

Opowiedziała mi następującą historię: poszli z mężem na wystawę i obojgu rysunek bardzo się spodobał. „Może go kupimy?", zaproponowała.

Jej mąż należał do ludzi, którzy nigdy nie podejmują decyzji pochopnie. „Niech się zastanowię", powiedział.

Dziewczynie przyszło na myśl, że za kilka miesięcy są jego urodziny, więc wróciła tego samego dnia i kupiła rysunek bez jego wiedzy.

Tego wieczoru, kiedy wrócił z pracy, był bardzo przygnębiony. Wreszcie wydusiła z niego, co go tak zasmuciło: doszedł do wniosku, że chciałby jej ofiarować ten rysunek, ale kiedy poszedł na wystawę, okazało się, że został już sprzedany. Miała więc dla niego niespodziankę urodzinową.

Z opowieści tej płynął morał, który wtedy był dla mnie czymś zupełnie nowym: nareszcie zrozumiałem, przynajmniej częściowo, po co jest naprawdę sztuka. Sztuka sprawia ludziom osobistą przyjemność. Można wykonać coś, co komuś innemu tak bardzo się podoba, że jest nieszczęśliwy, jeżeli tego nie dostanie! W nauce rzecz przedstawia się jakby bardziej ogólnie: nie znasz poszczególnych ludzi, którzy bezpośrednio docenili twoje dzieło.

Zrozumiałem, że sprzedaje się rysunek nie po to, żeby zarobić, ale żeby mieć pewność, iż znajdzie się on w domu kogoś, kto naprawdę chce go mieć. Było to dla mnie ciekawe odkrycie.

Postanowiłem więc sprzedawać moje rysunki. Nie chciałem jednak, żeby ludzie kupowali je jako ciekawostkę: profesor fizyki, a umie rysować, czy to nie wspaniałe – więc wymyśliłem sobie pseudonim. Mój znajomy, Dudley Wright, zasugerował „Au Fait"*. Zmieniłem pisownię na Ofey, co się okazało slangowym murzyńskim określeniem „białasa". Ale bądź co bądź jestem białasem, więc mi to nie przeszkadzało.

Jedna z moich modelek chciała, żebym coś dla niej narysował, ale nie miała pieniędzy. (Modelki nie mają pieniędzy; gdyby miały, toby nie pozowały). Zaproponowała, że jeśli dam jej jeden rysunek, będzie trzy razy pozować za darmo.

– Na odwrót – powiedziałem. – Dam ci trzy rysunki za jedno darmowe pozowanie.

Jeden z rysunków powiesiła sobie na ścianie swojego pokoiku i wkrótce zauważył go jej chłopak. Tak bardzo mu się spodobał, że chciał u mnie zamówić portret dziewczyny. Proponował sześćdziesiąt dolarów. (Jak widać, zaczęły się z tego robić poważne pieniądze).

Potem modelka wymyśliła, że zostanie moim agentem. Dorobiłaby sobie trochę, biorąc procent od sprzedaży moich rysunków. Opowiadałaby ludziom: „Jest taki nowy artysta w Altadenie...". Genialnie było znaleźć się w świecie artystów! Załatwiła wystawę niektórych moich rysunków w Bullock's, największym domu handlowym w Pasadenie. Wraz z panią od aranżacji witryn wybrały trochę rysunków roślin,

---

* Czyli „Pinxit" po francusku.

które zrobiłem we wczesnej fazie (i które mi się nie podobały) – i dały je oprawić w ramki. Potem podpisałem dokument, w którym stwierdziłem, że oddaję Bullock's te rysunki w komis. Oczywiście ani jeden nie został sprzedany, ale tak czy owak odniosłem wielki sukces: moje rysunki zostały wystawione na sprzedaż w Bullock's! Co za emocje: kiedyś będę mógł opowiadać, że osiągnąłem te wyżyny sukcesu w świecie artystycznym.

Większość modelek przysyłał mi Jerry, ale niektóre załatwiłem sobie sam. Widząc kobietę, która wyglądała na interesujący temat, zawsze pytałem, czy nie zechciałaby mi pozować. Za każdym razem kończyło się na rysowaniu twarzy, bo nie bardzo wiedziałem, jak zahaczyć o kwestię pozowania nago.

Pewnego razu, gdy byłem u Jerry'ego, powiedziałem do jego żony Dabney:

– Nie umiem ich skłonić, żeby mi pozowały nago: nie wiem, jak Jerry to robi!

– A zdarzyło ci się po prostu spytać je o to?

– Jakoś na to nie wpadłem.

Następna dziewczyna, którą miałem ochotę narysować, była studentką w Caltech. Spytałem, czy pozowałyby mi nago. „Oczywiście", odparła. Jakie to proste! Chyba chodziło mi po głowie za dużo zbereźnych podtekstów i dlatego wstydziłem się zapytać.

Do dziś sporo rysuję, a z czasem okazało się, że najbardziej lubię akty. Moim zdaniem nie jest to do końca sztuka, lecz trochę tego i trochę tego. Kto to potrafi określić procentowo?

Jedna z modelek, którą poznałem przez Jerry'ego, była na rozkładówce „Playboya". Wysoka, piękna dziewczyna. Uważała jednak, że jest za wysoka. Na jej widok każda dziewczyna na świecie byłaby zazdrosna. Kiedy wchodziła do pokoju, była zgięta wpół. Usiłowałem ją przekonać, kiedy pozowała, żeby stała prosto, ponieważ była taka dostojna i frapująca. Wreszcie udało mi się to zrobić.

Potem znalazła sobie kolejne zmartwienie: „wgniecenia" przy kroczu. Musiałem wyjąć atlas anatomiczny i pokazać jej, że jest to kwestia przyczepów mięśni biodrowych i że nie u każdego widać te wgłębienia: trzeba być doskonale zbudowanym, mieć doskonałe proporcje, tak jak ona. Dzięki niej dowiedziałem się, że nawet najpiękniejsza kobieta martwi się o swój wygląd.

W ramach eksperymentu chciałem jej zrobić portret pastelami. Najpierw machnąłem szkic węglem, byle jak, bo potem miałem to zakryć.

Okazało się, że to jeden z najlepszych rysunków, jakie kiedykolwiek wykonałem. Postanowiłem go tak zostawić, a pastele odłożyć na później.

Moja „agentka" obejrzała szkic i chciała go „rzucić na rynek".

– Nie sprzedasz go – odparłem – bo jest na papierze gazetowym.

– Nic nie szkodzi – powiedziała.

Kilka tygodni później pokazała mi ten rysunek w pięknej drewnianej ramie z czerwonym paskiem dookoła i pozłotą na krawędzi. To dziwna rzecz, która musi chyba sprawiać artystom wiele przykrości – o ile lepiej wygląda rysunek, kiedy go oprawić. Moja agentka powiedziała mi, że pewna pani bardzo się napaliła na rysunek, więc zaniosły go do ramiarza. Ramiarz powiedział, że istnieją specjalne techniki zabezpieczania rysunków na papierze gazetowym: nasączyć klejem, zrobić to, zrobić tamto. Pani nie dała się odstraszyć kosztami, a kiedy rysunek był oprawiony, kazała agentce, żeby mi go dała do obejrzenia. „Sądzę, że artysta chętnie zobaczy, jak pięknie wygląda jego dzieło oprawione", powiedziała.

Miała rację. Był to kolejny przypadek konkretnej osoby, która czerpała bezpośrednią radość z moich obrazów. Sprzedaż obrazów bardzo mnie podbudowywała.

Ileś lat temu były w mieście restauracje topless: szedłeś na obiad czy kolację, a dziewczyny tańczyły gołe, najpierw do pasa, a potem bez niczego. Okazało się, że jeden z tych lokali jest tylko półtorej mili od mojego domu, więc często tam chodziłem. Siedziałem w jednej z „lóż" i liczyłem jakiś problem fizyczny na serwetce z ząbkowanym brzegiem, a od czasu do czasu, żeby nie wyjść z wprawy, rysowałem którąś z tańczących dziewczyn albo jedną z klientek.

Moja żona Gweneth, która jest Angielką, bardzo ładnie się odniosła do moich wizyt w tych lokalach: „Anglicy mają swoje kluby". Można powiedzieć, że ja też miałem swój klub.

Na ścianach wisiały obrazy, ale niezbyt mi się podobały: fluorescencyjne kolory na czarnym aksamicie, dość ohydnym, dziewczyna zdejmuje sweter albo coś w tym rodzaju. Miałem całkiem ładny rysunek mojej modelki Kathy i dałem go właścicielowi do powieszenia na ścianie – był zachwycony.

Prezent obficie zaowocował. Właściciel zrobił się dla mnie bardzo miły, za każdym razem, gdy wchodziłem do restauracji, kelnerka przynosiła mi darmowy 7-Up. Patrzyłem, jak dziewczyny tańczą, coś policzyłem, przygotowałem się do wykładu, trochę porysowałem. Kiedy się zmęczyłem, znów przez chwilę patrzyłem na program rozrywkowy, po czym wracałem do pracy. Właściciel wiedział, że nie chcę, żeby mi przeszkadzać, więc kiedy podchodził do mnie jakiś pijak i zaczepiał mnie, natychmiast przybiegała kelnerka i przeganiała go. Jeśli podchodziła dziewczyna, właściciel nie reagował. Bardzo dobrze się rozumieliśmy. Na imię miał Gianonni.

Powieszenie mojego rysunku na ścianie miało jeszcze jeden skutek: ludzie pytali właściciela, kto to narysował. Pewnego dnia podszedł do mnie jeden gość i powiedział:

– Gianonni mówi, że to pan rysował.

– No.

– Świetnie. Chciałbym zamówić u pana rysunek.

– Dobrze. A co by miało na nim być?

– Byk z głową mężczyzny szarżuje na nagą toreadorkę.

– Czy mógłbym wiedzieć, do czego jest to panu potrzebne?

– Chciałbym to powiesić u siebie w zakładzie.

– W jakim zakładzie?

– Salonie masażu: wie pan, prywatne pokoje, masażystki... rozumie pan?

– Tak, rozumiem. – Nie miałem ochoty rysować byka z głową mężczyzny szarżującego na nagą toreadorkę, więc próbowałem mu to wyperswadować.

– Jak pan myśli, jak to wygląda dla klientów i jak się czują dziewczyny, kiedy patrzą na coś takiego? Mężczyźni wchodzą i robią się cali nabuzowani. Chce pan, żeby w ten sposób traktowali dziewczyny?

Nie przekonało go to.

– Poza tym jak wejdą gliny, to, widząc coś takiego, nie uwierzą panu, że to salon masażu.

– Fakt – przyznał. – Muszę wymyślić coś innego. Chcę taki rysunek, żeby gliny nie mogły się przyczepić, ale jak spojrzy klient, to mu się odpowiednio kojarzy.

– Dobra – powiedziałem. Umówiliśmy się na sześćdziesiąt dolarów i zacząłem pracować nad rysunkiem. Po pierwsze,

ALE CZY TO JEST SZTUKA?

musiałem wymyślić temat. Myślałem i myślałem, i wreszcie doszedłem do wniosku, że byłoby prościej, gdybym się był zgodził na nagą toreadorkę!

Wreszcie wpadłem na pomysł: narysuję niewolnicę w wyimaginowanej scenerii starożytnego Rzymu, masującą jakiegoś ważnego Rzymianina – na przykład senatora. Ponieważ jest niewolnicą, ma charakterystyczną minę: wie, co się zaraz stanie, i poddaje się temu z rezygnacją.

Bardzo się przykładałem do tego zlecenia. Jako modelki użyłem Kathy. Musiałem też mieć modela senatora. Zrobiłem mnóstwo szkiców i wkrótce koszty za pozowanie doszły do osiemdziesięciu dolarów. Nie przejmowałem się pieniędzmi. Podobało mi się wyzwanie. Skończyło się na rysunku muskularnego mężczyzny leżącego na stole i masującej go niewolnicy: ubrana jest w togę, która zasłania tylko jedną pierś, a wyraz rezygnacji na twarzy wyszedł mi dokładnie tak, jak chciałem.

Kiedy zamówione arcydzieło było już gotowe, Gianonni powiedział mi, że zleceniodawca został aresztowany i siedzi w więzieniu. Spytałem więc tancerki topless, czy znają jakiś dobry salon masażu w okolicy Pasadeny, gdzie mogliby chcieć powiesić mój rysunek w poczekalni.

Podały mi nazwy i adresy kilku lokali, ze wskazówkami w rodzaju: „Kiedy pójdziesz do tego salonu, pytaj o Franka – to porządny człowiek. Jeżeli go nie będzie, nie wchodź do środka". Albo: „Nie rozmawiaj z Eddie'em. Eddie nigdy się nie pozna na dziele sztuki".

Następnego dnia zwinąłem rysunek w rulon, położyłem na tylnym siedzeniu mojego kombi, żona życzyła mi powodzenia i wyruszyłem na objazd burdeli w Pasadenie, żeby sprzedać mój rysunek.

Zanim wszedłem do pierwszego przybytku z mojej listy, pomyślałem sobie: „Wiesz co, zanim pójdziesz gdzie indziej, powinieneś sprawdzić tamten lokal. Może nadal jest czynny i może nowy kierownik będzie chciał rysunek". Pojechałem tam i zapukałem do drzwi. Uchyliły się trochę i zobaczyłem przez szparę oko dziewczyny.

– Znamy pana? – spytała.

– Nie, nie znacie, ale czy nie zechcielibyście kupić rysunku, który się nadaje do waszej recepcji?

– Przykro mi – odparła – ale już zawarliśmy umowę z artystą, który pracuje nad rysunkiem.

– To ja jestem tym artystą – powiedziałem – i już skończyłem rysunek!

Okazało się, że idąc do więzienia, właściciel powiedział o naszym układzie swojej żonie. Wpuściła mnie, po czym pokazałem jej rysunek.

Żona dawnego kierownika i jej siostra, z którą prowadziła teraz zakład, nie były zbyt zadowolone z mojego dzieła. Chciały, żeby rysunek zobaczyły dziewczęta. Powiesiłem go na ścianie recepcji, a wszystkie dziewczęta powychodziły z pokojów na zapleczu i zaczęły wygłaszać komentarze.

Jedna powiedziała, że nie podoba się jej wyraz twarzy niewolnicy.

– Wygląda na nieszczęśliwą – powiedziała. – Powinna się uśmiechać.

– Niech mi pani powie – zaprotestowałem – kiedy pani kogoś masuje, a on na panią nie patrzy, uśmiecha się pani?

– Jasne, że nie! – odparła. – Czuję się dokładnie tak samo jak ona! Ale nie można tego pokazywać na rysunku.

Zostawiłem im go, ale po tygodniu deliberacji uznały, że go nie chcą. Okazało się, że najbardziej przeszkadza im naga pierś.

Wytłumaczyłem im, że rysunek jest i tak stonowany w porównaniu z pierwotnym zamówieniem, ale mi odpowiedziały, że inaczej się zapatrują na te sprawy niż były kierownik. Ubawiło mnie, że ludzie prowadzący tego rodzaju przybytek są tak pruderyjni na punkcie nagiej piersi. Zabrałem rysunek do domu.

Pokazałem go mojemu znajomemu Dudleyowi Wrightowi, biznesmenowi, i opowiedziałem mu całą historię.

– Powinieneś potroić cenę – powiedział. – Nikt nie jest pewien wartości dzieł sztuki, więc ludzie często myślą, że im więcej coś kosztuje, tym więcej musi być warte!

– Chyba zwariowałeś! – odparłem, ale, tak dla zabawy, kupiłem ramę za dwadzieścia dolarów i oprawiłem rysunek dla następnego klienta.

Jakiś synoptyk zobaczył rysunek, który dałem Gianonniemu, i spytał, czy mam więcej. Zaprosiłem go wraz z żoną do „atelier" na parterze mojego domu. Spytali o nowo oprawiony rysunek. „Ten jest za dwieście dolarów". (Pomnożyłem sześćdziesiąt przez trzy i dodałem dwadzieścia za ramę). Następnego dnia wrócili i kupili go. Czyli rysunek przeznaczony dla salonu masażu wylądował w biurze synoptyka.

Pewnego dnia policja zrobiła nalot na restaurację Gianonniego i aresztowała kilka tancerek. Ktoś chciał, żeby Gianonni skończył z rewiami w toplessie, ale on się na to nie zgadzał. Wytoczono mu duży proces sądowy, o którym pisała cała lokalna prasa.

Gianonni chodził od klienta do klienta i pytał, czy będą zeznawać na jego korzyść. Wszyscy mieli jakąś wymówkę: „Prowadzę kolonię letnią i jeśli rodzice dowiedzą się, że chodzę do takiego lokalu, przestaną przysyłać do mnie dzieci". Albo: „Prowadzę taki-a-taki interes i jeśli wyjdzie na jaw, że tu przychodzę, stracę klientów".

Pomyślałem sobie: „Jestem tu jedynym wolnym człowiekiem. Nie mam żadnej wymówki! Nie widzę nic złego w tańcach w toplessie". Powiedziałem więc Gianonniemu: „Tak, chętnie pójdę zeznawać".

Podstawowe pytanie, które postawiono na rozprawie, brzmiało, czy tańce w toplessie są do zaakceptowania przez społeczność – czy normy społeczne na to pozwalają? Adwokat obrony usiłował zrobić ze mnie eksperta od norm społecznych. Spytał mnie, czy chodzę do innych barów.

– Tak.

– A ile razy w tygodniu bywa pan u Gianonniego?

– Pięć, sześć razy. – (To poszło do gazet: profesor fizyki z Caltech sześć razy w tygodniu chodzi oglądać tańce w toplessie).

– Jakie grupy społeczne były reprezentowane u Gianonniego?

– Prawie wszystkie: chodzili tam handlarze nieruchomościami, radni miejscy, pracownicy stacji benzynowej, inżynierowie, profesor fizyki...

– Czyli powiedziałby pan, że tańce w toplessie są przez społeczność akceptowane, biorąc pod uwagę, że tyle grup społecznych z przyjemnością je ogląda?

– Musiałbym wiedzieć, co to znaczy „akceptowane przez społeczność". Nie ma takiej rzeczy, którą w s z y s c y by akceptowali, więc jaki procent społeczności musi coś akceptować, aby można to było uznać za „akceptowane przez społeczność"?

Adwokat podał jakąś liczbę. Oskarżyciel wniósł sprzeciw. Sędzia odroczył rozprawę, żeby mogli między sobą ustalić, że „akceptowane przez społeczność" oznacza akceptowane przez co najmniej 50% społeczności.

Chociaż wymogłem na nich, żeby sprecyzowali sprawę procentowo, nie posiadałem żadnych danych liczbowych, więc powiedziałem: „Sądzę, że tańce w toplessie są akceptowane przez ponad 50% społeczności, czyli są akceptowane przez społeczność".

Gianonni na razie przegrał sprawę i odwołał się – a może pomyliło mi się z kimś innym w podobnej sytuacji – do Sądu Najwyższego. Tymczasem lokal był otwarty i dalej piłem za darmo 7-Up.

Mniej więcej w tym okresie w Caltech podjęto wysiłki na rzecz rozbudzenia w studentach zainteresowania sztuką. Ktoś dał pieniądze na przebudowę starych laboratoriów naukowych na atelier artystyczne. Kupiono sprzęt oraz materiały i zatrudniono artystę z Południowej Afryki, który miał nadzorować działalność artystyczną w Caltech.

Organizowano różne warsztaty. Namówiłem Jerry'ego Zorthiana, żeby uczył rysunku, a sam zapisałem się na litografię.

Artysta z Południowej Afryki przyszedł kiedyś do mnie do domu, żeby obejrzeć moje rysunki. Powiedział, że fajnie byłoby zorganizować wystawę indywidualną. Wiedziałem, że tym razem będzie to oszustwo: gdybym nie był profesorem w Caltech, nikomu nie przyszłoby do głowy, że moje rysunki są warte wystawiania.

– Niektóre z lepszych rysunków sprzedałem i czułbym się zakłopotany, gdybym miał obdzwaniać właścicieli.

– Nie musi się pan o to martwić, panie Feynman – zapewnił mnie. – My wszystko załatwimy. Wystawa będzie oficjalna i zorganizowana zgodnie z regułami.

Dałem mu listę ludzi, którzy kupili moje rysunki. Wkrótce zaczęły się telefony:

– Podobno macie państwo Ofeya.
– Owszem!
– Planujemy wystawę Ofeyów i chcielibyśmy państwa prosić o wypożyczenie rysunku. – Oczywiście byli zachwyceni.
Wystawa odbyła się w piwnicy Athenaeum, klubu dla pracowników uczelni. Wszystko było jak należy; każdy rysunek miał karteczkę z tytułem, a wypożyczone także dopisek: *Własność pana Gianonni*, na przykład.
Jednym z rysunków był portret pięknej blondynki, która pozowała na kursie rysunku. Początkowo zamierzałem z tego zrobić studium światłocienia: umieściłem źródło światła na wysokości nóg, trochę z boku, i skierowałem do góry. Rysowałem cienie tak, jak się faktycznie układały, choć czasem wyglądały nienaturalnie, na przykład cień nosa na twarzy. Narysowałem też tors, więc widać było piersi i rzucane przez nie cienie. Dając rysunek na wystawę, zatytułowałem go: *Pani Curie obserwuje promieniowanie radu*. Idea była taka, że nikt nie kojarzy pani Curie z kobiecością, z kobietą o pięknych włosach, nagich piersiach i tak dalej. Wszystkim kojarzy się tylko z radem.

Po wernisażu wybitny grafik użytkowy Henry Dreyfuss zaprosił do siebie na przyjęcie różnych ludzi – kobietę, która sponsorowała program artystyczny, prezydenta Caltech z żoną *et cetera*.

Jeden z tych miłośników sztuki podszedł do mnie i zagaił rozmowę:
– Niech mi pan powie, profesorze Feynman, rysuje pan z fotografii czy z modela?
– Zawsze rysuję bezpośrednio z modela.
– A jak się panu udało nakłonić do pozowania panią Curie?

ALE CZY TO JEST SZTUKA?

Mniej więcej w tym samym okresie Okręgowe Muzeum Sztuki w Los Angeles doszło do podobnego wniosku co ja: że artyści słabo rozumieją naukę. Mnie chodziło o to, że artyści nie rozumieją jedności i piękna natury i jej praw (toteż nie umieją tego ukazać w swej sztuce). Im chodziło o to, że artyści powinni lepiej znać się na technice: powinni wiedzieć, jak działają maszyny, i poznać inne zastosowania nauki.

Muzeum Sztuki stworzyło projekt, w ramach którego różni wybitni artyści odwiedzali przedsiębiorstwa, które zgodziły się przeznaczyć na to trochę czasu i pieniędzy. Artyści mieli myszkować po fabryce, dopóki nie zauważą czegoś, co uznają za interesujący temat. Muzeum uznało, że warto byłoby znaleźć kogoś otrzaskanego z techniką, kto posłużyłby za pośrednika pomiędzy artystami a inżynierami. Ponieważ wiedzieli, że mam zmysł dydaktyczny i nie jestem skończonym ignorantem, jeśli chodzi o sztukę (chyba wiedzieli, że uczę się rysować), spytali mnie, czy wziąłbym to na siebie, i zgodziłem się.

Miałem wielką frajdę, zwiedzając z artystami fabryki. Na ogół polegało to na tym, że ktoś pokazywał nam na przykład lampę elektronową, która sypała niebieskimi iskrami tworzącymi piękne, poskręcane wzory. Artyści zachwycali się i pytali mnie, jak to można zastosować w dziele sztuki. Czego potrzeba, żeby lampa działała?

Byli to bardzo interesujący ludzie. Zdarzali się kompletni szarlatani: podawali się za artystów i wszyscy uważali ich za artystów, ale kiedy zaczęło się z nimi rozmawiać, pletli takie bzdury, że szkoda gadać! Szczególnie jeden z nich, największy szarlatan; zawsze dziwnie się ubierał: nosił duży melonik. Odpowiadał na pytania zupełnie niezrozumiale, a kiedy prosiłem o wyjaśnienie jakichś słów, których użył, wykręcał kota ogonem. Skończyło się na tym, że jedyną pracą, którą dostarczył na wystawę poświęconą sztuce i technologii, był autoportret.

Inni artyści, z którymi rozmawiałem, z początku też mówili od rzeczy, ale bardzo się starali wytłumaczyć mi swoje przemyślenia. Pewnego dnia pojechałem gdzieś, w ramach projektu, z Robertem Irwinem. Była to dwudniowa wycieczka, więc po wielkich wzajemnych wysiłkach zdążył mi wytłumaczyć, o co mu chodzi, i uznałem, że to cudowne i fascynujące.

Zdarzali się artyści, którzy nie mieli pojęcia o rzeczywistym świecie. Naukowców uważali za czarodziejów, którzy wszystko potrafią, toteż mówili na przykład: „Chcę zrobić trójwymiarowy obraz z postacią zawieszoną w przestrzeni, fosforyzującą i migoczącą". Wymyślali dowolne światy i nie mieli wyczucia, jakie pomysły są realne, a jakie nie.

Wreszcie odbyła się wystawa, a mnie posadzono w komisji oceniającej prace. Choć było kilka dobrych rzeczy, które zostały zainspirowane zwiedzaniem fabryk, odniosłem wrażenie, że większość dobrych prac została zgłoszona w ostatniej chwili z braku lepszych pomysłów i nie miała nic wspólnego z techniką. Cała reszta komisji nie zgodziła się ze mną i znalazłem się w dość trudnym położeniu. Nie umiem oceniać sztuki i nie powinienem był w ogóle się zgodzić na udział w komisji.

W Okręgowym Muzeum Sztuki pracował niejaki Maurice Tuchman, który był naprawdę oblatany w sprawach sztuki. Wiedział, że miałem wystawę indywidualną w Caltech.

– Powiedzieć ci coś? – spytał. – Już nigdy nie będziesz rysował.

– Coś ty?! Dlaczego miałbym...

– Bo miałeś wystawę indywidualną, a jesteś tylko amatorem.

Chociaż jego przepowiednia nie sprawdziła się w stu procentach, to rzeczywiście już nigdy nie pracowałem nad rysunkiem z taką energią i zapałem. Nie sprzedałem już ani jednego rysunku. Inteligentny był z niego człowiek i wiele się od niego nauczyłem. Nauczyłbym się dużo więcej, gdybym nie był taki uparty!

CZY ELEKTRYCZNOŚĆ TO OGIEŃ?

Na początku lat pięćdziesiątych czasowo zapadłem na częstą wśród fizyków chorobę wieku średniego, a mianowicie wygłaszałem odczyty z filozofii nauki: o tym, jak to nauka zaspokaja ciekawość, daje nowy pogląd na świat, daje człowiekowi możliwości praktyczne, daje mu władzę – w związku z tym powstaje pytanie, czy, biorąc pod uwagę, że człowiek ostatnio zbudował bombę atomową, jest to dobry pomysł, żeby mu dawać tyle władzy. Zastanawiałem się również nad stosunkiem nauki do religii i mniej więcej w tym okresie zostałem zaproszony do Nowego Jorku na konferencję poświęconą „etyce równości".

Wcześniej odbyła się konferencja z udziałem starszych ludzi, gdzieś na Long Island, a w tym roku postanowili zaprosić trochę młodych i omówić stanowisko programowe zajęte przez poprzednią konferencję.

Wcześniej przysłali mi listę „książek, które być może zechce pan przeczytać, i prosimy o przysłanie listy wszelkich innych książek, które zaproponowałby pan do przeczytania innym, abyśmy mogli umieścić je w bibliotece".

Biorę listę do ręki i przebiegam wzrokiem pierwszą stronę: nie czytałem ani jednej pozycji. Poczułem się bardzo nieswojo – jestem w tym towarzystwie intruzem. Patrzę na drugą stronę: nie czytałem ani jednej pozycji. Przeglądnąłem całą listę i okazało się, że nie czytałem ani jednej książki! Muszę być kretynem, analfabetą! Były tam wspaniałe książki, na przykład Thomasa Jeffersona *O wolności*, czy coś w tym rodzaju. W przypadku kilku autorów z listy czytałem inne ich książki, na przykład Heisenberga, Schrödingera i Einsteina, ale tych nie znałem. Miałem więc poczucie, że to dla mnie zbyt głębokie wody i nie powinienem w ogóle w to wchodzić. Może wystarczy, jeśli sobie usiądę gdzieś z boku i posłucham?

Idę na spotkanie inauguracyjne, wstaje jakiś człowiek i tłumaczy, że mamy do omówienia dwa problemy. Pierwszy brzmi trochę mętnie – coś z etyką i równością, ale nie bardzo rozumiem, jaki jest dokładnie problem. Potem temat drugi: „Chcemy wykazać na tej konferencji, że możliwy jest dialog interdyscyplinarny". Byli tam specjalista od prawa międzynarodowego, historyk, jezuita, rabin, naukowiec (ja) i tak dalej.

Natychmiast włącza się mój logiczny umysł: drugi problem mogę zignorować, ponieważ albo się uda, albo się nie uda – nie musimy d o w o d z i ć, że możliwy jest dialog, nie musimy o m a w i a ć możliwości dialogu, musimy prowadzić dialog! Pozostaje więc pierwszy problem, którego nie rozumiem.

Miałem już podnieść rękę i poprosić, żeby lepiej zdefiniował problem, ale pomyślałem sobie: „Nie, to ja jestem ignorantem; lepiej posłucham. Nie trzeba od razu wszczynać awantur".

Podgrupa, w której się znalazłem, miała za zadanie omówić „etykę równości w szkolnictwie". Na spotkaniach naszej podgrupy jezuita ciągle mówił o fragmentaryzacji wiedzy: „Prawdziwym problemem etyki równości w szkolnictwie jest fragmentaryzacja wiedzy". Potem cofnął się do trzynastego wieku, kiedy to całe szkolnictwo było w rękach Kościoła katolickiego i cały świat był prosty. Był Bóg i wszystko pochodziło od Boga. Wszystko miało swoje miejsce. Lecz dziś nie jest tak łatwo wszystko zrozumieć. Wiedza sfragmentaryzowała się. Nie mogłem się oprzeć wrażeniu, że „fragmentaryzacja wiedzy" nie ma nic do rzeczy, ale ponieważ „rzecz" nie została zdefiniowana, trudno mi to było udowodnić.

Wreszcie spytałem: „Jaki jest problem e t y c z n y związany z fragmentaryzacją wiedzy?". Odpowiadał strasznie mętnie, ja mówiłem, że nie rozumiem, inni mówili, że oni rozumieją, i próbowali mi to wyjaśnić, ale nie potrafili!

W końcu kazali mi napisać, dlaczego, moim zdaniem, fragmentaryzacja wiedzy nie jest problemem etycznym. Wróciłem do akademika i napisałem, najlepiej jak umiałem, co według mnie mogłoby stanowić przedmiot „etyki równości w szkolnictwie", i podałem kilka przykładów. Na przykład poprzez edukację zwiększa się różnice między ludźmi. Jeżeli ktoś jest w czymś dobry, nauczyciel stara się w nim rozwinąć tę zdolność, co zwiększa różnice, czyli nierówności. A jeżeli edukacja zwiększa nierówności, czy to jest etyczne? Potem, podawszy jeszcze kilka przykładów, napisałem, że chociaż „fragmentaryzacja wiedzy" przysparza pewnych trudności, ponieważ złożoność świata utrudnia uczenie się, nie widzę we fragmentaryzacji wiedzy niczego choćby z b l i ż o n e g o do problemów etyki równości w szkolnictwie.

Następnego dnia wygłosiłem mój referat na zebraniu, a prowadzący powiedział: „Tak, pan Feynman postawił pewne bardzo ciekawe kwestie, które warto omówić, i odłożymy je do ewentualnej przyszłej dyskusji". Zupełnie nie zrozumieli, o co mi chodzi. Chciałem zdefiniować problem, a potem pokazać, że „fragmentaryzacja wiedzy" nie ma z tym nic wspólnego. Jeżeli do niczego na tej konferencji nie doszli, to dlatego, że nie zdefiniowali wyraźnie, co to jest „etyka równości w szkolnictwie", toteż nikt nie wiedział zbyt dokładnie, o czym jest mowa.

Jakiś socjolog przyjechał z gotowym referatem, który mieliśmy wszyscy przeczytać. Zabrałem się do czytania i oczy wyszły mi na wierzch: nie wiedziałem, gdzie góra, gdzie dół! Uznałem, że to dlatego, że nie czytałem ani jednej książki z tej listy. Znów miałem to nieprzyjemne poczucie, że się do tego nie nadaję, ale wreszcie powiedziałem sobie: „Przerwę i przeczytam powoli j e d n o   z d a n i e, może uda mi się wydedukować, o co w tym wszystkim chodzi".

Przerwałem więc – w przypadkowym miejscu – i przeczytałem następne zdanie bardzo uważnie. Nie pamiętam go dokładnie, ale brzmiało to mniej więcej tak: „Indywidualny członek zbiorowości społecznej często otrzymuje informacje wizualnymi kanałami symbolicznymi". Po dokładnej analizie byłem w stanie przełożyć to zdanie na ludzki język. A co ono znaczy? „Ludzie czytają".

Przeszedłem do następnego zdania i zdałem sobie sprawę, że je również umiem przetłumaczyć. Nie było w tym wszystkim zbyt wiele treści: „Czasem ludzie czytają, czasem słuchają radia" i tak dalej, napisane tak skomplikowanym językiem, że z początku nic nie rozumiałem, ale kiedy już złamałem szyfr, okazało się, że nic tam nie ma.

Podczas konferencji zdarzyła mi się jednak pewna sympatyczna i zabawna rzecz. Ponieważ k a ż d e   s ł o w o wypowiedziane na sesji plenarnej było na wagę złota, zatrudnili stenotypistę, który zapisywał wszystko jak leci. W drugim dniu konferencji stenotypista podszedł do mnie i spytał:

– Czym pan się zajmuje? Bo na pewno nie jest pan profesorem.

– Jestem profesorem.

CZY ELEKTRYCZNOŚĆ TO OGIEŃ?

– Czego?
– Fizyki.
– A! To może dlatego.
– Dlatego co?
– Widzi pan – powiedział – jestem stenotypistą i zapisuję wszystko, co tu jest mówione. Kiedy inni ludzie mówią, piszę wszystko słowo w słowo, ale nic z tego nie rozumiem. Ale kiedy pan wstaje, żeby zadać pytanie albo coś powiedzieć, dokładnie rozumiem, o co panu chodzi – jakie jest pytanie, jaka jest wypowiedź – więc pomyślałem, że nie może pan być profesorem!

Któregoś dnia odbył się uroczysty bankiet, na którym szef wydziału teologii, bardzo sympatyczny, bardzo żydowski mężczyzna, wygłosił mowę. Był bardzo dobrym mówcą, a to, co powiedział, choć teraz wydaje mi się wariactwem, wtedy uznałem za zupełnie oczywiste i prawdziwe. Mówił o tym, że w różnych krajach panuje różny poziom dobrobytu, z czego rodzi się zawiść, z czego z kolei rodzi się konflikt, skutkiem czego teraz mamy broń jądrową i każda wojna skończy się zagładą świata, więc słuszną drogą postępowania jest wyrównanie różnic, a ponieważ w Stanach mamy tak dużo, powinniśmy rozdać prawie wszystko innym krajom, aż będzie wszędzie po równo. Słuchaliśmy tego wszyscy w nabożnym skupieniu i wszyscy uznaliśmy, że tak należy zrobić. Po drodze do akademika zdążyłem jednak ochłonąć.

Następnego dnia jeden z członków naszej grupy powiedział: „Uważam, że wczorajsze przemówienie było tak znakomite, że powinniśmy się wszyscy pod tym podpisać i uczynić z tego przesłanie naszej konferencji".

Zacząłem tłumaczyć, że pomysł rozdysponowania wszystkiego po równo opiera się na t e o r i i, że w świecie jest X dóbr, że w jakiś sposób odebraliśmy je biedniejszym krajom i dlatego powinniśmy je oddać. Lecz teoria ta nie bierze pod uwagę p r a w d z i w e j przyczyny różnic pomiędzy krajami – to znaczy rozwoju nowych technologii produkcji żywności, powstania maszyn rolniczych i innych oraz tego, że budowa maszyn wymaga koncentracji kapitału. Ważne są nie same dobra, lecz możliwość ich wytwarzania. Teraz zdaję sobie sprawę, że ci ludzie byli humanistami i nie rozumieli tego; nie rozumieli technologii; nie rozumieli swoich czasów.

Konferencja tak mnie zdenerwowała, że moja znajoma z Nowego Jorku musiała mnie uspokajać: „Cały się trzęsiesz!", powiedziała. „Kompletnie ci odpaliło! Uspokój się, nie bierz tego tak poważnie. Zastanów się – przecież to tylko konferencja". Pomyślałem sobie, rzeczywiście, co z tego, że jacyś ludzie gadają takie bzdury? Od razu poczułem się lepiej. Ale gdyby ktoś mnie poprosił, żebym jeszcze raz wziął w czymś takim udział, broniłbym się jak wariat – nie, koniec, szlaban! Zresztą do dziś dostaję zaproszenia na tego rodzaju imprezy.

Kiedy przyszło do oceny konferencji w ostatnim dniu, inni mówili, jak wiele z niej wynieśli, jak bardzo była udana i tak dalej. Kiedy spytano mnie, powiedziałem: „Ta konferencja była gorsza niż test Rorschacha: pokazują ci nic nieznaczący kleks i pytają, co to, twoim zdaniem, jest, a kiedy im powiesz, i tak się z tobą nie zgadzają!".

Co gorsza, miało się odbyć jeszcze jedno spotkanie końcowe, ale tym razem z udziałem publiczności, i szef naszej grupy miał czelność powiedzieć, że ponieważ doszliśmy do tylu wniosków, nie będzie czasu na dyskusję z salą, tylko p o i n f o r m u j e m y publiczność o wszystkim, do czego doszliśmy. Oczy wyszły mi na wierzch: nie miałem pojęcia, że do czegokolwiek doszliśmy!

Wreszcie, kiedy zastanawialiśmy się, czy opracowaliśmy jakieś metody dialogu interdyscyplinarnego – nasz drugi główny „problem" – powiedziałem, że zauważyłem ciekawą rzecz. Każdy z nas mówił, czym j e g o zdaniem jest „etyka równości", z jego punktu widzenia, nie zwracając uwagi na punkt widzenia innych. Na przykład historyk powiedział, że metodą, która daje najlepsze pojęcie o problemach etycznych, jest spojrzenie historyczne na ich ewolucję i rozwój; specjalista od prawa międzynarodowego powiedział, że należy zanalizować, jak ludzie faktycznie się zachowują w różnych sytuacjach i jakie przyjmują postawy; jezuita stale odwoływał się do „fragmentaryzacji wiedzy", a ja, naukowiec, chciałem, żebyśmy wyodrębnili problem metodą analogiczną do technik doświadczalnych Galileusza; i tak dalej. „W mojej opinii", powiedziałem, „w ogóle nie doszło do dialogu. Mieliśmy wyłącznie chaos głosów!".

Oczywiście zewsząd posypały się ataki.

– Nie uważa pan, że z chaosu może wyłonić się porządek?

– No, jeśli chodzi o ogólną zasadę. – Nie wiedziałem, co zrobić z pytaniem typu: „Czy z chaosu może wyłonić się porządek?". Tak, nie, co to ma do rzeczy?

Na konferencji było mnóstwo durniów, do tego zadufanych w sobie, a zadufani w sobie durnie doprowadzają mnie do szału. Do zwykłych durniów nic nie mam; można z nimi porozmawiać i spróbować im pomóc. Ale zadufani w sobie durnie – ludzie, którzy stroją swą głupotę w różne czary-mary i popisują się, jacy są genialni – TEGO PO PROSTU NIE ZNOSZĘ! Zwykły dureń nie jest szarlatanem; do uczciwego durnia nic nie mam. Ale nieuczciwy dureń – to okropne! A na konferencji miałem do czynienia ze zgrają zadufanych w sobie durniów i dlatego tak się zdenerwowałem. Nie mam zamiaru już nigdy tak się denerwować, więc nie biorę udziału w konferencjach interdyscyplinarnych.

Przypisek: Podczas konferencji mieszkałem w żydowskim seminarium teologicznym, gdzie uczyli się młodzi rabini, chyba ortodoksi. Dzięki mojemu żydowskiemu pochodzeniu wiedziałem niektóre z rzeczy, które mówili mi o Talmudzie, ale samego Talmudu nigdy nie miałem w rękach. Było to dla mnie bardzo ciekawe. Talmud ma duże kartki, w małym kwadracie w rogu jest tekst oryginalny, a wzdłuż dwóch boków tego kwadratu są komentarze napisane przez różnych ludzi. Talmud ulegał zmianom i wszystko zostało bardzo starannie przeanalizowane, na wszystkie strony, taką trochę scholastyczną metodą. Wydaje mi się, że komentarze skończyły się gdzieś między czternastym a szesnastym wiekiem, nie ma żadnych komentarzy współczesnych. Talmud to cudowna księga, jeden wielki miszmasz: trywialne kwestie, trudne kwestie – na przykład problemy nauczycieli, jak uczyć – potem znów trywialne i tak dalej. Studenci powiedzieli mi, że Talmud nigdy nie został przetłumaczony, co mnie zdziwiło, bo przecież księga jest taka cenna.

Pewnego dnia przyszło do mnie kilku młodych rabinów i powiedzieli: „Zdajemy sobie sprawę, że w nowoczesnym świecie nie można być rabinem, nie wiedząc nic o nauce, więc chcielibyśmy ci zadać trochę pytań".

Oczywiście mogli się z tym udać w tysiąc innych miejsc, na przykład mieli opodal Uniwersytet Columbia, ale byłem ciekaw, jakie sprawy ich interesują.

– Na przykład czy elektryczność to ogień? – spytali.

– Nie – odparłem – ale... w czym problem?

– W Talmudzie jest powiedziane, że w sobotę nie wolno rozpalać ognia, więc nasze pytanie brzmi, czy możemy w soboty używać urządzeń elektrycznych.

CZY ELEKTRYCZNOŚĆ TO OGIEŃ?

Byłem wstrząśnięty. Nauka wcale ich nie obchodziła! W ich życiu liczyła się tylko o tyle, o ile pomagała im interpretować Talmud! Nie interesował ich świat zewnętrzny, zjawiska naturalne; interesowało ich tylko rozstrzygnięcie kwestii wynikającej z Talmudu.

Któregoś dnia po tej rozmowie – musiała to być sobota – czekam na windę z jakimś obcym człowiekiem. Winda zjeżdża na dół, wsiadam, on za mną. Pytam: „Które piętro?", i podnoszę rękę do przycisków.

– Nie, nie! – mówi. – To ja mam za pana nacisnąć.

– Co?

– Tak! Chłopcom nie wolno tutaj naciskać guzików w soboty, więc ja robię to za nich. Rozumie pan, ja nie jestem Żydem, więc mnie wolno naciskać. Czekam przy windzie, oni mi mówią, na które piętro, i ja za nich naciskam.

Bardzo mnie to przygnębiło, więc postanowiłem odbyć z nimi logiczną dysputę i zapędzić ich w ślepy zaułek. Ponieważ wychowałem się w żydowskim domu, byłem oblatany w różnych logicznych kruczkach i pomyślałem sobie: „Ale będzie ubaw!".

Mój plan przedstawiał się następująco: zacznę od pytania: „Czy żydowski światopogląd pretenduje do uniwersalności? Bo jeżeli nie, to z pewnością nie jest zbyt wartościowy dla ludzkości... ple, ple, ple". Byliby zmuszeni powiedzieć: „Tak, żydowski światopogląd jest dobry dla wszystkich".

Potem bym ich przycisnął pytaniem: „Czy jest etyczne, żeby wynająć człowieka, aby zrobił dla was coś, co jest nieetyczne? Na przykład: czy można wynająć człowieka, żeby popełnił dla was kradzież?". Potem stopniowo dociskałbym śrubę, powoli, delikatnie, aż wreszcie trach – miałbym ich przypartych do muru!

No i co się stało? Bądź co bądź uczyli się na rabinów. Byli w tym dziesięć razy lepsi ode mnie! Za każdym razem, kiedy mi się wydawało, że już mi się nie wyślizną, kilka uników – nie pamiętam, jakich – i byli wolni! Naiwny: sądziłem, że wpadłem na jakiś oryginalny pomysł! W Talmudzie dyskutowano o tym przez całe wieki! Obalić moje argumenty było dla nich jak pstryknąć palcem i bez trudu się wywinęli.

Na koniec chciałem ich uspokoić, że iskra elektryczna, która ich tak martwiła przy naciskaniu guzika windy, to nie ogień.

– Elektryczność to nie ogień – powiedziałem. – Elektryczność to nie proces chemiczny, w przeciwieństwie do ognia.

– Tak? – zdziwili się.

– Oczywiście, elektryczność występuje pomiędzy a t o m a m i płomienia.

– A widzisz!

– Podobnie jak w k a ż d y m innym zjawisku naturalnym.

Zaproponowałem nawet praktyczne rozwiązanie problemu iskry.

– Jeżeli was to martwi, możecie wstawić we wszystkich kontaktach kondensatory, wtedy wszystko będzie się włączać i wyłączać bez iskry. – Jednak z jakiegoś powodu pomysł im się nie spodobał.

Cała sprawa była dla mnie dużym rozczarowaniem. Młodzi chłopcy, budzą się do życia, a wszystko jest ustawione pod kątem tego, żeby lepiej interpretowali Talmud. W nowoczesnych czasach ludzie uczą się na rabinów, żeby pójść w świat i coś z d z i a ł a ć, a nauka interesuje ich tylko dlatego, że nowe zjawiska trochę komplikują jakieś przebrzmiałe, marginalne, scholastyczne problemy.

Stało się wtedy jeszcze coś, o czym warto wspomnieć. Jedną z rzeczy, którą dość długo omawialiśmy ze studentami, była kwestia, dlaczego wśród naukowców, na przykład fizyków teoretycznych, jest większy procent Żydów niż w całości populacji.

Studenci uważali, że przyczyną jest tradycyjny u Żydów szacunek do nauki. Żydzi szanują swych rabinów, którzy są *de facto* nauczycielami, i szanują szkolnictwo. Przekazują tę tradycję w rodzinie i jeżeli czyjś syn dobrze się uczy, to tak samo, a nawet lepiej, niż kiedy nieżydowski student jest dobrym koszykarzem.

Jeszcze tego samego popołudnia przekonałem się, do jakiego stopnia mieli rację. Jeden ze studentów zaprosił mnie do siebie do domu i przedstawił mnie swojej matce, która właśnie wróciła z Waszyngtonu. Zachwycona klasnęła w dłonie i powiedziała: „Ach! Jaki miałam piękny dzień! Najpierw poznałam generała, a teraz profesora!".

Zdałem sobie sprawę, że niewielu ludzi uważa poznanie profesora za równie interesujące i przyjemne, co poznanie generała. Czyli w tym, co powiedzieli, było chyba wiele racji.

O SĄDZENIU KSIĄŻEK PO OKŁADKACH

Po wojnie różne ministerstwa, szczególnie wojsko, zapraszało fizyków do Waszyngtonu na konsultacje. Sądzę, że ponieważ wyprodukowaliśmy bombę, wojsko uznało, że możemy się do czegoś przydać.

Pewnego razu zaproszono mnie do udziału w komisji, która miała oceniać uzbrojenie dla armii. Odpisałem, że zajmuję się tylko fizyką teoretyczną i nie znam się na uzbrojeniu.

Armia odpowiedziała, że z ich doświadczeń wynika, iż naukowcy bardzo się przydają przy podejmowaniu decyzji, więc czy mógłbym to jeszcze przemyśleć.

Znowu odpisałem i powtórzyłem, że się na tym nie znam i wątpię, czy im się do czegoś przydam.

Wreszcie dostałem list od ministra obrony narodowej, który zaproponował kompromis: przyjadę na pierwsze zebranie, posłucham, co się mówi, i sam uznam, czy mogę być do czegoś przydatny. Potem zdecyduję, czy zostać członkiem komisji.

Pojechałem do Waszyngtonu i najpierw odbyło się przyjęcie, na którym mieliśmy się wszyscy poznać. Byli tam generałowie i inne ważne figury z armii, towarzystwo mieszało się ze sobą. W sumie dość udana impreza.

Podszedł do mnie jakiś gość w mundurze i powiedział, że armia bardzo liczy na doradztwo fizyków, ponieważ jest mnóstwo problemów. Na przykład jest taki problem, że czołgi bardzo szybko zużywają paliwo i nie są w stanie daleko ujechać. Powstała kwestia, jak uzupełniać paliwo podczas jazdy. Facet wpadł na następujący pomysł: ponieważ fizycy umieją uzyskiwać energię z uranu, czy nie mógłbym wymyślić sposobu na wykorzystanie dwutlenku krzemu – piasku, ziemi – jako paliwa? Gdyby to było możliwe, przymocowałoby się do podwozia czołgu mały nabierak, który podczas jazdy zgarniałby ziemię na paliwo! Wojskowy uważał, że to genialny pomysł, a ja miałem tylko dopracować szczegóły. Spodziewałem się, że tego rodzaju pomysły będziemy omawiać na spotkaniu nazajutrz.

Poszedłem na spotkanie i stwierdziłem, że siedzę koło człowieka, który mnie wszystkim przedstawiał na przyjęciu. Uznałem, że został mi przydzielony jako „ordynans". Po mojej drugiej stronie siedział pewien supergenerał, o którym już słyszałem.

Do pierwszej przerwy była mowa o sprawach technicznych, więc wtrąciłem kilka uwag. Ale później, pod koniec zebrania, zaczęła się dyskusja o logistyce, na której się nie znałem. Chodziło o to, ile trzeba rozmieścić zapasów w różnych miejscach.

Chociaż starałem się trzymać gębę na kłódkę, skoro „ważni ludzie" omawiali „ważne problemy", o których nie miałem zielonego pojęcia, to jednak trzymanie gęby na kłódkę nie przychodzi mi łatwo, więc w tej dyskusji też zgłosiłem kilka uwag.

Podczas następnej przerwy na kawę człowiek, którego mi przydzielono na anioła stróża, powiedział: „Byłem pod wielkim wrażeniem tego, co pan powiedział w dyskusji. Było to bardzo odkrywcze".

Spróbowałem sobie przypomnieć, co takiego „odkrywczego" powiedziałem w dyskusji o logistyce, i zdałem sobie sprawę, że zaopatrzeniowiec w supermarkecie byłby w tym ode mnie lepszy. Wywnioskowałem więc, że: a) jeżeli powiedziałem coś rzeczywiście odkrywczego, to przez czysty przypadek; b) większość ludzi miałaby więcej do powiedzenia niż ja; c) to pochlebstwo powinno mnie uczulić na fakt, że nie mogę się na wiele przydać.

Po przerwie uznali, że lepiej będzie omówić o r g a n i z a c j ę badań naukowych (na przykład czy powinny podlegać wojskom inżynieryjnym, czy kwatermistrzostwu), a nie konkretne problemy techniczne. Wiedziałem, że jeżeli mam się w ogóle na coś przydać, to tylko do rozwiązywania konkretnych problemów technicznych, a nie do ustalania systemu organizacji badań.

Do tej pory nie zdradziłem się z moimi wrażeniami przewodniczącemu zebrania, ważnej osobistości, która mnie zaprosiła. Gdy pakowaliśmy walizki do wyjazdu, powiedział do mnie, cały w uśmiechach: „Rozumiem, że możemy się pana spodziewać na następnym zebraniu…".

– Nie.

Natychmiast zmienił się na twarzy. Był b a r d z o zdziwiony, że mogłem odmówić, poczyniwszy tyle „odkrywczych" uwag.

Na początku lat sześćdziesiątych wielu moich znajomych nadal doradzało rządowi. Ja wcale nie uważałem tego za swój obowiązek i odrzucałem, jeśli się dało, propozycje przyjazdu do Waszyngtonu, co w tych czasach wymagało pewnej odwagi.

Prowadziłem wtedy kurs fizyki dla pierwszego roku i po jednym z wykładów Tom Harvey, który pomagał mi przygotowywać pokazy, powiedział: „Żebyś ty wiedział, co się wyprawia z matematyką w podręcznikach! Moja córka ma takie siano w głowie!".

Nie zwróciłem większej uwagi na jego słowa.

Ale następnego dnia zadzwonił do mnie znany prawnik z Pasadeny, pan Norris, który pracował wtedy w kuratorium stanowym. Spytał mnie, czy zgodziłbym się wejść do Stanowej Komisji ds. Programu Nauczania, która zatwierdzała nowe podręczniki dla stanu Kalifornia. Prawo stanowe mówiło, że wszystkie podręczniki we wszystkich szkołach publicznych muszą zostać zatwierdzone przez kuratorium stanowe, więc powołuje się komisję, która analizuje książki i udziela rekomendacji.

Dużo książek opierało się na nowej metodzie nauczania arytmetyki, którą nazywali „nową matematyką", a ponieważ zazwyczaj podręczniki recenzują nauczyciele albo urzędnicy, uznano, że byłoby dobrze, gdyby ocenił je ktoś, kto u ż y w a matematyki w nauce, kto wie, jaki jest efekt końcowy i po co się naucza matematyki.

Chyba miałem nieczyste sumienie z powodu odmowy współpracy z rządem, bo zgodziłem się wejść do tej komisji.

N a t y c h m i a s t zaczęły się listy i telefony od wydawców. Niektórzy mówili: „Bardzo się cieszymy, że jest pan w komisji, bo bardzo chcieliśmy, żeby naukowiec...", albo: „To wspaniale, że w komisji jest naukowiec, ponieważ nasze książki są ukierunkowane naukowo...". Ale niektórzy mówili też: „Chcielibyśmy panu wyjaśnić, o co chodzi w naszym podręczniku...", albo: „Bardzo chętnie udzielimy panu wszelkiej pomocy w ocenie naszych książek...". To wydało mi się trochę bez sensu. Jestem obiektywnym naukowcem, a ponieważ dzieci dostają tylko podręcznik (a nauczyciele – poradnik dla nauczyciela, który również miałem oceniać), d o d a t k o w e wyjaśnienia wydawcy wypaczałyby ocenę. Nie miałem więc ochoty z nimi rozmawiać i zawsze odpowiadałem: „Nie musicie nic tłumaczyć; jestem pewien, że książki mówią same za siebie".

Reprezentowałem okręg, który obejmował rejon Los Angeles bez samego miasta. Miasto reprezentowała bardzo miła pani, która pracowała w szkolnictwie i nazywała się Whitehouse. Pan Norris zaproponował, żebym się z nią spotkał i zapoznał z metodą działania komisji.

Pani Whitehouse zaczęła od tematu następnego zebrania (jedno się już odbyło, zwerbowali mnie z opóźnieniem). „Będzie mowa o liczbach porządkowych". Domyśliłem się, że chodzi o liczby całkowite, ale ponieważ na wszystko mieli inne nazwy, od początku miałem kłopoty z rozumieniem.

Powiedziała mi, w jaki sposób komisja wystawia noty poszczególnym podręcznikom. Bierze się większą liczbę egzemplarzy każdej książki i rozdaje nauczycielom oraz urzędnikom w okręgu, którzy przysyłają recenzje. Ponieważ nie znałem zbyt wielu nauczycieli i urzędników szkolnych, a poza tym uważałem, że przeczytawszy książkę, potrafię sam powiedzieć, co o niej myślę, postanowiłem, że sam je wszystkie przeczytam. (W okręgu byli ludzie, którzy mieli ochotę przejrzeć książki i chcieli, żeby ich opinia była uwzględniona. Pani Whitehouse zgodziła się załączyć ich recenzje do swoich, żeby oni mieli lepsze samopoczucie, a ja żebym nie musiał się przejmować ich zastrzeżeniami. Oni byli zadowoleni, a mnie się zbytnio nie czepiano).

Kilka dni później zadzwonił do mnie dyspozytor z kuratorium i powiedział:

– Książki dla pana są gotowe do wysyłki, panie Feynman. Jest tego trzysta funtów.

Byłem przerażony.

– Proszę się nie martwić, panie Feynman; załatwimy panu kogoś, kto panu pomoże je przeczytać.

Nie umiałem sobie wyobrazić, jak się to robi: albo czytasz książki, albo nie czytasz. W gabinecie na dole przygotowałem specjalną półkę (książki zajęły ponad pięć metrów) i zacząłem czytać wszystkie książki, które miały być omawiane na następnym zebraniu. Mieliśmy zacząć od podręczników dla podstawówki.

Była to spora robota, więc prawie się nie ruszałem z gabinetu na dole. Moja żona mówi, że czuła się, jakby mieszkała nad wulkanem. Przez jakiś czas panował spokój, aż tu nagle: „BUUUUUM!", wulkan eksplodował.

Wybuchy brały się stąd, że książki były po prostu fatalne. Pełne błędów. Napisane na kolanie. Autorzy chcieli zachować pewien rygor, ale podawali mnóstwo przykładów (powiedzmy, samochody na ulicy jako przykład „zbioru") p r a w i e dobrych, ale nieuwzględniających wszystkich niuansów. Definicje nie były poprawne. Wszędzie brakowało jednoznaczności – autorzy byli za mało i n t e l i g e n t n i, żeby zrozumieć, co to znaczy „rygor". Oszukiwali. Uczyli czegoś, czego nie rozumieli, a co dla dziecka w tym wieku było b e z u ż y t e c z n e.

Wiedziałem, skąd się to wszystko bierze. Wielu Amerykanów uważało wtedy, że Rosjanie, którzy wynieśli na orbitę

Sputnika, wyprzedzili nas, więc wymyślono, że należy poprosić matematyków o poradę, jak uczyć matematyki z użyciem różnych ciekawych nowych pojęć. Miało to uatrakcyjnić matematykę dla dzieci, które uważały ją za nudną.

Dam przykład: uczyli dzieci, że system dziesiętny nie jest jedynym możliwym, co może być dla dziecka ciekawą rozrywką umysłową. Ale w tych podręcznikach było to tak zrobione, że k a ż d e dziecko miało się nauczyć innej podstawy! No i potem były takie potworności: „Zamień te liczby, które są napisane w systemie siódemkowym, na system piątkowy". Zamienianie z jednej podstawy na inną jest czymś c a ł k o w i c i e b e z u ż y t e c z n y m. Jeżeli umiesz to robić, może sprawi ci to frajdę; jeżeli nie umiesz, nie zaprzątaj sobie tym głowy.

Czytam te wszystkie książki i w żadnej z nich nie ma ani słowa na temat wykorzystania arytmetyki w nauce. Jeżeli w ogóle są jakieś przykłady wykorzystania arytmetyki (z reguły wszystko podane jest za pomocą tej bezsensownej, abstrakcyjnej, nowoczesnej metody), to dotyczą kupowania znaczków.

Wreszcie dotarłem do książki, w której było napisane: „Matematykę wykorzystuje się w nauce na wiele sposobów. Damy wam przykład z astronomii, która jest nauką o gwiazdach". Przewracam stronę i czytam, że „Temperatura czerwonych gwiazd wynosi cztery tysiące stopni, żółtych gwiazd – pięć tysięcy stopni...". Na razie wszystko dobrze. Czytam dalej: „...zielonych gwiazd – siedem tysięcy stopni, niebieskich gwiazd – dziesięć tysięcy stopni, fioletowych gwiazd – (jakaś duża liczba)". Nie ma zielonych i fioletowych gwiazd, ale pozostałe liczby są mniej więcej poprawne. Czyli niby dobrze, ale nie do końca! I tak było ze wszystkim: napisał to ktoś, kto nie wiedział, o czym mówi, więc sto na sto razy trochę się pomylił! Nie mam pojęcia, jak można dobrze uczyć, korzystając z książek napisanych przez kogoś, kto nie do końca rozumie, o czym mówi. Nie wiem dlaczego, ale podręczniki są fatalne: CO DO JEDNEGO!

Mimo wszystko książka z gwiazdami mi się podoba, bo po raz pierwszy podany jest przykład zastosowania arytmetyki w nauce. Przykłady z gwiazdami trochę mi się nie podobają, ale tylko trochę, ponieważ są mniej więcej poprawne – to tylko sprawa zaokrąglenia. Potem przychodzi lista zadań. Czytam pierwsze zadanie: „John i jego ojciec wychodzą z domu, żeby popatrzeć na gwiazdy. John widzi dwie niebieskie gwiazdy i jedną czerwoną. Ojciec widzi zieloną gwiazdę, fioletową i dwie żółte. Jaka jest łączna temperatura gwiazd widzianych przez Johna i jego ojca?" – i wybucham.

Tak było bez przerwy i dlatego moja żona zaczęła mówić o wulkanie. Jeden wielki absurd! Dodawanie temperatury dwóch gwiazd nie ma żadnego sensu. Można liczyć ś r e d n i ą temperaturę gwiazd, ale nikt nigdy nie liczy ł ą c z n e j temperatury! To było straszne! Służyło tylko temu, żeby dzieci poćwiczyły dodawanie, ale autor zupełnie nie rozumiał, o czym mówi. Czułem się tak, jakbym czytał tekst pełen błędów literowych i co jakiś czas natrafiał na całe zdanie napisane od tyłu do przodu. Wszystkie książki takie były. Po prostu beznadzieja!

Poszedłem na pierwsze zebranie. Inni członkowie komisji powystawiali noty niektórym książkom i spytali mnie, jakie są moje noty. Nasze oceny często się różniły, więc pytali mnie: „Czemu ocenił pan tę książkę tak nisko?".

Mówiłem, że kłopot z tą książką jest taki-a-taki, patrz strona taka-a-taka – miałem ze sobą notatki.

Odkryli, że jestem dla nich kopalnią informacji: potrafiłem im szczegółowo powiedzieć, co w każdej książce jest dobrego i złego. Każdą ocenę miałem umotywowaną.

O SĄDZENIU KSIĄŻEK PO OKŁADKACH

Pytałem ich, dlaczego ocenili daną książkę tak wysoko, a oni odpowiadali: „A co pan sądzi o tamtej książce?". Nigdy się nie dowiedziałem, dlaczego wystawili taką, a nie inną notę, bo ciągle pytali m n i e, co myślę.

Doszliśmy do pewnej książki, jednej z zestawu trzech podręczników uzupełniających wydanych przez tę samą firmę, i spytali mnie, co o niej sądzę.

– Tej mi nie przysłano, ale dwie pozostałe są niezłe.

Ktoś spróbował powtórzyć pytanie:

– Co pan sądzi o tej książce?

– Już powiedziałem, że mi nie przysłali, więc nie mam zdania.

Był tam człowiek ze składnicy książek, który powiedział:

– Przepraszam, wszystko panu wyjaśnię. Nie posłałem panu książki, bo nie została ukończona na czas. Jest przepis, który mówi, że książka musi być zgłoszona przed określoną datą, a wydawca nie miał jej jeszcze gotowej i przysłał tylko okładki z pustymi stronami. Napisał w notce, że chcieliby zgłosić cały komplet, mimo że trzecia książka nie jest jeszcze skończona.

Okazało się, że kilku członków komisji wystawiło okładkom ocenę! Co więcej, książka z pustymi stronami dostała trochę wyższe noty niż dwie pozostałe. To, co było w środku między okładkami, nie miało wpływu na ocenę.

Chyba wiem, dlaczego tak się stało. System jest następujący: rozdaje się książki dużej grupie ludzi, którzy są zajęci, rozkojarzeni i myślą sobie: „Co za różnica, jak ocenię, skoro czyta tę książkę tyle osób". I dają jakąś notę, przynajmniej niektórzy. Potem dostajesz recenzje i nie wiesz, dlaczego dana książka ma mniej recenzji niż inne – na przykład ta ma dziesięć, a ta tylko sześć – ale i tak uśredniasz oceny, więc nie ma znaczenia, ile jest recenzji. To mechaniczne uśrednianie ocen nie uwzględnia faktu, że między okładkami książki nic nie ma!

Ukułem tę teorię na podstawie tego, co się działo w komisji: pustej książce tylko sześciu na dziesięciu członków wystawiło noty, a przy innych było na ogół osiem lub dziewięć ocen. Średnia z sześciu wyszła jednak równie dobra, jak z ośmiu czy dziewięciu. Bardzo się zawstydzili tym, że wystawili notę tej książce, co dodało mi pewności siebie. Okazało się, że pozostali członkowie komisji poświęcili wiele czasu na rozsyłanie książek do przeczytania i odbieranie recenzji, chodzili na spotkania z wydawcami, którzy im t ł u m a c z y l i, o co w książkach chodzi; byłem jedynym człowiekiem w komisji, który przeczytał wszystkie książki i nie uzyskał od wydawców żadnych informacji ponad to, co było w samych książkach, a przecież to książki miały się w końcu znaleźć w szkołach.

Dylemat, czy ocenić książkę, czytając ją uważnie, czy też wziąć recenzje od ludzi, którzy pobieżnie rzucili na nią okiem, przypomina słynny stary problem: nikomu nie wolno było ujrzeć cesarza Chin. Jeżeli chciałeś się dowiedzieć, jak długi jest cesarski nos, musiałeś chodzić po całym kraju, pytać ludzi, jaka – ich zdaniem – jest długość nosa cesarza, a potem u ś r e d n i a ł e ś odpowiedzi. Mogłoby się wydawać, że wynik będzie bardzo dokładny, bo wziąłeś średnią po tylu wynikach. Ale to nie jest sposób, żeby się czegokolwiek dowiedzieć; kiedy masz bardzo dużą grupę ludzi, którzy udzielają powierzchownych odpowiedzi, nie zwiększysz dokładności przez uśrednianie.

Ustalone było, że nie uwzględniamy kwestii kosztów książek. Powiedziano nam, ile książek możemy wybrać. Postanowiliśmy umieścić w programie szkolnym dużo książek uzupełniających, ponieważ wszystkie nowe podręczniki miały takie czy inne wady. Największe zastrzeżenia budziły podręczniki oparte na „nowej matematyce": brak zastosowań naukowych, za mało zadań koncepcyjnych. Nie było tam mowy o kupowaniu znaczków, za to dużo było abstrakcji nieprzełożonych na realne sytuacje. Nie było zadań typu masz taką-a-taką sytuację i co robisz: dodajesz, odejmujesz, mnożysz czy dzielisz? Zaproponowaliśmy więc książki, które zawierały tego typu zadania jako uzupełniające – jedną lub dwie dla każdego poziomu. Po długiej dyskusji opracowaliśmy w miarę zrównoważony program.

Kiedy w kuratorium dostali nasze zalecenia, powiedzieli nam, że przeliczyli się z pieniędzmi, toteż będziemy musieli ułożyć program jeszcze raz, tym razem uwzględniając koszty, czyli zburzyć dość zrównoważony program, w którym nauczyciel miał przynajmniej m o ż l i w o ś ć znaleźć wszystkie potrzebne przykłady.

Zmniejszyli liczbę książek, które mogliśmy zalecić, więc nie było szansy na zrównoważenie programu, który wyszedł dość fatalny. Kiedy dorwała się do niego senacka komisja budżetowa, jeszcze bardziej go okroiła. Teraz był już naprawdę fatalny! Poproszono mnie, żebym wystąpił przed senatem stanowym podczas dyskusji w izbie, ale odmówiłem: tyle się już nakłóciłem w tej sprawie, że miałem dosyć. Przygotowaliśmy zalecenia dla kuratorium i pomyślałem sobie, że to ich sprawa przedstawić program w senacie – z prawnego punktu widzenia miałem rację, ale politycznie nie było to rozsądne. Nie powinienem był tak szybko dawać za wygraną, ale tyle się napracowałem i tyle się nagadałem o tych książkach, żeby dojść do jakiegoś w miarę zrównoważonego programu, że kiedy mi go w końcu skasowali, byłem trochę zniechęcony! Cały wysiłek był zbędny, ponieważ należało zacząć od drugiego końca: ustalić limit kosztów i kupić tyle książek, na ile starczy pieniędzy.

Tym, co przeważyło szalę i kazało mi w ogóle zrezygnować z udziału w komisji, było opiniowanie podręczników z przyrodoznawstwa rok później. Sądziłem, że może w przypadku przyrodoznawstwa będzie inaczej, i rzuciłem okiem na kilka książek.

To samo: pierwsze wrażenie nie najgorsze, a potem – co za straszne bzdury! Na przykład była książka, która zaczynała się od czterech zdjęć: nakręcana zabawka, samochód, chłopiec na rowerze i coś jeszcze. Pod każdym zdjęciem podpis: „Co tym porusza?".

Pomyślałem sobie: „Wiem, co będzie dalej – omówią mechanikę, czyli działanie sprężyny w zabawce; potem chemię, czyli działanie silnika w samochodzie; potem biologię, czyli działanie mięśni u chłopca".

Tak rozmawiał ze mną ojciec: „Co wszystkim porusza? Wszystko rusza się dzięki temu, że świeci Słońce". A potem mieliśmy świetną zabawę, sprzeczając się na ten temat.

– Nie – mówiłem – zabawka rusza się dlatego, że sprężyna jest nakręcona.

– A jak się nakręciła? – pytał ojciec.

– Ja ją nakręciłem.

– A dzięki czemu ty się ruszasz?

– Dzięki jedzeniu.

– A jedzenie powstaje dzięki temu, że świeci Słońce. Czyli wszystko rusza się dlatego, że świeci Słońce. – Tak uczył mnie pojęcia ruchu jako t r a n s f o r m a c j i mocy Słońca.

Przewróciłem na następną stronę. „Zabawką porusza energia". „Rowerem porusza energia". Wszystkim porusza energia.

To nic nie znaczy. Gdyby dać jakieś indiańskie słowo na energię, zasada brzmiałaby na przykład „Wszystkim porusza *wahu-wahu*". Nie płynie z tego żadna wiedza. Dziecko niczego się nie uczy. To tylko s ł o w o!

Jak to powinni byli zrobić? Rozebrać nakręcaną zabawkę, zwrócić uwagę na sprężyny, nauczyć o sprężynach, nauczyć o kole i na razie zapomnieć o „energii". Później, kiedy dziecko już zna faktyczne działanie zabawki, można omówić ogólniejsze zasady energii.

Poza tym stwierdzenie, że „wszystkim porusza energia", nie jest nawet, ściśle biorąc, prawdziwe, ponieważ kiedy coś się zatrzymuje, trzeba powiedzieć: „wszystko zatrzymuje energia". W tych czterech zdjęciach chodzi raczej o to, że skupiona energia rozprasza się w subtelniejsze formy. Energii nie ubywa ani nie przybywa; zmienia ona tylko formę. A kiedy zabawka czy rower się zatrzymuje, energia zamienia się w ciepło, w ogólny chaos.

Wszystkie te książki takie były: padały tam stwierdzenia bezużyteczne, poplątane, niejednoznaczne, mylące i tylko częściowo prawdziwe. Nie wiem, jak można się uczyć przyrodoznawstwa z takich książek, ponieważ to nie ma nic wspólnego z przyrodoznawstwem.

Kiedy zacząłem czytać te wszystkie okropne książki, wulkan uaktywnił się. Ponieważ byłem zmęczony czytaniem podręczników do matematyki i zniechęcony tym, że moje wysiłki poszły na marne, uznałem, że nie wytrzymam kolejnego roku czegoś takiego, i zrezygnowałem.

Jakiś czas później doszły mnie słuchy, że książka o „energii, co wszystkim porusza", ma uzyskać rekomendację komisji, więc postanowiłem jeszcze raz się zmobilizować. Na każdym zebraniu komisji publiczność miała prawo zabierania głosu, więc wstałem i powiedziałem, dlaczego, moim zdaniem, książka jest niedobra.

Mój następca w komisji sprzeciwił się: "Książkę oceniło pozytywnie sześćdziesięciu pięciu inżynierów z takiego-a-takiego przedsiębiorstwa lotniczego!".

Nie wątpiłem, że przedsiębiorstwo zatrudnia wielu dobrych inżynierów, ale w grupie 65-osobowej musi być duży rozrzut zdolności – aż po bardzo miernych fachowców! Ponownie wystąpił problem u ś r e d n i a n i a długości nosa cesarza czy też oceny książki pustej między okładkami. Byłoby znacznie lepiej, gdyby przedsiębiorstwo wytypowało najlepszych inżynierów i kazało przeczytać książkę właśnie tym najlepszym. Nie miałem podstaw twierdzić, że jestem mądrzejszy od sześćdziesięciu pięciu ludzi – ale od ś r e d n i e j z sześćdziesięciu pięciu z całą pewnością!

Do mojego następcy nie docierało to jednak i książka została zatwierdzona przez kuratorium.

Kiedy jeszcze byłem w komisji, na niektóre zebrania musiałem jeździć do San Francisco. Po powrocie z pierwszej podróży poszedłem do biura komisji, żeby mi zwrócili koszty.

– Ile to pana kosztowało, panie Feynman?

– Leciałem samolotem, czyli taryfa lotnicza, plus opłata za parkowanie na lotnisku.

– Ma pan bilet?

Przypadkiem nie wyrzuciłem biletu.

– Ma pan kwit za parkowanie?

– Nie mam, ale pamiętam, że zapłaciłem 2,35 dolara.

– Musimy mieć kwit.

– Przecież powiedziałem, ile zapłaciłem. Jeżeli mi nie ufacie, dlaczego uwzględniacie moje opinie na temat podręczników?

Zrobiła się z tego wielka awantura. Niestety, byłem przyzwyczajony do rozliczania się za wykłady z firmami, uczelniami albo prywatnymi ludźmi, a nie z rządem. Pytano mnie, ile wyniosły moje wydatki, mówiłem, że tyle-a-tyle, a oni, proszę, tu są pieniądze, panie Feynman.

Postanowiłem, że nie dam im ż a d n y c h rachunków.

Po drugiej podróży znów poprosili mnie o bilet i rachunki.

– Nie mam.

– Tak nie może dłużej być, panie Feynman.

– Kiedy zgodziłem się na pracę w komisji, powiedziano mi, że pokryjecie moje wydatki.

– Ale spodziewaliśmy się, że dostarczy pan rachunki, by u d o k u m e n t o w a ć wydatki.

– Nie mam nic na ich udokumentowanie, ale przecież w i e c i e, że mieszkam w Los Angeles i muszę się jakoś dostać do San Francisco. Sądzicie, że mam siedmiomilowe buty?

Nie ustąpili, ja też nie. Uważam, że kiedy już postanowisz, że nie ugniesz się przed Systemem, musisz być gotowy ponieść konsekwencje, kiedy się nie uda. Niczego więc nie żałuję, ale nie dostałem żadnego zwrotu kosztów tych wyjazdów.

Lubię takie zabawy. Chcą mieć rachunek? Nie dam! W takim razie nie dostanie pan pieniędzy. Dobrze, bez łaski. Nie ufają mi? To do licha z nimi; niech mi nie płacą. Oczywiście, że to absurdalne! Przecież wiem, że tak funkcjonuje rząd. No to p i e p r z y ć rząd! Uważam, że ludzie powinni się traktować jak ludzie. A jeśli nie będę traktowany jak człowiek, nie chcę mieć z nimi nic do czynienia! Mają niesmak? Trudno. Ja też mam niesmak. Takie jest życie. Wiem, że „bronią interesów podatnika", ale zobaczmy, czy interesy podatnika były dobrze bronione w poniższej sprawie.

Co do dwóch książek nie mogliśmy się w żaden sposób zdecydować, mimo długiej dyskusji. Oceny były praktycznie identyczne. W końcu pozostawiliśmy decyzję kuratorium. Ponieważ kuratorium uwzględniało teraz koszty, a oceny książek były tak do siebie zbliżone, kuratorium postanowiło ogłosić przetarg cenowy.

Ktoś spytał, czy byłoby możliwe, żeby dostarczyć książki do szkół na najbliższy semestr, a nie, jak uzgodniono w warunkach przetargu, na następny.

Przedstawiciel wydawcy, który wygrał przetarg, wstał i powiedział: „Jesteśmy szczęśliwi, że wybraliście państwo naszą ofertę. Zdążymy wydać książkę na najbliższy semestr".

Z kolei wstał przedstawiciel wydawcy, który przegrał przetarg, i powiedział: „Ponieważ oferty opiewały na następny semestr, uważam, że przetarg powinien się odbyć jeszcze raz, ponieważ my też jesteśmy w stanie sprostać krótszemu terminowi".

Pan Norris, prawnik z Pasadeny, zapytał go, ile wyniósłby koszt przy krótszym terminie.

Przedstawiciel drugiego wydawcy podał jakąś liczbę: m n i e j s z ą niż pierwotna!

Przedstawiciel pierwszego wydawcy zripostował: „Skoro on zmienia swoją ofertę, ja też mam prawo zmienić swoją!", po czym jeszcze bardziej obniżył cenę!

– Jak to jest – spytał Norris – że im szybciej, tym taniej?

– No bo stosujemy wtedy specjalną metodę offsetową... – wyjaśnił pierwszy wydawca.

Drugi poparł go:

– Tak, wychodzi taniej, bo skraca się proces produkcji!

Byliśmy wstrząśnięci. Podatnik zaoszczędził na tych przepychankach d w a m i l i o n y d o l a r ó w! Po tej nagłej zmianie Norris dostał piany na ustach.

Oto co się stało: sprawa krótszego terminu zmusiła wydawców do rzeczywistej rywalizacji cenowej. Normalnie, kiedy

O SĄDZENIU KSIĄŻEK PO OKŁADKACH

koszty nie były uwzględniane, nie było powodu obniżać cen; wydawcy mogli sobie zaśpiewać dowolną sumę. Nie było sensu konkurować między sobą cenowo, a „przetarg" służył tylko do tego, żeby zrobić wrażenie na komisji[*].

Nawiasem mówiąc, przed każdym zebraniem komisji wydawcy zapraszali jej członków na obiad. Nigdy nie dałem się skusić.

Teraz sprawa jest dla mnie oczywista, ale wtedy nie wiedziałem, o co chodzi, kiedy dostałem paczkę suszonych owoców i różnych różności, którą Western Union doręczyło z notką: „Szczęśliwego Dnia Dziękczynienia Waszej rodzinie życzy rodzina Pamilio".

Byli to jacyś ludzie z Long Beach, o których nigdy nie słyszałem. Pomyślałem, że na pewno pomylili adres, więc trzeba to jakoś odkręcić. Zadzwoniłem do Western Union, żeby mi dali telefon nadawców, i zadzwoniłem.

– Halo, moje nazwisko Feynman. Dostałem paczkę...

– A, witam, panie Feynman, tu Pete Pamilio. – Powiedział to takim tonem, jakbyśmy się znali od lat! Ponieważ nazwiska zawsze wylatują mi z głowy, powiedziałem:

– Przepraszam, panie Pamilio, ale nie do końca sobie przypominam...

Okazało się, że pracuje dla wydawnictwa, którego książki miałem oceniać w komisji.

– Rozumiem. Ale to mogłoby zostać niewłaściwie zinterpretowane.

– To tylko prezent od rodziny dla rodziny.

---

[*] Feynman podejrzewa zapewne, że wydawcy mają niepisaną umowę, iż poniżej pewnej ceny nie schodzą, lecz w opisanej sytuacji zachłanność wzięła górę nad wzajemną lojalnością (przyp. tłum.).

— Tak, ale ja oceniam książkę, którą pan wydaje, i ktoś mógłby fałszywie zinterpretować pańską życzliwość! — Wiedziałem, w co się gra, ale udawałem głupiego.

Inny wydawca przysłał mi skórzany neseser z moim nazwiskiem pięknie wybitym w złocie. Znowu udałem naiwnego:

— Nie wiem, czy zdaje sobie pan z tego sprawę, ale nie mogę tego przyjąć, bo oceniam książki, które wydajecie.

Jeden z członków komisji, o najdłuższym stażu, powiedział:

— Nigdy nic nie przyjąłem. Bardzo mnie przygnębiają te podchody, ale nie można na to nic poradzić.

Muszę jednak powiedzieć, że przegapiłem jedną bardzo dobrą okazję. Gdyby nie mój słaby refleks, miałbym świetną zabawę, pracując w tej komisji. Przed pierwszym zebraniem zameldowałem się wieczorem w hotelu w San Francisco, po czym postanowiłem pójść coś zjeść. Kiedy wyszedłem z windy, czekało już na mnie dwóch ludzi.

— Dobry wieczór, panie Feynman. Dokąd pan idzie? Czy pokazać coś panu w San Francisco? — Byli z firmy wydawniczej, więc nie chciałem mieć z nimi nic do czynienia.

— Idę coś zjeść.

— Możemy pana zabrać na kolację.

— Nie, chcę zjeść sam.

— Cokolwiek pan planuje, możemy panu pomóc.

Nie mogłem się powstrzymać:

— Idę zaszaleć.

— W tym też możemy panu pomóc.

— Nie, myślę, że poradzę sobie sam. — Potem pomyślałem: „Wielki błąd! Powinienem był na w s z y s t k o się zgodzić i założyć dziennik, a potem poinformować obywateli stanu

Kalifornia, do czego potrafią się posunąć wydawcy!". Kiedy usłyszałem o dwumilionowej różnicy, pomyślałem: „Bóg wie, jakie muszą być naciski przy takiej stawce!".

DRUGI BŁĄD ALFREDA NOBLA

W Kanadzie istnieje duże stowarzyszenie studentów fizyki. Organizują konferencje, wygłaszają referaty i tak dalej. Oddział w Vancouver zaprosił mnie kiedyś, żebym wygłosił referat. Organizatorka zadzwoniła do mojej sekretarki, po czym pewnego dnia po prostu przyleciała do Los Angeles, bez zapowiedzi, i weszła do mojego gabinetu. Bardzo ładna blondynka. (To nie powinno mieć znaczenia, ale miało). Zaimponowało mi też, że studenci z Vancouver sami to sfinansowali. Przyjęli mnie bardzo sympatycznie i teraz już wiem, co zrobić, żeby wykłady gościnne były przyjemne: zaczekaj, aż zaproszą cię studenci.

Kilka lat po tym, jak dostałem Nobla, zgłosili się do mnie uczniowie z kółka fizycznego w Irvine i chcieli, żebym wygłosił referat. „Bardzo chętnie, ale pod jednym warunkiem – będą tylko członkowie kółka. Nie chcę być nieskromny, ale wiem z doświadczenia, że mogą być kłopoty".

Wyjaśniłem im, że chodziłem kiedyś co roku do lokalnej szkoły średniej, żeby opowiedzieć uczniom z kółka fizycznego o teorii względności czy o czym tam chcieli. Potem dostałem Nobla i gdy poszedłem rok później, jak zawsze bez przygotowania, postawili mnie przed publicznością złożoną z trzystu nastolatków. Ciężkie przeżycie!

Ponieważ nie jestem zbyt bystry i nie uczuliło mnie to raz na zawsze na tego typu zaproszenia, przeżyłem taki szok jeszcze trzy lub cztery razy. Kiedy zaproszono mnie do Berkeley, żebym wygłosił odczyt na dowolny temat z fizyki, przygotowałem coś raczej technicznego, spodziewając się, że będę mówił do studentów fizyki. Przychodzę, a tu o g r o m n a sala wykładowa i wszystkie miejsca zajęte! Wiem, że niewielu ludzi w Berkeley rozumie fizykę na poziomie wykładu, który przygotowałem. Mam to do siebie, że lubię, aby moi słuchacze byli zadowoleni, a to niemożliwe, kiedy przychodzi takie mieszane towarzystwo: wtedy po prostu nie wiem, do kogo się zwracam.

Kiedy już im uświadomiłem, że trzeba to jakoś dyskretnie zorganizować, powiedziałem: „Wymyślmy jakiś nudny tytuł i jakieś nudne nazwisko profesora, a wtedy przyjdą tylko studenci, których naprawdę interesuje fizyka".

Na campusie w Irvine pojawiło się kilka plakatów: W dniu 17 maja w sali D102 profesor Henry Warren z University of Washington wygłosi odczyt na temat struktury protonu.

Potem przyjechałem ja i oznajmiłem: „Pan profesor Warren ma jakieś sprawy rodzinne, które uniemożliwiły mu przyjazd, więc zadzwonił do mnie z prośbą, czy nie mógłbym go zastąpić, ponieważ zajmuję się ostatnio tą samą dziedziną". Wszystko poszło tak, jak sobie wymyśliłem.

Skądś jednak dowiedział się o tym numerze opiekun kółka fizycznego ze strony uczelni i bardzo się na nich zezłościł.

– Gdyby było wiadomo – powiedział – że przyjeżdża do nas pan profesor Feynman, wiele osób przyszłoby go posłuchać.

– Właśnie o to chodziło! – wytłumaczyli mu studenci. Ale opiekun był wściekły, że nie wtajemniczyli go w tę zabawę.

Kiedy się dowiedziałem, że studenci wpadli w poważne tarapaty, napisałem do opiekuna list z wyjaśnieniem, że to wszystko moja wina, że zgodziłem się przyjechać tylko pod warunkiem, że tak to zostanie zrobione; że zabroniłem studentom kogokolwiek wtajemniczać; bardzo przepraszam, proszę o wybaczenie, pitu-pitu... Oto, w jakie rzeczy muszę się pakować z powodu tego przeklętego Nobla!

W zeszłym roku zaprosili mnie do wygłoszenia wykładu studenci University of Alaska w Fairbanks. Świetnie się bawiłem, jeżeli nie liczyć wywiadów dla lokalnej telewizji. Nie potrzeba mi wywiadów; to nie ma sensu. Przyjechałem opowiedzieć studentom o fizyce, to wystarczy. Jeżeli ktoś chce wiedzieć, że coś takiego miało miejsce, może sobie o tym przeczytać w uczelnianej gazecie. Każą mi udzielać wywiadu tylko dlatego, że mam Nobla – jestem ważną personą, racja?

Pewien mój znajomy, który jest bogaty – wynalazł prosty przełącznik cyfrowy – powiedział mi o ludziach, którzy fundują nagrody albo sponsorują wykłady: „Trzeba im dobrze patrzeć na ręce, bo zawsze próbują oczyścić sumienie z jakiegoś szachrajstwa".

Inny znajomy, Matt Sands, zamierzał kiedyś napisać książkę pod tytułem *Drugi błąd Alfreda Nobla*.

Przez wiele lat na jakiś czas przed datą przyznania nagrody zawsze się zastanawiałem, kto ją może dostać. Potem mi się to znudziło i nie miałem nawet świadomości, że już nadszedł „sezon". Więc kiedy o trzeciej czy czwartej nad ranem zadzwonił telefon, zupełnie się nie domyślałem, o co może chodzić.

– Profesor Feynman?

– Co jest? Czemu pan dzwoni o takiej porze?

– Pomyślałem, że chętnie się pan dowie, że dostał pan Nagrodę Nobla.

– Fajnie, ale ja ś p i ę! Nie mógł pan z tym poczekać do rana? – i odłożyłem słuchawkę.

– Kto to był? – spytała moja żona.

– Podobno dostałem Nobla.

– Przestań, Richard, powiedz mi, kto dzwonił. – Często próbuję ją nabierać, więc tak się wycwaniła, że nigdy mi nie wierzy...

Za chwilę znowu telefon:

– Panie profesorze Feynman, słyszał pan...

(Zniechęconym głosem:) – No.

Potem zacząłem myśleć: „Jak się z tego wykręcić? Nie mam na to wszystko ochoty!". Pierwszą rzeczą było zdjęcie słuchawki z widełek, ponieważ telefony się urywały. Próbowałem znowu zasnąć, ale okazało się, że nie potrafię.

Zszedłem na dół do gabinetu, żeby się zastanowić: Co teraz zrobię? Może n i e p r z y j m ę nagrody? Co wtedy będzie? Może to niemożliwe.

Położyłem słuchawkę na widełki i natychmiast zadzwonił telefon. Był to dziennikarz z czasopisma „Time". Powiedziałem do niego:

– Niech pan posłucha, mam problem i chciałbym, żeby to zostało między nami. Nie wiem, jak się z tego wszystkiego wykręcić. Czy istnieje sposób, żeby nie przyjąć nagrody?

– Obawiam się, proszę pana – powiedział – że każde nietypowe posunięcie przyniesie panu jeszcze więcej rozgłosu. – To było oczywiste. Rozmawialiśmy chyba przez piętnaście albo dwadzieścia minut i dziennikarz z „Time" nigdy nic z tego nie wykorzystał.

Podziękowałem mu i rozłączyłem się. Od razu następny telefon: z gazety codziennej.

– Tak, może pan przyjść do mnie do domu. Tak, oczywiście. Tak, tak, tak.

Dzwonił między innymi człowiek z konsulatu szwedzkiego. Zamierzał wydać w Los Angeles przyjęcie.

Uznałem, że skoro postanowiłem przyjąć nagrodę, muszę przez to wszystko przejść.

Konsul powiedział: „Proszę sporządzić listę osób, które chciałby pan zaprosić, a my sporządzimy swoją. Potem przyjdziemy do pana na uczelnię, sprawdzimy, czy któreś nazwiska się nie powtarzają, i wydrukujemy zaproszenia...".

Spisałem listę. Znalazło się na niej chyba osiem osób – sąsiad z naprzeciwka, mój przyjaciel-artysta Zorthian i tak dalej.

Konsul przyszedł do mnie do gabinetu ze s w o j ą listą: gubernator stanu Kalifornia, ten dyrektor, tamten dyrektor, magnat naftowy Getty, jakaś aktorka – w sumie trzysta osób! I nie muszę chyba dodawać, że ani jedno nazwisko się nie powtarzało!

Zaczynałem wpadać w histerię. Perspektywa spotkania z tymi wszystkimi dygnitarzami przeraziła mnie.

Konsul zauważył, że jestem zmartwiony: „Och, proszę się nie przejmować", powiedział. „Większość z nich nie przyjdzie".

No cóż, jeszcze nigdy mi się nie zdarzyło zapraszać ludzi na przyjęcie z nadzieją, że nie przyjdą! Nie mam obowiązku nikomu się podlizywać i zaszczycać go zaproszeniem, które może odrzucić; to idiotyczne!

Zanim wróciłem do domu, zdążyłem się już porządnie zdenerwować. Zadzwoniłem do konsula i powiedziałem: „Przemyślałem sprawę i uświadomiłem sobie, że nie mogę się zgodzić na to przyjęcie".

Był zachwycony. „Ma pan absolutną słuszność". Sądzę, że znalazł się w takiej samej sytuacji – organizowanie przyjęcia dla jakiegoś palanta, o którym wcześniej nie słyszał, było dla niego tylko urwaniem głowy. A tak wszyscy byli zadowoleni: nikt nie miał ochoty przychodzić, łącznie z bohaterem wieczoru! Również gospodarz lepiej na tym wyszedł!

Cały ten okres był dla mnie psychologicznie dość trudny. Problem w tym, że ojciec wychował mnie na wroga monarchii i wszelkiej celebry (szył mundury, więc wiedział, czym się różni człowiek w mundurze od człowieka bez munduru – niczym). Nauczyłem się śmiać z tego typu spraw i było to we mnie tak silne i odruchowe, że nie wyobrażałem sobie, jak podejdę do króla. Wiem, że to dziecinne, ale tak zostałem wychowany i nie wiedziałem, jak sobie z tym poradzę.

Ludzie mi mówili, iż w Szwecji panuje obyczaj, że po odebraniu nagrody trzeba się oddalić od króla twarzą do niego, nie odwracając się. Schodzisz po schodach, odbierasz nagrodę, a potem tyłem wchodzisz z powrotem na schody. Pomyślałem sobie, dobra, już ja wam pokażę!, i zacząłem ćwiczyć s k a k a n i e do tyłu po schodach, żeby im zademonstrować, jak idiotyczny jest ich obyczaj. Byłem w okropnym nastroju! Oczywiście wiem, że to głupie i infantylne.

Potem się dowiedziałem, że obyczaj już nie obowiązuje: można się odwrócić do króla plecami i iść przed siebie jak człowiek, tam gdzie chcesz, nosem do przodu.

Ucieszyłem się, stwierdziwszy, że nie wszyscy Szwedzi traktują królewskie ceremonie aż tak poważnie. Kiedy przyjeżdżasz na miejsce, okazuje się, że są po twojej stronie.

Na przykład studenci urządzali specjalną uroczystość, w której przyznawali nobliście „Order Żaby". Przyjmując go, trzeba było zaskrzeczeć jak żaba.

W młodości nie byłem zapalonym miłośnikiem kultury, ale ojciec miał dużo dobrych książek. W jednej z nich była starogrecka sztuka *Żaby*. Zajrzałem kiedyś do niej i zwróciłem uwagę, jak jest oddany skrzek żaby: „brek, kek, kek". Pomyślałem sobie: „Żadna żaba tak nie skrzeczy; co za idiotyczny pomysł!".

Sprawdziłem i chwilę poćwiczywszy, zdałem sobie sprawę, że to bardzo dobrze oddaje dźwięk, który wydaje z siebie żaba*.

Moje przypadkowe zaglądnięcie do komedii Arystofanesa okazało się więc później bardzo przydatne: umiałem dobrze naśladować żabę, kiedy przyszło do odbierania nagrody studentów dla noblisty! Skakanie do tyłu też dobrze pasowało do tej ceremonii. Przyznanie „Orderu Żaby" było bardzo przyjemne; ta ceremonia się udała.

Mimo że dobrze się bawiłem, cały czas miałem te trudności psychologiczne, o których mówiłem. Największym problemem była mowa dziękczynna, którą się wygłasza podczas bankietu u króla. Kiedy dają ci nagrodę, dostajesz też pięknie oprawione księgi z poprzednimi mowami noblowskimi, jakby to były jakieś wielkie arcydzieła. Zaczynasz więc sobie myśleć, że to ważne, co powiesz w mowie dziękczynnej, bo zostanie to opublikowane. Nie uświadomiłem sobie tylko, że prawie nikt nie będzie tego uważnie słuchał, a już na pewno nikt tego nie przeczyta! Straciłem poczucie miary: powinienem był po prostu powiedzieć, dziękuję bardzo, pitu-pitu, co byłoby banalnie proste, ale nie, ja muszę szczerze. A prawda była taka, że w sumie nie chciałem tej nagrody, więc jak podziękować za coś, czego się nie chciało?

Moja żona mówi, że byłem kłębkiem nerwów, kiedy się martwiłem, co powiem w moim przemówieniu, ale wreszcie wymyśliłem, jak ułożyć nieobrazoburczą przemowę, która byłaby przy tym całkowicie szczera. Jestem pewien, że słuchacze nie mieli pojęcia, ile nerwów mnie ona kosztowała.

---

* Polscy tłumacze skrzeczą następująco: „Rech-rech-rech-rech ku-um" (Butrymowicz) i „Rechu! Rechu! Kwaku! Kwak!" (Sandauer) (przyp. tłum.).

Zacząłem od stwierdzenia, że nagrodą była dla mnie już sama radość z poczynionego przeze mnie odkrycia, to, że inni z niego korzystali i tak dalej. Próbowałem wyjaśnić, że dostałem już wszystko, czego oczekiwałem, i w porównaniu z tym reszta się nie liczy. Już wcześniej otrzymałem swoją nagrodę.

Ale potem powiedziałem, że przyszła naraz cała fura listów – w przemowie ująłem to o wiele ładniej – które przypomniały mi o istnieniu tych wszystkich znajomych: listy od kolegów z dzieciństwa, którzy aż podskoczyli, czytając poranną gazetę, i zawołali: „Ja go znam! Bawiliśmy się razem jako dzieci!", i tak dalej. Listy te były bardzo życzliwe i wyrażały coś, co interpretowałem jako rodzaj miłości. Za to im podziękowałem.

Przemowa nie wzbudziła zastrzeżeń, ale nie obeszło się bez kłopotów z osobami królewskiej krwi. Podczas bankietu u króla siedziałem obok księżniczki, która studiowała w Stanach Zjednoczonych. Przyjąłem błędne założenie, że podziela moje przekonania. Uznałem, że niczym się nie różni od innych młodych dziewczyn. Powiedziałem, że współczuję królowi i reszcie rodziny królewskiej, bo musieli tak długo stać i podawać rękę wszystkim gościom przed bankietem.

– W Ameryce – powiedziałem – na pewno byśmy to usprawnili. Zaprojektowalibyśmy m a s z y n ę do podawania ręki.

– Tak, ale tutaj nie miałaby dużego zbytu – odparła z zakłopotaniem. – Rodzina królewska nie jest aż tak liczna.

– Wręcz przeciwnie, byłby ogromny zbyt. Najpierw maszynę miałby tylko król, dalibyśmy mu ją za darmo. Potem na pewno chcieliby ją mieć inni ludzie. Powstaje pytanie, komu przyznać p r a w o do posiadania maszyny. Oczywiście premierowi, marszałkowi senatu i wszystkim ważniejszym posłom.

Rynek coraz bardziej by się rozszerzał i po jakimś czasie nie trzeba by było stać w kolejce do podawania dłoni maszynom: każdy posyłałby s w o j ą maszynę!
Siedziałem również koło organizatorki bankietu. Przyszła kelnerka, żeby nalać mi wina, a ja powiedziałem:
– Dziękuję, nie piję.
Organizatorka powiedziała:
– Niech pan sobie pozwoli nalać.
– Kiedy ja n i e   p i j ę.
– Proszę się nie martwić. Kelnerka ma dwie butelki, widzi pan? Wiemy, że numer osiemdziesiąt osiem nie pije. – (Osiemdziesiąt osiem to był numer mojego krzesła). – Butelki wyglądają dokładnie tak samo, ale w jednej nie ma alkoholu.
– Ale skąd wiedzieliście, że nie piję?
Tylko się uśmiechnęła.
– Proszę spojrzeć na króla – powiedziała. – On też nie pije.
Opowiedziała mi o niektórych problemach, które im się zdarzyły w tym roku. Mieli na przykład problem, gdzie posadzić ambasadora radzieckiego. Na tego rodzaju bankietach podstawową rzeczą jest ustalenie, kto siedzi bliżej króla. Nobliści z zasady siedzą bliżej króla niż korpus dyplomatyczny. Dalsze uszeregowanie dyplomatów zależy od ich stażu w Szwecji. Ówczesny ambasador amerykański był w Szwecji dłużej niż radziecki. Problem w tym, że literacką Nagrodę Nobla dostał pan Szołochow, Rosjanin, a ambasador radziecki chciał mu posłużyć za tłumacza, czyli usiąść obok niego. Powstała kwestia, jak pozwolić ambasadorowi radzieckiemu usiąść bliżej króla, a jednocześnie nie urazić ambasadora amerykańskiego i reszty korpusu dyplomatycznego.
Organizatorka powiedziała: „Żeby pan widział, jaki był o to rwetes. Musiało dojść do wymiany listów, telefonów i tak dalej,

zanim zdołano uzyskać p o z w o l e n i e na to, żeby ambasador siedział obok pana Szołochowa. Ostatecznie uzgodniono, że ambasador nie będzie oficjalnie reprezentował ambasady Związku Radzieckiego; przyjdzie tylko jako tłumacz pana Szołochowa".

Po bankiecie przeszliśmy do innej sali, w której ludzie siedzieli i rozmawiali. Przy jednym ze stołów siedziała księżniczka duńska w towarzystwie, a ponieważ zauważyłem jedno wolne krzesło, dosiadłem się do nich.

Odwróciła się do mnie i powiedziała:

– O, pan jest jednym z noblistów. W jakiej dziedzinie pan pracuje?

– W fizyce – odparłem.

– A. Niestety, nikt z nas nie zna się na fizyce, więc chyba sobie o tym nie porozmawiamy.

– Wręcz przeciwnie – odpowiedziałem. – Właśnie dlatego, że jest ktoś, kto się trochę zna na fizyce, nie możemy o niej rozmawiać, a możemy mówić o tym, na czym nikt się nie zna. Możemy mówić o pogodzie; możemy mówić o problemach społecznych; możemy mówić o psychologii; możemy mówić o finansach międzynarodowych – z wyjątkiem parytetu złota, bo to jest ogólnie zrozumiałe – czyli dopuszczalne są tylko tematy, na których nikt się nie zna!

Nie wiem, na czym to polega, ale czasami widać, jakby czyjaś twarz powlekała się lodem, i tak się właśnie stało z księżniczką. Odwróciła się do kogoś innego.

Miałem jasność, że zostałem wykluczony z rozmowy, więc wstałem i poszedłem sobie. Ambasador japoński, który także siedział przy tym stole, zerwał się i dogonił mnie: „Profesorze Feynman", zaczął, „chciałbym panu coś opowiedzieć o dyplomacji".

Wdał się w długą historię o tym, jak to młody Japończyk idzie na uniwersytet studiować stosunki międzynarodowe, ponieważ sądzi, że może przysłużyć się swej ojczyźnie. Im bliżej końca studiów, tym większe ogarniają go wątpliwości, czy rozumie, czego właściwie się uczy. Po studiach obejmuje swoją pierwszą posadę konsularną i ma jeszcze większe wątpliwości, czy rozumie dyplomację, aż wreszcie zdaje sobie sprawę, że n i k t się nie zna na stosunkach międzynarodowych. „A więc, profesorze Feynman", dokończył, „kiedy następnym razem będzie pan wyliczał dziedziny, na których nikt się nie zna, proszę uwzględnić stosunki międzynarodowe!".

Był ciekawym człowiekiem i zaczęliśmy rozmawiać. Zawsze mnie interesowało, na czym to polega, że różne kraje i różne narody różnie się rozwijają. Powiedziałem ambasadorowi, że pewne zjawisko zawsze wydawało mi się niezwykłe: jak to się stało, że Japonia tak szybko się rozwinęła i dołączyła do grona najważniejszych krajów świata. „Czy jest jakaś szczególna cecha charakteru Japończyków, która to umożliwiła?", spytałem.

Ambasador udzielił odpowiedzi, jaką lubię: „Nie wiem. Mam na to swoją teorię, ale nie wiem, czy jest prawdziwa. Japończycy wierzyli, że jest tylko jeden sposób na awans: wykształcić dzieci do wyższego poziomu niż przez nich posiadany; przez wykształcenie wydźwignąć się ze swego chłopstwa. W rodzinie wywierano więc wielką presję na dzieci, żeby się dobrze uczyły, żeby się rozwijały. Dzięki temu powszechnemu pędowi do nauki nowe idee z zewnątrz bardzo szybko przenikały do systemu szkolnictwa. Być może to jedna z przyczyn, dla których Japonia tak szybko się rozwinęła".

Generalnie muszę powiedzieć, że wizyta w Szwecji była mimo wszystko przyjemna. Nie wróciłem od razu do domu, lecz pojechałem do CERN-u, europejskiego ośrodka badań nuklearnych w Szwajcarii, żeby wygłosić referat. Stanąłem przed moimi kolegami w garniturze, który miałem na sobie na bankiecie u króla – jeszcze nigdy nie wygłaszałem referatu w garniturze – i zacząłem od tego, że powiedziałem: „Dziwna rzecz. W Szwecji wszyscy się zastanawialiśmy, czy coś się zmienia w życiu człowieka, kiedy dostanie Nobla, i muszę powiedzieć, że już dostrzegam pewną zmianę: dość dobrze się czuję w tym garniturze".

Wszyscy robią „buuuuuu!", a Weisskopf zrywa się, zdejmuje marynarkę i woła: „Nie będziemy słuchać wykładów w garniturach!".

Też zdjąłem marynarkę, poluzowałem krawat i powiedziałem: „Pod koniec pobytu w Szwecji ten wielki świat zaczynał mi się już podobać, ale teraz wszystko wróciło do normy. Dzięki za zawrócenie mnie ze złej drogi!". Nie chcieli, żebym się zmienił. A więc kuracja była błyskawiczna: w CERN-ie wyleczyli mnie ze wszystkiego, czego się nabawiłem w Szwecji.

Miło było dostać trochę pieniędzy – mogłem sobie kupić dom nad morzem – ale ogólnie biorąc, myślę, że byłoby lepiej, gdybym nie dostał nagrody, ponieważ po Noblu już nikt cię nie odbiera normalnie w publicznych sytuacjach.

W pewnym sensie Nobel trochę dał mi w tyłek, ale przynajmniej raz wynikło z tego coś zabawnego. Niedługo po odebraniu nagrody Gweneth i ja zostaliśmy zaproszeni przez rząd brazylijski jako honorowi goście na karnawał do Rio. Pojechaliśmy z dużą ochotą i świetnie się bawiliśmy. Chodziliśmy z jednych tańców na drugie i obserwowaliśmy wielką paradę uliczną, w której uczestniczyły „ławice" sambowe ze swymi cudownymi rytmami i muzyką. Fotoreporterzy z gazet i czasopism cały czas robili nam zdjęcia – na przykład „Amerykański profesor tańczy z Miss Brazylii".

Miło było zostać „gwiazdą", ale na tę imprezę wybrali sobie nieszczególne gwiazdy. Tegorocznymi honorowymi gośćmi nikt się szczególnie nie entuzjazmował. Później się dowiedziałem, jak to się stało, że przysłano nam zaproszenia. Honorowym gościem miała być Gina Lollobrigida, ale tuż przed karnawałem zrezygnowała. Minister turystyki, który odpowiadał za organizację karnawału, miał znajomych w Ośrodku Badań Fizycznych, którzy wiedzieli, że grałem w kapeli sambowej, a ponieważ dopiero co dostałem Nobla, przewinąłem się przez publikatory. W przypływie paniki minister i jego znajomi wpadli na ten szalony pomysł, żeby zastąpić Ginę Lollobrigidę profesorem fizyki!

Zresztą minister tak spartaczył cały karnawał, że musiał się podać do dymisji.

DOKULTURALNIANIE FIZYKÓW

Nina Byers, profesor na Uniwersytecie Kalifornijskim w Los Angeles, na początku lat siedemdziesiątych objęła seminarium z fizyki. Kolokwium to polega zwykle na tym, że przyjeżdżają fizycy z innych uniwersytetów i mówią o czysto technicznych sprawach. Jednak częściowo skutkiem atmosfery, jaka w tym okresie panowała, Byers uznała, że fizyków trzeba dokulturalnić, toteż postanowiła zorganizować coś związanego z kulturą. Ponieważ Los Angeles leży blisko Meksyku, chciała, żeby kolokwium dotyczyło matematyki i astronomii Majów – starej cywilizacji meksykańskiej.

(Należy pamiętać, jaki był mój stosunek do kultury: gdyby coś takiego zdarzyło się na moim uniwersytecie, dostałbym szału!)

Byers zaczęła szukać profesora, który mógłby coś powiedzieć na ten temat, ale nie mogła znaleźć na UCLA odpowiedniego fachowca. Podzwoniła po różnych uczelniach, lecz dalej nikogo nie znalazła.

Wtedy przypomniała sobie profesora Otto Neugebauera z Uniwersytetu Brown, wielkiego eksperta od matematyki babilońskiej*. Zadzwoniła do niego na Rhode Island i spytała, czy zna kogoś na Zachodnim Wybrzeżu, kto mógłby wygłosić wykład na temat matematyki i astronomii.

– Tak, znam – odparł. – Nie jest zawodowym antropologiem ani historykiem; to amator. Ale bardzo dużo wie na ten temat. Nazywa się Richard Feynman.

Byers o mało nie zemdlała! Chciała dokulturalnić fizyków, a tu się okazuje, że trzeba o to poprosić fizyka!

Jeżeli cokolwiek wiedziałem na temat matematyki Majów, to tylko dlatego, że podczas miesiąca miodowego z moją drugą żoną Mary Lou, trochę się zmęczyłem. Bardzo ją interesowała historia sztuki, szczególnie meksykańskiej, więc pojechaliśmy na miesiąc miodowy do Meksyku i wspinaliśmy się na piramidy. Wszędzie włóczyła mnie ze sobą. Pokazała mi wiele ciekawych rzeczy, takich jak stosunki liczbowe w różnych dziełach

---

* Kiedy byłem młodym profesorem w Cornell, profesor Neugebauer przyjechał kiedyś z serią wykładów (w cyklu Messenger Lectures) na temat matematyki babilońskiej. Coś wspaniałego. W następnym roku przyjechał Oppenheimer. Pamiętam, że pomyślałem sobie: „Fajnie byłoby umieć kiedyś wygłaszać takie wykłady!". Ileś lat później, kiedy odrzucałem różne zaproszenia na wykłady, przyszło zaproszenie na Messenger Lectures z Cornell. Oczywiście nie mogłem odmówić, bo było to moje marzenie sprzed lat, więc umówiłem się z Bobem Wilsonem, że przyjadę do niego na weekend i omówimy sprawę. Wynikła z tego seria wykładów pod tytułem „Charakter prawa fizycznego".

DOKULTURALNIANIE FIZYKÓW

sztuki, ale po kilku dniach (i nocach) łażenia do góry i na dół w gorącej, parnej dżungli byłem wyczerpany.

W Gwatemali w jakimś miasteczku na odludziu poszliśmy do muzeum, gdzie stała gablota z rękopisami upstrzonymi jakimiś dziwnymi symbolami, obrazkami, kreskami i kropkami. Była to kopia (wykonana przez niejakiego Villacortę) tak zwanego Kodeksu drezdeńskiego, księgi Majów, której oryginał znaleziono w muzeum w Dreźnie. Wiedziałem, że kreski i kropki to liczby. Kiedy byłem mały, ojciec zabrał mnie na Nowojorskie Targi Światowe, gdzie widziałem replikę świątyni Majów. Opowiedział mi o tym, że Majowie wymyślili zero, i o wielu innych ciekawych sprawach.

Muzeum sprzedawało kopie kodeksu, więc sobie jedną kupiłem. Na każdej stronie po lewej był skopiowany tekst, a po prawej opis i skrót tłumaczenia po hiszpańsku.

Uwielbiam zagadki i szyfry, więc kiedy zobaczyłem te kreski i kropki, pomyślałem sobie: „Ale będzie zabawa!". Puściłem żonę samą, żeby łaziła po piramidach, a sam zostałem w hotelu, zakryłem hiszpańskie tłumaczenie kartką papieru i zacząłem się bawić w rozszyfrowywanie indiańskich kresek i kropek.

Szybko ustaliłem, że kreska równa się pięciu kropkom, jaki jest symbol zera i tak dalej. Trochę dłużej zajęło mi ustalenie, że pierwsze przeniesienie następuje przy dwudziestu, ale drugie przy osiemnastu (czyli jeden cykl wynosi 360). Wymyśliłem też, co znaczą różne „obrazki": były to dni i tygodnie.

Po powrocie do Ameryki nie przerwałem pracy nad kodeksem. Odszyfrowywanie takich rzeczy sprawia mi wielką frajdę, bo na początku nie wiadomo, czego się chwycić. Potem zauważam liczby, które się często powtarzają, dodają się do czegoś i tak dalej.

W pewnym fragmencie kodeksu wyróżniona była liczba 584. 584 dzieliło się na okresy 236, 90, 250 i 8. Inną wyróżnioną liczbą było 2920, czyli 584 × 5 (także 365 × 8). Była też tablica wielokrotności liczby 2920 aż do 13 × 2920, potem były wielokrotności liczby 13 × 2920, a potem – jakieś liczby, które wyglądały na zupełnie przypadkowe. Uznałem, że to błędy. Dopiero wiele lat później dowiedziałem się, co znaczą.

Ponieważ liczby oznaczające dni wiązały się z 584, podzielonym na takie dziwne okresy, uznałem, że jeżeli nie jest to jakiś okres mitologiczny, to może ma jakieś znaczenie astronomiczne. Poszedłem do laboratorium astronomicznego i okazało się, że 583,92 dni to okres Wenus widzianej z Ziemi. Stało się oczywiste, że liczby 236, 90, 250 i 8 muszą oznaczać poszczególne fazy Wenus. Jest to gwiazda poranna, potem jej nie widać (jest schowana za Słońcem); potem jest gwiazdą wieczorną i wreszcie znowu znika (znajduje się pomiędzy Ziemią a Słońcem). Różnica pomiędzy 90 i 8 bierze się stąd, że Wenus długo obiega Słońce po drugiej stronie w porównaniu z przejściem pomiędzy Słońcem a Ziemią. Różnica pomiędzy 236 a 250 może wynikać z różnicy długości horyzontu wschodniego i zachodniego w krainie Majów.

Kilka stron dalej zauważyłem tablicę z okresami, które wynosiły 11,959 dni. Okazało się, że służy ona do przewidywania dat zaćmień słonecznych. W innej tablicy były wielokrotności 91 w porządku malejącym. Nigdy nie zdołałem ustalić, czego to dotyczy (zresztą nikt inny do tego nie doszedł).

Kiedy uznałem, że nic więcej już nie wymyślę, postanowiłem wreszcie zajrzeć do hiszpańskiego komentarza, żeby sprawdzić, ile rzeczy mi umknęło. Były to kompletne brednie. Ten symbol to Saturn, ten symbol to jakiś bóg – nie miało to najmniejszego sensu. Niepotrzebnie więc zakrywałem komentarz – i tak nic bym się z niego nie dowiedział.

DOKULTURALNIANIE FIZYKÓW

Zacząłem dużo czytać o Majach i odkryłem, że największym specem w tej dziedzinie jest Eric Thompson; mam dziś wiele jego książek.

Kiedy Nina Byers do mnie zadzwoniła, okazało się, że gdzieś mi zginęła kopia Kodeksu drezdeńskiego. (Pożyczyłem ją pani H.P. Robertson, która znalazła jakiś kodeks Majów w starej skrzyni u paryskiego handlarza antykami. Przywiozła go do Pasadeny, żebym rzucił nań okiem – do dziś pamiętam, że wiozłem go na przednim siedzeniu samochodu i myślałem: „Muszę jechać ostrożnie – mam nowy kodeks", ale po przerzuceniu kilku kartek od razu wiedziałem, że jest sfałszowany. Posiedziałem nad tym trochę i ustaliłem, z którego miejsca w Kodeksie drezdeńskim pochodzą poszczególne obrazki. Potem posłałem jej obie księgi, żeby mogła sobie porównać, i w końcu zapomniałem, że ona ma mój kodeks). Bibliotekarze w UCLA bardzo się namęczyli, żeby znaleźć dla mnie kopię Kodeksu drezdeńskiego w wersji Villacorty i pożyczyli mi ją.

Jeszcze raz przerobiłem wszystkie obliczenia i posunąłem się o krok dalej: ustaliłem, że te „przypadkowe liczby", które poprzednio wziąłem za błędy, to wielokrotności całkowite liczby bardziej zbliżonej do rzeczywistego okresu Wenus (583,923) – Majowie zdali sobie sprawę, że 584 nie jest wystarczająco dokładne!*

---

* Kiedy studiowałem tablicę poprawek do okresu Wenus, odkryłem rzadki przypadek naciąganej argumentacji ze strony pana Thompsona. Napisał on, że patrząc na tę tablicę, można wydedukować, w jaki sposób Majowie wyliczyli właściwy okres Wenus – weź tę liczbę cztery razy, tę różnicę raz i uzyskasz wynik z dokładnością do jednego dnia na 4000 lat, co jest rzeczywiście godne podziwu, zwłaszcza że Majowie prowadzili obserwacje tylko przez kilkaset lat.

Thompson wybrał liczby dające w wyniku okres Wenus, który on uważał za dokładny: 583,92. Ale jeżeli wziąć dokładniejszą liczbę, która

Po kolokwium w UCLA profesor Byers podarowała mi piękne, kolorowe reprodukcje Kodeksu drezdeńskiego. Kilka miesięcy później Caltech chciało, żebym powiedział to samo na publicznym wykładzie w Pasadenie. Robert Rowan, handlarz nieruchomościami, wypożyczył mi na ten cel kilka bardzo cennych kamiennych rzeźb bogów czczonych przez Majów i figurki ceramiczne. Wywożenie takich rzeczy z Meksyku było zapewne poważnym przestępstwem, a poza tym były tak cenne, że wynajęliśmy ochroniarzy.

Kilka dni przed wykładem w Caltech „New York Times" opublikował sensacyjny artykuł na temat odkrycia jakiegoś nowego kodeksu. W tym czasie znane były tylko trzy kodeksy (przy czym dwa z nich były prawie bezużyteczne) – setki tysięcy spalili hiszpańscy księża, jako „dzieła Szatana". Moja kuzynka pracowała w Associated Press, więc załatwiła mi negatywy zdjęć, które opublikowano w „New York Timesie", i zrobiłem z nich slajdy do zilustrowania wykładu.

Nowy kodeks okazał się falsyfikatem. W moim wykładzie zwróciłem uwagę, że liczby graficznie przypominają Kodeks madrycki, ale wynoszą 236, 90, 250 i 8 – dziwny zbieg okoliczności! Z setek tysięcy oryginałów dostajemy kolejny fragment, w którym powtarza się to, co znamy z innych fragmentów! Nie ulegało wątpliwości, że to kolejna składanka, w której nie ma nic oryginalnego.

Ludzie, którzy fałszują kodeksy, nie mają nigdy odwagi wymyślić czegoś naprawdę innego. A przecież jeżeli coś ma być naprawdę nowe, m u s i być inne. Dobry numer byłby

---

wynosi jakieś 583,923, okazuje się, że błąd Majów był większy. Oczywiście, można tak dobrać liczby z tablicy, żeby osiągnąć tę samą, godną podziwu dokładność przy okresie 583,923!

wtedy, gdyby ktoś podał okres Marsa, stworzył do tego jakąś mitologię, narysował obrazki ilustrujące tę mitologię, wiążące się z liczbami poprawnymi dla Marsa. Trzeba by to zrobić subtelnie, w tablicach wielokrotności okresu wprowadzić jakieś zagadkowe „błędy" i tak dalej. Nad liczbami trzeba by trochę popracować. Potem ludzie by powiedzieli: „Kurczę! Przecież to będzie coś z Marsem!". Powinno być jeszcze parę rzeczy niezrozumiałych i parę różniących się od poprzednich. Wtedy mielibyśmy do czynienia z d o b r y m falsyfikatem.

Bardzo mnie podnieciło, że mam wygłosić wykład na temat „Rozszyfrowywania hieroglifów Majów". Znów występuję w roli kogoś, kim nie jestem. Ludzie weszli tłumnie na salę wykładową, podziwiali kolorowe reprodukcje Kodeksu drezdeńskiego w gablotach i autentyczne dzieła sztuki Majów strzeżone przez uzbrojonego ochroniarza w mundurze; wysłuchali dwugodzinnego wykładu o matematyce i astronomii Majów w wykonaniu amatora-specjalisty z tej dziedziny (który powiedział im nawet, jak rozpoznać fałszywy kodeks), a potem wyszli, znów podziwiając gabloty. Murray Gell-Mann postanowił mnie przebić i wygłosił sześć wspaniałych wykładów na temat wzajemnych relacji wszystkich języków świata.

ZDEKONSPIROWANI W PARYŻU

Wygłosiłem kiedyś serię wykładów z fizyki, które wydawnictwo Addison-Wesley chciało opublikować w formie książkowej. Pewnego razu przy obiedzie rozmawialiśmy na temat okładki. Ja uważałem, że ponieważ wykłady dotyczyły matematycznego odwzorowania świata rzeczywistego, najlepiej byłoby dać zdjęcie bębna, a powyżej jakieś wykresy matematyczne – grafy oscylacji membrany, o czym była mowa w książce.

Książka wyszła w jednolitej czerwonej okładce, ale w przedmowie z jakiegoś powodu znalazło się zdjęcie mnie grającego na bębnie. Myślę, że pragnęli w ten sposób zadowolić autora, bo obiło im się o uszy, że „autor chce mieć w książce bęben". W każdym razie wszyscy się zdziwili, skąd to zdjęcie mnie grającego na bębnach w przedmowie do *Wykładów Feynmana*, skoro nie ma do tego żadnych wykresów ani wyjaśnienia, o co w ogóle chodzi. (To prawda, że lubię grać na bębnach, ale to zupełnie inna historia).

W Los Alamos pracowaliśmy w dużym napięciu, a poza tym nie mieliśmy dostępu do żadnych rozrywek: nie można było pójść do kina ani nic takiego. Odkryłem jednak kolekcję bębnów, zgromadzoną przez szkołę męską, która się tam poprzednio mieściła: Los Alamos leży w Nowym Meksyku, gdzie jest mnóstwo wiosek indiańskich. Miałem więc rozrywkę – czasem sam, czasem z kimś innym – hałasując na tych bębnach. Nie znałem żadnych konkretnych rytmów, ale rytmy indiańskie były dość proste, a bębny ładnie grały, więc miałem dużą frajdę.

Czasem zabierałem się z bębnami do lasu, żeby nikomu nie przeszkadzać, tłukłem w nie pałeczką i śpiewałem. Pamiętam, że pewnego wieczoru stanąłem pod drzewem, patrzyłem na księżyc, grałem na bębnie i udawałem, że jestem Indianinem.

Pewnego dnia podszedł do mnie któryś z kolegów i spytał:
– Czy w Święto Dziękczynienia nie grałeś przypadkiem w lesie na bębnie?
– Tak, grałem – odparłem.
– A, czyli moja żona miała rację! – Po czym opowiedział mi następującą historię:

W jego domu były dwa mieszkania, na dole i na górze. Pewnego wieczoru usłyszał dobiegające z oddali granie na bębnach, poszedł na górę i współlokator powiedział, że też słyszy. Trzeba pamiętać, że byli to ludzie ze Wschodniego Wybrzeża. Nic nie wiedzieli na temat Indian i bardzo ich to zaciekawiło: Indianie odprawiają jakiś obrzęd, więc postanowili pójść i sprawdzić, jak to wygląda.

W miarę jak zagłębiali się w las, muzyka robiła się coraz głośniejsza, a oni byli coraz bardziej zdenerwowani. Zdali sobie sprawę, że Indianie na pewno wystawili czujki, żeby nikt im nie zakłócał obrzędu. Położyli się na brzuchach i zaczęli się czołgać ścieżką. Po jakimś czasie odnieśli wrażenie, że dźwięk dobiega tuż zza niewielkiego wzgórka.

Podczołgali się na szczyt wzgórka i ku swojemu zdumieniu odkryli, że obrzęd odprawia jeden samotny Indianin – tańczy wokół drzewa, uderza w bęben pałeczką i śpiewnie zawodzi. Powoli się wycofali, bo nie chcieli mu przeszkadzać. Uznali, że rzuca urok albo coś w tym guście.

Opowiedzieli swoim żonom, co widzieli, a one powiedziały:

– E, to na pewno Feynman, on lubi grać na bębnach.

– Nie bądźcie śmieszne! – odrzekli mężowie. – Nawet Feynman nie jest aż taki szajbnięty!

W następnym tygodniu usiłowali się dowiedzieć, kim był Indianin. Dla Los Alamos pracowali Indianie z pobliskiego rezerwatu, więc moi koledzy spytali jednego z nich, zatrudnionego w dziale technicznym, kto to mógł być. Indianin rozpytał się wśród swoich, ale nikt z nich się nie domyślał. Był jednak jeden Indianin, który z nikim nie rozmawiał. Nieodrodny syn swojej rasy: miał dwa długie warkocze i kroczył z wysoko podniesionym czołem; wszędzie chodził dostojnym krokiem, sam; nikt nie ważył się do niego odezwać. Ludzie b a l i się podejść do niego i o cokolwiek zapytać, tyle miał w sobie majestatu. Jego nikt więc nie spytał, toteż uznali, że to musiał być właśnie on. (Bardzo mi to pochlebiło, że moim rzekomym sobowtórem okazał się taki typowy, wspaniały Indianin).

Kiedy ten człowiek spytał mnie, czy byłem wtedy w lesie, zrobił to tylko na wszelki wypadek – mężowie lubią udowadniać swoim żonom, że nie miały racji – ale dowiedział się, jak to się często zdarza mężom, że jego żona miała najzupełniejszą rację.

Nabrałem sporej wprawy i czasami grałem na imprezach. Wszystkie rytmy były improwizowane, ale zyskałem duży rozgłos: całe Los Alamos wiedziało, że lubię grać na bębnach.

Kiedy wojna się skończyła i wróciliśmy „na łono cywilizacji", koledzy z Los Alamos droczyli się ze mną, że nie będę już mógł grać, bo bębny za bardzo hałasują. A ponieważ miałem zostać szacownym profesorem w Ithace, sprzedałem bęben zakupiony podczas pobytu w Los Alamos.

Następnego lata wróciłem do Nowego Meksyku, żeby dokończyć jakiś raport, i kiedy znów zobaczyłem bębny, zrobiło mi się strasznie smutno. Kupiłem sobie nowy bęben i pomyślałem: „Tym razem zabiorę go ze sobą do domu, żebym mógł przynajmniej na niego popatrzeć".

Tego roku miałem w Cornell małe mieszkanie w większym domu. Trzymałem tam bęben, żeby móc na niego popatrzeć... ale pewnego dnia nie potrafiłem się oprzeć: powiedziałem sobie: „Będę grał bardzo cichutko...".

Usiadłem na krześle, włożyłem sobie bęben między kolana i zacząłem delikatnie stukać palcami w membranę: pum, pum, pum, pidi pum. Potem trochę głośniej – strasznie kusiło! Potem jeszcze głośniej i DRRRYŃ – zadzwonił telefon.

– Halo?
– Tu gospodyni. Czy pan tam gra na bębnach?
– Tak, bardzo przepra...
– Jest pan znakomity. Czy mogłabym zejść do pana i posłuchać bardziej bezpośrednio?

Od tej pory gospodyni zawsze do mnie schodziła, kiedy zaczynałem stukać w bęben.

Mniej więcej w tym czasie poznałem pewną panią z Konga Belgijskiego, która dała mi kilka płyt z muzyką źródłową. Takie płyty z tam-tamami ludu Watussi i innych plemion afrykańskich były wtedy bardzo trudno dostępne. Bardzo podziwiałem bębniarzy Watussi i próbowałem ich naśladować – niezbyt dokładnie, tylko żeby mniej więcej odtworzyć brzmienie – skutkiem czego opracowałem większą liczbę rytmów.

Pewnego razu w świetlicy późnym wieczorem nie było zbyt wielu osób, więc wziąłem kosz na śmieci i zacząłem uderzać w denko. Gdzieś z daleka, z dołu przybiegł jakiś facet i powiedział: „Ty! Ty grasz na bębnach!". Okazało się, że on to dopiero wielki fachura od bębnów i nauczył mnie grać na bongosach.

Na muzykologii pracował pewien profesor, który miał całe zbiory muzyki afrykańskiej, więc chodziłem do niego do domu grać na bębnach. Nagrywał moje dokonania, a potem urządzał na imprezach konkurs pod hasłem „Afryka czy Ithaca?": puszczał nagrania z muzyką na bębnach i trzeba było zgadnąć, czy utwór powstał w Afryce, czy u nas w mieście. Z czego wynika, że musiałem być dość dobry w naśladowaniu afrykańskiej muzyki.

Kiedy przeniosłem się na Caltech, często chodziłem na Sunset Strip. Pewnego razu w jednym z nocnych klubów grał wspaniały zespół bębniarzy, którego liderem był zwalisty

Nigeryjczyk imieniem Ukonu. Wicelider, który był dla mnie szczególnie miły, zaprosił mnie na scenę, żebym trochę z nimi pograł.

Po koncercie spytałem tego drugiego, czy Ukonu udziela lekcji, i dowiedziałem się, że tak. Chodziłem więc do mieszkania Ukonu, blisko Century Boulevard, na lekcje gry na bębnach. Sesje nie były zbyt wydajne: ciągle z kimś rozmawiał, ciągle coś nam przerywało. Ale kiedy już zabraliśmy się do pracy, było to fascynujące i wiele się od niego nauczyłem.

Na dyskoteki niedaleko mieszkania Ukonu przychodziło tylko kilku białych, ale atmosfera była znacznie przyjemniejsza niż dzisiaj. Pewnego wieczoru urządzili konkurs gry na bębnach, w którym nie wypadłem zbyt dobrze: powiedzieli mi, że moja gra jest „zbyt intelektualna"; oni grali dużo bardziej spontanicznie.

Jakiś czas później odbyłem w Caltech bardzo poważną rozmowę telefoniczną.

– Halo?

– Mówi magister Trowbridge, Wyższa Szkoła Inżynierii. – Wyższa Szkoła Inżynierii to była niewielka, prywatna uczelnia kawałek od Caltech, po drugiej stronie ulicy. Magister Trowbridge mówił bardzo oficjalnym tonem: – Pewien mój znajomy chciałby z panem porozmawiać, przekazuję słuchawkę.

– Dobrze.

– Cześć, Dick! – Był to Ukonu! Okazało się, że magister Trowbridge nie jest wcale taki oficjalny, jakiego udaje, i ma wspaniałe poczucie humoru. Ukonu miał zagrać dla studentów tej uczelni i zaprosił mnie do wspólnego występu. Zagraliśmy więc razem, ja na bongosach (które miałem u siebie w gabinecie), on na wielkiej tumbie.

Ukonu regularnie chodził do różnych szkół, gdzie opowiadał o afrykańskich bębnach, muzyce i jej znaczeniu. Miał wspaniałą osobowość i wielki uśmiech; był przesympatycznym człowiekiem. Na bębnach grał po prostu sensacyjnie – wydał kilka płyt – a jednocześnie studiował medycynę. Gdy w Nigerii wybuchła wojna – albo tuż przed wojną – wrócił do kraju i nie wiem, co się później z nim stało.

Po wyjeździe Ukonu grałem niewiele, tylko od czasu do czasu na przyjęciach, na prośbę gospodarzy. Byłem kiedyś na kolacji u Leightonów i syn Boba, Ralph, spytał mnie, czy chciałbym zagrać. Sądziłem, że proszą mnie o solówkę, więc odmówiłem. Ale potem Bob i Ralph zaczęli bębnić o małe drewniane stoliczki i nie mogłem się oprzeć: też złapałem za jakiś stolik i we trójkę graliśmy na stoliczkach, które wydawały z siebie bardzo interesujące brzmienia.

Ralph i jego znajomy Tom lubili grać na bębnach, więc zaczęliśmy się spotykać co tydzień; improwizowaliśmy i opracowywaliśmy różne rytmy. Obaj byli prawdziwymi muzykami: Ralph pianistą, a Tom wiolonczelistą. Ja „siedziałem" tylko w rytmach, a na muzyce zupełnie się nie znałem: z mojego punktu widzenia muzyka to było bębnienie z nut. Opracowaliśmy jednak mnóstwo genialnych rytmów i kilka razy występowaliśmy w różnych szkołach. Wybijaliśmy też rytm dla kursu tańca w miejscowym college'u – odkryłem, że to znakomita zabawa, kiedy pracowałem przez jakiś czas w Brookhaven – i nazwaliśmy się Trzema Kwarkami, więc można się domyślić, kiedy to było…

Kiedy pojechałem do Vancouver z wykładem dla studentów, zaprosili mnie na imprezę z prawdziwym zespołem rockowym, który grał w piwnicy. Członkowie zespołu byli bardzo mili:

mieli wolny dzwonek krowi i zachęcali mnie, żebym na nim zagrał. Ponieważ ich muzyka była bardzo rytmiczna (a dzwonek krowi nie musi być „w stroju" – nie da się zepsuć całego kawałka), szybko się rozruszałem.

Organizator imprezy powtórzył mi później słowa lidera zespołu, który powiedział: „Kurczę, co to był za facet, co zszedł i zagrał na dzwonku krowim? Niech mnie, ale wycinał rytmy! Aha, a ten ważniak, dla którego zrobiliśmy całą imprezę – wiesz, że on w ogóle się tutaj nie pofatygował i nawet nie wiem, jak wygląda?".

W Caltech działa grupa teatralna, częściowo studencka, częściowo z zewnątrz. Do małych ról – na przykład policjant ma kogoś zaaresztować – biorą czasem któregoś z profesorów. Zawsze jest z tego wielki ubaw – profesor wchodzi na scenę, aresztuje kogoś i zaraz schodzi.

Kilka lat temu wystawiali *Guys and Dolls*, gdzie jest scena, w której facet zabiera dziewczynę do Hawany i idą do nocnego klubu. Pani reżyser uznała, że będzie sympatycznie, jeśli rolę muzyka grającego w nocnym klubie na bongosach dostanę ja.

Poszedłem na pierwszą próbę, a pani reżyser pokazała mi dyrygenta orkiestry i powiedziała: „Jack da panu nuty".

Zmroziło mnie. Nie umiałem czytać nut. Myślałem, że wystarczy, jeżeli wejdę na scenę i trochę pohałasuję.

Jack siedział przy fortepianie. Pokazał na nuty i powiedział: „Wchodzi pan tutaj, widzi pan, i gra pan to. Potem ja lecę pam, pam, pam..." – zagrał kilka nut na fortepianie. Potem przewrócił kartkę. „Potem gra pan to, potem obaj przerywamy, bo wchodzi dialog, widzi pan, w tym miejscu..." – potem znów przewrócił kilka kartek i powiedział: „Na koniec gra pan to".

Pokazywał mi moje „nuty", składające się z iksów, które skakały w górę i w dół po pięciolinii. Cały czas mówił do mnie tymi skrótami, sądząc, że jestem muzykiem, toteż zupełnie nic z tego nie zapamiętałem.

Na szczęście nazajutrz się rozchorowałem, więc nie mogłem pójść na następną próbę. Poprosiłem mojego znajomego, żeby mnie zastąpił, a ponieważ on j e s t muzykiem, spodziewałem się, że się w tym wszystkim rozezna. Wróciwszy z próby, powiedział: „Nie jest tak źle. Na początku musimy być bardzo dokładni, bo wyznaczamy rytm dla całej orkiestry, która się do nas dostosuje. Ale gdy orkiestra już zacznie, można improwizować. Są momenty, kiedy trzeba przerwać na dialogi, ale sądzę, że będzie to można poznać po ruchach dyrygenta".

Zdążyłem przekonać panią reżyser, żeby Ralpha też przyjęła, więc mieliśmy grać we dwójkę – on na tumbie, ja na bongosach. Rozwiązywało to wszystkie moje problemy.

Ralph pokazał mi, jaki jest rytm dla orkiestry. Było tego wszystkiego może dwadzieścia albo trzydzieści taktów, ale musieliśmy to zagrać co do joty. Jeszcze nigdy nie musiałem niczego zagrać co do joty i szło mi bardzo opornie. Ralph tłumaczył mi cierpliwie: „lewa ręka, prawa ręka, dwa razy lewa, potem prawa...". Bardzo się starałem i wreszcie rytm zaczął mi wychodzić bezbłędnie. Zajęło mi to diabelnie dużo czasu – kilka dni.

Tydzień później poszliśmy na próbę i okazało się, że orkiestra ma nowego perkusistę – ich stały perkusista zwolnił się, żeby zagrać jakąś fuchę – więc przedstawiliśmy się:

– Cześć. My jesteśmy ci, co będą występowali w scenie hawańskiej.

– A, cześć. Już szukam tej sceny... – Otworzył nuty na stronie z tą sceną, wziął pałeczkę i powiedział: – Aha, zaczynacie tę partię od... – po czym zaczął stukać pałeczką w bok bębna, ting, ting, tang-i-dang, ding-i-ding, ting, ting, w normalnym tempie, patrząc na nuty! Byłem zdruzgotany. Mnie zajęło c z t e r y   d n i, żeby dopracować ten cholerny rytm, a on wziął i wystukał go od ręki!

W każdym razie nie przestałem ćwiczyć i gdy przyszedł dzień spektaklu, miałem już sporą wprawę. Odniosłem duży sukces: wszystkich ubawiło, że profesor występuje na scenie i gra na bongosach, a muzyka nie była taka zła; ale ta partia na początku, którą trzeba było zagrać dokładnie: to było trudne.

W scenie, która odbywa się w hawańskim nocnym klubie, kilku studentów miało wykonać taniec z opracowaną choreografią. Pani reżyser poprosiła żonę jednego z wykładowców z Caltech, która pracowała wtedy jako choreograf dla Universal Studios, żeby nauczyła chłopców tańczyć. Spodobało jej się nasze bębnienie i kiedy spektakl „zszedł z afisza", spytała nas, czy nie chcielibyśmy zagrać dla baletu w San Francisco.

– CO?!

Nie przesłyszeliśmy się. Pani choreograf przenosiła się do San Francisco, gdzie miała przygotować spektakl baletowy w małej szkole baletowej. Wpadła na pomysł, żeby wystawić balet z muzyką wyłącznie perkusyjną. Chciała, żebyśmy przed jej przeprowadzką przyszli z Ralphem do niej do domu i zagrali jej różne rytmy, a ona ułożyłaby do nich jakąś historię.

Ralph miał opory, ale przekonałem go, że to będzie ciekawa przygoda. Zastrzegłem sobie jednak, że pani choreograf nikomu nie powie, że jestem profesorem fizyki, noblistą i tak dalej. Nie chciałem, żeby moje granie potraktowano w myśl słów Samuela Johnsona: kiedy widzisz psa idącego na tylnych łapach, twój podziw budzi sam fakt, a nie to, że pies chodzi ładnie. Nie chciałem, żeby podziw budził sam fakt: profesor fizyki, a gra na bębnach. Miała nas zareklamować jako muzyków, których znalazła w Los Angeles i którzy zagrają ułożoną przez siebie muzykę perkusyjną.

Poszliśmy więc do niej do domu i zagraliśmy różne rytmy, które opracowaliśmy. Cały czas robiła notatki i jeszcze tego samego wieczoru miała w głowie gotową historię. Mówiła nam: „Dobra, teraz chcę pięćdziesiąt dwa powtórzenia tego; czterdzieści taktów tego; ileś taktów tego...".

Poszliśmy do domu, a następnego wieczoru u Ralpha nagraliśmy to wszystko na kasetę. Przez kilka minut graliśmy wszystkie rytmy, po czym Ralph wymontował i wmontował różne fragmenty, żeby ilość taktów się zgadzała. Pani choreograf zabrała ze sobą kopię kasety do San Francisco i zaczęła przygotowywać spektakl do tej muzyki.

Tymczasem my musieliśmy przećwiczyć to, co nagraliśmy: pięćdziesiąt dwa powtórzenia tego, czterdzieści powtórzeń tego i tak dalej. Materiału, który przy nagraniu zaimprowizowaliśmy (a potem zmontowaliśmy), teraz musieliśmy nauczyć się dokładnie. Musieliśmy naśladować naszą własną kasetę!

Głównym problemem było liczenie. Sądziłem, że Ralph wie, jak się to robi, ponieważ jest muzykiem, ale obaj odkryliśmy dziwną rzecz. Okazało się, że za granie i liczenie odpowiedzialna jest w mózgu ta sama „przegródka" – nie mogliśmy jednocześnie grać i liczyć!

Po przyjeździe do San Francisco uświadomiliśmy sobie, że nie musimy liczyć, bo wystarczy patrzeć na ruchy tancerzy.

Przydarzyło się nam kilka przygód, które wzięły się stąd, że obaj mieliśmy być zawodowymi muzykami, a ja nim nie byłem. Na przykład w jednej ze scen pojawiała się żebraczka, która na karaibskiej plaży przesiewa w palcach piasek w miejscu, gdzie opalały się damy z towarzystwa. Muzyka użyta do tej sceny wykonana była na specjalnym bębnie, który Ralph i jego ojciec sklecili dość po amatorsku wiele lat wcześniej i z którego rzadko udawało nam się wydobyć dobry ton. Odkryliśmy jednak następujący sposób gry: siadaliśmy na krzesłach naprzeciw siebie, stawialiśmy ten „zwariowany" bęben pośrodku na kolanach i jeden z nas wystukiwał dwoma palcami bida-bida-bida-bida-bida, a drugi naciskał w różnych miejscach na membranę, zmieniając wysokość dźwięku. Wychodziło z tego buda-buda-buda-bida-beda-beda-beda-bida-buda-buda-buda-bada-bida-bida-bida-bada – różne interesujące brzmienia.

Tancerka, która grała żebraczkę, chciała, żeby zgrać wysokość dźwięków z jej tańcem (muzykę do tej sceny nagraliśmy zupełnie arbitralnie), zaczęła nam więc tłumaczyć, co będzie robić:

– Najpierw wykonuję cztery takie ruchy w tę stronę; potem pochylam się i grzebię w piasku w tę stronę przez osiem taktów; potem prostuję się i obracam w tę stronę. – Wiedziałem, że i tak tego wszystkiego nie spamiętam, więc przerwałem jej:

– Proszę tańczyć, jak pani ma zaplanowane, a ja się jakoś wstrzelę.

– Nie chce pan wiedzieć, jak to dalej idzie? Kiedy kończę drugie grzebanie w piasku, przez osiem taktów posuwam się w tę stronę. – Nie było wyjścia: zdążyłem już wszystko zapomnieć i chciałem jej znowu przerwać, ale nie mogłem, bo wyszłoby na jaw, że nie jestem prawdziwym muzykiem!

Ralph krył mnie, jak umiał, i bardzo ładnie jej to wszystko wytłumaczył:

– Pan Feynman ma pewną strategię na takie sytuacje: woli stworzyć dynamikę bezpośrednio i intuicyjnie, patrząc, jak pani tańczy. Spróbujmy użyć jego metody, a jeżeli nie będzie pani zadowolona, zaczniemy się zastanawiać, jak to poprawić.

Kobieta grająca żebraczkę była pierwszorzędną tancerką, co oznaczało między innymi, że dało się przewidzieć jej następne ruchy. Kiedy zamierzała zanurzyć dłoń w piasek, było to wcześniej p r z y g o t o w a n e; każdy jej ruch był płynny i zasygnalizowany, więc nie miałem większych problemów z dopasowaniem moich bzzzz, bszsz, buda i bida do jej tańca i była bardzo zadowolona. Czyli tym razem udało nam się uniknąć dekonspiracji.

Można powiedzieć, że balet odniósł sukces. Wprawdzie publiczność nie była zbyt liczna, ale tym, którzy przyszli, bardzo się podobało.

Zanim pojechaliśmy do San Francisco na próby i przedstawienia, nie byliśmy zupełnie przekonani do całego pomysłu. Uznaliśmy, że pani choreograf jest pomylona: po pierwsze, chce zrobić balet z samą muzyką perkusyjną, po drugie, bierze sobie jednego amatora i jednego półprofesjonalistę i jeszcze im za to płaci! Dla mnie, człowieka, który nigdy nie miał nic wspólnego z „kulturą", zagranie w balecie w charakterze profesjonalnego muzyka było w pewnym sensie szczytem osiągnięć.

Nie sądziliśmy, żeby pani choreograf znalazła tancerzy, którzy by w ogóle z e c h c i e l i zatańczyć do naszej muzyki bębnowej. Rzeczywiście, jedna primadonna z Brazylii, żona konsula portugalskiego, uznała, że to uwłacza jej godności. Ale innym tancerzom pomysł bardzo się spodobał i serce mi rosło, kiedy graliśmy dla nich na próbie po raz pierwszy. Byli szczerze zauroczeni, kiedy usłyszeli, jak nasze rytmy brzmią na żywo (do tej pory korzystali z naszej kasety, którą puszczali na małym magnetofonie). Kiedy ujrzałem, jak reagują na naszą grę, nabrałem pewności siebie, a komentarze widzów wskazywały, że balet odniósł sukces.

Pani choreograf chciała następnej wiosny wystawić jeszcze jeden balet do naszej muzyki, więc zastosowaliśmy ten sam schemat. Nagraliśmy na kasetę trochę nowych rytmów, a pani choreograf wymyśliła inną historię, która tym razem dzieje się w Afryce. Rozmawiałem z profesorem Mungerem z Caltech, który podyktował mi trochę autentycznych afrykańskich zwrotów do śpiewania na początku baletu *(GAwa baNYUma GAwa WO* czy coś w tym rodzaju); ćwiczyłem to, dopóki nie wyćwiczyłem do perfekcji.

Później pojechaliśmy do San Francisco na kilka prób. Kiedy byliśmy już na miejscu, okazało się, że jest problem. Nie umieli zrobić kłów słonia, które by się dobrze prezentowały na scenie. Te, które mieli – wykonane z papier-mâché – były tak fatalne, że niektórzy tancerze wstydzili się tańczyć z czymś takim w tle.

Nie przyszło nam do głowy żadne rozwiązanie, a spektakle miały się rozpocząć w następny weekend. W tym czasie umówiłem się na wizytę u Wernera Erharda, którego poznałem na organizowanych przez niego konferencjach. Siedziałem w jego pięknym domu i słuchałem jakiegoś wywodu filozoficznego, który snuł Werner, kiedy nagle zastygłem z wrażenia.

– Co się stało? – spytał.

Z oczami na wierzchu zawołałem: „K ł y!". Za Wernerem, na podłodze, leżały o l b r z y m i e, c i ę ż k i e, p i ę k n e kły słonia!

Pożyczył je nam. Bardzo dobrze się prezentowały na scenie (ku wielkiej uldze tancerzy): p r a w d z i w e kły słonia, rozmiar super-ekstra, z wyrazami wdzięczności dla Wernera Erharda.

Pani choreograf przeprowadziła się na Wschodnie Wybrzeże i wystawiła tam swój balet karaibski. Później się dowiedzieliśmy, że zgłosiła balet do ogólnokrajowego konkursu i zajęła pierwsze albo drugie miejsce. Zachęcona powodzeniem, zgłosiła się do konkursu międzynarodowego, tym razem w Paryżu. Zabrała ze sobą kasetę, nagraną już profesjonalnie w San Francisco, i wystawiła niewielki fragment baletu z dwójką tancerzy francuskich.

Poszło jej bardzo dobrze. Dostała się do finału, gdzie konkurowała z zespołem łotewskim, który tańczył klasyczny balet do pięknej muzyki poważnej – jak tu wygrać z takimi, mając dwójkę tancerzy, którzy naprędce nauczyli się tańczyć fragment baletu do samych bębnów?

Była faworytką publiczności, ale to nie był konkurs na popularność i jury przyznało zwycięstwo Łotyszom. Po werdykcie poszła spytać jurorów, jakie dostrzegli usterki w jej balecie.

– Nasze zastrzeżenia wzbudziła muzyka, madame. Nie była dość subtelna. Brakowało kontrolowanych *crescendi*...

A więc nareszcie zostaliśmy zdekonspirowani. Kiedy pojechaliśmy do naprawdę kulturalnych paryżan, którzy odróżniają muzykę od walenia w bębny, sprawa się rypła.

ODMIENNE STANY ŚWIADOMOŚCI

Miałem kiedyś cotygodniowe wykłady w Hughes Aircraft Company i którejś środy przyjechałem tam przed czasem. Jak zwykle flirtowałem z recepcjonistką, kiedy weszła mała grupa – mężczyzna, kobieta i jeszcze parę osób. Nikogo z nich nie znałem. Mężczyzna spytał:

– Czy tutaj ma wykłady pan profesor Feynman?

– Owszem, tutaj – odparła recepcjonistka.

Facet pyta, czy jego grupa mogłaby posłuchać.
– Nie sądzę, żeby to was zbytnio zainteresowało – mówię. – Wykłady są raczej techniczne.
Kobieta, która była dość inteligentna, szybko się domyśliła:
– To pan jest profesor Feynman!
Okazało się, że mężczyzna to John Lilly, człowiek, który wcześniej prowadził badania na delfinach. Teraz razem z żoną zajmowali się stanem deprywacji zmysłowej i skonstruowali do tego celu specjalne wanny.
– Czy to prawda, że w takich warunkach człowiek dostaje halucynacji? – zapytałem z przejęciem.
– Tak, to prawda.
Zawsze mnie fascynowały majaki senne i inne wyobrażenia, które nie pochodzą ze zmysłów. Chciałem doświadczyć halucynacji, żeby się dowiedzieć, jak to działa. Kiedyś zastanawiałem się nad użyciem narkotyków, ale bałem się: uwielbiam myśleć, więc nie chcę popsuć mechanizmu. Wydawało mi się jednak, że samo leżenie w wannie deprywacyjnej nie jest groźne dla zdrowia, toteż bardzo się na to napaliłem.
Natychmiast przyjąłem zaproszenie Lillych do skorzystania z wanien, a oni przyszli ze swą grupą posłuchać wykładu.
Tydzień później poszedłem do laboratorium pana Lilly, który przerobił ze mną całą procedurę, zapewne obowiązkową dla każdego. Pokazywał mi mnóstwo żarówek z różnymi gazami, jak w neonówkach. Przy tablicy okresowej z tymi gazami miał napisane różne mistyczne brednie na temat ich rzekomego oddziaływania na psychikę. Powiedział mi, że do wejścia do wanny trzeba się przygotować w ten sposób, że przyciskasz nos do lustra i patrzysz na swoje odbicie. Poczęstował mnie całym mnóstwem tego rodzaju hochsztaplerki. Nie zwracałem na to uwagi, ale robiłem wszystko, co mi kazał, bo inaczej

by mnie nie wpuścił do wanny, a poza tym pomyślałem, że być m o ż e takie przygotowania ułatwiają halucynacje. Do wszystkiego się więc zastosowałem. Jedyną trudność sprawił mi wybór koloru światła, zwłaszcza że przecież w środku miało być ciemno.

Wanna deprywacyjna niewiele się różni od zwykłej wanny, tyle że ma zamykane wieko. W środku panują zupełne ciemności, a ponieważ wieko jest grube, nie dochodzą też żadne dźwięki. Niewielka pompa tłoczy do środka powietrze, ale tylko dla rozwiania ewentualnych obaw, ponieważ objętość wanny jest stosunkowo duża, a przy normalnym oddychaniu nie zużywa się wiele powietrza. Kiedy pan Lilly mi powiedział, że to tylko sprawa psychologiczna, poprosiłem go, żeby wyłączył pompę, bo trochę hałasowała.

W wodzie rozpuszcza się sole Epsom, żeby była gęstsza od zwykłej wody, więc ciało unosi się bez problemu na powierzchni. Temperatura równa się temperaturze ciała, a może jest o kilka stopni niższa, w każdym razie jest to tak pomyślane, żeby nic nie czuć. W sumie kompletna ciemność, kompletna cisza, nie ma wrażenia ciepła ani zimna, nic! Może się zdarzyć, że zniesie cię na bok i uderzysz o ścianę wanny albo skropli się para na wieku i spadnie kropla wody, ale te drobne zakłócenia zdarzają się bardzo rzadko.

Robiłem to chyba kilkanaście razy, za każdym razem spędzałem w wannie około dwóch i pół godziny. Za pierwszym razem nie miałem żadnych halucynacji. Potem państwo Lilly przedstawili mnie pewnemu lekarzowi, który powiedział mi o ketaminie, środku stosowanym do narkozy. Zawsze mnie interesowały sprawy związane z zasypianiem albo utratą przytomności, więc odczytał mi wszystkie „przeciwwskazania" i zaaplikował jedną dziesiątą normalnej dawki.

Doznałem dziwnego uczucia, które bardzo trudno mi scharakteryzować. Na przykład środek wywarł duży wpływ na moje widzenie; czułem, że nie widzę wyraźnie. Ale kiedy mocno się skupiłem, widziałem zupełnie normalnie. Było to coś takiego, jakby mi się n i e c h c i a ł o patrzeć; snułem się sennie, czułem się trochę jak pijany, ale kiedy się skoncentrowałem, wszystko było w normie, przynajmniej na chwilę. Wziąłem do ręki książkę o chemii organicznej, otworzyłem na tabeli jakichś bardzo skomplikowanych związków i ku mojemu zdziwieniu byłem w stanie odczytać wzory.

Robiłem różne inne rzeczy, na przykład przysuwałem dłoń do dłoni, żeby sprawdzić, czy trafię palcami w palce, i chociaż miałem poczucie całkowitej dezorientacji, całkowitej bezradności, potrafiłem wykonać każdą konkretną czynność, jaka przyszła mi do głowy.

Jak już powiedziałem, za pierwszym razem w wannie nie miałem żadnych halucynacji, za drugim razem też nie. Ale państwo Lilly byli bardzo interesującymi ludźmi, doskonale mi się z nimi rozmawiało. Częstowali mnie obiadem i tak dalej, i po jakimś czasie przeszliśmy na wyższy poziom dyskusji niż te brednie ze światłami. Dowiedziałem się, że inni ludzie trochę się boją przebywać w wannie, ale ja uważałem, że to bardzo interesujący wynalazek. Nie bałem się, ponieważ wiedziałem, że nie ma w tym nic tajemniczego: to tylko wanna z solami Epsom.

Za trzecim razem był ze mną inny człowiek – poznałem tam wielu ciekawych ludzi – który przedstawiał się jako Baba Ram Das. Pracował w Harvardzie, pojechał do Indii i napisał popularną książkę pod tytułem *Być tutaj teraz*. Powtórzył mi, co mu powiedział guru na temat osiągania „doświadczenia odłączenia od ciała" (sformułowanie to przewijało się na tablicy informacyjnej w laboratorium u Lillych): skup się na oddechu, na tym, jak oddech wchodzi i wychodzi przez nos.

Pomyślałem, że jestem gotów na wszystko, byleby tylko doznać halucynacji. Wszedłem do wanny. W pewnej fazie nagle zdałem sobie sprawę, że – bardzo trudno to wyjaśnić – mój oddech ma niewielkie odchylenie. Innymi słowy, moja jaźń jest przesunięta – mniej więcej o cal – w stosunku do miejsca, w którym mój oddech wchodzi i wychodzi przez nos.

Pomyślałem: „Gdzie mieści się jaźń? Wszyscy wiedzą, że organem myślenia jest mózg, ale s k ą d oni to wiedzą?". Zdążyłem przeczytać, że zanim przeprowadzono wiele badań psychologicznych, fakt ten wcale nie był dla ludzi taki oczywisty. Na przykład Grecy sądzili, że organem myślenia jest wątroba. „Czy to możliwe – dywagowałem – że dzieci sądzą, że jaźń mieści się w głowie, ponieważ patrzą na rodziców, którzy dotykają się w głowę i mówią: »Niech pomyślę«? Czyli idea, że jaźń mieści się tam, w górze, za moimi oczami, może być kwestią umowną!". Uznałem, że skoro udało mi się przesunąć jaźń o cal, nie ma powodu, żeby nie udało mi się jej przesunąć jeszcze dalej. Od tego zaczęły się moje halucynacje.

Skupiłem się i po jakimś czasie przepchałem jaźń przez szyję do klatki piersiowej. Kiedy spadła kropla wody i uderzyła mnie w ramię, poczułem to „w górze", powyżej miejsca, gdzie byłem „ja". Za każdym razem, gdy spadła kropla, byłem trochę zaskoczony, i moja jaźń wracała przez szyję na normalne miejsce. Musiałem znowu ją zsunąć. Z początku kosztowało mnie to dużo pracy, ale potem szło mi już coraz łatwiej. Schodziłem niżej i niżej, aż wreszcie dotarłem do lędźwi, z boku po jednej stronie, i przez kilka seansów nie udało mi się poprawić tego wyniku.

Któregoś razu, gdy byłem w wannie, uznałem, że skoro mogę przesunąć się do lędźwi, nie ma powodu, żebym nie mógł całkiem odłączyć się od ciała. I zdarzyło się coś, co trudno wytłumaczyć, ale nazwałbym to tak: byłem „cały po jednej stronie". Poruszałem ramionami, falowałem rękami wodę i chociaż ich nie widziałem, wiedziałem, gdzie są. Ale inaczej niż w normalnym życiu, kiedy ramiona są po obu stronach, trochę niżej od jaźni, teraz były po jednej stronie! Czucie w palcach i wszystko inne miałem zupełnie normalne, tylko moje „ja" było „na zewnątrz" i obserwowało to wszystko.

Potem miałem halucynacje już prawie za każdym razem i potrafiłem odsunąć się coraz dalej od mojego ciała. Doszło do tego, że kiedy poruszałem ramionami, wydawały mi się czymś mechanicznym, a nie żywym. Wrażenia zmysłowe dokładnie się zgadzały z ruchami, ale miałem również to odczucie: „on jest tym czymś". W końcu „ja" wyszło nawet z pomieszczenia i wędrowało do różnych odległych miejsc, gdzie działy się zdarzenia, które widziałem wcześniej w swoim życiu.

Przeżyłem wiele rodzajów doświadczenia odłączenia od ciała. Kiedyś, na przykład, „widziałem" tył swojej głowy, ze splecionymi na karku dłońmi. Kiedy poruszałem palcami, widziałem, jak się ruszają, ale między kciukiem a resztą dłoni widziałem błękitne niebo. Była to, oczywiście, halucynacja. Rzecz jednak w tym, że kiedy poruszałem palcami, ich ruch dokładnie się zgadzał z tym, co widziałem w swej halucynacji. Pojawiał się cały obraz ciała, który zgadzał się z tym, co robiłem i co odczuwałem, tak jak kiedy budzisz się rano, dotykasz jakiejś części ciała (nie wiesz, jakiej) i nagle staje się dla ciebie oczywiste, co to jest. Nagle więc pojawiał się cały obraz ciała, zgodny z rzeczywistością, tyle że zupełnie inny niż zazwyczaj, ponieważ przeważnie wyobrażasz sobie, że jaźń mieści się z tyłu głowy w e w n ą t r z czaszki, a nie na zewnątrz.

Jedną z rzeczy, które mnie dręczyły – w sensie psychologicznym – kiedy miałem halucynację, była myśl, że może zasnąłem i tylko śnię to wszystko. Ponieważ miałem już trochę doświadczeń ze snami, chciałem doznawać nowych. To oczywiście głupie, ale kiedy przeżywasz halucynację, mózg nie jest zbyt sprawny, więc kiedy sobie coś ubrdasz, na przykład chcesz sprawdzić, czy nie śnisz, nie ma ci kto powiedzieć, że to głupie. Nieustannie więc sprawdzałem, czy nie śnię, w ten sposób, że ocierałem o siebie kciuki – ponieważ często miałem ręce za głową – badając, czy mam w nich czucie. Oczywiście to też mogło mi się śnić, ale jakoś wiedziałem, że to rzeczywiste.

Na początku byłem taki przejęty, że przeżywam halucynacje, że „uciekały" mi, urywały się, ale kiedy się przyzwyczaiłem, halucynacje trwały bardzo długo.

Parę tygodni później dużo się zastanawiałem nad różnicą działania mózgu i maszyny liczącej – zwłaszcza jeśli chodzi o przechowywanie informacji. Ciekawa jest kwestia metody przechowywania wspomnień przez mózg: w porównaniu z maszyną można je uzyskać z tak wielu kierunków – nie trzeba się zgłaszać pod konkretny adres w pamięci. Weźmy słowo „czynsz": jeśli rozwiązuję krzyżówkę, będę szukał sześcioliterowego słowa, które zaczyna się na „c", a kończy na „z"; ale jeśli myślę o mieszkalnictwie, będę szukał w przegródce związanej z pieniędzmi, własnością i tak dalej; to z kolei może mnie naprowadzić na różne inne wspomnienia lub informacje. Zastanawiałem się nad skonstruowaniem maszyny naśladującej ten system przechowywania, która uczyłaby się języka tak, jak uczą się dzieci: słuchając, jak się do niej mówi. Nie wiedziałem jednak, w jaki sposób zorganizować informacje, żeby maszyna mogła do nich dotrzeć niezależnie od celu, do którego będą jej potrzebne.

Kiedy wszedłem w tym tygodniu do wanny i zaczęła się halucynacja, usiłowałem przywołać najwcześniejsze wspomnienia. Ciągle sobie powtarzałem: „Jeszcze wcześniejsze, jeszcze wcześniejsze" – nawet wspomnienia z dzieciństwa mnie nie zadowalały. Kiedy naszło mnie jakieś bardzo wczesne wspomnienie – powiedzmy z mojego rodzinnego miasta Far Rockaway – natychmiast pojawiała się cała seria wspomnień, wszystkie z Far Rockaway. Kiedy pomyślałem o czymś, co wydarzyło się w innym mieście – na przykład Cedarhurst – wtedy zlatywało się mnóstwo wspomnień związanych z Cedarhurst. Zdałem więc sobie sprawę, że wspomnienia są przechowywane w przegródce z m i e j s c e m, w którym wydarzyło się dane przeżycie.

Byłem bardzo dumny z tego odkrycia, wyszedłem z wanny, wziąłem prysznic, ubrałem się i tak dalej, po czym wsiadłem do samochodu i pojechałem do Hughes Aircraft wygłosić mój cotygodniowy wykład. Dopiero jakieś czterdzieści pięć minut po wyjściu z wanny zdałem sobie sprawę, że nie mam zielonego pojęcia, w jaki sposób mózg przechowuje wspomnienia; cała moja wiedza na ten temat pochodziła z halucynacji! Moje „odkrycie" nie miało nic wspólnego ze sposobem przechowywania wspomnień przez mózg – wzięło się z gier, jakie ze sobą prowadziłem.

Podczas licznych rozmów na temat halucynacji, które odbyłem do tej pory, usiłowałem wytłumaczyć państwu Lilly i innym, że jeżeli coś jest rzeczywiste dla wyobraźni, to wcale nie oznacza, że tak jest naprawdę. Jeżeli kilkakroć widzisz złote kule, które przedstawiają ci się jako wyższe inteligencje, to nie znaczy, że naprawdę są wyższymi inteligencjami; to tylko twoja halucynacja. Teraz jednak moje odkrycie metody przechowywania wspomnień napawało mnie taką dumą, że upłynęło aż czterdzieści pięć minut, zanim zdałem sobie sprawę, że popełniam ten sam błąd, który starałem się wyperswadować innym.

Zastanawiałem się też, czy na halucynacje, tak jak to jest ze snami, ma wpływ to, co już jest w umyśle – ślady ostatnich zdarzeń czy oczekiwania na najbliższą przyszłość. Moim zdaniem przeżyłem odłączenie od ciała dlatego, że tuż przed wejściem do wanny właśnie o tym rozmawialiśmy. A halucynacja na temat metody przechowywania wspomnień przez mózg przytrafiła mi się prawdopodobnie dlatego, że zastanawiałem się nad tą kwestią przez cały tydzień.

Odbyłem poważne dyskusje z różnymi ludźmi na temat realności doświadczeń. Twierdzili, że w naukach empirycznych za realne uchodzi takie doświadczenie, które można odtworzyć. Czyli jeżeli wielu ludzi raz po raz widzi złote kule, które do nich mówią, kule muszą być realne. Ja twierdziłem, że ludzie będą wielokrotnie widzieli złote kule tylko wtedy, kiedy przed wejściem do wanny będzie o nich mowa; jeśli ktoś myśli o złotych kulach, wchodząc do wanny, a potem podczas halucynacji widzi coś zbliżonego – powiedzmy, że kule są niebieskie – to mu się wydaje, że odtwarza to doświadczenie. Wyraźnie dostrzegałem różnicę pomiędzy uzgadnianiem wyników przez ludzi, którzy chcą, żeby ich halucynacje okazały się zgodne z innymi, a uzgadnianiem wyników w naukach empirycznych. Różnica jest bardzo wyraźnie odczuwalna – ale strasznie trudno ją zdefiniować!

Sądzę, że w halucynacjach nie ma n i c, co byłoby wywołane jakimikolwiek czynnikami zewnętrznymi wobec stanu psychiki osoby doznającej halucynacji. Mimo to mnóstwo ludzi wierzy, że doświadczenia, których doznają podczas halucynacji, są realne. Zbliżony mechanizm tłumaczy powodzenie, jakim cieszą się interpretatorzy snów. Na przykład niektórzy psychoanalitycy interpretują sny poprzez znaczenie różnych symboli. Niewykluczone, że po rozmowie z psychoanalitykiem symbole te rzeczywiście pojawiają się w snach. Sądzę więc, że interpretacja halucynacji i snów działa na zasadzie samospełniającego się proroctwa: jeżeli wcześniej podpowiesz mózgowi, co ma się pojawić, na ogół wiele z twoich przewidywań się spełni.

Zazwyczaj halucynacja zaczynała się mniej więcej po piętnastu minutach, z wyjątkiem tych kilku razy, kiedy wcześniej paliłem marihuanę: wtedy przychodziła bardzo szybko. Ale piętnaście minut mnie satysfakcjonowało.

Na początku halucynacji często zdarzało się coś, co nazwałbym „zaśmiecaniem" mózgu: nachodziły mnie zupełnie chaotyczne obrazy, całkowicie przypadkowe rupiecie. Próbowałem zapamiętać niektóre z nich, żeby móc to później opisać, ale były to rzeczy szczególnie trudne do zapamiętania. Myślę, że było to bardzo zbliżone do obrazów, które przychodzą przy zasypianiu: wydaje ci się, że są logicznie powiązane, ale kiedy usiłujesz sobie przypomnieć, co cię naprowadziło na obecną myśl, okazuje się, że nie potrafisz. Po chwili nie pamiętasz już nawet, co sobie usiłujesz przypomnieć. Wszystko, co pamiętam z tych początkowych momentów halucynacji, to – na przykład – biały znak drogowy w Chicago z pryszczem, który zaraz znika. Tylko tego rodzaju sprawy.

Pan Lilly miał wiele różnych wanien, w których wypróbowaliśmy wiele różnych eksperymentów. Nie miało to większego wpływu na rodzaj halucynacji, toteż nabrałem przekonania, że wanna jest niepotrzebna. Teraz, kiedy wiedziałem, na czym rzecz polega, zdałem sobie sprawę, że wystarczy usiąść nieruchomo, a te wszystkie stuprocentowe wyciszenia i tak dalej nie są potrzebne.

Po powrocie z pracy gasiłem więc światło, siadałem w wygodnym fotelu w salonie i bez końca próbowałem – nigdy mi się nie udało. Poza wanną nie doznałem ani jednej halucynacji. Oczywiście byłoby miło robić to w domu i nie wątpię, że jeśli ktoś medytuje i dużo ćwiczy, to jest w stanie to osiągnąć, ale ja nie ćwiczyłem.

NAUKA SPOD ZNAKU KULTU *CARGO**

W epoce średniowiecza krążyło po świecie mnóstwo zwariowanych teorii, na przykład pogląd, że proszek z rogu nosorożca zwiększa potencję. Potem odkryto metodę weryfikacji teorii – sprawdzić, czy działa w praktyce, a jeśli nie działa, wyrzucić ją do śmieci. Oczywiście z metody tej rozwinęła się nauka. Rozwinęła się tak wspaniale, że dziś żyjemy w epoce naukowej. Nasza epoka jest tak bardzo naukowa, że trudno nam zrozumieć, dlaczego wierzono znachorom, skoro żadne – a w każdym razie prawie żadne – z ich teorii nie sprawdzały się.

Jeszcze dziś jednak spotykam wiele osób, które prędzej czy później wyciągają mnie na rozmowy na temat UFO, astrologii, jakiejś formy mistycyzmu, poszerzonej świadomości, nowych rodzajów świadomości, postrzegania pozazmysłowego *et cetera*. Doszedłem więc do wniosku, że jednak nie żyjemy w świecie naukowym.

---

* Adaptacja mowy inauguracyjnej, wygłoszonej w 1974 roku w Caltech.

Większość ludzi wierzy w takie mnóstwo fantastycznych rzeczy, że postanowiłem zbadać, skąd się ta wiara bierze. Moja słynna dociekliwość tym razem nie wyszła mi na zdrowie, ponieważ natrafiłem na tyle bredni, że czuję się przytłoczony. Zacząłem od badań nad różnymi ideami i doświadczeniami mistycznymi. Przebywałem w wannach deprywacyjnych i doznawałem wielogodzinnych halucynacji, więc trochę wiem na ten temat. Potem pojechałem do Esalen, wylęgarni tego rodzaju myśli (to wspaniałe miejsce; powinniście tam pojechać). Właśnie tam poczułem się przytłoczony. Nie zdawałem sobie wcześniej sprawy, ile tego jest.

Na półce skalnej, mniej więcej dziesięć metrów nad poziomem oceanu, są w Esalen duże łaźnie zasilane przez gorące źródła. Jednym z moich najprzyjemniejszych przeżyć w Esalen było taplanie się w którymś ze zbiorników, obserwowanie fal, które roztrzaskiwały się w dole o brzeg, spoglądanie na czyste, błękitne niebo w górze oraz podpatrywanie pięknej, nagiej blondynki, która weszła do tego samego zbiornika.

Pewnego razu w tym samym zbiorniku co ja siedziała piękna dziewczyna, a obok niej człowiek, z którym się chyba nie znali. Natychmiast zacząłem myśleć: „Kurczę, jak tu nawinąć rozmowę z tą gołą ślicznotką?".

Zastanawiam się, jak zagaić, a facet mówi do niej:

– Yyy, znaczy, uczę się masażu, mógłbym na tobie poćwiczyć?

– Jasne – ona na to. Wychodzą ze zbiornika i ona kładzie się na stole do masażu opodal.

Myślę sobie: „Ależ metoda! Że też ja nigdy na coś takiego nie wpadnę!". Facet zaczyna ją naciskać koło dużego palca u nogi.

— Chyba czuję — mówi. — Czuję jakby wgłębienie — czy to przysadka?
— Przysadka jest w mózgu, baranie! — bluznąłem.
Spojrzeli na mnie przerażeni — zdemaskowałem się — a on powiedział:
— Nie znasz się na refleksologii!
Szybko zamknąłem oczy i udałem, że medytuję.

Właśnie tego typu rzeczy tak mnie przytłaczają. Zajmowałem się również postrzeganiem pozazmysłowym i innymi zjawiskami paranormalnymi, a najnowszym przebojem był Uri Geller, człowiek, który rzekomo potrafił zginać klucze, pocierając je palcem. Odwiedziłem go w jego pokoju hotelowym, na jego zaproszenie, żeby zobaczyć pokaz czytania w myślach i zginania kluczy. Z czytania w myślach nic mu nie wyszło, może moje myśli są nieczytelne... Mój boy hotelowy trzymał w dłoni klucz, a Geller go pocierał, ale nic się nie stało. Powiedział, że to lepiej działa pod wodą, więc wyobraźcie sobie, jak wszyscy stoimy w łazience, z kranu leci woda, pod którą on trzyma klucz i pociera. Bezskutecznie. Tego zjawiska nie udało mi się więc zbadać.

Potem zacząłem się zastanawiać, w co jeszcze wierzymy. (Wtedy przyszli mi do głowy znachorzy i pomyślałem sobie, jak łatwo byłoby zdemaskować ich „terapie"). Odkryłem rzeczy, w które wierzy jeszcze więcej ludzi, na przykład to, że posiadamy wiedzę naukową o metodach nauczania. Istnieją całe szkoły metod uczenia czytania, metod uczenia matematyki i tak dalej, a jednocześnie wskaźniki analfabetyzmu rosną — a w każdym razie w niewielkim tempie maleją — mimo że zatrudniamy tych ludzi, żeby usprawnili metody nauczania. Oto przykład „terapii" znachora, która nie działa. Wartałoby się zająć tą sprawą: skąd metodycy wiedzą, że ich metody są skuteczne? Innym przykładem jest postępowanie z kryminalistami. Nie da się ukryć, że nie poczyniliśmy żadnych postępów – mamy mnóstwo teorii, ale żadnych postępów – próbując zmniejszyć liczbę przestępstw za pomocą naszych metod traktowania kryminalistów.

A jednak to wszystko uchodzi za naukowe. Studiujemy metodykę i kryminalistykę. Sądzę, że ludzi myślących zdroworozsądkowo te pseudonauki zbijają z tropu. Nauczycielka, która ma dobry pomysł na to, jak nauczyć dzieci czytać, jest zmuszana przez system szkolnictwa do robienia tego inną metodą – albo nawet pozwala sobie wmówić, że jej metoda nie jest dobra. Albo matka chuliganów, która stosuje jakieś kary, do końca życia ma poczucie winy, ponieważ w opinii ekspertów nie postąpiła tak, jak należy.

Naprawdę powinniśmy więc zająć się teoriami, które się nie sprawdzają, i nauką, która nie jest nauką.

Moim zdaniem wszystkie te dziedziny nauki, o których wspomniałem, to przykłady tego, co nazywam nauką spod znaku kultu *cargo**. Na Morzach Południowych są religie, w których ludzie darzą kultem towary. Podczas wojny widzieli samoloty lądujące z mnóstwem wspaniałych dóbr i chcą, żeby to się powtórzyło. Pobudowali więc pasy startowe, rozpalili po obu stronach ogniska, postawili szopę, gdzie siedzi człowiek z drewienkami na głowie, które udają słuchawki, i kijami bambusowymi, które udają anteny (kontroler ruchu) – i czekają na lądowanie samolotów. Robią wszystko zgodnie z regułami. Doskonale naśladują wszystkie formy. Wszystko wygląda tak samo, jak wyglądało niegdyś. A jednak metoda się nie sprawdza. Samoloty nie lądują.

---

* *Cargo* – ładunek statku, samolotu czy ciężarówki (przyp. tłum.).

NAUKA SPOD ZNAKU KULTU CARGO

Z tego powodu porównuję różne pseudonauki do kultu *cargo*, ponieważ tutaj też przestrzegane są wszystkie reguły i formy badania naukowego, ale brakuje tego, co najistotniejsze, bo samoloty nie lądują.

Wypada, oczywiście, żebym wam powiedział, czego brakuje. Ale byłoby to równie trudne, jak wyjaśnienie Melanezyjczykom, że muszą tak wszystko zorganizować, żeby ich system sam wytwarzał bogactwo. Nie wystarczy im powiedzieć, jak budować lepsze słuchawki. Istnieje jednak pewien element, którego generalnie brakuje w nauce spod znaku kultu *cargo*. Jest to idea, z którą, mam nadzieję, wszyscy zapoznaliście się w szkole na przedmiotach ścisłych – nigdy wprost nie mówimy, na czym ona polega, tylko mamy nadzieję, że sami ją wydedukujecie z różnych przykładów badań naukowych. Ciekawie więc będzie postawić sprawę otwarcie i pomówić wprost o tej idei. Istnieje rodzaj rzetelności naukowej, pewna zasada pracy naukowej, której w życiu odpowiada stuprocentowa uczciwość – wychodzenie ze skóry, żeby zawsze być w porządku. Na przykład kiedy przeprowadzacie doświadczenie, powinniście podać wszystkie czynniki, które mogłyby podważyć uzyskany przez was wynik; powinniście nie tylko przekazać swój pogląd, ale także ujawnić wszystkie inne czynniki, które mogą ten wynik tłumaczyć; powinniście podać czynniki, których wpływ na warunki doświadczenia waszym zdaniem został wykluczony przez wcześniejsze doświadczenia, żeby ktoś inny mógł sprawdzić, czy rzeczywiście został wykluczony.

Należy ujawnić szczegóły, które mogłyby podważyć waszą interpretację, o ile je znacie. Jeżeli nasuwają wam się choćby najdrobniejsze wątpliwości, musicie zrobić wszystko, co w waszej mocy, żeby je wyjaśnić. Na przykład kiedy stworzycie teorię i przygotowujecie ją do publikacji, musicie podać wszystkie fakty, które są z nią niezgodne, nie tylko te zgodne. Istnieje także pewna subtelniejsza kwestia. Jeśli stworzyliście jakąś skomplikowaną, wieloelementową teorię, to kiedy wyliczacie, co się z tą teorią zgadza, musicie zadbać o to, żeby zgadzało się z nią coś więcej niż tylko te fakty, które wam tę teorię nasunęły; musicie wykazać, że do gotowej teorii pasują także inne zjawiska.

Podsumowując – chodzi o to, żeby postarać się podać w s z y s t k i e informacje, które mogłyby pomóc innym w ocenie waszej pracy, a nie tylko te informacje, które prowadzą do określonych wniosków.

Ideę rzetelności naukowej najłatwiej wyjaśnić przez porównanie z reklamą. Zeszłego wieczoru słyszałem, że olej do pieczenia firmy Wesson nie wsiąka w żywność. To prawda. Nie można zarzucić firmie kłamstwa. Jednak to, o czym mówię, nie sprowadza się tylko do tego, żeby nie kłamać: to sprawa rzetelności naukowej, czyli czegoś więcej. W reklamie należało dodać, że powyżej pewnej temperatury ż a d e n olej nie wsiąka w żywność. Przy niższych temperaturach k a ż d y wsiąka – łącznie z olejem Wessona. Podano więc prawdziwy fakt, ale z fałszywą implikacją – i właśnie o tę różnicę mi chodzi.

My, naukowcy, wiemy z doświadczenia, że prawda zawsze w końcu wyjdzie na wierzch. Inni naukowcy powtórzą wasz eksperyment i stwierdzą, czy mieliście rację, czy nie. Zjawiska naturalne będą zgodne albo niezgodne z waszą teorią. I choć możecie zyskać sobie chwilową sławę, to jeżeli nie będziecie w tego rodzaju pracy maksymalnie uczciwi, nie możecie liczyć na reputację dobrego naukowca. Właśnie tego rodzaju rzetelności, dbałości o to, żeby nie oszukiwać samego siebie, w dużej mierze brakuje w badaniach, które prowadzą naukowcy spod znaku kultu *cargo*.

Oczywiście trudność krajowców w znacznym stopniu bierze się z zawiłości przedmiotu i niemożności zastosowania doń metody naukowej. Należy jednak zauważyć, że to nie jest jedyna trudność. To jest p r z y c z y n a, dla której samoloty nie lądują – ale pozostaje jeszcze fakt, że nie lądują.

Również z doświadczenia sporo wiemy o tym, jak sobie radzić z różnymi sposobami samooszukiwania się. Jeden przykład: Robert Millikan mierzył ładunek elektronu za pomocą eksperymentu ze spadającymi kroplami oleju i uzyskał wartość, o której dzisiaj wiemy, że nie jest całkiem dokładna. Trochę się różni od faktycznej, ponieważ Millikan przyjął błędną wartość dla lepkości powietrza. Historia pomiarów ładunku elektronu po eksperymencie Millikana stanowi bardzo ciekawy materiał do analizy. Jeżeli przedstawić wyniki w funkcji czasu, otrzyma się krzywą rosnącą: pierwszy jest trochę wyższy od wyniku Millikana, każdy następny trochę wyższy od poprzedniego, aż wreszcie ustalają się na pewnym poziomie.

Dlaczego nie odkryli od razu, że liczba jest wyższa? Historia ta jest dość wstydliwa, ponieważ nie ulega wątpliwości, że naukowcy postępowali następująco: kiedy uzyskali wynik znacznie wyższy od tego, który otrzymał Millikan, byli pewni, że się pomylili, i doszukiwali się przyczyn tej pomyłki. Kiedy wyszło im coś zbliżonego do wyniku Millikana, już mniej się starali. Innymi słowy, eliminowali wyniki, które za bardzo odbiegały od wyniku Millikana. Dziś jesteśmy nauczeni uważać na tego rodzaju manewry i uwolniliśmy się od tej choroby.

Muszę jednak z przykrością powiedzieć, że o ile wiem, to tej długiej opowieści pod tytułem: „Jak przestać oszukiwać siebie samego" – czyli jak osiągnąć stuprocentową rzetelność naukową – nie uwzględniliśmy w żadnym programie zajęć. Liczymy na to, że zarazicie się rzetelnością drogą osmozy.

Pierwsza zasada brzmi, że nie wolno wam oszukiwać siebie samych – a osobą, którą najłatwiej wam będzie oszukać, jesteście właśnie wy sami. Musicie więc bardzo na to uważać. Jeżeli siebie samych nie oszukacie, to potem wystarczy już zwyczajna uczciwość, żebyście nie oszukali innych naukowców.

Chciałbym dodać coś, co nie wiąże się ściśle z samą nauką, ale moim zdaniem jest istotne, a mianowicie, że nie powinniście oszukiwać laików, kiedy wypowiadacie się jako naukowcy. Nie mówię tu o takich sprawach, jak zdradzanie żony czy inne sytuacje, w których nie jesteście naukowcami, tylko zwykłymi ludźmi. Te problemy pozostawiamy wam i waszemu rabinowi. Mówię o tym specyficznym, odrębnym typie rzetelności, który nie polega tylko na tym, żeby nie kłamać, ale żeby samemu próbować podważać swoje hipotezy. Jest to wasz obowiązek jako naukowców, z pewnością wobec innych naukowców, ale uważam, że także wobec laików.

Dam wam przykład. Rozmawiałem kiedyś ze znajomym, który miał wystąpić w radio. Zajmuje się kosmologią i astronomią i zastanawiał się, co powiedzieć o praktycznych zastosowaniach tych nauk. „Przecież nie ma żadnych zastosowań praktycznych", zdziwiłem się. „Owszem", odparł, „ale jeśli tak powiem, to nie dostaniemy pieniędzy na dalsze badania". Moim zdaniem jest to pewna nieuczciwość. Kiedy przedstawiacie się jako naukowcy, to powinniście wytłumaczyć laikowi, czym się zajmujecie, a jeśli on uzna, że nie ma ochoty tego finansować, ma prawo podjąć taką decyzję.

Zasadę tę można ująć następująco: jeżeli stworzyliście jakąś teorię i chcecie ją opublikować, powinniście przedstawić ją jak najwszechstronniej, a nie dobierać wyniki w ten sposób, żeby wyglądała korzystnie. Musicie podać w s z y s t k i e wyniki.

Jest to również ważne przy różnego rodzaju doradztwie dla rządu. Załóżmy, że jakiś senator poprosił was o radę, czy w jego stanie należy wywiercić dziurę, a wy zbadacie sprawę i dojdziecie do wniosku, że lepiej ją wywiercić w innym stanie. Jeżeli nie opublikujecie tego wyniku, to wasze doradztwo nie jest naukowe. Dajecie się wykorzystywać. Jeżeli wasza odpowiedź jest po myśli rządu czy polityka, to on ją wykorzystuje jako argument na swoją korzyść; jeżeli jest nie po jego myśli, to jej nie publikuje. To nie ma nic wspólnego z doradztwem naukowym.

Znam też przykłady na to, że niektóre dyscypliny nauki zwyczajnie nie mają ochoty przestrzegać zasad naukowych. Kiedy byłem w Cornell, miałem dużo znajomych na wydziale psychologii. Pewna studentka chciała przeprowadzić następujący eksperyment: ktoś inny stwierdził, że w warunkach X szczury wykonują czynność A. Studentka chciała sprawdzić, czy po zmianie warunków na Y szczury wciąż będą wykonywały czynność A. Jej pomysł był taki, żeby przeprowadzić eksperyment w warunkach Y i zobaczyć, czy szczury wciąż zrobią A.

Wytłumaczyłem jej, że konieczne jest, aby w swoim laboratorium powtórzyła eksperyment tej innej osoby w warunkach X i dopiero kiedy faktycznie uzyska czynność A, może zmienić warunki na Y i zobaczyć, czy A się zmieni. Wtedy miałaby pewność, że rzeczywista różnica jest w jej eksperymencie czynnikiem kontrolowanym.

Była zachwycona tym nowym dla niej pomysłem i poszła z nim do swojego profesora. Profesor się nie zgodził: eksperyment został już przeprowadzony i nie ma sensu tracić czasu na jego powtarzanie. Było to mniej więcej w 1947 roku i zdaje się, że ogólnie przyjęta polityka była taka, żeby nie powtarzać eksperymentów psychologicznych, a tylko zmieniać warunki.

Dzisiaj istnieje pewne niebezpieczeństwo, że takie rzeczy będą się zdarzały nawet w fizyce. Przeżyłem szok, kiedy się dowiedziałem o eksperymencie przeprowadzonym w wielkim przyspieszaczu – National Accelerator Laboratory, z użyciem ciężkiego wodoru. Aby porównać swoje wyniki z wynikami uzyskanymi dla lekkiego wodoru, doświadczalnik użył danych z cudzego eksperymentu, który został przeprowadzony na innej aparaturze. Kiedy spytano go, dlaczego tak zrobił, powiedział, że zlecony mu program dawał niewiele czasu, aparatura jest droga, a i tak nie uzyskałby żadnych nowych wyników. Szefom programów badawczych w NAL tak bardzo zależy na nowych wynikach – bo wtedy mają się czym pochwalić władzom i dostają więcej pieniędzy – że prawdopodobnie tracą na wartości same doświadczenia, a przecież o nią w tym wszystkim chodzi. Doświadczalnicy często mają tak mało czasu, że trudno jest im spełnić wymogi rzetelności naukowej.

Eksperymenty psychologiczne są jednak innego rodzaju. Na przykład przeprowadzono wiele eksperymentów, w których szczury biegają przez najróżniejsze labirynty *et cetera* – i nie uzyskano żadnych czytelnych rezultatów. Ale w 1937 roku niejaki Young przeprowadził bardzo ciekawy eksperyment. Zbudował korytarz z rzędem drzwi po jednej stronie, przez które wpuszczał szczury, oraz rzędem drzwi po drugiej stronie, za którymi było pożywienie. Chciał sprawdzić, czy da się tak uwarunkować szczury, żeby zawsze wybierały trzecie drzwi w bok od tych, przez które weszły. Nie. Szczury natychmiast udawały się do tych drzwi, za którymi poprzednio znalazły pożywienie.

Ponieważ korytarz był na całej długości zupełnie jednakowy, powstawało pytanie: skąd szczury wiedzą, które drzwi są właściwe? Na pewno coś je musi odróżniać od innych. Young pomalował więc wszystkie drzwi bardzo starannie, żeby nie różniły się fakturą farby. Szczury wciąż potrafiły rozpoznać właściwe drzwi. Pomyślał, że może szczury wyczuwają jedzenie węchem, więc za pomocą chemikaliów za każdym razem zmieniał zapach. Szczury dalej wiedziały, gdzie dają jeść. Zdał sobie sprawę, że mogą orientować się według świateł i sprzętów w laboratorium, tak jak by to zrobiła każda rozsądna osoba. Zakrył więc korytarz, ale szczury wciąż wiedziały, gdzie dają jeść.

W końcu odkrył, że szczury orientują się po dźwięku, jaki wydaje podłoga, bo kiedy umieścił korytarz w piasku, nie umiały już trafić we właściwe drzwi. A zatem wyeliminował jedną po drugiej wszystkie wskazówki i wreszcie był w stanie nauczyć szczury, żeby wchodziły w trzecie drzwi. Kiedy zmienił dowolny z parametrów, szczury wiedziały, dokąd mają się udać.

Z naukowego punktu widzenia jest to właściwie przeprowadzony eksperyment. Tylko takie doświadczenia z biegającymi szczurami są sensowne, ponieważ odkrywają wskazówki, z których szczury faktycznie korzystają – a nie założone z góry przez eksperymentatora. Eksperyment Younga mówi dokładnie, jakie parametry muszą być zachowane, aby – przeprowadzając kolejne doświadczenia na biegających szczurach – kontrolować wszystkie czynniki.

Prześledziłem dalszą historię badań na szczurach. Następny eksperyment, i jeszcze następny, przeprowadzono bez odwołania się do pana Younga. Nie umieszczono korytarza w piasku, nie ujednolicono wyglądu korytarza, zapachu *et cetera*. Po prostu wpuszczano szczury po staremu, lekceważąc wspaniałe odkrycia pana Younga. Nie odwoływano się do jego artykułów, ponieważ niczego nie odkrył na temat szczurów. Tymczasem pan Young zidentyfikował w s z y s t k i e warunki, jakie należy spełnić, żeby dokonać jakichkolwiek odkryć na szczurach. Jednak ignorowanie tego rodzaju eksperymentów jest charakterystyczne dla nauki spod znaku kultu *cargo*.

Innego przykładu dostarczają doświadczenia dotyczące postrzegania pozazmysłowego, przeprowadzane przez pana Rhine'a*, a także innych. Ponieważ byli często krytykowani – jak również sami krytykowali swoje własne eksperymenty – dopracowali stosowane metody, skutkiem czego uzyskiwane efekty „paranormalne" były coraz mniejsze, aż wreszcie stopniowo zanikły. Wszyscy parapsychologowie pragną skonstruować eksperyment, który można by powtórzyć – czyli przeprowadzić jeszcze raz i uzyskać ten sam wynik, choćby statystyczny. Puszcza się milion szczurów – przepraszam, tym razem ludzi – którzy robią różne rzeczy, i wyciąga się z tego jakąś statystyczną średnią. Następnym razem każe się im robić to samo, ale wychodzi coś zupełnie innego. I w tym momencie przychodzi człowiek, który mówi, że nie ma powodu wymagać powtarzalności eksperymentów. To ma być n a u k a?

Człowiek ten mówi również o powołaniu nowej instytucji, składając rezygnację ze stanowiska dyrektora Instytutu Parapsychologii. Dając wytyczne na przyszłość, mówi, żeby zajmować się tylko tymi studentami, którzy potrafili uzyskać wyniki potwierdzające istnienie postrzegania pozazmysłowego – a nie

---

* J.B. Rhine, założyciel (1930) najsłynniejszego na świecie laboratorium badającego percepcję pozazmysłową, które znajduje się w Karolinie Północnej (przyp. tłum.).

tracić czas na tych, którzy otrzymują tylko przypadkowe wyniki. To bardzo niebezpieczna polityka dydaktyczna – uczyć studentów, jak uzyskiwać z góry założone wyniki, a nie jak przeprowadzać eksperymenty zgodnie z zasadami rzetelności naukowej.

Życzę wam więc tylko jednego – żebyście mieli szczęście znaleźć się tam, gdzie wolno wam będzie zachować opisaną przeze mnie rzetelność naukową, gdzie konieczność walki o utrzymanie stanowiska czy o subwencje finansowe nie zmusi was do wyrzeczenia się rzetelności. Oby ta wolność była wam dana.

SPIS TREŚCI

Richard P. Feynman – urwisowaty geniusz 5
Przedmowa 15
Nota do wydania rocznicowego 17
Wstęp 19
Wstęp do poprzedniego wydania 23
Vita mea 25

Od Far Rockaway do MIT

Ten chłopak naprawia radia myśleniem! 29
Fasolka szparagowa 41
Kto ukradł drzwi? 47
Łacina czy włoski? 61
Migacz 63
Dyrektor działu chemicznego Metaplast Corporation . . . 73

Princeton

„Pan raczy żartować, panie Feynman!" 83
Jaaaaaaaaaaa! 91
Mapa kota? 94

SPIS TREŚCI

Giganci umysłu 104
Mieszanie farb 109
Inny przybornik 112
Telepaci 116
Naukowiec amator 119

Feynman, bomba i wojsko

Spalone na panewce 131
Węch ogara 137
Los Alamos okiem maluczkiego 140
Trafił kasiarz na kasiarza 176
Wujek Sam cię nie potrzebuje! 202

Z Cornell do Caltech, zahaczając o Brazylię

Dostojny profesor 215
Są jakieś pytania? 228
Chcę mojego dolara! 234
Trzeba po prostu spytać? 238
Szczęśliwe liczby 248
O Americano, outra vez! 256
Człowiek o tysiącu języków 282
Oczywiście, panie Ważny! 282
Propozycja do odrzucenia 297

Świat jednego fizyka

Czy ty rozwiązałbyś równanie Diraca? 307
Czas zimowy i błąd siedmioprocentowy 319
Trzynaście razy 330

SPIS TREŚCI

Gadają po chińsku	332
Ale czy to jest sztuka?	333
Czy elektryczność to ogień?	357
O sądzeniu książek po okładkach	367
Drugi błąd Alfreda Nobla	385
Dokulturalnianie fizyków	397
Zdekonspirowani w Paryżu	403
Odmienne stany świadomości	417
Nauka spod znaku kultu *cargo*	427

E-book dostępny na
woblink.com

Przeczytaj, co o książce sądzą inni czytelnicy, i oceń ją na
lubimyczytać.pl